高等院校工商管理系列

U0738498

Managerial Psychology

管理心理学

（第二版）

段锦云 / 编著

ZHEJIANG UNIVERSITY PRESS
浙江大学出版社

图书在版编目（CIP）数据

管理心理学 / 段锦云编著. —2 版. —杭州：浙
江大学出版社，2017.1（2021.9 重印）
　ISBN 978-7-308-15573-1

　Ⅰ.①管… 　Ⅱ.①段… 　Ⅲ.①管理心理学—教材
Ⅳ.①C93-05

　中国版本图书馆 CIP 数据核字（2016）第 022009 号

管理心理学

段锦云　编著

责任编辑	王　波	
责任校对	董凌芳	
封面设计	春天书装	
出版发行	浙江大学出版社	
	（杭州市天目山路 148 号　邮政编码 310007）	
	（网址：http://www.zjupress.com）	
排　　版	杭州青翾图文设计有限公司	
印　　刷	广东虎彩云印刷有限公司绍兴分公司	
开　　本	787mm×1092mm　1/16	
印　　张	17.75	
字　　数	410 千	
版 印 次	2017 年 1 月第 2 版　2021 年 9 月第 4 次印刷	
书　　号	ISBN 978-7-308-15573-1	
定　　价	39.00 元	

前　言

　　随着市场竞争的加剧和学习型组织等理念的普及,以及知识经济和后工业时代的临近,企业和公共部门等各类组织的管理日益精细化,组织间的竞争愈来愈依赖于员工,依赖于人力资源和智力资本。在此背景下,管理心理和组织行为等学科应运而生且蓬勃发展。市场呼唤产品的多元化,读者也渴望看到多样的可供选择的参考书。作为研究和讲授管理心理学的高校教师,我们也有把自己的课堂内容及日常所想整编成书的想法。于是,在几位志同道合的年轻晚辈学人的商议之下,在浙江大学出版社的支持之下,本书终于面世。

　　本书在编写的时候力求各部分内容源于文献,尤其是参考了很多国内外文献和新近的研究进展。因此,本书在力求覆盖经典内容和理论之外,也尽量把将来可能成为经典的新近理论研究进展容纳进来。另外,本书在每一章的开篇都有案例,以引起读者的兴趣,使读者带着问题阅读。每章的结尾有总结、推荐书目和参考文献(需扫描二维码),这是为那些想继续深入了解和研究该部分内容的读者准备的。我们深知自己所写内容存在局限,也建议读者能够更广泛地阅读文献尤其是来源文献(seminal literature),这对全面深入掌握该部分内容是大有裨益的。书末二维码中列出的网络资源也为读者提供了类似的功能。让读者从本书中得到最大的获益是我们自始至终的考量。

　　本书主要是为本科生,尤其是初入管理心理或组织行为领域的读者准备的。本书可用作高等院校心理学、管理学、人力资源管理、劳动经济学、行政管理、工商管理硕士(MBA)或其他专业的教材,也适合想了解和学习管理心理、组织行为和人力资源的实践人士阅读。

　　本书的完成是集体智慧的结晶。具体编写分工安排如下。绪论篇:第一章(韦雪艳、段锦云),第二章(韦雪艳);个体篇:第三章(薛宪方),第四章(梁凤华),第五章(孟卓群),第六章(段锦云、简丹丹),第七章(段锦云、凌斌);群体篇:第八章(段锦云、孙飞),第九章(段锦云、傅强),第十章(徐烨),第十一章(段锦云、周冉),第十二章(段锦云、王雪鹏),第十三章(段锦云、姚鹤);组织篇:第十四章(段锦云、张倩),第十五章(段锦云、王先辉),第十六章(杨建锋)。主要作者的简介如下:

　　段锦云,男,浙江大学工业心理学博士,苏州大学心理学系教授,博士生导师。曾任香港城市大学管理系研究助理。研究方向为组织行为学、行为决策。现主持国家自然科学基金项目1项,主持完成国家自然科学基金青年科学基金项目(以“优秀”结题)、教育部人文社科青年基金项目、苏州大学青年教师后期资助项目各1项。参与完成国家自然科学基金项目3项、全国教育科学“十一五”规划教育部基金项目2项,主持完成企业和政府横向课题多项,在国内外核心期刊发表论文约 100 篇。

韦雪艳,女,浙江大学工业心理学博士,江南大学心理系副教授。研究方向为创业、决策、组织变革与压力管理等。曾赴美国雷鸟国际管理学院(Thunderbird School of Global Management)访学。主持国家自然科学基金项目 1 项,江苏省教育科学"十一五"规划重点课题 1 项,在国内外核心期刊发表学术论文 30 余篇。

杨建锋,男,浙江大学管理学博士,江西财经大学工商管理学院副教授。主要从事组织学习及伦理决策等方面的研究。主持国家自然科学基金项目 1 项。曾赴美国加州州立大学富勒顿分校(California State University, Fullerton)访学,在国内外核心期刊发表论文 30 余篇。

薛宪方,男,浙江大学工业心理学博士,浙江理工大学经管学院副教授。研究方向为人力资源管理和创业管理等。曾赴德国吉森大学(Justus-Liebig-Universitat Gies-sen)心理学系进行合作研究。主持国家自然科学基金项目 1 项,在国内外核心期刊发表论文多篇。

梁凤华,女,浙江大学应用心理学硕士,上饶师范学院讲师。主要研究方向为个体心理与行为,教学经验丰富,在核心期刊发表论文多篇。

孟卓群,女,华东师范大学应用心理学硕士,苏州科技学院讲师。主要研究方向为行为决策、大学生职业生涯规划等,发表论文数篇。

徐烨,女,北京师范大学应用心理学硕士,浙江金融职业学院讲师。主要研究方向为职业生涯规划等,主持省部级课题 2 项,发表论文多篇。

凌斌、王雪鹏、简丹丹、姚鹤、周冉、张倩、孙飞、傅强和王先辉均为苏州大学工业与组织管理心理学专业硕士毕业生,凌斌博士(工业心理学)现为河海大学商学院教师。

全书内容结构设计、统稿和修改,以及篇首介绍和网络资源等附带部分内容的提供等均由段锦云负责。浙江大学出版社编辑王波为本书的编辑加工和排版等做了大量耐心细致的工作。借此机会特向为本书的出版做了诸多工作的各位同仁致以衷心的感谢!

本书的多位作者与笔者师出同门,或都曾在同一学校求学。因此,我们的很多思想和知识都源于我们的老师,尤其是读研期间的导师。在此,特对教授我们知识的老师尤其是我们的导师致以最崇高的敬意!

本书一定会有很多不足和缺陷,敬请读者、同行和社会各界同仁批评指正并不吝赐教!

段锦云 谨识

2016 年 7 月 26 日于独墅湖畔

泡泡心理　　　相关学习资料

目 录

第一篇 绪 论

第二篇 个体篇

第四篇 组织篇

第一篇 <<<

绪　论

本篇系统地论述了管理心理学与管理的差异,管理心理学的研究对象、内容、历史、现状以及管理心理学在心理科学体系中的地位等。本篇的论述有两个重点:其一是较详细地介绍了管理心理学研究对象与内容,为进一步理解和研究本书后面论述的个体心理、群体心理和组织心理的有关理论和知识奠定了基础;其二是介绍了中国古代管理心理学思想与西方管理心理学发展历史。本篇设专章介绍了中国古代对人性的理解思想与西方有关人性的假设和管理问题,虽然有关人性的各种理论都难免以偏概全,但却启发我们,作为管理者应该如何从总体上看待员工,从而制定更为科学化的和以人为本的管理制度、管理原则和管理方法,更充分地发挥管理心理学的作用。

第一章　管理心理学简介

本章开篇案例

管理者所具备的素质和能力①

惠普公司医疗产品集团前任总裁兼总经理辛西娅·戴娜尔曾在接受任命时这样告诉集团内的 5300 名员工,"我愿意从事这项工作,但这是件令人诚惶诚恐的工作,我需要你们的帮助"。她还表示员工们最终会拥有一位知道如何从容应付一切的老板。三年后,戴娜尔指出当时自己犯了一个错误。如果今天再开此会,她将不会说出自己感到惊惶,也不会提到自己的冷静处理问题的能力。相反,她会提出公司发展的一些目标,并鼓励员工们思考为了实现公司目标,他们需要做些什么。

在升职后,戴娜尔改变了领导风格。她认为,对一个领导几千名员工的管理者而言,指明方向与授权的能力比建设团队与辅导员工的能力更为重要。戴娜尔承认,有时她感到向高层管理者的角色转变十分困难,以至于几次都想辞职。她说她感到十分紧张,很想不管手中的工作。以前,作为医疗产品集团中负责超声波—影像业务的头儿,戴娜尔与部门里的 500 多名员工打成一片。她能叫出其中很多员工的名字,并亲自参与从产品开发到销售、广告全过程的每一个决策。从先前的超声波—影像业务的市场部经理提升到上述的位置就像是从小学六年级升到初中。她知道所有的客户,她清楚生产线流程,她了解每一个员工。

戴娜尔说,晋升到总经理就像是从八年级升到大学。在开始的几个月里,她把时间与精力全花在努力学习过去未涉及的业务上,同时她也保持过去那种与员工抱成团、全员参与的领导风格。她说,不管是产品定价,还是某人的父母进养老院,她都想尽力帮员工的忙。

但仔细一考虑,员工数是过去的 10 倍,再加上 6 个方面的主要业务,戴娜尔认为过去那种领导风格几乎毁了她。要完成升职后的新工作,她得与员工保持一定的距离。一开始,戴娜尔事必躬亲。为了鼓励团队建设,她远离其他的高层管理者,她提出像"我们如何才能相互信任"这样的一些问题。当她手下的管理人员们为了各自经营的业务互相争夺资源,而不去解决问题时,她做得最多的是与他们进行交谈。

起初,鉴于他们缺乏合作精神,戴娜尔为此而自责。后来,她总结发现,把他们带到一

---

① 引自:D. 赫尔雷格尔,J. W. 斯洛克姆和 R. W. 伍德曼. 组织行为学(第九版). 俞文钊,丁彪等译. 华东师范大学出版社 2001 年版,第 3 页。

起并不是她的职责。取而代之的是,她鼓励他们在自己的部门里建设团队。各部门变得更独立,思维也不可能特别僵化。她说:"受过的教育告诉我要坚信,如果我能尽力为其他人做事,并且让他们感到舒适,我就是个好人。"

戴娜尔已学会了说不,并进行更多的授权。曾经有一个管理者请她帮忙面试一个较低职位的应聘者,她谢绝了,并告诉这位管理者这是他自己该做的事情。现在她依据制订的计划来开展工作,从而保证自己不经常受到上门求助的员工的打扰。但是她还没能完全改掉同情的风格。"如果某个员工的小孩有病了,需要就医,我会打电话帮他,告诉他我仍然与他们在一起,但我会更仔细地选择恰当的时机,这样做对我来说,并不是出于责任,而是出于真心。"戴娜尔说。

第一节　管理与管理心理学

在每一家公司里,最忙的无疑是管理者,特别是最高管理者首席执行官(CEO)。可能是处于高职位的缘故,管理者管理的事情非常多,大到一个公司整体经营的决策,小到生产工序的规范,都需要管理者用行动去解决。管理者每天忙忙碌碌,经常无片刻清闲。如果忙可以带来经营效益的话,那还可以多忙一下,但实际情况常常是,不管管理者如何忙,经营效益不仅不好,反而倒退了。应该是我们给管理者泼下冷水的时候了,不妨问一下那么多的管理者:"你们到底在管什么?"

在现代社会中,"管理"是一个使用频率非常高的词语。随着市场经济的不断深化,人们对管理的兴趣不断提高,有关管理的书籍、期刊越来越多。人们为什么如此注重对管理的学习? 管理到底是什么? 管理心理学又是什么? 它对我们的工作、学习、生活有什么影响? 为什么要学习管理类的知识? 为什么要学习管理心理学? 这是我们在开始学习管理以及管理心理学前首先需要了解的。

与过去相比,今天越来越多的学生竞相选择商业课程,希望获得工商管理硕士(MBA)学位——当前进入高级管理层的通行证——的人数也比以往任何时候都多。为什么现在这么风行管理学呢?

(1)在任何一个社会中,资源都是宝贵而稀缺的,组织越有效率地利用这些资源,越能为人们带来福利。由于管理者决定了如何使用大量宝贵的社会资源,包括有技能的雇员、原材料、计算机和信息系统、金融资产,因此他们直接影响了社会及其成员的福利。理解管理者做什么以及他们是怎么做的,对于理解社会如何运作以及如何创造财富是非常重要的。

(2)尽管大多数人并不是管理者,很多人可能也没有打算成为管理者,但是,由于绝大多数人都有工作,所以都会与管理者有联系。而且,现在的很多人都是在团队中工作,不得不与合作方打交道。管理学揭示了如何决策、激励、计划以及组织工作安排,学习管理有助于人们处理与老板和同事的关系,从而有助于赢得老板的注意和支持。管理学还指导那些没有在权力岗位上的人如何领导合作者,解决他们之间的争端,提高团队的绩效。

(3)在任何一个社会,人们都在为一些重要的资源竞争,比如高报酬的工作、诱人和令人满意的职业,学习管理学是获得这类职位的重要路径。一般而言,越复杂或承担责任越多的工作,越吸引人。富有激励性的工作是不断变化的,期待这类工作的人可能会很好地发展管理技能并容易获得升迁。那些工作几年后又回到学校读 MBA 的人,通常能够提高其管理技能,从而获得更多的职务和报酬提升的机会。不论是在学校、营利性组织,还是非营利性的慈善机构,薪水随着职位在组织中层级的上升而迅速上升。

那么高管究竟做了什么而获得如此高的回报呢? 我们在学习管理心理学这门课程的过程中将同大家一起来揭示其中的奥秘。

(一)管理与管理心理学的概念

管理是什么,乍一看似乎是一个不值得一问的简单问题。我们每天都在与管理打交道,每天都在讲管理,对于管理是什么难道还不清楚吗? 但静下心来仔细想想,我们发现,尽管"管理"已深入我们的日常生活中,但对于管理是什么,绝大多数人却并没有进行过认真的思考,以至于在面对这一问题时,很难立刻清楚地回答。

1. 管理是什么

对于"管理是什么"这一问题,经过一番思考以后,人们会回答说,管理就是管人管事,或管理就是指挥他人开展工作,等等。尽管大多数人对管理不能立刻给出准确的定义,但由于每天多多少少都要与管理打交道,因此每一个人对于管理是什么也多少都能讲出一点自己的认识。

每一个人对管理的认识是不同的,每一个人的回答似乎都有一定的道理,都反映了管理的某一个方面。不仅如此,即使在管理理论界,学者们对于什么是管理,也有各自不同的见解(见表 1-1)。

表 1-1　管理的概念界定

焦点	代表人物	定义内容
管理作用	德鲁克 (P. F. Druker)	管理就是牟取剩余,所谓剩余就是产出大于投入的部分。他认为,任何管理活动有一个目的,就是使产出大于投入
决策作用	西蒙 (H. A. Simon)	管理就是决策。他认为决策贯穿于管理的全过程和管理的所有方面,任何组织都离不开对目标的选择,任何工作都必须经过一系列的比较、评价、拍板后才能开始。如果决策错了,执行得越好,所造成的损失就越大。所以只有说管理就是决策,才能真正反映管理的真谛
管理者 个人作用	穆尼 (J. D. Mooney)	管理就是领导。该定义的出发点是:任何组织中的一切有目的的活动都是在不同层次的领导者的领导下进行的,组织活动的有效性,取决于领导的有效性,所以管理就是领导
管理工作	法约尔 (H. Fayol)	管理就是通过别人来使事情做成的一种职能。为了达成管理的目的,要进行计划、组织、人事、指挥、控制,管理就是由这几项工作所组成的
其他		还有人把管理看作是管理者组织他人工作的一项活动;也有人认为管理就是用数字方法来表示计划、组织、控制、决策等合乎逻辑的程序,并求出最优答案的一项工作等

我国学者王垒(1992)从管理心理学的角度,把管理定义为:让别人同自己一起工作并通过别人来达到组织目标的过程。管理的实质就是使别人为组织目标而工作。我们认为

这一定义是可取的。在这个定义中,可以看到管理有多层含义。

(1)管理必然是群体活动。至少有两个人才谈得上管理,管理是一对矛盾,它包含管理者与被管理者两个方面,双方是对立统一地存在于管理活动中的。

(2)管理是有目标的,管理的目标就是组织目标。没有目标的管理是盲目的、没有意义的,也是不会有效果的。

(3)管理是要使别人和管理者"一起"从事活动。这说明管理者与被管理者是一种协作关系,而不是权威与服从关系,这是现代管理思想的体现。

此外,管理活动也离不开组织,任何管理活动都是在组织中进行的;而组织也需要管理,没有管理,组织就难以生存和发展。组织是管理的对象,管理是组织生存的手段。

总之,管理是一个复杂的过程,它包括组织的计划、组织、指挥、协调与控制等过程,而管理的对象也包含多种,如人、机器、原材料、产品、信息、技术、资本等,但人是最重要的管理对象。现代管理学之父德鲁克论述了如何成为卓有成效的管理者,如图1-1所示。

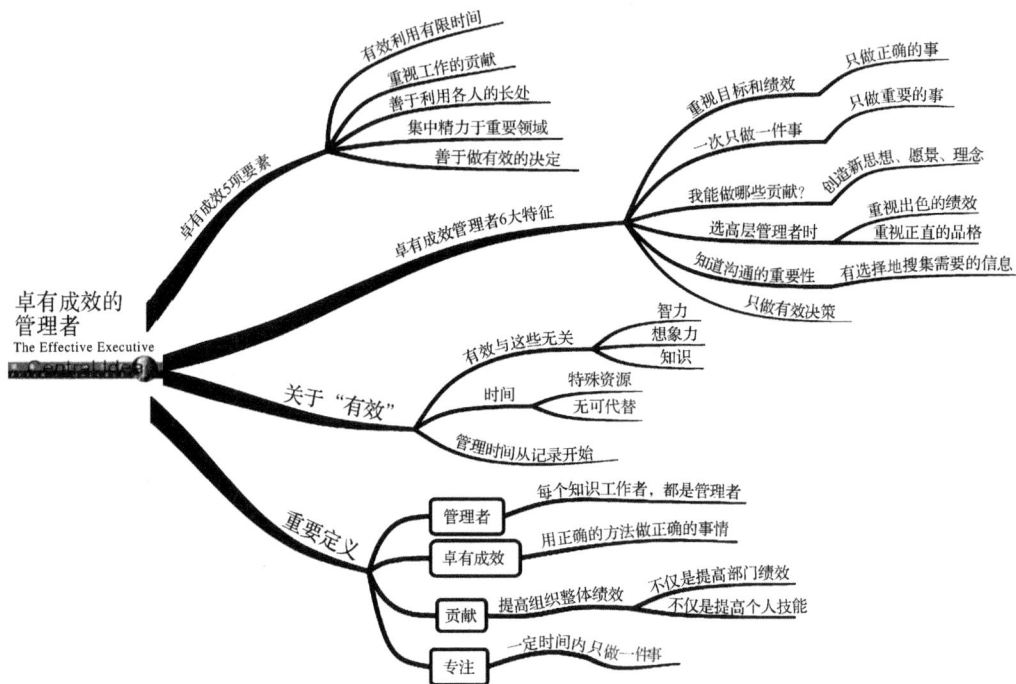

图1-1 卓有成效的管理者

2.管理的形式与内容

首先,管理是一种特殊的社会实践活动,它既是一种劳动,又对其他劳动具有指挥和协调职能。如乐队指挥对几千人的大合唱进行指挥和协调,将军对驰骋疆场的千军万马指挥协调,三峡工程总指挥对三峡建设指挥协调。其次,管理活动是管理主体和管理客体的共同活动。管理主体既包括作为管理者的企业和组织,也包括个体。如个体为了提高自己的学习、生活和工作效率所从事的任何活动,都是一种自我管理活动。

想想学校中称职的校长、系主任、班主任主要做些什么事情?我们看到的是:

各个组织中管理者从事的管理工作表现形式是多种多样的。例如,校长忙于召开各种会议,协调解决组织内的各种问题,并对下属提出的问题做出相应的决策;系主任则忙于听取并参与上层会议的决策,并向员工传递、执行决策;班主任有的在找同学谈话,有的在检查考核,有的在开会,等等。

他们的这些工作之间有没有共同之处呢?

从表面上看,不同层次、不同组织中的管理者所从事的管理工作似乎很难有一个统一的定义,但如果透过各种管理工作的表现形式,对各项管理工作的内容做进一步的分析,就可以看到:无论在哪种组织中的哪一层面上从事何种管理工作,管理工作的基本内容或核心是相同的,那就是协调。

例如,组织中的高层管理者之所以要出席各种社交场合,实际上是为了给本组织创造一个良好的外部环境,协调本组织与社会其他组织之间的关系。因为任何一个组织作为一个社会存在体,与社会上其他组织之间都有着千丝万缕的联系,没有其他组织的理解与支持,任何一个组织都很难在社会上有所作为。出席各种社交场合,只不过是进行这种沟通协调活动的一种表现形式或手段而已。

同样,管理者进行决策、计划、分配、监督、检查等各种活动,实际上是在对目标、资源、任务、行为、活动等进行协调。管理工作表现形式的多样化,是由管理工作协调对象的多样性所导致的:对目标的协调主要表现为抉择,对资源的协调主要表现为计划,对任务的协调主要表现为分工,对思想的协调主要表现为沟通,对行为的协调主要表现为沟通和惩罚,对活动的协调主要表现为检查和监督。

3.管理心理学是什么?

了解、分析管理的概念,对本门课程而言,只是为了确定一个我们的研究基础和研究方向。根本的目标还是要了解管理心理学的概念,认识管理心理学的对象。

在前面对管理概念界定的基础上,本书对管理心理学的定位是这样的:管理心理学是运用心理学的原理和方法,研究管理活动中人的心理现象、心理过程及其规律,使个人或组织提高效率的一门科学。由此可以概括得出,管理心理学的研究对象就是管理活动中人的心理现象、心理过程及规律,以及与此相关的人的行为。

(二)管理心理学的组成部分

管理心理学研究的具体内容又是什么呢?我们知道管理活动有目标、人力、环境、时间和信息五大要素,在个人和组织为了提高自身的效率所进行的各种活动中,这五个要素都具有重要的意义。因此,从这样的角度可以把管理心理学的研究内容分为五个方面:目标管理、人力管理、环境管理、时间管理和信息管理。

管理心理学是工业心理学的一个重要分支。在很长的历史发展过程中,管理心理学一直是应用心理学的关键领域。早在20世纪20年代至30年代,工业心理学就比较注重有关员工心理调节和工业效率影响因素的行为研究,尤其是有关人员选拔、配备、评价和培训的人事心理学的研究。

不久,工业心理学研究的重心转移到群体社会心理因素和组织背景中的工作行为。到20世纪60年代至80年代,管理心理学在激励、群体、领导行为方面的理论与应用日趋活跃。20世纪90年代以来,管理心理学日益关注组织层面的问题,越来越与组织行为学融合在一起。

本书认为管理心理学的体系主要包括三大部分：个体管理心理学、群体管理心理学和组织管理心理学，这三个部分相互影响和制约，决定着管理心理过程的形成和发展。

1. 个体篇

个体管理心理学着重于管理情景中员工和管理人员个体心理特征的形成与作用，主要有五个方面的内容：

(1)个体行为的基础。包括能力、工作满意感、组织公平、组织承诺、学习；还包括能力、技能、个性和工作价值取向等。

(2)个性、态度与价值观。

(3)知觉与个体决策。包括知觉与信息加工过程、决策判断与问题解决模式、学习过程、归因与行为风格等。

(4)工作场所中的激励。包括内容理论与过程理论、工作激励的有效策略等。

(5)情绪与情感。包括情绪情感的概念和相关理论，以及工作压力、工作倦怠及压力管理策略等。

2. 群体篇

组织管理的基本单元是群体。群体管理心理学的核心理论思路是"群体动力学"，即群体组合、协调、发展的动态机制。群体管理心理学包含六个方面的内容：

(1)群体动力。包括群体动态的发展，群体发展阶段与群体互动、规范和群体内聚力，群体决策等。

(2)团队行为与团队决策。包括团队构成特征、团队类型(自我管理团队、虚拟团队、创业团队等)和团队建设等。

(3)沟通。包括沟通的模式、沟通的渠道、沟通的有效性与积极聆听等。

(4)领导。包括领导特质理论、领导行为理论、领导权变理论以及本土化领导理论和领导理论的新进展等。

(5)权力与政治。包括权力的类型、来源，以及组织政治知觉和管理等。

(6)冲突与谈判。包括冲突的利弊，冲突的来源，以及谈判的管理等。

3. 组织篇

组织管理心理学是管理心理学的整合分析。组织管理心理学由三个方面组成：

(1)组织结构。包括组织理论、组织结构与技术机制、组织设计与权变因素等。

(2)组织文化。包括组织文化的理论、组织文化的策略、交叉文化下的组织管理等。

(3)组织变革。包括组织发展和战略管理、组织变革和发展的模型、组织发展途径等。

(三)管理心理学与各学科之间的关系

1. 管理心理学与心理科学

管理心理学是心理科学的一个分支，是属于心理学的应用学科。它是心理学在管理部门中的应用。因此，主要以普通心理学等为其基础理论。

普通心理学是研究人的心理现象及其规律的科学。它具体包括两方面的内容，一方面是人的心理活动过程：感觉、知觉、记忆、思维、想象、情感、情绪、意志等(概括地说，即是知、情、意)。另一方面是人的个性心理。个性心理是个人身上带有一定倾向的心理特点的总和，它包括了个性心理特征和个性倾向性。个性心理特征包括能力、气质、性格，个性倾向性包括需要、动机、兴趣、信念、理想、世界观等。

管理心理学是研究在组织管理中的人的心理及人的行为规律的科学。因为,管理的核心和动力就是对人的管理。对人的管理中最关键的问题,就是管理者如何采用科学的管理方法,最大限度地调动人的工作积极性、主动性和创造性。而人的行为积极性的调动主要受到两个因素的制约:一是心理因素,二是社会因素。两者比较,前者是主要的。因为,人的行为和心理总是联系在一起的,任何工作行为积极性的高低,最终都是源于人的心理因素。因此,管理心理学试图用普通心理学理论来分析人的工作行为:什么心理因素决定人的工作效率的高低,如何正确处理群体中人与人之间的关系,群体作用对个人的心理影响等,这些问题都是普通心理学中关于心理过程和个性心理的理论在管理实践中的具体反映。所以说,普通心理学与管理心理学是主干与分支的关系。

2.管理心理学与管理科学

管理心理学是管理科学领域中一门重要的独立学科。管理科学从 20 世纪 50 年代的现代管理理论发展到 70 年代以后的系统管理理论,它不同于过去近代管理理论只是着重生产过程的分析和组织控制的研究,重视技术因素忽视社会因素和心理因素的做法,而是主要研究人群关系和分析系统工程。开始突出人的因素在管理中的作用和地位,而且强调任何一个劳动者都不是孤立的,应该重视社会和心理因素对他们的影响,激发他们的积极性和创造性,并用运筹学和其他科学的方法,对与管理对象有关的所有方面进行系统的、整体的分析。随着从现代管理理论发展到系统管理理论,人的因素被重视,管理心理学应运而生。它最早以管理理论中的美国心理学家闵斯特伯格(H. Munsterberg)("工业心理学之父")的心理技术学理论、梅奥(E. Mayo)的人群关系理论、马斯洛(A. H. Maslow)的需要层次理论及德国心理学家勒温(K. Lewin)的群体动力理论作为其理论基础,于 50 年代开始在管理科学中逐渐发展成为一门重要的基础学科。

由此可见,管理心理学是管理科学中的一部分,是管理科学中侧重研究如何将劳动者作为管理的核心与动力来进行有效管理的那一部分。

3.管理心理学与行为科学

行为科学是一个更广泛的概念,是一个综合的学科群。它把心理学、社会心理学、社会学、政治学、人类学、生物学、生理学、教育学、管理学等一切与人的行为有关的学科都糅合到一起。行为科学的应用非常广泛,可以运用到政治领域、教育领域、医疗卫生领域等许多方面,当把它运用到组织管理方面,便叫作组织行为学。

这也就是说,组织行为学和管理心理学都是管理科学中的行为科学学派专门用于研究企业管理的分支学科。它们都研究组织管理中的个人和团体的心理和行为,其特点都是既注重个人因素,又注重组织因素,强调完成组织目标与实现个人目标的一致性,其理论基础都是心理学与管理科学的综合,因此,两者之间的联系是再密切不过了。所以,从早在 20 世纪 60 年代初期美国出现的系统的工业社会心理学、组织行为学、组织心理学和管理心理学的专著来看,名称虽然不同,但其内容基本相同,事实上,组织行为学和管理心理学的研究在这时已经趋向一致。从这个角度说,管理心理学是行为科学的一个组成部分,即组织行为学部分。

管理心理学既是心理学的一个分支,也是管理科学领域中一门重要的独立学科。它以心理学为基础,综合了社会学、社会心理学、人类学、管理学以及其他学科的理论知识,研究组织管理中的人的心理及行为规律。因此,这门学科既带有自然科学的性质,又有社会科学的内容,属于边缘交叉学科。

第二节　中国古代管理心理思想发展概况

一、中国古代管理心理思想发展历程

(一)滥觞阶段

这个阶段大体相当于夏、商、西周三代。在《尚书》《周易》《诗经》等古老经书中,包含着许多基本管理理念和原则,其中不少思想对后世产生了深远的影响。

《周易》是中国文化宝库中最为古老的典籍之一,被视为中国哲学和文化的源头活水。古今中外的哲学家、思想家和科学家之所以重视周易系统的典籍,是因其中蕴涵着人类独特的思维方式。其中,最为突出的是辩证思维,即认为事物变易的过程总是"一阴一阳",二者既相反又相成,既相互补充,又相互转化,而且永无止境。

《易经》可以说是中华文化的"元典",也是中国管理哲学的宝典。

(二)形成阶段

先秦时期是中国古代社会的开端,也是中国古代管理心理学思想产生和奠基的时期。在这个时期,诸子百家在政治、经济、军事、文化等方面提出了不同的管理主张,传统管理心理思想由此发轫。经过诸子百家对经世治国的主张进行充分的论辩,分别从人性与需要思想、用人心理、激励心理、领导心理、组织心理等不同方面阐述了管理心理问题。

在诸子百家中,具有系统性而又对后代产生较大影响的主要有儒、道、法三家。儒家所倡导的人本、明德、中庸、修己立人等思想影响深远;法家主张依法治国,讲究法、术、势相结合;道家管理思想主要是以"道"为中心,讲"无为而治",偏重于对管理的规律、方式和艺术的探求。

黄金台招贤

《战国策·燕策一》记载:燕国国君燕昭王(前311—前279)一心想招揽人才,但人们认为燕昭王不是真的求贤若渴。于是,燕昭王始终寻觅不到治国安邦的英才,整天闷闷不乐。

后来有个智者郭隗给燕昭王讲述了一个故事:有一国君愿意出千两黄金去购买千里马,然而时间过去了三年,始终没有买到,又过去了三个月,好不容易发现了一匹千里马,当国君派手下带着大量黄金去购买千里马的时候,马已经死了。可被派出去买马的人却用五百两黄金买来一匹死了的千里马。国君生气地说:"我要的是活马,你怎么花这么多钱买一匹死马来呢?"

国君的手下说:"你舍得花五百两黄金买死马,更何况活马呢?我们这一举动必然会

引来天下人为你提供活马。"果然，没过几天，就有人送来了三匹千里马。

郭隗又说："你要招揽人才，首先要从招纳我郭隗开始。像我郭隗这种才疏学浅的人都能被国君采用，那些比我本事更强的人，必然会闻风赶来。"

燕昭王采纳了郭隗的建议，拜郭隗为师，为他建造了宫殿，后来没多久就引发了"士争凑燕"的局面。投奔而来的有魏国的军事家乐毅，有齐国的阴阳家邹衍，还有赵国的游说家剧辛等。落后的燕国一下子便人才济济了。从此以后一个内乱外祸、满目疮痍的弱国，逐渐成为一个富裕兴旺的强国。接着，燕昭王又兴兵报仇，将齐国打得只剩下两个小城。

管理之道，唯在用人。人才是事业的根本。杰出的领导者应善于识别和运用人才。只有做到唯贤是举，唯才是用，才能在激烈的社会竞争中战无不胜。

如何将企业治理好，一直是管理者的一个"研究课题"。有的研究有素，也就治理有方；有的研究无果，也就治理失败。要治理好企业，必须网罗人才，古代燕昭王黄金台招贤，便是最著名的例子。

"千军易得，一将难求"，现实生活中，也许我们不可能像燕昭王一样筑黄金台，但是，我们难道不可以借用报刊一角，筑起"招贤台"，招聘贤才么？人才就是效率，人才就是财富。得人者得天下，失人者失天下。

（三）过渡阶段

这个阶段大体上是从汉、魏至唐朝前这段时间，是古代管理心理思想的过渡阶段。这一时期的统治者为国家管理制度化和定型化做出了自己的贡献，在管理心理方面已形成独具特色的内容，尤其对人才的选拔和任用越来越重视，使人员甄选理论被提出并逐渐成熟化。

（四）完善阶段

唐宋作为中国封建社会鼎盛时期，不但封建制度和文化教育得到发展，而且，管理心理思想也在这一时期得到进一步完善。这段时期内影响较大的具有管理心理学思想的论著都是对前代文化思想的继承和总结，主要有儒家的"程朱理学"和兵家的《太白阴经》和《武经总要》等。

王珪鉴才——人才鉴别和任用

在一次宴会上，唐太宗对王珪说："你善于鉴别人才，尤其善于评论。你不妨从房玄龄等人开始，都一一做些评论，评一下他们的优缺点，同时和他们互相比较一下，你在哪些方面比他们优秀？"

王珪回答说："孜孜不倦地办公，一心为国操劳，凡所知道的事没有不尽心尽力去做，在这方面我比不上房玄龄。常常留心于向皇上直言建议，认为皇上能力德行比不上尧舜很丢面子，这方面我比不上魏征。文武全才，既可以在外带兵打仗做将军，又可以进入朝廷担任宰相，在这方面，我比不上李靖。向皇上报告国家公务，详细明了，宣布皇上的命令或者转达下属官员的汇报，能坚持做到公平公正，在这方面我不如温彦博。处理繁重的事务，解决难题，办事井井有条，这方面我也比不上戴胄。至于批评贪官污吏，表扬清正廉明，疾恶如仇，好善喜乐，这方面比起其他几位能人来说，我也有一日之长。"唐太宗非常赞同他的话，而大臣们也认为王珪完全道出了他们的心声，都说这些评论是正确的。

从王珪的评论可以看出唐太宗的团队中，每个人各有所长；但更重要的是唐太宗能将这些人依其专长安排最适当的职位，使其能够发挥自己所长，进而让整个国家繁荣强盛。

未来企业的发展不可能只依靠一种固定组织的形态运作，必须视企业经营管理的需要而有不同的团队。所以，每一个领导者必须学会如何组织团队，如何掌握及管理团队。企业组织领导应根据每个员工的专长，安排适当的位置，并依照员工的优缺点，做机动性调整，让团队发挥最大的效能。经理人员的任务在于知人善任，给企业提供一个平衡、密合的工作组织。

（五）衰落阶段

元明清时期，是古代管理心理学思想的衰落时期。这一时期管理心理学思想除了一些微观技术上的变化，整体上"衰落"为其主要特色。

二、中国古代管理心理思想的主要特征

从管理心理的角度，可以把中国古代管理心理思想的特征概括为以下几点。

（一）以人为本

中国的管理文化高度重视人在管理中的作用，自从古老的典籍《尚书》提出"惟天地，万物父母；惟人，万物之灵"之后，绵延数千年，绝大多数思想家都认同"天地之间人为贵"的思想。一般来说，可以把古代"以人为本"的思想分为得气说、智慧说、道德说等几种类型。

构成中国古代管理心理思想的人本特色，主要表现在以"人道"代替"天道"，相信人的智慧和力量，重视人的价值和地位，注重人际和谐，善于运用人的智慧和计谋等。

（二）以德为先

中国古代管理心理思想的另一个重要特征就是以德为先。提倡贤人政治，崇尚以德治国，强调管理者的道德素质，这是以儒家为代表的古代管理心理思想的共同特征。古代管理心理思想中还特别强调领导者的表率作用，尤其在德的方面。

（三）中庸之道

"中庸之道"，是儒家所提倡的一种道德实践的原则和处世待人的方法。最早提出"中庸"概念的是孔子。孔子"中庸"思想的本意是："去其两端，取其中而用之。"也就是去除偏激，选择正确的道路。它体现的是端庄沉稳、守善持中的博大气魄、宽广胸襟和"一以贯之"的坚定信念，然而今日，中庸之道成了老好人、无原则、无主见和随波逐流的代名词，实在是我们的先人所没有想到的。

中庸之道堪称是中华管理智慧中的精粹。在管理中，我们不能简单地用折中主义的观点来解释它，而应正确理解这一概念所包含的内在哲理。中庸之道于管理中的运用大致包括以下几方面观念：

（1）凡事要适度；

（2）统一把握好矛盾的双方；

（3）掌握灵活多变的原则；

（4）保持矛盾双方的协调。

中庸之道是一种精深的生存智慧和生命境界。林语堂说："我像所有中国人一样,相信中庸之道。"在 1937 年出版的《生活的艺术》中,林语堂还把"中庸生活"作为一种"生活的最高典型"而大加称赞。他说："这种学说,就是指一种介于两个极端之间的那一种有条不紊的生活——酌乎其中学说,这种中庸精神,在动作和静止之间找到了一种完全的均衡。"

（四）无为而治

无为而治是由道家提倡并产生广泛影响的管理原则。"无为"是道或天道的一种重要属性,并非无所作为。人道效法天道,就管理者来说,"无为"是指人人适应自然,自觉服从客观规律的管理过程。道家的管理宗旨就是通过"无为",最后达到"无不治"的管理效果。具体来说,"无为而治"在管理实践中具有以下作用：

（1）"无为"可以减少管理的心理阻力,避免引起反感；

（2）"无为"可以减少冲突；

（3）"无为"可以充分发挥组织机构的作用。

（五）以和为贵

以和为贵,在中国古代无论是儒家,还是兵家、法家等,都主张追求管理中的"和"。这种和既是"和谐"、"协调"的意思,也有合作的含义,因而它实际是中国"和合文化"的精髓。和谐是管理成功的标志,是管理追求的理想境界。

"以和为贵"的管理思想具有辩证的思想内涵,这种管理思想在今天仍然具有价值。因此,在现代管理中应该充分发挥"以和为贵"的管理特色,争取管理上的最佳"和谐"和最好的"合作",以最小的成本获取最高的利润。

第三节 西方管理心理学的理论与实践

管理活动源远流长,自古即有,但真正成为一门科学,具有一套比较完整的理论体系,则是始自 20 世纪初以泰罗制为代表的科学管理。科学管理是管理科学的起点和基础,而管理科学是科学管理发展的必然结果。中国与西方发达国家的差距,在于中国既缺乏科学管理的熏陶,又缺乏管理科学的体系。

（一）管理科学的发展

自从有人类以来,就存在着管理问题。人类的劳动活动与动物的活动有着根本的区别,人类劳动活动最显著的两个根本性的特点是：（1）劳动工具的制造与使用；（2）劳动的集体性。从事集体劳动就需要对其进行有计划的组织与系统的管理。

我国是有五千多年悠久历史的文明古国,在长期的生产斗争中积累了丰富的管理经验。国外的管理学界认为,世界上第一部系统论述管理问题的著作,是我国春秋末期的名书《孙子兵法》。早在秦始皇时代,我国就修建了举世闻名的万里长城,统一了度量衡制度,修造了通向全国各地的"驰道"、"驿道"。当时,管理者若没有卓越的组织管理才能和丰富的管理经验,根本无法修建这样伟大的工程。

但是,无论在中国古代还是外国中世纪,管理还没有真正形成一门科学。随着资本主义的产生和发展,生产方式从工场手工业转变为机器大工业,手工业的作坊转变为现代化的工厂。只有在用机器进行生产的工厂出现之后,管理才逐渐形成为一门科学。

(二)西方管理科学的发展

西方管理科学的发展大体上经历了四个阶段。

1. 第一阶段:早期管理(经验管理阶段)

(1)时间:大致从18世纪后半叶到19世纪末。"早期"也主要是指从手工业生产向机器生产转变的初期(这个时期的管理实际还算不上真正的管理科学)。

(2)特点:早期管理主要是工厂老板和工头对工人严加管束、残酷剥削。管理仅靠老板的个人经验。工人的技术培训只是采用师傅带徒弟的办法,师傅怎么干徒弟也怎么干。没有科学计算的劳动定额,定额(生产多少量)由老板凭经验随意决定。既没有固定的劳动时间,也没有科学的累计定额方法,所以老板为了追求最大利润可以随意地体罚、侮辱不服从管理的工人,为了追求最大的利润,可以任意延长工作时间。

(3)历史背景:这一时期,农村处于破产状态,大批劳动力流入城市,形成庞大的劳动力后备军,而工人阶层仍处于自发斗争阶段,没有明确的阶级意识和自己的统一组织。

2. 第二阶段:科学管理阶段

(1)时间:从19世纪末到20世纪初,这阶段管理才真正形成一门科学(大致经历了50年时间)。

(2)历史背景:这一时期,随着社会生产力的进一步发展和资本主义自由竞争向垄断阶段过渡,企业规模不断扩大,生产技术越来越复杂,竞争日趋激烈,企业为了求得生存和发展,迫切要求提高管理水平,把以往资本家管理企业的个人经验加以总结提高,使之科学化、系统化和标准化。于是企业的管理从早期经验管理阶段过渡到科学管理阶段。

(3)代表人物及管理特点:泰勒(F. W. Taylor)是科学管理阶段的代表人物。泰勒从1875年开始在一家小型公司里当学徒,1878年以后,先后在米德瓦尔钢铁公司和伯利恒钢铁公司工作,他提升很快,6年之内从普通工人升为领班、车间工长、车间主任、总机械,直至总工程师。1900年前后,他在伯利恒钢铁公司进行著名的"搬铁块"试验(后来人们称之为著名的"时间—动作分析"实验),为伯利恒钢铁公司的搬铁块工人设计了一套标准的动作方式,按照该套标准动作干活,每个工人效率迅速提高。这之后,泰勒还实行了一系列管理改革试验,主要内容为:

① 对工人的操作进行科学的分析,实行劳动方法标准化;

② 对工人的劳动时间进行科学的分析,创造了劳动定额和工时定额制度;

③ 规定不同工资单价,实行有差别的、有激励性的计件工资制度;

④ 按照操作标准对工人进行科学的训练;

⑤ 在管理人员与工人之间实行适当的分工,把管理从劳动中分离出来,但又强调两者间密切的、长久的合作。

这些管理思想和实践,开创了科学管理的新阶段。这一管理方法,既严格规定了工人的劳动定额、工时定额,并实行劳动方法标准化,又实行了计件工资,并对工人进行科学的训练等,使工人得到比过去多的好处。因此,有人将此方法比喻为"胡萝卜加大棒"的管理方法。

（泰勒:美国发明家、工程师,出生于费城一个律师家庭。中学时因夜读过度,视力受损,虽考上哈佛大学亦未能就读。1875 年进一家小厂当徒工,3 年后转入费城米德瓦尔钢铁公司,先后当过勤杂工、机工、工长、设计室主任等。1881 年,25 岁时开始进行劳动时间研究,这就是他后来创立的管理科学的基础。其要点是,仔细观察每一名工人,减少他在操作中浪费的时间和多余的动作,即可大幅度提高一个车间乃至一家工厂的生产效率。他利用晚间自学,于 1883 年获得史蒂文斯理工学院的机械工程学学位。28 岁时任米德瓦尔公司总工程师。他拥有 40 多项专利,完全可当一名专职卓越发明家,但他醉心于科学管理。34 岁时离开公司独立从事工厂管理咨询工作。45 岁退休后,他用大部分时间从事写作、演讲,宣传他的一套工厂管理的科学方法,即通常所说的"泰勒制"。）

"科学管理之父"泰勒
(F. W. Taylor 1856—1915)

泰勒第一次系统地把科学方法引入管理实践,使管理成了一门可供研究和传授的科学,开创了科学管理的崭新时代。"泰勒制"强调每个细节的规范,强调从起源到结果每个环节的过程控制,其精髓就是精细化、标准化和数量化。泰勒认为:最佳的管理是一门实在的科学,其基础建立在明确规定的纪律、条例和原则上。

现代管理学泰斗德鲁克(P. F. Drucker)高度评价科学管理"是一种极具解放性、开创性的洞察力"的管理。科学管理把生产过程进行细微的动作分解,实行标准化的操作和定量化的管理,使机器大工业时代以装配线为特点的大规模生产成为可能。

到 1910 年,泰勒的科学管理系统已经享誉全美国,并在许多方面得以广泛地推广使用。但是,还有不少组织的管理者对这一全新的科学管理原则进行了有选择性的实施。这种决定最终引发了诸多问题。例如,一些管理者运用科学管理方法实现了绩效的提高,却没有像泰勒所倡导的那样,与工人共享绩效收益,反而仅仅增加了每个工人承担的工作量。许多参加了工作系统重组实践的工人发现,随着他们绩效的提高,管理者要求他们做的工作也更多了,而薪水却一点也没有增加。工人们还意识到,工作绩效的提高意味着更少的就业机会和更大的失业威胁,因为需要的工人数量减少了。此外,专业化、简单化的工作往往是重复性的,非常单调乏味,许多工人对此日益厌烦。

科学管理使工人的工作更加辛苦,而收入却没有相应地增加。因此,他们越来越不信任那些看起来对他们的福利漠不关心的管理者。这些不满的工人拒绝使用这种新的科学管理技术,有时甚至向管理者隐瞒他们的工作知识,以保护自己的工作和收入。对于工人们来说,为保护自身利益,隐瞒工作系统的真实潜在效率并不是什么难事。例如,经验丰富的机器操作员能够通过调整传送带的松紧或者故意不把齿轮对准,以管理者觉察不到的方式放慢机器运转的速度。当工作小组试图设定一个可接受的、公平的绩效水平时,工人有时甚至会建立起非正式的阻碍高绩效、鼓励偷懒的工作规则。

管理游戏活动

目的:领悟科学管理的重要性

形式:5 人一组

道具:不同面值的数叠点钞纸(100 元、10 元、1 元面值的点钞纸各 50 张)

时间:45 分钟

程序:

1. 手持式点钞,计算单指单张、单指两张、三指三张、四指四张、五指五张的点钞时间。

2. 单指单张,计算手持式点钞和桌按式点钞的时间。

3. 不同手型(粗细手)的点钞时间。

规则:

1. 除记录者外,小组的每位同学都必须参与。

2. 比赛分为小组内竞赛和小组间的竞赛。在其他条件相同时,点钞时间最短者获胜。

教师任务:

1. 在前一次课上宣布活动的任务、道具及分组。

2. 指定准备活动道具的负责人。

3. 开始活动时,宣布活动程序、规则及时间。

4. 确定每组的记录人。

5. 控制整个活动场面,回答学生的提问,监督是否有违反规则的现象。

6. 组织学生讨论,得出结论,如点钞方法的重要性、选拔一流员工的重要性、工具(手与钞票)的重要性。

考核标准:在其他条件相同时,点钞时间最短者获胜。

科学管理时代的"泰勒制"给我们什么启示?

提到"泰勒制",很多人可能会想起掐着秒表,强迫工人按照最高的劳动强度干活的凶恶工头,或者想起卓别林的电影《摩登时代》中,在高速运转的传送带前手忙脚乱、窘态毕现的流浪汉。科学管理似乎与剥削、压榨、没有自由联系在一起,与第二次工业革命的高炉、机械、流水线联系在一起,在如今这个信息革命浪潮席卷全球的时代,在办公室的白领工人人数超过了蓝领工人人数的国家,很多人不禁感到科学管理过时了。

对企业的员工而言,纪律、敬业、服从、协作等精神永远都很重要,但是,这些优秀的品质不是与生俱来的,需要进行长期、艰苦的训练。

构筑现代工商文明的基石,需重新认识"泰勒制"的价值。管理学在中国似乎已经成为显学,每年出版的管理书籍汗牛充栋,新的管理概念层出不穷,很多人觉得眼花缭乱,无所适从。在这种情况下,我们也许需要正本清源,寻找更为基础的、更具有普遍性、更适合当前中国绝大多数企业实情的管理原理。于是,在现代管理的源头,我们看到了泰勒的身影。

科学管理没有过时。恰恰相反,对于当今的中国,正当其时。科学管理是从生产线和体力劳动上发端的,它首先改变制造业的面貌。而对于制造业来说,秒表、动作分解、操作规范是永恒的主题。中国许多做得比较好的制造业,都从"泰勒制"中吸取了营养。

19 世纪末 20 世纪初,首先在美国,随后在欧洲各国普遍实行了血汗工资制度。它有多种形式,最具代表性的是"泰勒制"和"福特制"。以上简单介绍了泰勒制,下面介绍"福特制"。

美国汽车大王亨利·福特(1863—1947)首先在自己的工厂内实行一种加强剥削工人

的制度。这种制度的主要特点是：在采用机械化或自动化生产线和产品标准化的基础上，通过加快传送装置的运转速度，最大限度地提高劳动强度。凡是赶不上机器运转速度的工人，将被克扣工资，甚至被解雇。实行这种办法，不仅可以大大提高劳动生产率，迅速增加产品的数量，而且由于简化了操作方法，降低了对劳动者的技术要求，资本家就可以广泛地雇佣工资低的非熟练工人。实行的结果是，降低了商品的成本，增强了竞争能力，攫取到了更多的利润。在这种紧张劳动的情况下，工人即使多得一点工资，也弥补不了劳动的过度消耗。同时，实行这种制度也必然减少就业工人人数，扩大产业后备军的队伍，使广大工人的实际工资下降。

　　（福特：美国著名汽车制造家，福特汽车公司创始人。生于 1863 年 7 月 30 日，1947 年 4 月 7 日在迪尔伯恩去世。福特少年时家境贫寒，1879 年去底特律当学徒，做过多年的钟表和汽车修理工。1893 年制成双缸汽油机卡车，同年被聘为爱迪生照明公司的总工程师。1899 年福特组建底特律汽车公司。他先后采用"泰勒制"管理办法并于 1913 年建立了汽车装配流水线，使汽车价格降低，销售量剧增。至 1927 年共售出 1500 万辆汽车，控制了世界汽车市场。1928 年，他对 T 型汽车进行改型，又生产具有安全玻璃、四轮制动和液压减震装置的新 A 型汽车。福特开创的标准化、专业化生产协作和大量生产管理经验，对 20 世纪初的世界工业发展产生了重大影响。）

实践中的"福特制"

　　从 1908 年到 1914 年，经过多次试验和修正，亨利·福特天才的生产管理者团队终于率先发明了能运动的传送带，由此历史性地变革了生产实践方式。对于福特公司和千千万万从此能够买得起汽车的美国人来说，大批量生产的技术飞跃带来了巨大的财务成功。然而，对于那些真正生产汽车的工人而言，却遭遇了许多人性问题和社会问题。

　　随着工作过程的简化，工人们日益痛恨流水线工作的枯燥乏味。1914 年以前，福特公司汽车工厂的雇员流失率一直很高。由于无法承受巨大的工作压力，每年有高达 300%～400% 的工人辞职离去。亨利·福特认识到这些问题之后，发表了一项声明：为了激励员工，从即刻起，他将缩减工作日长度，由 9 个小时减少为 8 个小时；公司将把基本工资提高一倍，由原来的每天 2.5 美元增加到每天 5 美元。这是一次显著的改变，发表声明的第二天福特汽车公司就把最低工资加倍。福特因此成了一个享誉世界的人物，他的新方法也被命名为"福特制"。

　　然而，福特表面上的慷慨是与对公司赖以生存的人力和物力资源的控制相配合的。他雇用了几百名监工在工厂内外监督工人。在工厂里，管理既高度限制又十分紧密。工人们不允许离开他们在生产线的位置，也不允许互相谈话，他们的工作就是全神贯注于手上的任务。但是很少有人能适应这种工作系统，于是，工人们就像口技表演者那样只用"嘴角"说话，最终形成了一种著名的讲话方式——福特唇语。福特对控制的偏执使他与管理者之间的冲突越来越严

亨利·福特（Henry Ford, 1863—1947）

重,许多管理者仅仅因为与他的意见不合就被解雇。结果,很多有才能的人都离开了福特,加入越来越多的竞争对手的公司。

福特也走得越来越远,甚至建立了他所谓的社会部,检查工人们的生活方式和时间支配方式。该部门的检察员走访工人的家庭,调查他们的习惯和问题,员工一旦被发现具有与福特标准相抵触的行为,比如酗酒或者经常欠债,就可能被解雇。

福特总是力图对员工进行控制,他与下属经理的管理行为的方式在今天看来是绝对不可接受的,也是不道德的。并且,从长远来看,这种做法也必然会损害组织的繁荣。

3. 第三阶段:现代管理阶段

(1)时间:从20世纪40年代到70年代,大致经历了30年时间。主要是在第二次世界大战后形成的,这个阶段并没有一个统一的学派,而主要分为两大学派:管理科学学派与行为科学学派。

(2)特点:管理科学(management science)有不同名称。如:运筹学、数量分析、系统分析或决策科学等,一般用管理科学这一名称。这一阶段实际上是对"泰勒制"的继续和发展,它与"泰勒制"的不同之处在于运用现代自然科学和技术科学的成就,并且研究的问题比"泰勒制"更为广泛。

①管理科学学派。

这一学派注重数学和统计方法,注重运用电子计算机,研究的重点在于用科学方法达到组织的最佳决策。这一学派(管理学派)的特点主要为:

- 强调科学方法;
- 用系统分析法解决问题;
- 设计解决问题的数学模型;
- 强调数量化与利用数字和统计程序;
- 注重经验技术方面,而不重视心理社会方面;
- 使用电子计算机;
- 在具有不同程度不确定性的情况下探索合理的决策;
- 倾向于设计标准化的模式,而不是描述性的模型。

这一学派的科学方法,最早在英国使用,1940年英国首次运用运筹学方法研究新研制成的雷达系统的设计问题。随后美国也在国防部门使用运筹学方法研究军事技术,在20世纪50年代以后这一学派才在企业部门广泛运用。

20世纪50年代以后,管理科学的方法有了很大的发展,线性规划、博弈论、统计决策论、系统分析、模拟、蒙特卡罗技术等,都在管理方面得到广泛运用。

②行为科学学派。

与管理科学学派并行发展的另一学派则是行为科学学派。行为科学(behavioral sciences)学派强调从心理学、社会学的角度研究管理问题。它重视社会环境、人们之间的相互关系对提高工作效率的重要影响。

行为科学学派认为:生产不仅受物理因素、生理因素的影响,而且受社会因素、心理因素的影响。不能只重视物质因素、技术因素,而忽视社会因素、心理因素对生产效率的影响。简而言之,行为科学学派重视人的因素,重视企业中人与人之间的关系,主张用各种方法调动人的生产积极性。

行为科学学派研究的问题范围很广,它包括领导人的培训、群体动力、动机与满意感、参与管理、个人和群体的决策、行为矫正、敏感性训练、工作的扩大和丰富化、社会技术系统、组织变革、目标管理以及提高工作和生活质量等。

行为科学开拓了管理学理论的新领域,这个领域从 20 世纪 20 年代的霍桑实验开始经过梅奥的"人群关系学说",在 20 世纪 40 年代至 50 年代名称被确定后,得到了较大的发展。其研究主要集中在四个方面:首先是对人的需要、动机和激励问题的研究;其次是有关"人性"问题的研究;再次是对企业中非正式群体及人与人关系的研究;最后是对企业中领导方式问题的研究。这些方面的研究成果,使行为科学成为当今管理学研究的一个重要组成部分。

由此可见,管理科学学派与行为科学学派在管理问题上各自强调不同的方面,前者侧重经济技术因素,后者强调人的因素,强调社会因素和心理因素。这两个学派的科学家在学术背景上也各不相同。管理科学学派科学家擅长于数学、统计、工程和经济学方面,强调管"物",而行为科学派科学家主要是社会学家和心理学家,侧重强调"人"的作用。

"管理理论之母"玛丽·帕克·福莱特(Mary Parker Follett,1868—1933)

(玛丽·帕克·福莱特是一位消瘦、秀气、气质非凡、魅力超群,却又一辈子未婚的传奇女性。她不仅是波士顿上层社会的社交名流,还是具有重大建树的一流学者,她在政治学、经济学、法学和哲学方面都有着极高的素养。这种不同学科的综合优势,使她可以把社会科学诸多领域内的知识融会贯通,从而在管理学界提出了独具特色的新型理论。有人认为,福莱特的思想超前了半个世纪甚至 80 年。20 世纪 60 年代以后管理学的诸多探索,追根溯源都能在福莱特那里得到启示。由于她对管理学的巨大贡献,当代管理大师德鲁克把她称为"管理学的先知"。甚至有人把她与泰勒相提并论,宣称这位杰出的女性应当与"科学管理之父"并列,可称之为"管理理论之母"。)

玛丽·帕克·芙丽特

如果把泰勒看作"管理理论之父"的话,玛丽·帕克·福莱特则可以被称为"管理理论之母"。她的著作反映了对被泰勒所忽视的组织中人性方面的关注。她指出,管理者常常忽视了一点:如果管理者允许员工在日常工作中积极参与并发挥充分主动性,员工就能够以多种方式对组织做出贡献。例如,泰勒从未建议管理者应该让工人参与分析自己的工作,以确定完成任务的最优方法,甚至从未考虑过询问工人对自己工作的感受。相反,他只是请时间—动作专家为他们分析工作的动作。而福莱特认为,工人们是最了解自己的工作的,理所当然,他们应当参与工作分析,管理者也应该允许他们加入工作开发过程中来。

福莱特指出,"职权应当与知识相结合……无论是在这根链条的顶层还是下端"。换句话说,如果工人具有相关知识,那么,应该由工人而不是管理者来控制工作过程。管理者应该发挥教练和助手的作用,而不是成为监控者和监督者。福莱特的这一观点是对当前自我管理团队和授权理论的早期预见。她还认识到,让不同部门的管理者进行直接的交流,对提高决策速度具有重要作用。她提倡运用一种自己称之为"跨部门职能"的方法,不同部门的成员在跨部门团队中共同工作,完成项目任务。如今,这种方法正被日益广泛地应用。

法约尔也曾提出专长和知识是管理者职权的重要来源,但是福莱特的研究更加深入。她建议,应当根据知识和专长来决定在特定时刻由谁来领导,而不能依靠源于管理者等级地位的正式职权。像今天的许多管理理论家一样,福莱特认为,权力是流动的,它应该流向能够给予组织最大帮助以实现组织目标的人。法约尔把正式的指挥链和垂直的命令链看作有效管理的本质;而福莱特正好与之相反,以一种横向的观点来看待权力和职权。福莱特的行为管理方法在她所处的那个时代是相当激进的。

4. 第四阶段:最新管理阶段(系统管理理论阶段)

(1)时间:最新管理理论又称系统管理理论,它是20世纪70年代出现的一种管理理论。

(2)特点:系统管理理论,是从整体出发而不是从局部出发去研究事物的一种理论。"系统"的概念是一个含义很广的概念,大至整个宇宙天体,小至一个有机体,都可以视为一个系统。

系统理论应用于管理实践,主要是把企业看成一个开放的社会技术系统。所谓社会技术系统是指一个企业由各种子系统构成的完整系统,其中包括目标价值系统、组织结构系统、心理社会系统和管理系统等。在一个企业中,各子系统之间是相互联系、相互影响的,从而构成一个整合的系统。

企业目标的改变(即目标价值系统的改变)就会引起组织结构、工程技术的相应改变,同时在人的心理上和人与人之间的关系方面引起一系列的变化。在企业内部各子系统会发生相互作用、相互影响,而企业本身并不是一个闭合系统,要不断地与其他企业和事业单位等发生联系,企业本身也会受到社会各种因素的影响,与社会发生相互作用。也就是说,企业本身作为一个系统要与环境系统发生相互作用和相互影响。正因为如此,企业本身也是一个开放的社会技术系统。

任何一个组织,都是一个开放的社会技术系统,在此系统中不但各子系统发生相互作用，而且该系统也与环境发生相互作用。这也表明，系统管理理论在一定程度上克服了以往的管理理论的片面性。

系统管理理论主要要求把各种因素（各子系统）结合起来，从总体上进行考察，所以，最新管理理论（系统管理理论）是把"现代管理"中的两大学派统一起来的较新的理论。

开放的社会技术系统观

关于外部环境如何影响组织的最有影响力的观点之一，是由丹尼尔·卡茨、罗伯特·卡恩和詹姆斯·汤普森在20世纪60年代提出的。他们把组织看作是一个开放的系统，即从外部环境中输入各种资源，将其转化为产品或服务，然后重新将这些产品和服务输回到外部环境中，由消费者购买的系统。

这一系统之所以是开放的，是因为组织为了生存，要从外部环境中获取资源并与之产生互动。换句话说，组织对其外部环境是开放的。反之，封闭系统是一个不受外部环境变化影响的自给自足的系统。在封闭系统内运行的组织会忽视外部环境，得不到外部投入，将很可能遭受一个嬗变的过程，即系统倾向于丧失自我控制能力，逐渐走向解体和分裂。

系统各个组成部分如何协调一致共同工作以提高效率，也是系统观的研究者所关心的问题。系统理论家热衷于讨论"整体大于部分之和"，也就是说，当组织各个部门共同协调而非分散独立工作时，组织的绩效水平将会更高。可能只有在一个组织良好的系统中才会产生协同效应，个人和部门通力协作导致绩效提高。近来管理实践对跨部门团队的利用表现出的关注，反映了系统理论专家的兴趣所在：设计出能够产生协同效应的组织系统，从而提高效率和效果。

本章小结及对管理者的意义

管理者是组织中负责监管组织所拥有的人力和其他资源的使用，以达到组织目标的人员。组织是指在一起工作，并协调各自的行动以实现各种目标的人们的集合体。管理是对人力和其他资源进行计划、组织、领导、协调和控制，以快速有效地实现组织目标的过程。有效率地组织使用拥有的资源实现最大的产出，有效果地组织追求恰当的目标，并利用组织资源为消费者创造出其所需要的产品和服务，最终实现这些目标。

管理心理学是运用心理学的原理和方法，研究管理活动中人的心理现象、心理过程及其规律，使个人或组织提高效率的一门科学。由此可以概括得出，管理心理学的研究对象就是管理活动中人的心理现象、心理过程及其规律，以及与此相关的人的行为。

中国古代管理心理学思想的主要特征包括以人为本、以德为先、中庸之道、无为而治、以和为贵。这些经典的思想为促进现代管理心理学的发展奠定了基础，在现代管理心理领域中依旧灿烂夺目，是人类管理历史中的瑰宝。

西方管理心理学历史经历了经验管理阶段、科学管理阶段、现代管理阶段和系统管理阶段。"泰勒制"、"福特制"、"福莱特制"以及以人为本和系统管理思想都成为西方管理心理学的精华，在现代企业管理过程中，管理者对历史长河中留下的宝贵财富建设性地吸取精妙之处,有着巨大的理论意义和现实意义。

本章思考题

1.管理心理学理论体系包括哪些方面?举例说明个体、群体和组织心理之间的关系。

2.如何正确评价泰勒的管理思想?

3.中国古代管理心理思想的主要特征是什么?

4.现代管理学派两大理论流派及其相互关系是什么?

推荐阅读及参考文献

第二章　管理心理学的理论基础与人性假设

本章开篇案例

惠普之道[①]

惠普电子公司的管理者是 Y 理论原则的忠实实践者。公司创始人比尔·休利特和戴夫·帕卡德在公司里被亲切地称为比尔和戴夫,他们创立了著名的管理哲学——惠普之道,它以人为本,强调以宽容和尊重的态度对待每一个人,对任何成绩都给予积极的肯定和承认。

惠普的管理哲学建立在以人为本的指导原则基础之上。其中之一就是长期雇用政策。为了不解雇员工,惠普做出了极大的努力。当需要减少员工数量时,公司不是解雇员工,而是降低工资,缩短工作日,直到市场对公司产品的需求上升。这一政策加强了员工对公司的忠诚度。

惠普之道是建立在黄金法则之上的,该法则的主旨强调要善待组织成员,充分发挥他们的创新精神。惠普的管理者相信,公司的每一位员工都是惠普团队的一员。他们强调提高员工沟通水平的必要性,认为要创造积极的创新环境,不仅需要上下级之间的纵向沟通,同事之间的横向交流也是必不可少的。

为了推动在不同等级的员工之间加强交流与合作,惠普鼓励不拘礼节。管理者与员工之间相互都直呼其名,包括称呼公司创始人为比尔和戴夫。此外,比尔和戴夫还首创了著名的走动式管理,这种管理技术鼓励人们到处走走,了解其他人都在做些什么,以便抓住开发新产品或者发现新的合作方法的机会。

比尔和戴夫还率先采用这样一条原则:员工应该在自己选定的项目上花费 15% 的时间。他们鼓励员工把设备和零部件带回家,利用自己的业余时间进行装配实验。惠普的产品设计工程师常把他们的最新设计放在自己开放式的办公桌上,任何人都可以去看看他们在做些什么,并从中学到一些东西,或者提出自己的改进意见。公司根据管理者激发下属创新兴趣和热情的能力对其进行选拔和晋升。

惠普公司的办公室隔板都很矮,并设有公用的实验室以方便管理者和员工之间的沟通与合作。通过上述种种方法,惠普公司的管理者希望能够激发每一位员工进行创新的热情,并创造一种基于合作关系的集体或者家庭的氛围。

惠普之道的实践成果有目共睹,它使惠普公司成为世界电子企业的佼佼者,具有很强

① 引自:加雷斯·琼斯、珍妮弗·乔治.当代管理学.郑风田译.人民邮电出版社 2005 年版,第 42 页。

的赢利能力。然而,2001年,由于全球经济的低迷,惠普和大多数高技术公司一样,出现了很多问题,公司不得不宣布将设法削减成本。但是,惠普依然坚持创始人的管理哲学和价值观。公司的首席执行官卡莉·菲奥莉娜宣布公司不会解雇员工,但会要求他们接受相对较低的工资或者不带薪休假,以帮助公司渡过难关。

第一节 管理心理学的理论基础

一、管理心理学产生的历史背景

管理心理学的早期理论产生于20世纪20年代,并在40年代末50年代初进一步发展为一门独立的学科,管理心理学的产生是现代化大生产的必然产物。

19世纪末20世纪初,资本主义完成了从竞争向垄断的过渡,现代工业生产进入了一个新的历史阶段。这一时期,科学技术进步了,但当时社会固有矛盾的存在和激化,并不能必然导致工作效率的迅速提高,企业主为了获得更多的利润,开始聘请越来越多的心理学家从事工作效率与经营决策的研究,因而促进了管理心理学的产生。同时,把人看作是劳动机器的传统管理方式引起了一线工人的强烈反抗,使劳资矛盾尖锐化。管理心理学重视人的因素和人与人之间的关系,主张用各种办法来调动员工的积极性,因此受到当时企业界的重视与支持。他们集中了大批心理学家进行人际关系、团体行为和领导行为的研究,这些研究成果构成了管理心理学的基本内容。

第二次世界大战以来,科学技术日新月异的发展,给现代化大生产中的劳动性质与劳动力结构带来了深刻的变化。首先,科学技术在生产中的广泛应用,使工业自动化程度达到了前所未有的水平,高水平的生产力状况对劳动者工作的主动性和自觉性提出了更高的要求,现代化大生产要求工人在工作中要具有高度的自觉性、创造性与责任感,把人看作"经济人"、"机械人",已不适应现代化大生产的客观要求。其次,随着生产与科学技术的不断发展,生产机械化、自动化水平不断提高,专业分工越来越细,使各个生产工序的操作更加乏味,这样会严重影响工人的生产情绪,管理层为了进一步提高生产率,需要寻求新的对人进行管理的理论和方法。现代化大生产的发展还使劳动力的素质与结构发生了变化。生产中操作人员的脑力劳动比重越来越大,工人受教育程度与文化素养越来越高,工人不仅有物质方面的需要,而且在社会和心理的需要方面提出了更多更高的要求。在企业管理中若不重视这些要求,就不可能充分调动工人的积极性,因此,仅仅采取强制与监督的方法进行管理是远远不够的。当时,企业家中的一些有识之士认识到在管理中更要重视人的心理因素,他们说,"过去企业管理过分依靠效率工程师,今后要更多注意心理学"。由此可见,劳动性质与劳动力结构的变化,使"胡萝卜加大棒"的传统管理方式再难以奏效,"经济人"假设也不能有效调动工人的积极性了,在现代化大生产中,仅靠纪律、监督与金钱刺激是行不通的,人的因素与作用明显地突出出来。管理心理学顺应了科学技术与生产力发展所形成的这一客观要求,因此得以迅速发展。

所以,管理心理学的产生与发展是和科学技术的进步、生产力的发展水平相联系的,并和社会化大生产的需要是分不开的。

二、管理心理学形成的理论准备

20世纪初,心理学与社会学有了长足的进步,心理学发展初具规模,形成了一套心理学的研究方法与手段,社会心理学也已发展成为独立的学科。这些学科理论的形成与发展,为管理心理学奠定了较充分的理论基础与有效的研究手段,从而使管理心理学的产生在客观需要上成为可能。

心理学知识在企业管理中的应用是从心理技术学开始的。最早进行心理技术学研究的是"工业心理学之父"闵斯特伯格,他在1912年出版的《心理学与工业生产效率》一书中提出,心理学应着重研究三方面的问题:一是如何选择工人以适应工作的要求;二是如何安排条件使工人得到最大的满意和达到最大的效率;三是如何发挥一切有益于经济发展的影响。他提出的这三方面的内容包括了后来的管理心理学的一些主要问题。

1924年至1932年间进行的霍桑实验及相应的人群关系理论,是管理心理学史的一个重要的里程碑。所谓的霍桑实验,是在美国芝加哥郊外的西方电器公司的霍桑工厂进行的。霍桑工厂具有完善的娱乐设施、医疗制度和养老金制度等,但是工人仍有不满情绪,生产效率不理想。为探求其原因,一个包括多方面专家的小组进行了以下几个阶段的研究。

(一)照明实验

这一实验研究照明条件的变化对生产效率的影响。实验前,专家们设想增加照明会使产量提高。实验时,他们将实验的工人分为两组,一组为"实验组",先后改变他们工厂的照明度;另一组为"控制组",照明度始终不变。实验结果是,无论提高还是降低照明度,两组的产量几乎等量上升。这一结果使研究者感到茫然,实验难以继续下去。这时,梅奥等哈佛大学的专家来到工厂,组织了新的研究实验小组,继续进行实验。梅奥等人通过分析总结前段实验,认为工厂照明不是影响生产效率的主要因素,生产效率很大程度上取决于工作人员的良好心理状态。在照明实验中尽管照明度发生各种变化,甚至降得很低,但由于工人们感到自己被挑选参加实验,有着特殊的身份,感到有人注意自己,一种被上级关注和重视的感情就会产生,从而激发出较高的工作积极性,生产效率自然会大大提高。

(二)福利实验

这一实验是为了确定改善福利条件和工作时间等对生产效率的影响。梅奥选定6名女工在单独的房间里从事装配继电器的工作。实验时,先是逐步增加一些福利措施,如缩短工作日、延长休息时间、免费提供茶点、实行计件工资制等,结果使产量得以提高。两个月后,取消了一些福利措施,产量仍然继续上升。梅奥等人认为,产量增加的原因不是福利,而是士气与人群关系,在调动工人积极性、提高产量方面,人际关系因素比福利措施更为重要。实验中工人之间以及工人与监工之间融洽的人际关系是使产量持续上升的原因。

(三)访谈实验

这一实验的目的是了解工人对厂方的态度。这项遍及全厂员工的访谈历时两年多,找员工个别谈话两万余人次。实验中规定访谈者少说多听,让工人任意发表意见。访谈计划收到了意想不到的结果,工厂的产量大幅度上升。这是由于工人长期以来对工厂的不满都发泄了出来,因而心情舒畅,从而使产量上升。

（四）群体实验

在这项实验中梅奥选择 14 名男工在单独的房间内从事绕线、焊接和检验工作,工作中实行计件工资。实验发现,产量只维持在中等水平上。原来这个集体为维护其群体的利益,自发形成了一套自己的规范,如他们约定,谁也不能多干、突出自己;谁也不能少干、影响大家;违反规定者要受惩罚。工人之所以使产量维持在中等水平,是为了避免当局提高标准或裁减人员。这一实验表明,工人为了维护班组内部团结,可以放弃物质利益的诱惑。梅奥由此提出"非正式群体"概念,他认为正式组织中存在着自发形成的非正式群体,这种群体有着自己的特殊规范,对其成员的行为有调节和控制作用。

梅奥在总结霍桑实验的基础上,提出了人群关系理论。他认为人是"社会人",影响人生产积极性的因素除物质条件外,还有社会、心理因素;生产效率的高低取决于"士气",而士气又取决于是否具有良好的人际关系;非正式群体是影响生产效率的重要因素;新型领导的能力在于提高工人满意度,提高生产率,并且能够使正式组织的经济需要与非正式群体的社会需要取得平衡。

霍桑实验及人群关系理论为管理心理学奠定了实验和理论的基础,并成为管理心理学的核心内容。梅奥被公认为管理心理学的先驱。

勒温对管理心理学的形成也做出了重大贡献。他借用物理学中的"磁场"概念,把人的心理与行为看作是内部力场(人的内在需要)与情景力场(外在环境)相互作用的结果。据此,他提出了著名的行为公式:$B = f(P \cdot E)$。其中 B 是人的行为,P 是个人,E 是环境,其含义是人的行为等于个人与环境相互作用的函数。勒温的"场"理论最初仅用于个体行为的研究,后来他又把"场"理论扩大到群体行为的研究,提出了"群体动力"的概念。群体动力取决于内部力场与情景力场的相互作用,研究群体动力就是要研究影响群体活动动向的各种因素。群体动力理论对管理心理学的形成与发展有很大影响,其研究成果大多构成了管理心理学有关群体心理与群体行为的基本内容。此外,勒温在领导的行为理论以及组织变革研究中也有卓越贡献。

马斯洛在管理心理学中也是一位有影响的先驱者。他于 20 世纪 40 年代提出了作为人的动机基础的需要层次理论。他认为人有生理、安全、社交、尊重和自我实现五类需要,这些需要由低级向高级依次发展,形成金字塔的层次。马斯洛的需要层次理论对管理心理学的发展有很大影响,当前西方各国管理心理学和整个经济管理学科几乎都以这一理论作为重要的基础理论。

可见,管理心理学的产生是时代的产物,也是心理学、社会学、人类学和管理学等学科理论发展的必然表现。

第二节　人性的假设与管理

管人还是管事?"贤主劳于求贤,而逸于治事"这句话出自《吕氏春秋》。其意思是说,贤明的管理者把精力放在求贤用人上,而在管理具体事务上则采取超然的态度。美国著名企业家、钢铁大王卡耐基也是一位用人的专家。在他的墓碑上就刻着:一个知道选用比自己更强的人来为他工作的人安息于此。管理应该侧重于管人而不是管事。管人的过程中最复杂的莫过于对人性的认识和理解。

一、中国古代"人性"问题的争论

人性问题是管理理论的哲学基础。我国古代的思想家对"人性"问题有不同的论述:春秋时期,孔子在《论语·阳货》中提出"性相近也,习相远也"。他对人性善恶问题还说得不够具体。

战国时期,孟子主张"人之初,性本善",他认为人人有善的萌芽,统治者能保持发展它,庶民则不能。孟子的"性善说"是他"仁政说"的理论基础,这类似现代西方的 Y 理论观点。

荀子主张"人之初,性本恶",他在《荀子·性恶》篇中指出:"人之性恶,其善者伪也。"又说:"今人之性,饥而欲饱,寒而欲暖,劳而欲休,此人之性情也。"这种理论与现代管理的 X 理论认为工人天生懒惰、缺乏雄心、不愿负责任的观点是相似的。

韩非在《八经》篇提出:"凡治天下,必因人情。人情者,有好恶,故赏罚可用。"这是自然人性论。

汉代扬雄认为人性中有善的一面,也有恶的一面,这又近似于现代权变管理理论的观点。

二、"经济人"的假设

(一)"经济人"的人性假设

"经济人"(economic man)又称"唯利人"。"经济人"假设的代表人物:麦格雷戈、沙因。"经济人"假设的哲学基础是享乐主义哲学,其代表人物亚当·斯密关于劳动交换的经济理论,认为人的行为动机源于经济诱因,在于追求自身的最大利益。

1.麦格雷戈的人性假设

(1)麦格雷戈的人性假设观点

麦格雷戈在《企业中的人性方面》一书中将这种人性假设及其指导下的管理理论概括为 X 理论。其人性假设的要点如下:

①人类多数趋于天生懒惰,不愿多做工作;

②人类多数缺乏雄心,希望依赖他人,而不喜欢担负责任;

③人们多数喜欢以自我为中心而忽视组织目标;

④多数人安于现状,习惯于抵抗变革;

⑤人们易受欺骗,常有盲从举动。

(2)X 理论

基于这种人性假设麦格雷戈提出 X 理论要点是:

①管理者从经济利益出发来使用生产中的人力、物力、财力;

②管理者的任务在于指导与激发员工的工作表现,并时常控制与修正员工的行为,以

符合组织之需要；

③管理者必须管制其下属，并需要利用说服、奖赏、处罚与控制等方法。

（3）Y 理论

与 X 理论相反，Y 理论假设工人并非天生懒惰，也不是天生讨厌工作，如果给以机会，他们将会为组织做出贡献。根据 Y 理论，工作环境特征决定工人对工作的评价——满足的源泉或者痛苦的根源；管理者不决定工人对工作的评价——满足的源泉或者痛苦的根源；管理者不需要严格控制工人的行为以保证他们高效率地工作，因为当工人致力于组织目标时，他们会进行自我控制。

根据麦格雷戈的观点，Y 理论的含义是：工作环境中的有限合作，并非由于人的本性的限制，而在于管理者没有能够创造性地发现挖掘人力资源潜力的途径。管理者的任务是创造一种工作环境，这种工作环境能够鼓励员工致力于组织目标，并能为员工提供可以发挥其想象力、创造性以及进行自我管理的机会。

管理者依据 Y 理论对员工态度和行为的假设所设计的组织环境特征，与基于 X 理论所创建的组织环境特征截然相反。惠普是一家忠实地实践 Y 理论管理哲学的公司。

2.沙因的人性假设

（1）沙因的人性假设观点

美国组织心理学家沙因（E. H. Schein）于 1965 年发表《组织心理学》，概括"经济人"的特征如下：

①人是由经济诱因来引发工作动机的，并谋求最大的经济利益；

②经济诱因在组织控制之下，人是被动地受组织操纵、激发和控制而工作的；

③人的感情是非理性的，必须善于干涉他所追求的私利；

④组织必须设法控制个人的情感。

（2）"经济人假设"相对应的管理措施

与以上 X 理论及其管理要点相比较，沙因认为"经济人"假设为基础的管理措施主要为四个方面：

①管理重点是强调以工作任务为中心，完成生产任务，提高生产效率。

②管理的主要职能是计划、组织、经营、指导、控制、监督。

③领导方式是专制型的，管理工作是少数人的事，与广大员工无关。工人只是服从命令、听从指挥、接受管理、拼命干活，无须参与管理。

④在奖惩制度方面主要是"胡萝卜加大棒"的方法。即用金钱来刺激工人的生产积极性，用惩罚来对付工人的"消极怠工"行为。

泰勒的科学管理方法是"经济人"假设——X 理论的具体体现。他把工人看作是只知追求经济利益的"经济人"，把经济动机视为工作积极性高低的唯一动力。"泰勒制"的中心思想，只是考虑如何提高生产效率，把工人等同于机器人，根本忽视了人的社会和心理因素，提出了建立在"时间—动作"如此机械程序化分析方法基础上的计时和计件工资制。

（二）基于"经济人"假设而提出的 X 理论及其相应的管理原则

1.主要采用任务管理方式，即通过计划、组织、指挥、监督和控制等手段来实施管理，而不是采用以人为中心的感情管理方式。

2.管理工作是少数人的事,而工人只需听从指挥、服从命令,与管理工作无关。

3.在调动员工生产积极性方面,强调用奖金作为重要的奖励手段进行正强化,用惩罚手段进行负强化。

X理论的特点主要是把人视为物,把人当作金钱的附庸,而忽略人性中其他高级需要,因此有很大的局限性。事实证明,工资奖酬是促使人们努力工作的一个激励因素,但不是唯一因素,人的工作积极性在一定程度上还要受到社会需求的制约。党的十一届三中全会以后,为了贯彻社会主义按劳分配原则,实行了奖金制度。但有些组织单位的管理者以此来调动员工的积极性,其实践效果并不好,出现了奖金年年增加,员工的生产积极性却不见提高的现象。这些情况,实际上就是X理论在实践中的错误验证。

（三）对"经济人"假设的评价

（1）"经济人"假设是以享乐主义哲学为基础的。把人看作是非理性的,天生懒惰而不喜欢工作的"自然人",这与马克思主义关于人是社会的人,人的本质是社会关系总和的观点是相对立的。

（2）基于"经济人"假设的管理是以金钱为主的机械的管理模式,否认了人的主人翁精神,否认了人的自觉性、主动性、创造性与责任心。

（3）"经济人"假设认为大多数人缺少雄心壮志,只有少数人起统治作用,因而把管理者与被管理者绝对对立起来。这种观点是错误的。

（4）"经济人"假设与X理论也含有科学管理的成分:

①这种理论改变了当时放任自流的管理状态;

②加强了社会上对消除浪费和提高效率的关心;

③促进了科学管理体制的建立。

三、"社会人"的假设

（一）"社会人"的人性假设

1."社会人"的人性假设观点

"社会人"（social man）也称社交人。"社会人"假设的代表人物是梅奥。这种假设认为:人们在工作中得到的物质利益对于调动生产积极性只有次要意义,人们最重视的是工作中与周围人的友好关系。良好的人际关系是调动员工生产积极性的决定因素。社交人假设的理论基础是人际关系学说。这种学说是社会心理学家梅奥在霍桑实验中的经验总结。梅奥把重视社会需要和自我尊重的需要,而轻视物质需要与经济利益的人称为"社会人"。

2.梅奥的"社会人"假设的基本要点

（1）传统管理把人性假设为"经济人"是不完全的,人应该是社会人。除了物质条件外,社会、心理的因素对调动人的生产积极性有很大的影响。

（2）传统管理认为生产效率主要取决于工作方法和工作条件。霍桑实验结果表明:生产效率的高低主要取决于员工的士气,而士气取决于员工在家庭、企业及社会生活中的人际关系是否协调一致。

（3）传统管理只重视人的正式组织团体，注意团体结构、职权划分、规章制度等对人的行为的影响；而梅奥则注意非正式团体、无形组织的作用，其有着特殊的规范，影响团体成员的行为。

（4）提出了新型领导的必要性，这种领导善于倾听员工的意见，与员工沟通，使正式团体的经济需要和非正式团体的社会需要取得平衡。

3. 沙因认为的"社会人"的特征

（1）人类的工作要以社会需要为主要动机；

（2）工业革命与工业合理化的结果是分工太细，使工作本身变得单调而无意义，因此必须从工作的社会关系中寻求其意义；

（3）人对其所在团体的社会力的反应，远比对诱因管理的反应要强烈；

（4）人们最希望管理人员能满足自己的社会需要。

（二）"社会人"假设的管理原则

（1）强调以人为中心的管理，管理的重点不应只注意生产任务，而应注意关心人，满足人的需要。

（2）管理人员的职能不应只注意指挥、计划、组织和控制，而应重视员工间的人际关系，沟通信息，了解情况，上传下达，重视培养形成员工的归属感和整体感。

（3）在奖励时提倡集体奖励，不主张个人奖励制度。

（4）提出了新型的"参与管理"的形式，即让员工不同程度地参加企业决策的研究和讨论。

梅奥主持的"霍桑实验"（20 世纪 30 年代）提出来的人际关系学说是构成"社会人"假设的理论基础。根据"社会人"假设的观点，西方管理界提出了"参与管理"的新型管理方式。所谓"参与管理"，是指让员工和下级不同程度地参加组织决策的研究和讨论。管理心理学的实验证实了参与管理比传统的任务管理更有成效。

"参与管理"的方式把工人作为"社会人"看待，比"经济人"的观点显然是进了一步。这种管理方式中含有的合理成分，即民主管理思想，对我们有着很大的借鉴作用。但是，人群关系理论把良好的人际关系作为激发工作动机、调动人的积极性过程中最重要的因素来强调，无疑有它的偏颇性。事实上，在构成人的工作积极性的动力源的问题上，是多种内外因的合力共同在起作用。

（三）对"社会人"假设的评价

（1）在资本主义社会，从"经济人"假设到"社会人"假设只是管理思想与管理方法的一个进步，并不是资本家变得善良了，也不能改变资本主义社会的雇佣关系、剥削关系。

（2）在我国社会主义制度下，许多企业采取了群众路线的民主管理方法，这同"社会人"假设"参与管理"相比较，有不可比拟的优越性。

（3）"社会人"假设过于否定了"经济人"假设的管理作用。完全忽视员工的经济需要，无疑也会挫伤员工的积极性。

（4）"社会人"假设过于偏重非正式组织的作用，对正式组织有放松研究的趋向。

（5）"社会人"假设的管理措施，对我们今天企业的管理和制定奖金制度有参考意义。

四、"自我实现的人"的假设

(一)什么是"自我实现的人"假设

"自我实现的人"(self-actualized man)的人性假设是 20 世纪 50 年代末,由马斯洛、阿吉里斯和麦格雷戈提出来的。"自我实现的人"假设认为:人并无好逸恶劳的天性,人的潜力要充分表现出来,才能充分发挥出来,人才能感受到最大的满足。工作是满足人的需要的最基本的社会活动和手段。而自我实现,即实现个人潜能的充分发挥,人们才感到最大的满足。

麦格雷戈将"自我实现的人"的人性假设,结合管理问题,概括为 Y 理论,其基本观点如下:

(1)厌恶工作并不是普通人的本性(天性)。工作可能是一种满足,也可能是一种惩罚。

(2)外来的控制和处罚的威胁不是促使人们努力达到组织目标的唯一手段。

(3)致力于实现目标,是与实现目标联系在一起的报酬在起作用。

(4)逃避责任,缺乏抱负以及强调安全感通常是经验的结果,而不是人的本性。

(5)在人群中广泛存在着高度的想象力、智谋和解决组织中问题的创造性。

(6)在现代社会化工作条件下,普通人的智能潜力只利用了一部分。

(二)"自我实现的人"假设的相应管理原则

(1)管理重点的变化。"经济人"假设的管理重点是重视环境的因素;"社会人"假设的管理重点是重视人的因素;而"自我实现人"的假设把管理重点又从重视人的因素转移到重视工作环境上面来了。它主张创造适宜的工作环境、工作条件,能充分发挥人的潜力和才能,充分发挥个人的特长和创造力。

(2)管理者的职能作用的变化。管理者的主要职能既不是生产的指挥者和控制者,也不是人际关系的调节者,而是生产环境与条件的设计者与创造者。他们的主要任务是创造适宜的环境条件,以发挥人的聪明才智和创造力。

(3)奖励制度的变化。该假设重视内部激励,即重视员工获得知识,施展才能,形成自尊、自重、自主、利他、创造等自我实现的需要来调动员工的积极性。管理的任务只是在于创造一个适当的环境。

(4)管理制度的变化。该人性假设主张下放管理权限,建立较为充分的决策参与制度、提案制度等满足员工自我实现的需要。

这是由马斯洛、阿吉里斯和麦格雷戈等人提出来的一种人性假设。马斯洛的需要层次理论中,主要强调了人类需要的最高层次就是自我实现的需要。阿吉里斯的理论强调了在人从不成熟到成熟的自然发展过程中,只有少数人才能达到完全成熟。麦格雷戈总结了他们的观点,结合了管理问题,提出了上述的 Y 理论。

Y 理论中提出的工作丰富化、工作扩大化以及管理措施的相应改变等内容,旨在强调管理者要注意影响人的积极性的内因与客观因素,认为动机诱导与目标实现的管理是有效的措施,这些观点对我们的管理工作是有一定的启发和借鉴作用的。但是,此理论也有其局限性。它认为人的发展和自我实现是一个自然过程，人之所以不能达到充分成熟和自我实现，是因为受到自然条件和环境的约束和限制。事实上，人的发展主要是受社会影响，特别是受社会关系的影响。

（三）对"自我实现的人"假设的评价

（1）"自我实现的人"假设是资本主义高度发展的产物。

（2）"自我实现的人"假设的基础是错误的。因为人既不是天生懒惰，也不是天生勤奋。人格与人性的发展是先天素质与后天环境和教育的结果；自我实现既不是自然成熟的过程，也不是仅仅依靠自我设计、个人奋斗就能达到的，而是人们在社会实践中能动地改造变革现实的结果，把不能达到"自我实现"的原因，归结为缺乏必要的条件，也是一种机械主义的观点。

（3）"自我实现的人"假设相应的管理措施中仍有许多值得我们借鉴的方法。

五、"复杂人"的假设

（一）"复杂人"的假设

"复杂人"（complex man）假设是 20 世纪 60—70 年代由组织心理学家沙因等提出来的。

上述三种人性假设，有其合理性的一面，但并不能适用于一切人。因为人是很复杂的。不仅人的个性因人而异，而且同一个人，在不同年龄、不同时间、不同地点也会有不同的表现。人的需要和潜力会随着年龄的增长、知识的增加、地位的改变，以及人与人之间关系的变化而各不相同，不能用单一模式去硬套。"复杂人"假设就是以这样的事实为基础，以求合理说明人的需要与工作动机的理论。根据"复杂人"假设，没有万能不变的管理模式。不应把人看成同一类型，要根据不同类型采用不同的管理模式。基于"复杂人"假设，摩斯和洛希（J. J. Mores & J. W. Lorsch）提出了"全面管理"的理论，也叫"权变管理理论"（contingent theory）。"权变"是根据具体情况而采取相应的管理措施，也叫"超 Y 理论"。这种理论的实质是要求工作、组织、个人三者有最佳配合，其基本含义是：

（1）参加一个组织的人员是各不相同的，不同的人有不同的需要。人的需要是多种多样的，随发展条件而变化，每个人的需要不同，需要层次也因人而异。

（2）人在同一时间内有各种需要和动机，它们会发生相互作用并结合为一个统一的整体，形成错综复杂的动机模式。

（3）动机模式的形成是内部需要和外界环境相互作用的结果。

（4）一个人在不同单位工作或同一单位的不同部门工作，会产生不同的需要。

（5）由于人们的需要不同，能力各异，对同一管理方式会有不同的反应，因此没有万能不变的管理模式。应根据具体情况采取灵活多变的管理方法。

（二）"复杂人"假设的相应管理措施

基于"复杂人"假设而提出的超 Y 理论，其相应的管理措施如下：

（1）根据工作性质的不同，采取不同的组织形式。既可以采取固定的组织形式，也可采用灵活变化的组织形式。

（2）根据企业的不同状况，采用弹性的、应变的领导方式。在企业或组织群体中任务落实不下去，管理混乱的情况下，采取较严格的领导方式，进行铁腕手段管理，使生产和管理有章可循，尽快走上正轨；反之，企业状况好，员工素质高，则应更多地采取民主领导方式，使下属可以充分发挥自己的能动作用。

（3）了解员工在能力、性格和需要动机方面的个性差异，采取灵活多样的奖酬方式。

（三）对"复杂人"假设的评价

（1）"复杂人"假设及其相应的超Y理论强调因人而异灵活多变的管理，包含着辩证法思想，这对改善我们企业的管理是有启示作用的。

（2）这种人性假设及其相应的超Y理论同其他人性假设和管理理论一样，也有其局限性，同样不能机械地照搬照抄。

首先，这种人性假设过分强调个性差异，在某种程度上忽视了员工的共性。

其次，超Y理论往往过分强调管理措施的应变性、灵活性，不利于管理组织和制度的相对稳定。

总之，西方管理心理学中人性假设的变化，从20世纪初的"经济人"假设，到70年代的"复杂人"假设，反映了人性认识深化发展的特点，不同管理理论与管理措施，不仅反映了人性认识上的差异，也是与生产发展水平、与员工的生活水平相联系的。西方管理心理学中的人性假设虽有其阶级局限性，掩盖了资本主义"雇佣人"的本质，但其也揭示了管理的组织结构、管理方式对人性发展的依赖与影响。借鉴这些理论，根据马克思主义的人性观，发展适合我国特点的管理心理学理论是十分重要的。

西方管理界关于人性的假设，即从传统的"经济人"发展到"社会人"、"自我实现的人"和"复杂人"的认识，是对人的价值、人的尊严和人在生产过程中的地位与作用的肯定与承认，从而为科学管理思想的产生提供了客观性与规律性的哲学依据。但是，这些人性假设，在考察社会中的人的本质的时候，无一例外都表现出历史唯心主义的局限性和偏颇性。

本章小结及对管理者的意义

霍桑实验及相应的人群关系理论，是管理心理学史的一个重要里程碑。在此基础上梅奥团队又做了照明实验、福利实验、访谈实验与群体实验。勒温和马斯洛也提出了重要理论。这些实验与理论成为管理心理学形成的重要基础，管理心理学的产生是时代的产物，也是心理学、社会学、人类学、管理学等学科理论发展的必然表现。

战国时期，孟子主张"人之初，性本善"。孟子的"性善说"是他"仁政说"的理论基础，这类似现代西方的Y理论观点。荀子主张"人之初，性本恶"，这种理论与现代管理的X理论认为工人天生懒惰、缺乏雄心、不愿负责任的观点是相似的。韩非在《八经》篇提出："凡治天下，必因人情。人情者，有好恶，故赏罚可用。"这是自然人性论。汉代扬雄认为人性中有善的一面，也有恶的一面，这又近似于现代权变管理理论的观点。

西方管理心理学关于人性观主要有"经济人"假设、"社会人"假设、"自我实现的人"假设及"复杂人"假设。"经济人"假设认为人的行为动机源于经济诱因，在于追求最大利益；

"社会人"假设指人的动机是受社会需求制约的;"自我实现的人"假设强调发挥人的潜能,在工作中发挥才能有满足感;"复杂人"假设认为,人的需求、欲望是变化的,影响变化的因素有年龄、社会角色、环境、人际关系等。这些关于人性观的思想中对人性的剖析虽各有偏颇,但对现代管理却具有重要的借鉴意义。

本章思考题

1.试述我国古代管理心理学历史演变的几个特点及主要观点。这些观点对现代管理实践有何影响?

2.试述西方管理心理学历史演变各阶段相应的理论进展。

3.管理心理学研究与我国管理实践的关系如何?

4.试述依据 X 理论产生的管理思想与策略,如何正确评价并联系实际应用?

5.试述依据"社会人"假设产生的管理思想与策略,如何正确评价并联系实际应用?

6.试述以人为本的人力资源管理的基本观点。

推荐阅读及参考文献

第二篇

个 体 篇

个体（individual）是组织的行为主体和基本单元，本篇将关注组织中个体的心理和行为，包括第三章个体行为的基础，第四章个性、态度与价值观，第五章知觉与个体决策，第六章工作场所中的激励，第七章情绪与情感。本篇将依次具体阐述对了解组织行为最关键、与个体和组织绩效关系最紧密的个体心理和行为。除了传统的能力、工作满意感、个性、态度、知觉、激励等因素之外，本篇还加入了新近比较热门的研究领域如组织公平、组织承诺、学习、个体决策（尤其是行为决策）以及情绪情感（包括情绪智力、情绪胜任力）等内容。在保证经典内容不缺之外，也尽量考虑使得新近的研究进展能融入其中。个体的这些心理和行为现象构筑了部门和组织的绩效基础，并成为推动组织发展的原动力。

第三章　个体行为的基础

本章开篇案例

虽然已经是晚上九点半了,地铁里还是十分拥挤,李明抬头看了一下身边面无表情的人群,庆幸自己早早抢到了一个座位,然后又继续看着手里的一本英文书,但是却并不能集中精力,不由得想起到上海这一年来的经历。

一年前李明刚从一所名牌大学硕士毕业,当时他自信满满地要到上海来闯一闯。经过了多轮的考验,李明进入了一家港资企业,在手机评价部工作,主要负责新款手机的可用性评价。刚开始到公司时他还是很兴奋的,高档的写字楼、宽敞的办公室让他感觉很惬意,休息时间还有各种茶点,即便早餐没有吃,也可以到公司吃些茶点。然而这种兴奋并没有持续多久。公司给的薪水在同行业中属于中等水平,在上海市区租房子对李明来说成本太高,只能住在离公司很远的郊区,于是他便过上了每天在路上花费三个多小时的日子,每天这样奔波,他感到十分的倦怠。今天又是加班,虽然公司提供免费的晚餐,还有一定的津贴,但是李明觉得公司的薪水越来越没有吸引力了,特别是最近他有个同学跳槽到了一家美资企业,薪水一下子就是他的两倍了,这让李明觉得十分有差距感。而且公司里做领导的基本上都是香港人,内地人很少能坐到领导的位子。上周李明设计了一个程序得到了公司领导的认可,但是奖金的大部分却被他的部门领导拿去了,这让他感到十分的委屈,但是也只能默默接受。李明来自一个小城市,家里的负担也比较重,在没有找到下一个工作之前,他是不敢轻易辞掉工作的。"唉,现在的年轻人就是受压迫啊",李明在心里无奈地想。虽然还没有坚定跳槽的决心,但他已经在积极做着准备了,每个周末他都要参加英语口语训练班,并且平时也在留意网上和报纸上的各种招聘信息。"以后该怎么办呢?"望着眼前这些为生活而奔波的人,他似乎还想不出什么答案,思绪也变得更加杂乱。

终点站到了,李明合上书本,飞快地跳了出去,就像他要挣脱某种无形的枷锁。"不管怎样,我还年轻。只要努力,就有机会",李明在心里再一次鼓励自己,然后飞快地朝着地铁出口走去。

第一节　能　力

一、能力概述

能力是指人们成功完成某件事情所体现出来的心理特征。在上述案例中,李明也是一位具备多种能力的年轻人,从他所拥有的较高学历和较好工作中都可以看出来。能力可以分为一般能力和特殊能力,一般能力是指在各种基本活动中所体现出来的能力,比如观察能力、表达能力、写作能力等;特殊能力是指从事某些专门活动所要求的能力,比如精算能力、绘图能力、驾驶能力等。在工作场所中,不同的职位也需要不同类型的胜任力,比如按照对概念能力、人际能力和操作能力需求程度的不同,可以把管理者分为高层管理者、中层管理者和基层管理者(见图 3-1)。随着企业竞争日益转向科学技术和管理水平的竞争,企业对人才的胜任力提出了更高的要求,也越来越重视对人才的能力进行测评,从而为企业的招聘选拔、配置、培训、后备干部储备等工作服务。

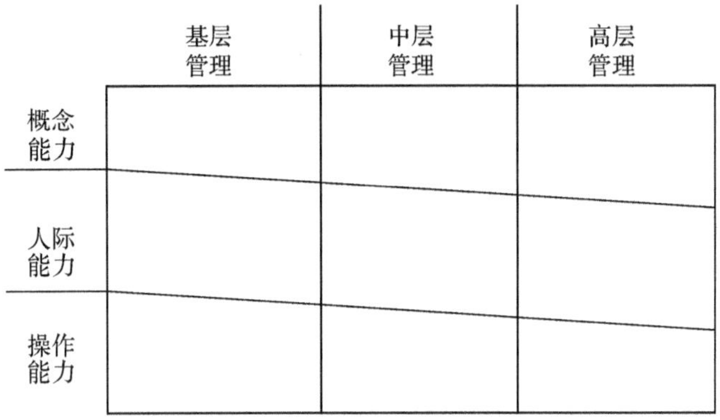

图 3-1　Katz 的管理技能模型

二、能力相关的理论

(一)传统的一元智力理论

Binet 等(1904)为了鉴别智力上有缺陷的儿童,编制了世界上第一个正规的智力测验量表,从此智力测验便逐渐风靡全球。但是这种智力测验的局限性很大,主要是因为该测验认为智力是一种单一的整合能力,是一元的,所以自从其开始之时便受到了很多的批评,即便如此,该理论在人类对能力的探索中具有重要的里程碑意义。

(二)智力的二因素论

Spearman (1904)在分析一批包含了多个科目内容的学生试卷时发现,只要某学生在一个科目上分数高,那么他就倾向于在所有科目上得分都高。通过因素分析,他指出所有的测验都是测量两个因素,一个是公共因素,被称为 g 因素,其他的因素则被称为特殊因素。Cattell(1960)把智力分为流体智力和晶体智力,流体智力涉及脑神经机制,是个体天生的最基本的认知加工能力;晶体智力是和后天的积累有关的,更多地涉及个体的阅历和经验。一般来说,个人的流体智力随着年龄的增长会有下降的趋势,但是晶体智力却有提高的趋势,这也就是为什么工作中很注重相关的从业经验。以上两种理论是比较有代表性的二因素论,然而这种理论的缺点就是还停留在比较抽象的水平上,仍然不能对能力进行仔细的解构。

(三)智力的多因素论

Gardner(1983)认为过去的智力定义过于狭窄,不能够完整地反映一个人的真实能力,他认为人的智力应该是衡量其解决问题能力的指标,他提出了最典型的七种智力:(1)

语言智能,主要是指有效运用口头及书面语言的能力;(2)逻辑数学智能,主要是指进行逻辑思考、加工数字信息的能力;(3)空间智能,主要是指对线条、形状、空间及它们之间关系的敏感性比较高,识别、记忆、组合这些元素的能力比较强;(4)运动智能,主要是指能够灵活地调节身体运动的能力;(5)音乐智能,主要是指个人能够敏锐地感知音调、旋律、节奏和音色的能力;(6)人际智能,主要是指对人际关系的敏感度,并能根据他人的反应表现出恰当行为的能力;(7)内省智能,主要是指认知自己的能力,能够正确地把握自己的优点和缺点。多元智能理论认为每一个个体的智能各具特点,个体智能的发展方向和程度受到环境和教育的影响制约,智能强调的是个体解决实际问题和创造出社会需要产品的能力,并且认为各种智能是多维度的、相对独立地表现出来的,而不是以整合的方式表现出来的。该理论对人才评价的标准产生了很大的影响,并对企业管理实践也有着重要的意义。

(四)实践智力理论

实践智力理论来源于人们对传统智力测验的不满,智力测验可以较好地预测学生的学习成绩,但是对这些学生毕业后工作表现的预测有限,由此可以看出,工作实践中所要求的能力和智力测验所测量出来的能力并不是直接对应的,于是人们便开始探索能够在实践中预测个体成功的指标。Sternberg 等(2000)认为实践智力是人们共有的知识,是适应、塑造和选择外部环境的能力,个体在解决实践问题中所运用的智力和技巧组合在一起,便构成了实践智力。现实问题的解决带有很大的灵活性,解决途径有多种并且与个人生活经验密切相关,实践智力可以用来预测工作绩效。Sternberg 等(2000)在对保险销售员和军队军官的研究中都发现,他们的实践智力和工作业绩之间存在显著相关关系,而且相对于智商、个性等预测指标,实践智力的预测效度是最好的。实践智力理论对理解工作中人们的实际表现提供了一种有益的视角,但是该智力的内涵过于宽泛,实际操作中很难进行准确测量,也给其具体应用带来了一定的限制。

(五)情绪智力理论

情绪智力(emotional intelligence)理论也是起源于人们对传统智力测验局限的不满,学者认为情绪是人类一种重要的心理特性,对个体成功应有一定的预测作用,于是逐渐发展出了情绪智力的概念。Mayer 等(2000)把情绪智力界定为一种与认知有关的心理能力,并归纳出了情绪智力的四个维度:(1)情绪的感知和表达能力,指从个体的生理状态、情感体验中识别和表达情绪的能力,而且也包括从他人及艺术活动中辨别和表达情绪的能力;(2)情绪对思维的促进能力,情绪对思维具有一定的引导作用,会影响到信息注意的方向,影响到问题解决的水平等;(3)情绪理解能力,是指理解情绪所表达意思的能力,包含理解复杂心情、辨别情绪转换等;(4)情绪管理能力,是指个体根据所获取的信息,能够恰当地利用和调节自身的情绪,并对他人的情绪也能进行觉察和调节。

情绪智力的提出同样丰富了人们对人类能力的认识,提高了人们对自身情绪进行管理的积极性,并且引发了人们对成功背后原因探讨的热潮。情商的概念变得和智商一样重要,在企业管理实践中也成为重要的考察指标。关于情绪智力在本书的第七章"情绪与情感"中还有专门阐述。

三、能力在管理中的应用

(一)能力和工作绩效之间的关系

能力和工作绩效之间的关系在管理工作中受到了高度的重视,国内外都有很多学者从不同的视角对能力和绩效之间的关系进行了研究。Katz(1955)提出了管理者应该具备的三项技能:专业(技术)技能、人际(人员)技能和概念(变革)技能,高层管理者需要具备很强的概念技能,而基层管理者则对专业技能的要求更高。Arch(1999)指出部门主管在规划、分配上的技能将会影响部门员工的专业技能、管理预算,进而对部门的获利及顾客满意度产生影响。Parker 等(2006)对 103 名销售人员进行了调查,结果发现这些员工的情绪智力与他们的销售业绩表现出正相关的关系。Cameli 等(2006)也通过实证研究,发现了员工的情绪智力和他们的任务绩效及组织公民行为之间存在正相关的关系。

金杨华等(2004)以情景评价为基础,对管理胜任特征与工作绩效之间的关系进行了研究,结果发现管理胜任特征对工作绩效的不同方面有不同的预测力,关系胜任特征是人际促进和工作奉献的有效预测指标,问题解决特征主要对任务绩效和人际促进有预测力,诚信责任特征更多地影响到了管理者的工作奉献。冯明等(2007)对 517 名制造型企业的管理者进行了问卷调查,探索并检验了制造业管理胜任力的结构维度,包含 6 个方面:行业核心理念、外部关系建设、制造过程控制、产品系统管理、产品研发创新、市场营销策划。进一步研究发现,产品系统管理与市场营销策划能力对制造业管理者绩效有着良好的预测力,但是也发现制造业管理胜任力并不能较好地预测管理者的周边绩效。余琼等(2008)研究了员工及其管理者的情绪智力对员工工作绩效的影响,研究发现,员工及其管理者的情绪智力对员工的工作绩效都有着显著的正向影响,领导者—下属交换(leader-member exchange,LMX)在管理者情绪智力对员工周边绩效和任务绩效的影响中都起到了部分中介作用。

从上面国内外的诸多研究中可以看出,不同的能力对不同类型的绩效有着不同的影响,一般而言,能力和绩效之间存在正向的关系。

(二)能力的测评

能力表现的类型是多样的,为了有效地捕捉到各种类型的能力,国内外学者和实务界人士也进行了诸多探索。认知能力测验是使用最广泛的基本测验,起源于 Binet 智力测验。Schmidt 等(1998)通过元分析认为认知能力测验的预测效度可以达到 0.56。Peterson(1990)指出认知能力测验一般包括数量能力测量、言语能力测量和知觉速度测量,其中数量能力测量是测试有关数字问题的熟练能力,言语能力测量是测试对语言的加工、理解能力,知觉速度测量是考察被试在大量材料中快速、准确知觉细微差别的能力。Hunter 等(1984)研究发现,认知能力对工作培训绩效的预测效度可达 0.56。Schmidt 等(1992)研究发现,认知能力对于管理工作绩效的预测效度达到了 0.58,对于高难度技术工作的预测效度达到了 0.56。

卢纪华等(2002)指出,对领导能力素质测评的方法主要有考绩法、考评法、考试法、模拟法和心理测验法。考绩法主要是考察被考评者的现实表现和工作绩效,并通过工作效果对其能力进行评价与确认。在考评法中,由被考评者在工作中长期接触并相互了解的上级、同事和下属来共同对其思想和工作表现进行评价,并将评价结果加以数量化,尽可能地追求结果的客观性和科学性。考试法就是以口试、笔试、实际操作为手段,来测定一个人的知识、能力和专业技术水平。模拟法就是通过设计和模拟一定的情景,让被试者在这种情景中进行实际操作,观察被试者在这种情景下所表现出来的行为特征,以评定其各种能力。心理测验法是使用标准化的测量工具对被试施测,然后通过统计处理把结果量化,描绘出被试的行为轨迹,并对结果进行分析和解释,常用的心理测验包含了人格测验、能力测验、职业向性测验等。王小华等(2003)指出无领导小组讨论是一种有效的能力测评方法,该方法最突出的特点就是具有生动的人际交互性,考生需要在与他人的沟通和互动中来表现自己。无领导小组讨论可以考察的能力包括语言表达能力、人际影响能力、思维分析能力、组织协调能力、团队合作能力等,该方法适用于那些经常与人打交道的岗位人员的选拔,比如中层管理者、人力资源部员工和销售人员等。对于较少和人打交道的岗位,例如财务人员,则并不是太合适。

马欣川(2001)对企业管理人员能力素质测评方法进行了探讨,尝试找到适合我国企业特色的测评方法的组合。他提出,评价和选拔企业管理者比较有效的方法包含了4个方面:资历考核、职业倾向测验、面试和评价中心技术,进而指出评价和选拔企业管理者最有效的方法是实践,就是要考察其资历和阅历。资历考核法目前采用比较多的是定量和定性相结合的办法,把每一项能力要素所考核的内容进行量化处理,参加考核的人根据对被考核的人的能力了解给出相应的分数,然后对所有的结果进行统计处理,最后得出被考核人的能力等级分数。职业倾向测验主要侧重于对人是否具有从事某类活动所必需的个性品质的考察。职业能力倾向是指经过适当训练或置于适当环境下而完成某项任务的可能性,通过能力倾向测验可以了解一个人潜在的领导素质。面试是在一个特定的环境、特定的时间、特定的地点下对参加面试的人的知识、能力、素质等多个方面进行考察。评价中心技术是以情景模拟测评为主的一系列有内在联系的测评过程的组合,旨在对应试者在模拟实际工作的情景中的表现进行全面评价,从而了解其综合性的能力和素质,对人才做出诊断,并帮助他们在职业上进一步得到发展。

肖翔等(2004)指出,除了传统测评技术外,还可借鉴电子化测评手段。电子化测评主要包括基于电话、基于计算机和基于网络的测评。基于电话的测评在服务与零售行业应用比较多,效果也比较好,应聘者通过电话上的按键来回答问题,由电脑记录答案,雇主通过传真或者自动应答电话获得应聘者的测试结果。计算机自适应测试是在项目反应理论的基础上建立起来的,可以测量被试者的绩效、行为和知识,而且现在也已经有了电子公文筐测验技术,用来了解被试如何确定事情的轻重缓急,如何组织信息,并且可以判断其授权和决策等能力方面的信息。基于网络的测评主要是指虚拟视频面试系统,就是通过视频会议而进行的面试。

在我国企业快速发展的今天,大量的企业在管理实践中深感人才问题是企业发展的瓶颈,主要表现为招聘不到优秀人才、没有人才梯队建设、留不住一些关键人才等,因此,企业也越来越关注人才标准问题、人才选拔问题和人才发展问题。人才能力测评可以作为企业管理的一种战略和一种技术,用来为企业人才队伍的开发、评价和发展服务。

第二节 工作满意感

一、工作满意感概述

Locke(1976)把工作满意感定义为,"组织成员对其工作本身或者工作经历进行评估时所产生的一种积极的情绪状态",工作满意感是员工对工作的一种情感反应;Spector(1972)认为,工作满意感就是人们对他们的工作以及相关方面的感觉。在工作满意感的测量上,有研究者主张采用总体评价法,即让员工评价对工作的总体感受;有研究者主张分别对工作的环境、薪酬、晋升等多方面进行评价,然后再对各方面的评价进行汇总,从而得到总的工作满意感的评价。工作满意感研究中经常采用的数据收集方法包括问卷法、访谈法、排序研究、句子补充测验和关键事件法等。其中应用最为广泛的还是问卷法,因为该方法容易实施、保密性高、经济节约。工作满意感问卷一般可以分为两种类型:一种是测量整体的工作满意感,如 Hoppock 工作满意感量表、盖勒普民意调查等;另一种则是从工作的各个方面来测量工作满意感,如职业描述指数测验、明尼苏达满意感问卷等。访谈研究过程中可以获取更多的信息,因为参与者可以通过面对面的交流更充分地表达相关的问题,而且可以激发出访谈者事先意料不到的回答。排序研究中,个体被要求对其工作的各项特征按照重要性进行排序,排序的依据是各种特征对整体工作满意感的重要性。句子补充测验是投射测验的一种,个体要使用一个与工作有关的短语来补充完成句子。关键事件法要求员工描述在工作中哪些时间觉得特别开心,在哪些时间觉得特别不开心,然后回答这些感觉产生的原因,并描述这些感觉是如何影响他们的工作表现和生活满意感的,最后研究者对各种回答进行归类,由此得出影响工作满意感的主要因素。

二、工作满意感相关的理论

(一)人群关系理论

在管理心理学的历史上,霍桑实验是一个里程碑式的事件。Mayo(1945)总结了霍桑实验主要的研究成果,论述了人群关系理论的主要思想。他认为工人是"社会人"而不是"经济人",企业中存在正式组织之外的非正式组织;生产效率主要取决于工人的工作态度和人际关系,因此提高劳动生产率的主要途径是提高工人的满足度,就是努力使员工在安全感、归属感、友谊等方面的需求得到满足。因此,管理人员不仅要考虑员工的物质需求,还要考虑他们的精神需求。

(二)需要层次理论

Maslow(1954)提出了需要层次理论,认为人类的需要包含了多个方面,而且有层次地存在多种需要。只有低层次的需要得到满足之后,才会出现更高层次的需要。在每个时刻都会有一种需要占主导地位。这些层次的需要从低到高分别是:生理需要、安全需要、爱与归属需要、尊重需要和自我实现需要。需要层次理论对管理心理学的影响很大,该理论也经常被用来解释工作满意感,当员工的个体需要得到了满足的时候,员工可能会产生工作满意感。员工在不同的阶段会有不同的需求组合,管理者如果能够根据员工的需求状况进行对应的激励,那么就会相应地提高员工的工作满意感。

(三)双因素理论

Herzberg(1959)通过大规模的问卷调查提出了动机的双因素理论,该理论认为工作中满意的对立面并不是不满意,而是没有满意,不满意的对立面不是满意,而是没有不满意。该部分内容可参照第六章"工作场所中的激励"第二节。此外,新近的进展研究表明,如果过于强化对员工的外在激励,可能会降低员工的内在激励水平,从而很难使员工对工作本身带来的价值感和成就感有足够的重视。因此在管理实践中,管理者应注意两种因素的平衡使用,从而才能有效地提高员工的工作满意感。

(四)公平理论

Adams 等(1965)提出了公平理论,也叫作社会比较理论,该理论强调了工资报酬分配的合理性、公平性及其对员工产生的影响。该理论的基本观点是:当一个员工完成了工作获得报酬之后,他不仅关心自己所得报酬的绝对量,而且关心自己所得报酬的相对量,所以他要进行多种比较来确定自己所获的报酬是否合理,比较的结果将会直接影响其今后工作的积极性。一种比较称为横向比较,就是把自己所得和自己的投入的比值和组织内其他人的做比较;另一种叫作纵向比较,就是把自己目前投入和所获报酬的比值,和自己过去投入和所获报酬的比值进行比较,只有比值相等时,他才会认为是公平的。

(五)工作特征模型

工作特征模型是 Hackman 等(1975)提出的,核心问题是探讨什么样的工作是有激励性的。通过研究他们发现一个具有激励性的工作应该具备五大特征:任务完整性、技能多样性、工作有意义、工作自主性和及时得到反馈。如果一项工作可以具备这些特征,那么员工会比较容易知觉到工作的价值和意义,并且对他们的工作也更加满意,而且这种来自工作本身的内部满意感会提升员工的工作表现。

三、工作满意感在管理中的应用

(一)影响工作满意感的因素

关于影响工作满意感的因素及其影响过程,国内外很多学者也进行了相关的研究。谢义忠等(2006)研究了人—工作匹配(PJ 匹配)和人—组织匹配(PO 匹配)对工作满意度的影响,并分析了领导者—下属交换(LMX)在其中的调节作用,研究的对象是某电信公司的员工。结果发现,在控制了人口统计学变量后,PJ 匹配、PO 匹配和 LMX 在工作满意度上的标准回归系数均为正,而且达到了显著水平;随着 LMX 质量的提高,PJ 匹配在工作满意度上的影响强度逐渐降低,而 PO 匹配的影响强度逐渐增加。

Abu 等(1995)对影响教师工作满意度的外在因素进行了分析,指出学校组织氛围、课程改革中教师的参与性会影响到教师的工作满意度。比如领导的关心、体谅等管理氛围有助于提升教师的工作满意度,教师在教改中是否具有主动参与的权力也会影响到工作满意度。姜勇等(2006)对幼儿园教师进行了工作满意感调查,结果也发现组织氛围、教改参与性是教师工作满意度的直接影响因素。张忠山等(2001)对校长领导行为和教师工作满意感之间的关系进行了研究,结果发现校长的关心体谅行为与教师工作满意的各个层面都具有非常显著的正相关关系。孟慧(2005)对企业管理人员进行了调查,结果发现我国企业管理人员的认真性特质能够有效地预测下属的工作满意感,其中下属知觉的变革型领导是管理者的认真性和下属工作满意感之间关系的中介变量,而这一中介效用主要是通过变革型领导的两个子维度——领导魅力和智力激发来实现的。

在管理情景中,员工的工作满意感不是单一因素带来的,而有可能是多种因素综合作用的结果,对不同类型的员工而言,使他们获得工作满意感的组合因素并不一定相同,所以还需要在管理实践中仔细区分。

(二)工作满意感和其他工作相关因变量之间的关系

一般而言,工作满意感越高,工作绩效也会越高,就如霍桑实验中发现的结果,即便是在灯光已经十分微弱的情况下,工人的生产效率依然没有降低,就是因为工人们觉得受到了关注而提升了工作满意感,从而带来了较高的工作绩效。傅慧等(1998)对宾馆员工的满意感进行了实证研究,结果发现,员工的工作满意感与员工的保留、工作积极性之间存在显著的相关关系,满意感高的员工会愿意继续在本企业工作,愿意为企业做出更大的贡献。因此,提高员工的工作满意感是旅游企业降低员工流失率的重要措施。

龚会(2001)对心理契约与工作满意感之间的关系进行了研究,指出心理契约的满足和违背都会对员工的工作满意感产生一定的影响,如果组织与员工之间达成一个彼此都能满足的心理契约,员工对其工作行为的承认和工作回报拥有了期望,并能为实现这些愿望而积极工作,并对当前组织具有较高的满意感。如果是在心理契约违背的情况下,将会对员工的工作行为和工作满意感产生一定的影响,如心理契约违背可以降低员工对雇主的忠诚度,对工作和组织的满意感,降低留职意向和对组织的责任感等。韩翼(2008)对工作满意感、组织承诺和目标定向对员工工作绩效的影响进行了研究,结果发现工作满意感越高的员工工作绩效越好。

周明建等(2006)通过大规模问卷调查发现,提高员工的工作满意感,既有利于提高员工的工作绩效,也有利于培养员工的组织忠诚度,但是工作满意感并不能让员工在完成本职工作之余从事其他对组织有利的行为。姜勇等(2006)研究发现工作满意感是影响教师职业承诺、工作主动性和职业倦怠的重要中介变量。许小东(2004)对知识型员工的工作压力和工作满意感进行了研究,结果发现知识型员工具有较高的工作满意感,知识型员工的工作内源压力与工作满意感之间具有显著的正相关关系,知识型员工的工作外源压力与工作满意感之间具有显著的负相关关系。

从上面诸多研究结果中可以看出,工作满意感是工作场所中一个基本的心理变量,和其他的心理变量以及工作绩效存在紧密的关系。

第三节 组织公平

一、组织公平概述

组织公平的研究开始于 1965 年 Adams 的公平理论。该理论强调了个体投入和所得结果的等价性。该理论认为人们在知觉某结果是否公平时,首先会计算他们自己的贡献或投入与他们的产出之间的比率,然后把自己的这个比率同他人的比率进行比较,从而得出分配是否公平的结论。Colquitt(2001)指出如果大多数人认为某种行为是公平的,那么这种行为就是公平的。在对公平进行感知时,个体会考虑到决策结果的公平性、决策过程的公平性和在决策实施过程中受到的人际对待的公平性,这些也就是通常所说的结果公平、程序公平和互动公平。组织公平的三维度理论也成为该领域最经典的理论。国内学者也对组织公平的概念进行了探索,卢嘉等(2002)在研究工作满意度的结构及其与公平感、离职意向之间的关系时,把公平感划分为分配性公平和程序性公平两部分,而程序性公平又包含参与管理、参与工作和投诉机制三个部分。张微(2004)在研究组织公平感和个性特点的关系时,把公平感表述为结果公平、程序公平、人际公平和信息公平四部分。

二、组织公平相关的理论

李晔等(2002)从组织公平的概念出发,以公平感的形成机制为核心,较为全面地介绍了组织公平感形成的过程理论和内容理论。他们认为过程理论主要包含了经典公平理论、参照对象认知理论和公平启发理论,内容理论则主要包含了工具模式、关系模式、道德价值模式和多重需要模式,下面分别做简要介绍。

(一)经典公平理论

经典的公平理论就是指 Adams 的公平理论。Adams 在组织公平研究领域做出了重大贡献,但是也受到了一些批判。主要表现在该理论对公平判断形成的解释过于狭隘,因为该理论主要考虑到的是物质或经济上的分配公平,而没有考虑到非经济报酬对公平感的影响。俞文钊(1991)在对上海员工的"公平差异阈"进行研究时发现,人们对报酬偏低的敏感性远远高于对报酬偏高的敏感性。最核心的问题就是公平的标准应该如何确定,公平标准可以因为个人的价值观、群体特点和文化传统等因素而不同,所以后来的理论也更加注重个体认知在公平感形成中的作用。

(二)参照对象认知理论

参照对象认知理论的主要观点是,当个体相信存在可以选择的多个程序时,其中将会产生更好的结果。应当被选择的程序没有被采用时,个体就会产生不公平感。该理论认为,为了确定一个特定的情景是否公平,必须做出三个不同的判断,第一个判断就是必须出现不利的情况;第二个判断就是个体必须判断谁应该对不公平负责;第三个判断就是不利的行为是否损害了某些伦理原则。

(三)公平启发理论

公平启发理论认为,为了生存或者发展的需要,大多数人都不得不加入一个社会实体或者组织,接受领导者或者权威人物的管理。所以个体在组织中可能会发生权利被剥夺、被拒绝的风险。因而个体经常需要判断他们与权威的关系:权威可以信任吗?权威会用不带偏见的方式对待每一个人吗?权威会把人看成是社会、组织中的合法成员吗?对这些问题的探索和感知,会影响到人们的公平感,而这些信息则需要人们依靠启发式方法来获得,也就是根据人们在组织中工作最初期所获的信息来判断。

（四）工具模式

该模式认为寻求控制是个体的一种动力，在诸多的控制因素中，程序控制能使人获得最多的有利结果，而人们追求程序公平仍然是为了最终获得最大利益，一般而言，有利的结果更可能引起公平感产生，而不利的结果更可能导致不公平感产生。

（五）关系模式

关系模式强调归属于一个团体可以使人获得自尊和同一性，公平的对待之所以重要，是因为它传达了一种信息：也就是个人与团体中的权威和团体成员的关系及地位。一般而言，如果一个程序能够显示与上司的正面关系，而且能够提高团体内的关系，那么这个程序就会被认为是公平的；反之，这个程序就会被认为是不公平的。

（六）道德价值模式

该理论认为人们之所以关心公平是因为多数人对人的尊严和价值有一种基本的尊敬，因此即使当公平不能给个人带来明显的经济利益，或者公平涉及的对象完全是陌生人时，人们仍然会关心公平问题。在这种情况下，公平是要求人们应如何对待他人、如何与他人互动的精神美德。

（七）多重需要模式

该理论认为公平是出于人的一些重要的心理需要，以上三种公平模式分别强调了其中一种需要，工具模式强调了经济利益，关系模式强调了从他人那里获得的地位和尊敬，道德价值模式强调了道德生活的重要性。该理论认为人类至少有四种相互关联的心理需要：控制、归属、自尊和有意义的生活。这四个需要分别与上述三种公平模式相对应：工具模式（控制）、关系模式（归属、自尊）、道德价值模式（有意义的生活）。不公平感可能引起防御性认知、消极的影响以及应对行为。由于这四种需要有相互重叠的部分，因此公平的作用可以是直接的，也可以是间接的。

三、组织公平在管理中的应用

（一）组织公平的影响因素

上述的诸多理论主要代表了国外学者对影响组织公平的因素及其形成过程的看法，国内学者在组织公平影响因素方面也开展了一些研究。王淑红等（2005）采用了访谈法和问卷法探讨了绩效管理对组织公平感的四个方面的影响，这四个方面就是：分配公平、程序公平、领导公平和信息公平。研究结果表明，绩效管理对组织公平感的四个方面都有显著的影响，其中绩效考评的影响最为显著，这说明了绩效考评对于组织公平感的关键影响，也解释了为什么目前组织绩效考评工作难以开展，也难以让员工感到满意。

李志等（2006）从领导者—下属交换（LMX）理论出发，分析了该理论与组织公平的相互关系，认为在管理实践中，管理者应该追求公正、力求公平，在企业内部倡导公开公正的管理氛围，从客观上保证组织公平感的形成；人际互动，特别是领导者与下属之间的互动，对组织公平感的形成有很大的影响。LMX理论中上下级选择的双向性说明，要重视与下级员工的交流沟通，建立良好的上下级关系，对提高员工的工作积极性以促进组织发展具有重要意义。

在企业管理中为了打造组织公平的氛围,需要关注到组织规章、办事流程、领导作风、组织文化等多个方面,才有可能使员工获得相对的组织公平感。

（二）组织公平与其他相关工作变量的关系

刘亚等(2003)就组织公平感对组织效果变量的影响作用进行了研究,使用的工具是在中国文化背景下开发的组织公平感问卷,包含了四个要素:程序公平、分配公平、领导公平和信息公平。结果发现组织公平感对一些主要的组织效果变量(如薪酬满意感、领导满意感、离职意愿)都有很好的预测作用,其中领导公平感对除薪酬满意度以外的所有组织效果变量都有显著的预测作用。基于这些研究成果,他们还提出了对管理实践的两点启示:一是在管理活动中,管理者可以通过调控分配结果、完善分配程序、提供精神支持、加强与员工的沟通来达到提高员工组织公平感的目的;二是考虑到了领导在中国组织中地位的重要性,领导腐败是不公平感的一个重要来源,领导的公正性、领导对下属的认可是员工公平感的重要来源,并且对员工的组织承诺、绩效和组织公民行为都有积极的影响。所以,提高领导的公正性对于提高员工的组织公平感和管理效能至关重要。

涂成林等(2006)把组织公平和员工承诺结合起来,来看两者的交互作用对人力资源管理策略的影响,他们把组织公平和组织承诺都划分为高和低两种水平,从而得到了四种组合,在两者水平都高的情况下,人力资源策略是维持策略;在组织公平水平高、组织承诺水平低的情况下,为了稳定员工、提升士气,人力资源管理可以考虑加薪策略等,以避免造成不必要的人力资源损失;在两者水平都低的情况下,人力资源管理可以考虑进行人力资源管理系统再造,甚至进行整个组织的变革;在组织公平水平低、员工承诺水平高的情况下,可能就是组织在分配制度甚至影响分配制度的组织文化上存在问题,此时人力资源管理的重点就应该是找出症结、改善体制,提高组织共同体意识。

段锦云等(2007)探索了"大五"个性、组织公平知觉与进谏行为(voice behavior)之间的关系,研究结果表明,组织公平知觉对于进谏行为具有显著促进作用,组织公平知觉在神经质与进谏行为之间的关系中具有缓冲作用,高组织公平知觉会削弱神经质对进谏行为的负面效应。刘亚等(2003)重点分析了组织公平感研究对人力资源管理的启示,指出了组织公平感对组织绩效目标、集体意识和个人价值目标产生的积极影响,并提出了人力资源管理方面的具体建议,包含了建立科学的绩效考核系统及薪酬系统、完善员工参与制度、建立申诉制度、保持分配政策的稳定性及可完善性、建立监督制度、建立上下级对话制度等,这些具体建议对于改进人力资源管理工作具有明显的促进作用。

第四节　组织承诺

一、组织承诺概述

组织承诺始于美国社会学家 Becker(1960)的研究,他把组织承诺看作是员工随着对组织投入的增加而不得不继续留在该组织的一种心理现象。早期的组织承诺更多的是作为一种单维的结构,Porter 认为组织承诺是个人对企业的一种态度或者肯定性的心理倾向，Wiener 认为组织承诺实质上是一种内化的行为规范，O'Reilly 认为组织承诺反映了员工与企业的心理契约。Allen 等(1990)进行了一次综合性研究，提出组织承诺的三因素结构，他们认为组织承诺至少存在三种形式：情感承诺、持续承诺以及规范承诺。情感承诺表示个人认同和参与某一特定组织的强度，对组织目标及价值的信念与接受，为组织努力的意愿及留在公司的意愿；持续承诺是指个人认识到一旦离开组织将失去现有价值的附属利益，因而愿意继续留在组织中的倾向；规范承诺是指个人价值观与组织价值观的一致，或者是对组织的责任态度。

凌文辁等在对中国员工进行多次实证研究的基础上提出了一个组织承诺的五维模型，包含了感情承诺、规范承诺、理想承诺、经济承诺和机会承诺。该模型把 Allen 的三维模型进行了深化，并把持续承诺细化为理想承诺、经济承诺和机会承诺。刘小平等对中国员工的组织承诺形成过程进行了研究，并提出了组织承诺的三阶段模型：第一阶段是初步判断阶段，通过比较企业现状与员工期望确定最初的情感方向；第二阶段是进行比较结果的归因，即对第一阶段的比较结果进行分析和解释；第三阶段是根据第二阶段的归因来确定是否维持现有关系。三阶段模型也为理解员工在组织中的社会化过程提供了一个很好的思路。

李虎等(2008)还对双组织承诺进行了回顾，双组织承诺的研究主要是在国外进行的。双组织承诺研究兴起于工会主义崛起的 20 世纪 50 年代，当时工业关系问题日益受到人们的关注，人们开始关心，既是企业员工又是工会会员的个体能否同时效忠于两个组织的问题，这就是双组织承诺问题。双组织承诺可以用冲突理论、交换理论等视角来进行理解，其实当一个员工同时属于两个不同的群体时，就有可能出现双组织承诺现象，这些现象在未来应该值得进行更多的研究。

二、组织承诺相关的理论

乐国安等(2006)认为研究者对组织承诺的定义众多，观点各异。他们总结出有代表性的三类观点：第一类观点称为交换性观点，这种观点来自社会交换理论和公平理论，完全以报偿—成本的功利性来探讨组织承诺，认为组织成员常会比较自己对组织的贡献与从组织所获得报酬之间的关系。如果成员经过计算评估，认为这种交换过程对自己有利，那么个人对组织的承诺度就会提高；反之，对组织的承诺度就会降低。该理论把随着工作年限的增加而增多的退休金，与随工作年限增长而获得的组织管理权，统称为附属利益。个人会把这些附属利益当作交换性组织承诺的积极要素，并且不愿意损失这些利益，从而愿意留在组织中。第二类观点称为心理性观点，又称为规范性、道德性或者态度性观点。心理性观点受到需要层次理论及双因素理论的启发，重视从激励和自我实现的角度来探讨组织承诺。该理论认为组织承诺是成员对组织有积极的、正面的倾向，包含了对组织目标与价值观的认同，对工作活动的高度投入和对组织的忠诚。第三类观点称为类型论观点，即研究者认为组织承诺可以依照个人行为方式的不同，分为三类：持续工作承诺、内聚力承诺和控制承诺。持续工作承诺是指成员受到组织要求个人投资与牺牲的刺激，认为离开组织必须付出的代价太高，而且是不容易的，所以愿意留下来；内聚力承诺，是指成员对组织社会关系的隶属程度，成员公开放弃先前的社会关系，并致力于增加当前团队的凝聚力和隶属感；控制承诺是指组织要求成员公开否定以前的规范，并根据组织价值，重新形成个人的自我概念。乐国安等人进一步指出，从上述研究者对组织内涵的各种阐释中可以看出，组织承诺主要可以概括为"工具性"组织承诺和"心理性"组织承诺两类。组织成员对组织的认同，以及在组织中的留职意愿与努力意愿，往往从"工具性"和"心理性"两方面进行考虑。

三、组织承诺在管理中的应用

(一)组织承诺的形成过程

Steers 分析了组织承诺的形成过程，并对组织承诺与另外一些变量间的关系进行了研究。他提出了一个预测模型，预测变量主要包括三种因素：个人特征、工作特性和工作经验。其中个人特征包括年龄、成就动机和受教育程度，工作特性包括挑战性、反馈和任务完整性，工作经验包含群体态度、对组织信赖程度与个人重要性等方面。Mowday 等认为组织承诺的预测变量包括四类：(1)个人特征，主要是指年龄、资历、受教育程度、性别、种族以及人格特质等；(2)有关的角色特征，包括工作范围以及挑战性、角色冲突以及角色混淆等；(3)结构的特征，包括组织规模、工会介入、控制幅度、正式化、分权程度、决策参与程度等；(4)工作经验，包括组织可依赖性、个人重要性、期望水平、团体规范等。Mathieu 等对组织承诺研究进行了元分析，把影响组织承诺的相关因素分为八类，包括个人特征、激励、工作满意感、工作绩效、工作压力、工作特征、团队、领导关系和组织特征等，每一类又包含了不同的变量，这样就使得组织承诺的预测变量更加繁多。

国内学者刘小平等提出了一个基于社会交换理论的组织承诺形成机制模型，并且考虑了社会文化因素对组织承诺的影响，他们的模型主要包括两个系统：组织支持的判断比较系统和组织承诺的归因生成系统。前一个系统主要是对组织支持的大小进行判断，后一个系统是进行比较解释和权衡。员工首先把在企业里得到的支持与期望标准进行比较，再对比较结果进行归因后，才能确定组织承诺水平的高低，期望标准里面就包含了价值匹配、组织公平和社会比较等内容。

(二)组织承诺的影响作用

Steers 在他的组织承诺研究模型中把留职意愿、出勤率和工作绩效作为组织承诺的结果变量，发现组织承诺与留职意愿之间有高度的相关关系，与出勤率及人员变动率之间有中度的相关关系，但是与工作绩效之间只有微弱的相关关系。Mowday 等认为组织承诺的结果变量有五类：工作绩效、员工任职时间、怠工情况、缺席情况和人事变动率。Stevens 等在组织承诺的角色知觉模式中把留职意愿或者离职倾向作为主要的结果变量，他们认为组织成员在事业初级阶段，由于资历尚浅，其组织承诺受到心理因素或者个人因素的影响，随着资历的增加，个人因素的重要性减少，随着个人在组织中投入的增加，使得成员离开组织所要付出的代价提高，组织也因此获得成员某种程度的承诺。成员虽然会留在组织内，但是却把心力用于获取组织以外的其他利益上，此时成员对组织的承诺，就由初入组织时的心理性组织承诺，转变为基于现实考虑的交换性组织承诺。

乐国安等指出组织承诺就是在探讨员工与组织之间的一种心理契约，用来预测员工的离职倾向或者员工对组织的忠诚度,因此很自然地就把员工的离职、出勤情况、工作绩效等作为组织承诺的测量指标。从组织承诺的相关研究来看,其影响结果主要可以概括为两类:工作绩效和员工退缩行为。工作绩效和组织承诺关系的研究存在较多的争议。Steers 的研究结果表明组织承诺与工作绩效之间没有关联,而 Johnston 的研究发现组织承诺是高度复杂的,而且是影响人事变动和绩效的重要因素。Randall 的研究发现低水平组织承诺者的工作质量也是较差的。之所以会有这么多差异,有研究者认为是因为组织承诺与工作绩效之间可能存在中介变量,比如工资报酬的调节作用,如果企业的薪酬直接与工作绩效挂钩,那么继续承诺和绩效之间可能会有高相关关系。员工退缩行为主要表现在离职意向、缺勤率和工作变动等方面。Mowday 等研究发现低水平组织承诺者离职率普遍较高。Porter 的研究也发现组织承诺和缺席率以及人事变动率呈现负相关关系。崔勋讨论了员工个性特征对组织承诺与离职倾向的影响,他指出情感承诺和持续承诺对员工的离职意愿影响显著,员工的组织承诺水平越高,希望工作的年限越长,离职意愿就越低。杨东涛根据不同职业生涯阶段的员工比较研究指出,企业人力资源管理部门应该洞察在员工不同职业生涯阶段的问题,关注员工的感情承诺变化趋势,从而制定有针对性的人力资源制度,提高员工对企业价值观的认同感,强化员工的向心力。王振洪研究指出,教师的组织承诺结构方式和国企员工的组织承诺结构方式相似,在教师队伍中组织承诺水平是预测教师人事流动的最好指标,高水平的组织承诺是学校教师队伍稳定的重要因素。

在管理中值得注意的一个问题就是,关于组织承诺的社会和文化差异问题,这个问题还需要更多的研究。西方关于组织承诺的研究已经超过半个世纪,积累的大量文献成果对我们有重要的借鉴意义。但是国内已有的研究成果表明,中国员工的组织承诺与西方文化下的组织承诺存在一定的差异。因此,研究中国文化对组织承诺的影响是非常必要的。由于中国文化的影响,中国企业员工在组织承诺特征和影响变量上可能会与西方的存在差异。如何深入理解中国企业员工组织承诺形成的文化背景和影响因素,对于有针对性地制定提高企业员工组织承诺的管理措施具有重要的意义。

第五节　学　习

一、学习概述

孔子认为学习过程是学、思、行的过程,如果要博学的话,就需要多闻、多见。"学而不思则罔,思而不学则殆",是孔子关于学习和思考关系的有名的论述,他还认为学习不应该终止于"学"与"思",只有达到"行"并不断完善行,才是学习的完成。近代有研究者把学习分为外显学习和内隐学习。外显学习是指有意识的、做出努力的和清晰的认知行为,类似于有意识的问题解决;内隐学习是指有机体在与环境的接触过程中不知不觉地获得了一些经验,并因此而改变其后某些行为的学习。内隐学习研究受到广泛的重视,是当今心理学研究的一大热点和前沿,因为理论上它涉及意识和无意识的重大问题,应用上涉及人类潜能开发的根本问题。

在管理实践中,除了个体学习之外,团队学习和组织学习也越来越受到了重视,做一个学习型个体,建设一个学习型团队,打造一个学习型组织成为当今组织的重要目标。团队学习有不同的视角,行为取向的团队学习强调团队学习过程中团队成员进行互动的具体行为,并认为这些行为对团队绩效具有重要影响。Edmondson(1999)认为团队学习是一种基于反思与行动之间相互交织的过程,并总结概括出该过程中团队成员应有的学习行为,即提出问题、寻求反馈、进行实验、反思结果和讨论错误。信息加工取向的团队学习强调团队学习是发生在团队水平上的信息加工过程。Hinsz 等(1997)从信息加工角度提出了团队学习过程中存在以下几个信息加工的阶段,即明确加工目标、加工处理(注意、编码、保存、提取)、反应、反馈,并认为团队学习贯穿于信息加工的各个阶段之中。结果取向的团队学习强调团队学习是一种团队成员之间发生的知识转移。Ellis(2003)指出,团队学习是一种经由团队成员通过分享各自的经验从而带来的在集体水平上知识和技能发生的相对持久的变化,并且认为团队学习应该包括两个方面,既包括个体从直接经验中的学习,也包括个体从其他成员的经验中的学习。

杨智等(2004)对国外组织学习研究进行了回顾,指出组织学习的类型大致可以分为三类:第一类学习是最基本的学习,也就是在组织既定的领域进行的学习,通过这类学习,组织可以发现组织策略和行为错误,并且予以纠正,使组织运作的效果能够符合组织的既定规范及各项要求。第二类学习是指对组织既有的规范、目标等产生了质疑,进而对其进行修正,以达到应对环境变化的目的。通过这类学习,组织不仅要发现组织策略和行为错误,还要发现指导策略和行为规范方面的错误,通过成功的转换组织运作模式来增强组织的学习和创新能力,强化组织的竞争优势,最终显著提高组织绩效。第三类学习被称为"再学习",是指在进行组织学习时,组织成员探究过去组织学习的过程和方式,找出有碍于和有助于组织学习的因素,再提出有效的新策略来帮助组织学习,以提高组织学习的效率。这三类组织学习都是以取得成果为目标,但它们为达到这一目标采用的方法各不相同,第一类组织学习是通过调整组织行为的方式来达到目的,第二类组织学习是对既有的规范和目标产生了质疑,通过修正心智模式来实现组织目标,第三类组织学习则是通过建立新的心智模式来影响组织成果。

二、学习相关的理论

(一)内隐学习

朱磊等(2006)指出,内隐学习至今已有 40 年的研究历史,在此期间,内隐学习的研究对象、研究方法和本质特征都得到了深入和扩展。主要表现在:内隐学习的研究材料从同时性刺激转向了序时性刺激;内隐学习的研究方法从主观阈限测量逐渐扩展到客观阈限测量,又再回到主观阈限测量之上;内隐学习的本质特征也从抽象到具体,再落脚于熟悉性。张英萍(2006)认为,内隐学习理论为专家专长习得的内在机制提供了新的解说,专家与新手的差异,即知识表征抽象性上的差异,其根源很可能在于内隐学习表征上的差异,在实践中经过内隐过程学习系统规则是专家学习的首要途径。内隐学习理论也对组织中员工的社会化学习过程产生了有意义的指导作用。

(二)建构主义学习观

王希华(2005)对建构主义对学习理论的促进作用进行了系统的分析,指出建构主义学习理论在发展和演变中,促进了学习理论的三次根本性变革:第一次就是使学习理论走出了动物行为研究的模式;第二次就是揭示个体依靠其自身经验去建构知识的过程;第三次就是强调学习是一个社会协作的过程,通过创设优化的学习环境,才能更好地支撑个体对知识的建构。三次变革不仅使得学习理论研究对象发生了本质改变,研究内容的实质也在不断深化和拓展。建构主义理论对组织中的个体、团队和组织学习都有明显的指导意义,组织中各个层面的学习是经由各主体的交互作用而发生的,所以整体环境的打造就显得十分重要。

(三)行为主义学习观

行为主义学习思想最初来自心理学研究,注重对个体的学习行为进行剖析,其基本观点是人类在活动的过程中,可以对各种联想和技能进行有组织的积累。组织学习的概念被提出以后,行为主义思想就被应用到对组织学习的分析中,这种学习理论认为,组织是目标导向、基于规则的系统。组织系统可以在各种行为经历中不断提升和完善自己,重复以往取得成功业绩的行为,避免以往失败的行为。在诸多研究中也发现,不少组织的发展得益于行为学习过程,在这些组织中,领导者制订大致的发展方向和目标,组织成员在行动中检验方法的正确性,逐步找到能够帮助实现战略目标的路径。行动而后发现差错,然后再进行调整行为,这种循环在学习中起着重要的作用。

(四)认知学习观

认知学习观最初也是用来分析个体的学习活动的,它关注人们在学习过程中推理、问题解决、计划以及语言理解等方面的问题。它强调具有不同知识结构的个体对概念和事物理解上的差异,并认为在人类的学习活动中,有计划地建构认知模式有着重要的意义。在组织研究、管理研究中,越来越多的学者采用了认知理论来解释各种组织现象和管理问题。组织学习研究中也越来越采取认知研究的思路,分析个体认知地图如何整合和转化为组织认知图式,个体认识上的改变如何引发组织认知图式的变化。认知学习研究关注的焦点在于学习的内容,而不是行为的结果,关心促进公司知识创造的过程。研究者认为,如果采用了正确的认知学习过程,一个组织就可以把数据转化为信息,把信息转化为知识,最终产生组织知识。总的来说,认知学习包括利用外界产生的知识,以及把内部存储的知识进行转换,通过这些活动创造出新的知识,形成组织的核心竞争力。

三、学习在管理中的应用

在管理实践中,除了个体学习之外,团队学习和组织学习受到了越来越多的关注和研究。

(一)团队学习的影响因素及其与团队绩效的关系

毛良斌等(2007)认为,团队学习的影响因素包括三类,即组织水平变量、团队水平变量和个体水平变量。组织水平变量主要包括组织中的人员轮岗及培训、组织的绩效管理、组织的知识管理。研究者发现团队培训比个体培训更能对团队学习产生好的结果,这主要是因为团队培训有助于发展团队成员的交互式记忆系统以及增进团队成员间的人际信任。团队水平变量主要包括团队信念、团队凝聚力、团队领导风格、团队授权以及团队构成。Edmondson 等研究了团队心理安全感和团队效能感对团队学习的影响,结果表明团队心理安全感与团队学习间存在显著正相关,但该研究未能发现团队效能感与团队学习间存在显著相关关系。个体水平变量主要是指团队成员的认知能力、个性特征以及团队成员间的个体差异。Ellis(2003)等研究表明,团队成员的认知能力水平与团队学习存在显著正相关关系,而团队成员的个性特征里的宜人性和开放性与团队学习也存在显著正相关关系。

大量的团队学习研究结果表明,团队学习不但对提高团队绩效有直接的正效应,而且在一些团队变量对团队绩效的影响中具有重要的中介或者缓冲作用。Yeh 等(2005)对跨职能团队进行了研究,结果表明团队学习对团队绩效具有显著的正效应,而且在团队冲突对团队绩效的影响中具有重要的缓冲作用。Wong 等(2004)的研究表明,团队学习存在团队内部学习和团队外部学习两种类型,两种类型的团队学习都和团队绩效存在积极正相关关系,然而如果两种类型在团队学习中分配不当形成冲突的话,就会损害团队绩效。

(二)组织学习的过程

Argyris 等(1978)把组织学习过程划分为发现、发明、执行和推广四个阶段。他们认为这些是组织学习必须经历的四个阶段,各个阶段承担了不同的任务:发现阶段的任务是发现预期与实际结果之间存在的差异;发明阶段的任务是寻找解决问题的方案;执行阶段的任务是执行所制订的解决方案;推广阶段的任务是把成功的经验推广到组织的各个部门,使之成为组织的规范、惯例和政策。Daft 等(1984)把组织学习看作是一个解释系统,认为组织学习包括三个阶段:扫描阶段、解释阶段和学习阶段,扫描阶段是进行资料的收集,解释阶段是赋予资料意义,学习阶段是采取行动。Bacts(1998)认为知识是学习的基础,一个组织如果缺乏知识创新能力,它将无法在激烈的竞争中获胜。因此,组织学习表征了全部知识产生过程的组合,包括了知识的产生、提炼、促进和扩散四个阶段,而这些过程又分为知识获得与知识管理两个部分。当知识由组织内部或者外部产生时,学习便会发生。同时他还提出了组织学习发生的三种具体情景:(1)组织成员的心智模式对组织及环境的变化做出反应;(2)组织成员分享他们的知识,并且在组织中形成共同的知识;(3)组织成员在变化的环境中更新知识。

March(1991)提出探索式学习与利用式学习的观点。探索式学习以发现、试验、冒险和创新为特点,而利用式学习则以精炼、执行、效率和选择为特点。探索式学习倾向于脱离组织当前已有的知识,旨在开创全新的知识领域;而利用式学习则是在组织当前已有知识的基础上进行学习,旨在全面充分利用组织已有的知识。长期以来,学术界的研究都把这两个学习过程作为对立的过程研究:一是它们争夺有限的资源,探索式学习会限制利用式学习,而利用式学习也会限制探索式学习。二是它们需要不同的组织结构和文化。例如,He 和 Wong(2004)指出探索式学习需要有机的组织机构、宽松的控制体系、鼓励路径突破的文化氛围,常常与新兴市场和技术相联系;而利用式学习则需要严格的层级结构、紧密的控制体系、路径依赖的文化氛围,常常与成熟市场和技术相关。而且,探索式学习的回报是不确定的,常常有很大的风险,时间周期也比较长;相反,利用式学习的回报常常是确定的,风险比较小,时间周期相对也比较短。于是,同时进行两种学习的企业面临着整合两种不同文化和组织结构的重大挑战。三是它们适应外部环境的方式也不一样。在成熟市场或稳定环境中运行的企业应该主要依靠利用式学习,获得规模经济和稳定可靠的现金流;相反,在新兴市场或动荡环境中运行的企业则应该尝试探索式学习,发现和创造新的知识和技术,获得先入者优势,避免"陷入中间"(Stuck-in-the-Middle)的尴尬境地。

杨智等(2004)认为,组织学习的流程基本上可以分为知识获取、知识分享、知识运用和组织记忆四个阶段。在这四个阶段中,知识分享对于组织学习极为重要,这是与个体学习的主要区别。组织只有把所获得的知识传播到组织的各个部门,让所有的组织成员理解这些知识,组织学习才能取得效果,并最终会反映到组织绩效当中。另外,组织记忆也是组织学习的一个重要阶段,组织通过组织机制(政策、策略、组织流程等)把组织学习的成果保存下来,形成组织记忆,以供组织未来使用。

在管理实践中,只有把个体学习、团队学习和组织学习结合起来,才能形成互动和协作的学习环境,从而提升个体、团队和组织的综合竞争能力。

本章小结及对管理者的意义

在管理心理学中,个体是最基本的单位,把握个体心理和行为的规律是组织管理的基础。本章系统回顾了能力、工作满意感、组织公平、组织承诺、学习的主要内涵、相关理论及其在管理实践中的应用。从诸多研究结果和实践成效来看,个体的行为越来越依赖于整个组织环境的营造,组织对个体的选拔和使用也越来越注重个体的综合素质。本章对管理者最大的意义就在于提供了一种系统和全面的视角来看待个体的行为,从而为更有效的人力资源管理实践打好基础。

本章思考题

1. 在人事选拔中,能力测验表现最好的应聘者一定会在日后的工作中获得最高的工作绩效吗?

2. 请举例说明对于刚进入公司的年轻人和已经做到中层管理职位的管理者来说,采取哪些激励措施的组合才能使他们拥有较高的工作满意感。

3. 请举例说明中国文化背景下组织公平的特色。

4. 请举例说明组织承诺对于降低员工跳槽行为的影响。

5. 在企业管理实践中,为什么说学习是一种涵盖了个体、团队和组织三种层面的活动?

推荐阅读及参考文献

第四章 个性、态度与价值观

道千乘之国，敬事而信，节用而爱人，使民以时。

——孔子

本章开篇案例

西南航空公司，最初只是一个仅有三架飞机的地方性小公司，但是后来却发展成为美国第五大航空公司，总资产达 40 亿美元，员工近 3 万人。不仅击败了联合航空公司与大陆航空公司这两家短程航空市场中的劲敌，还进一步向达美航空公司与美国航空公司挑战。

更令人称奇的是，在这个竞争激烈、经营策略、营运成本几近透明的空中市场中，西南航空公司却能将其成本维持在业界最低水准，并创下 26 年连续获利的纪录！最显而易见的是，西南航空公司在 1994 年时，以可载量座位里程为单位计算的成本约为 7.1 美分，1998 年时该成本为 7.3 美分；而在同期间，同业的平均成本水准却较西南航空公司高出 15%～40%。

而且在追求低成本的同时，西南航空公司并没有以降低服务品质为代价——无论从航班是否准点起降、旅客抱怨申诉情况，还是从托运行李遗失率的评比结果来看，西南航空公司的服务品质均居领先地位。

是什么力量支撑起西南航空公司这种强劲的竞争优势呢？

答案就是团队精神。西南航空公司的团队精神，产生出了惊人的生产力：西南航空公司班机从抵达目的地机场，开放登机门上下旅客，至关上登机门再度准备起飞间的作业时间，平均为 15 分钟。短短 15 分钟内，要更换全部的机组人员，卸下近百袋的邮件，再装上数量相近的邮件，并为飞机加满 4500 磅（约 2041.2 千克）重的油料。同样的作业内容，大陆航空公司与联合航空公司则平均需要 35 分钟才能完成。

特别值得一提的是，为了在短时间内完成换班归航工作，西南航空公司的飞行机组人员，不论是空服员还是飞行员，都会一起协助清理飞机，或是在登机门处协助旅客上下飞机。1998 年，西南航空公司每位员工服务的旅客数超过 2500 人次，而联合航空公司与美国航空公司则与业界平均水准相当，约在低于 1000 人次的水准。

然而更有趣的是，西南航空公司飞行员每月平均飞行 70 个小时，年薪 10 万美元；其他如联合、美国及达美等航空公司的飞行员同样每月平均飞行 70 个小时，年薪却为 20 万美元。在平均每人的工作量多，薪水又不比其他同业高的情况下，西南航空公司为什么还能维持良好的服务品质，且仍吸引着世界各地的英才呢？

这又得从西南航空公司的团队中寻找答案。西南航空公司内部有三项基本的经营哲学：第一，工作应该是愉快的，可以尽情享受；第二，工作是重要的，可别把它搞砸了；第三，人是很重要的,每个人都应受到尊重。这三项价值观使西南航空公司成为"以人为先"的团队。谁都不能否认,绝佳的工作环境,对于人才会有怎样的吸引力。一位西南航空公司主管,曾经在 EDS 公司任过职。他说,在当初准备跳槽时,EDS 曾竭力挽留他,还为此开出比他刚进公司时高出 2.5 倍的薪水条件。但他最后还是选择了西南航空公司,对此,他的解释很简单:因为在西南航空,他觉得工作"很快乐"。

拥有一支优秀团队的企业,企业竞争力是超强的。团队精神能使企业将潜能发挥至极致,所以它对企业的作用是任何东西都取代不了的。正如西南航空公司的总裁赫伯·凯勒赫所说的那样:"无形资产是竞争对手最难剽窃的东西,因此我最关心的就是员工的团队精神、企业的文化与价值,因为一旦丧失了这些无形资产,也就断送了可贵的竞争优势。"

所谓"投桃报李",人心的互动会给管理者带来意想不到的收获,也会给企业带来发展的动力和激情。那么怎样做到一加一大于二?对工作充满热情的员工能够有更高的效率、忠诚性和服从性吗?本章将通过个性、态度、价值观的分析来对以上问题进行解答。

第一节　个　性

一、什么是个性

个性也叫人格,对于什么是个性,定义很多。人格心理学家阿尔波特说:人格是个人适应环境的独特的身心体系;艾森克认为:人格是决定个人适应环境的个人性格、气质、能力和生理特征;卡特尔则认为:人格是可以用来预测个人在一定情况下所做行为反应的特质。

世界上找不到完全相同的两个东西,同样,世界上也不存在两个个性绝对相同的人,每个人在需要、兴趣、爱好、价值观、气质、能力、性格等方面均不同于其他人。我们把这种在个体身上经常地、稳定地表现出来的心理特点的总和称之为个性。任何人都是有个性的,均以一种个性化的方式存在。

由此可以看出个性属于社会范畴,并成为多学科研究的对象。社会学研究个性,关注的是个性如何受社会、政治、经济的影响;心理学研究个性,关注的是个性的实质及其规律性;而管理心理学研究个性,则是把心理学中关于个性的理论用于企业管理实践当中,以便更有效地管理和使用人力资源。

二、个性发展的决定因素

人的个性的形成取决于哪些因素?这涉及一个古老而又争论不休的问题:先天遗传和后天环境的关系与作用。即,个性是在个体出生时就已经被事先决定的?还是在个体与周围环境的相互作用过程中产生的?目前人们普遍认为,一个成人的个性是由遗传和环境两方面因素共同影响形成的。

（一）遗传

遗传指的是那些受胚胎影响的因素。遗传研究表明几乎所有的个性特质均受到遗传基因的影响(Loehlin et al.，1998)。我们无法选择父母、祖父母或出生的家庭,可我们的基因却会极大地影响我们,具有不同生理特征的人在个性的许多方面都有不同。对于双胞胎的一些研究表明,遗传可以解释50%～55%的个性差异,并且遗传上的差异可以解释职业选择中50%的变化,即遗传影响着人的职业选择(Bouchard,1995)。

（二）环境

许多行为学家相信环境在个性形成中起的作用比遗传更大,影响个体的环境因素包括自然环境、文化环境、家庭环境、学校环境、生活经验、自我调节。

生态环境、气候条件、空间拥挤程度等因素都会影响到人格的形成和发展。巴里(Berry,1966)选择阿拉斯加的爱斯基摩人和非洲的特姆尼人进行了比较研究,研究结果说明了生态环境对人格的影响。[①]

气候条件因素,如气温等也会提高人的某些个性特征出现的频率。如,天气炎热易使人烦躁不安,从而增加对他人的负面行为,世界上炎热的地方也是攻击行为较多的地方。

文化、家庭、学校对个性的形成和发展有非常明显的影响。由文化所构建的规范、态度、价值观和行为准则是一代代传承下来的,保持着相对的稳定性。这些文化对个性具有塑造功能,不同的社会文化形态形成了不同的个性特点。家庭、学校教育对个性的形成和发展也起着非常重要的作用。

但作为具有主观能动性的人,其个性是在人和环境相互作用中形成和发展的,任何环境本身都不能直接决定人的个性特征,只有通过人的心理活动才能最终发挥作用。从特殊事件和个体的经验角度而言,每个人的微观环境都是独特的,所以实际上人的自我调节和个体特殊的生活经验在个性形成和发展的过程中是最重要的,缺少了自我调节和经验,任何外界影响都不会真正产生作用。因而每个人都在塑造着自己的个性。

我们可以说遗传决定了个性特征发展的可能性或潜能,而环境因素决定了个性在这一可能范围内最终能达到的水平。对所有个性特质而言,遗传与环境可能各占50%的比重(Brody，1988)。

三、个性特征与分类

许多个性特征理论在管理中有广泛的应用,并且具有各种不同的视角。

（一）荣格的类型论

瑞士心理学卡尔·荣格根据个体在解决问题时信息收集和评估方式上的不同,把人搜集或感知信息的心理功能描述为"感觉"和"直觉"的连续体,把人评价信息的心理功能描述为"理性"和"情感"的连续体。两个维度相结合,产生了四种基本的问题—解决类型:感觉—情感(SF),直觉—情感(IF),感觉—理性(ST)和直觉—理性(IT)。表 4-1 总结了这四种类型(Schermerhorn，Hunt & Osborn,2005)。

---

①　转引自:彭聃龄.普通心理学.北京师范大学出版社 2001 年版。

表 4-1 四种问题—解决类型

感觉—情感(SF)	感觉—理性(ST)
好交往	注重技术细节
注重细节	对数据进行逻辑分析
友善、富有同情心	精准、有序
乐于沟通	注重规则与程序
即时反应	可以依赖、负责任
善于产生同感和共鸣、善于合作	善于观察、排序、文档、追忆
目标:有助于他人	目标:正确做事情
直觉—情感(IF)	直觉—理性(IT)
洞察力强、神秘	推测力强
理想主义、个人主义	注重理解、综合、解释
创造力强、原创力丰富	富有逻辑的想法
对人怀有博大思想	观察、注重人际交往、思想化
善于想象、新组合	善于发现、探求、解决问题
目标:使事物尽善尽美	目标:透彻分析问题

一般用麦尔斯—布瑞格斯类型指标(Myers-Briggs Type Indicator,MBTI)来衡量问题—解决类型,MBTI测验是当今世界上应用最广泛的个性测试工具。包括世界500强的很多企业都在使用MBTI。该测试包括100道问题,用迫选、自我报告的方式来进行个性的评估,评估结果用以衡量和描述人们在获取信息、做出决策、对待生活等方面的心理活动规律和个性类型倾向。MBTI应用非常广泛,已有一些研究证明MBTI具有较好的信效度,但尚无有力的证据证明MBTI能够有效预测组织中员工的工作行为和态度。

(二)现代"五因素模型"

近年来一个广泛使用并不断得到证实的个性模型为个性的"五因素模型",简称为"大五"(Big Five)。这五个因素分别是:

(1)神经质(neuroticism),反映一个人情绪稳定性和调节情况(是平和、热情、安全还是紧张、焦虑、失望和不安全)的个性维度;

(2)外向性(extraversion),描述一个人善于社交、善于言谈、武断、自信方面的个性维度;

(3)开放性(openness),描述一个人幻想、聪慧、开放、探求方面的个性维度;

(4)宜人性(agreeableness),描述一个人随和、可信、合作方面的个性维度;

(5)尽责性(conscientiousness),描述一个人责任感、可靠性、坚持性、成就性方面的个性维度。

五个因素的第一个字母组成"ocean"(海洋),正好容纳了人类个性的"海洋",研究证实这五项个性维度是所有个性因素的最基础维度。研究发现这些个性维度与工作业绩之间有重要关系。研究者调查了五类人员:专业人员(包括工程师、建筑师、会计师和律师)、警察、管理者、推销员、技术工和半熟练工人,研究表明尽责性在五类人员中能预测绩效。其他几个维度与绩效的关系由于行业和职业不同而有所不同。如外向性对销售工作和管理职位非常重要,宜人性对服务类工作有较好的预测。

有研究者总结了关于"大五"的应用研究,得出以下结论(钟建安和段锦云,2004):(1)在人事选拔或配置中,"大五"人格可以作为一个预测因子。责任感对绩效具有较好的预测效度。(2)对服务性工作,宜人性也是一个良好的预测因子。对创造性工作,如策划、广告、艺术、文学等,开放性具有较好的预测效度。对管理工作,外向性具有较好的预测。对团体绩效而言,团体中外向性比例恰当最好。(3)神经质在许多方面对个体都具有负面影响,对个体而言应尽量培养自己的情绪稳定性。

(三)其他主要个性特质对组织行为的影响

研究发现一些个性特质对员工组织行为具有高度的预测性,包括控制点、自尊、马基雅弗利主义、情感调整特征、自我监控、目标定向等。

1. 控制点

控制点(locus of control)用来表征个体感觉在何种程度上可以主宰自己的命运,与内—外倾向性有关,可以用 Rotter 的控制点机制来衡量。Rotter 认为事情基本由自己控制的人具有内控型个性特质;而那些认为事情由环境因素来控制的人则具有外控型个性特质。高内控性的人相信自己能掌握自己的命运,相反高外控型的人相信自己的生活取决于其他人和外部力量。

大量研究发现:外控型员工对工作更容易感到不满意,对工作的投入程度低,对工作环境疏远,缺勤率更高。

为什么外控型员工对工作更不满意? 一个可能的原因是,外控型员工感到组织中很多重要的事情或有重要意义的结果均是自己无法控制的,容易产生消极、逃避的情绪。内控型员工有较强的控制欲望和成就动机,面对同样的情景,更多地将组织结果归为自己行为的结果,因此对工作更满意。

2. 自尊

个体对自己所持有的一种肯定或否定的态度称为自尊(self-esteem),是对一个人的价值判断,表达相信自己是有能力的、重要的、成功的和有价值的。

关于自尊和组织行为的关系,有研究表明:高自尊的个体对成功的预期较高,自尊心强的人相信自己拥有获得工作成功的大多数能力,且不太喜欢选择那些传统性的工作。最普遍的发现是,自尊心弱的人对不利的工作条件更敏感,如:紧张、不确定性、工作条件差、管理差等,他们更需要从他人那里得到积极的评价。所以他们更乐于赞同别人的观点,更倾向于顺从他人。另外,有大量研究证实自尊心强的人比自尊心弱的人有更高的工作满意度。显然,自尊是有效工作行为的一个重要个性差异。

3. 马基雅弗利主义

马基雅弗利主义(machiavellianism)来自 16 世纪意大利作家 Niccolo Machiavelli 的作品,他写了一本指导贵族如何获取和使用权力的书,其中写道:领导者应当"效法狐狸与狮子","既是一头很凶狠的狮子,又是一只非常狡猾的狐狸"。高马基雅弗利主义的个体重视实用价值,相信为了获得结果可以不择手段。心理学家发展了一种测量马基雅弗利主义倾向的体系叫马基(Mach)。研究表明高马基雅弗利主义的个体在自由度比较大的情景中、面对面的商谈情景中及工作成功不需要情绪卷入时工作成效显著,相反在控制性强的环境中则表现不理想(Christie & Geis,1970)。因此对于谈判类、销售类的工作高马基雅弗利主义者表现会十分出色,而在行为有绝对的规范准则,在结果不能为手段辩护的工作中则很难预期能有好的绩效。

你是一个高马基雅弗利主义者吗?请做练习 4-1(斯蒂芬•罗宾斯,2005)。

练习 4-1 提高自我认识:你是一个高马基雅弗利主义者吗?

指导语:对每一个陈述钩出最符合你态度的数字。	不同意			同意	
	较多	较少	中等	较少	较多
	1	2	3	4	5

1.指挥别人最好的办法是告诉他们那些他们想听到的话。

2.当你想请某人为你做事时,最好告诉他真实的原因,而不是那些可能显得很重要的原因。

3.任何完全相信别人的人都会陷入困境之中。

4.如果不时常抄近路前进,就很难超过别人。

5.下面这种观点很正确:所有的人都有邪恶之念,而且只要有机会就会显露出来。

6.只有当一种行为符合道义时,人们才应该去做。

7.大多数人本质是善良随和的。

8.没有理由欺骗任何人。

9.大多数人对于自己财产的损失比丧父之痛记得更清楚。

10.一般来说,如果不受到强迫,人们不会努力工作。

计分:将第 1、3、4、5、9、10 题得分累加起来,对于其余 4 题以反向方式计分,即 5 分计 1 分,4 分计 2 分,以此类推,将所有题目的得分相加即为你的得分。得分越高,马基雅弗主义的特点越明显。在美国,成年人的马基雅弗利主义分数的常模为 25。

4.情感调整特征

情感调整特征是衡量个体健康状况如何受情感压力或行为的影响。在早期,这个个性维度被称为心脏病易感行为方式,因为它似乎是与心脏疾病相关的一些行为方式。如今这种维度常被称为 A 型—B 型个性,或简称为 A 型个性。这种个性特征呈连续体分布,一端是 A 型个性者,另一端是 B 型个性者。A 型个性者典型的特征是:总愿意从事高强度的竞争活动,不断驱动自己要在最短的时间里干最多的事,并对阻碍自己努力的其他人或事进行攻击。B 型个性者则较松散、与世无争,对任何事皆处之泰然。

在组织中哪一类人成就更大?典型的 A 型个性倾向的人还是典型的 B 型个性倾向的人?很多人可能猜是 A 型个性倾向。毕竟,这些人动机强烈并且努力工作,勇于接受挑战,即使感到疲倦也不愿意承认。但典型的 A 型特征也有很多妨碍取得成就的特点,如 A 型个性者有时间紧迫感,因此速度会更快,注重数量而不是质量,愿意长时间工作但可能不会花时间权衡哪一种方法更好,或者如何去创造性地解决问题。研究表明,在工作中当要求延迟一段时间给出问题的答案时,B 型个性被试的表现好于 A 型个性被试(Glass,Snyder,Hollis,1974)。

练习 4-2　你是 A 型人格吗?①

指导语:在下列各特质中,你认为哪个数字最符合你的行为特点?

1.不在意约会时间	1 2 3 4 5 6 7 8	从不迟到
2.无争强好胜心	1 2 3 4 5 6 7 8	争强好胜
3.从不感觉仓促	1 2 3 4 5 6 7 8	总是匆匆忙忙
4.一时只做一件事	1 2 3 4 5 6 7 8	同时要做好多事
5.做事节奏平缓	1 2 3 4 5 6 7 8	节奏极快(吃饭、走路等)
6.表达情感	1 2 3 4 5 6 7 8	压抑感情
7.有许多爱好	1 2 3 4 5 6 7 8	除工作之外无其他爱好

计分:累加总分,然后乘以3,分数高于120分,表明你是极端的 A 型性格;分数低于90分,表明你是极端的 B 型性格。

分数	性格类型	分数	性格类型
120 分以上	A+	106~119 分	A
110~115 分	A-	100~114 分	B-
90~99 分	B	90 分以下	B+

　　对组织的调查表明,尽管 A 型个性者工作十分勤奋,但 B 型个性者常常占据组织中的高层职位。最优秀的销售人员常常是 A 型个性者,但高级经营管理人员常常是 B 型个性者。原因就在于 A 型个性者倾向于放弃对质量的追求,而仅仅追求数量。然而在组织中常常需要理性、睿智的人而不是追求速度、易产生敌意、仅有好胜心的人。

　　5. 自我监控

　　近年来自我监控(self-monitoring)这一个性特质受到越来越多的重视。自我监控指的是个体根据外界环境因素而调整自己行为的能力。

　　高自我监控者表现出对环境线索相当的敏感性,能根据环境变化适时调整自己的行为,能有效地利用个人资源,发挥个人的长处。能使自己公众角色与私人自我间表现出极大的差异。而低自我监控者则很难适应环境的变化,不善于调整行为而倾向于在各种情景下都表现出自己真实的性情和态度,他们的行为具有与情景的高度一致性。有关自我监控和工作业绩的研究表明,自我监控与工作绩效成正相关,不过相关较微弱(Day,Schleicher, Unckless & Hiller, 2002)。高自我监控者能更灵活适应情景,会做出更好的工作成绩,但同时,高自我监控者的多变在人际交往中不太容易有情感的投入,这会带来负面的人际联系,有可能会损害工作绩效,特别是团队工作绩效(Sasovova & Zuzana,2006)。

　　6. 目标定向

　　当个体为一定的目标工作时便可称为目标定向(goal orientation)。目标定向可以分为两大类:学习目标定向和成绩目标定向。具有学习目标定向的个体倾向于选择具有挑战性和能够促进个人成长的任务,对绩效关注较少,在完成任务的过程中会有意识地掌握新技能、发展适应新环境的能力来展示自己,面对困难愿意尝试不同的策略,较少产生消极情绪;具有成绩目标定向的个体在工作过程中倾向于关注绩效,致力于寻求关于自身能

---

　　① 斯蒂芬·P. 罗宾斯. 组织行为学(第 10 版).孙建敏,李原,译.中国人民大学出版社 2005 年版,第 85 页。

力的肯定性评价,避免否定性评价,以此来显示自己的能力水平,对工作过程本身不感兴趣,遇到困难易产生消极情绪,做出放弃的决定。

一些关于目标绩效的研究表明:目标定向是绩效的一个很好的预测变量。研究表明,学习目标定向对角色绩效和创新绩效有显著的预测作用,而成绩定向目标对角色绩效产生负面影响,但不影响创新绩效(徐方忠、朱祖祥和林芝,2000;韩翼,2006)。

四、个性—职业匹配

从以上对个性特质的讨论中,可以看出,个性特质与工作绩效之间的关系受到特定工作要求的影响,所以在人职匹配当中应重视个性特点与工作要求之间的协调一致。在此方面最有代表的理论是心理学家帕森斯创立的特性—因素理论和霍兰德提出的个性—职业类型匹配理论(personality-job fit theory)。

(一)特性—因素理论

该理论指出在职业选择时应注重个人信息与职业信息的搜集和分析,以实现人职匹配。帕金斯指出,在人职匹配时,要认识自我,了解职业对人的要求,寻求个人的特性与具体职业要求之间的最佳匹配。这种人职匹配的过程包括:个人特性评价,即评价自身的生理、心理特征、职业能力、职业兴趣等,然后做出综合评价;职业因素分析,即分析职业的各种因素,如职业内容、特点,对人员的要求等;个人特性与职业因素匹配,即根据以上分析的个人特性与职业因素结果进行选择,从而达到人与职业的合理匹配。

(二)个性—职业类型匹配理论

霍兰德指出职业选择是个人个性的延伸,员工对工作的满意度和流动的倾向性,取决于个体的个性特点与职业的匹配程度。他将个性分为六种基本类型,并将它们和环境、职业类型进行了匹配。见表 4-2。

表 4-2 霍兰德个性类型与职业匹配

个性类型	个性特点	匹配职业
现实型,偏好技能性、体力性活动	稳定、务实、顺从、害羞、真诚、持久	机械师、木工、生产技术、操作工
研究型,偏好思考、组织和理解的活动	分析、创造、独立、好奇	生物学家、科学研究人员、设计师、工程师
社会型,偏好助人的活动	友好、合作、理解、善社交、善言谈、洞察力强	社会工作者、学校教育工作者、咨询人员、医疗保健人员
传统型,偏好规范、有序、明确的活动	顺从、保守、忠诚、缺乏灵活性、缺乏想象力	银行职员、图书管理员、会计、出纳、办公室职员、打字员
企业型,偏好影响、管理、领导他人的活动	进取、自信、精力充沛、盛气凌人	法官、律师、政治家、企业领导
艺术型,偏好创造性、想象性、有自我表现空间的活动	富于想象力、情绪化、理想、不实际	画家、艺术设计师、建筑师、摄影家、音乐家、作家

霍兰德及其助手通过多年研究，制定了两种类型的测定工具：职业偏爱记录（Vocational Preference Inventory，VPI）和自我指导探索（the Self-Directed Search，SDS）。使用VPI和SDS两个量表的测量，得出人们适应的职业类型。类型测定后，有一系列具体的与被测定者的个性类型相对应的职业可供选择。

然而上述的个性类型与职业关系也并非绝对的——对应。霍兰德在研究中发现，尽管大多数人的个性类型可以主要地划分为某一类型，但个人又有着广泛的适应能力，如其个性类型在某种程度上相近于另外两种个性类型，则也能适应另两种职业类型的工作。也就是说，某些类型之间存在着较多的相关性，同时每一类型又有种极为相斥的职业环境类型。霍兰德用一个六边形简明地描述了六种个性类型之间的关系，见图 4-1。

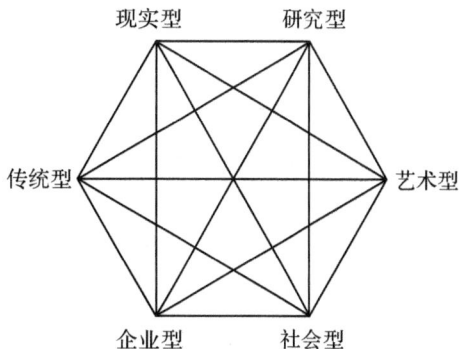

图 4-1 职业个性类型之间的关系

在图中两个类型靠得越近，则表明它们之间的关系就越多，这两种类型的个体之间的共同点也就越多。如现实型和研究型均不太偏好人际交往，这两种职业环境中也都不太要求与人接触。反之，两个类型离得越远，相互之间的关系也越疏远，通常在六边形上处于对角位置的类型之间即为相对关系，一般相对的人格类型共同点很少，如现实型和社会型。因此一个人同时对处于相对关系的两种职业均非常感兴趣是十分罕见的。

根据六边形模型，最理想的职业选择是个体能找到与其个性类型相重合的职业，也就是我们所说的人职匹配。这时，个体最可能在工作中发挥自己的才能并具有较高的工作满意度。如果个体难以获取与其个性相重合的职业，则可寻找与其个性类型相近的职业，由于这些职业与个性的相关性较多，个人经过努力和自我调节也能适应职业环境，从而达到人职匹配。最差的职业选择是个人选择了与其个性类型相斥的职业，在这种情况下个人很难适应工作，也不太可能感到工作的乐趣，甚至无法胜任工作，是一种典型的人职不匹配状态。

第二节 态 度

态度是社会心理学中的一个宽泛的概念，指一种对人、事物或概念的带有认知情感成分和行为倾向的持久的看法。态度一词的出现，最早可以追溯到 18 世纪的西方文学，但直到 19 世纪 60 年代才被引入心理学。Allport（1935）认为态度是"当代美国社会心理学中最为特殊、最为不可缺少的概念"。

当前对于态度的界定很多，Eagly 和 Chaiken（1993）将态度定义为"带有赞同或不赞同偏向性评价事物的倾向，通常反映在认知、情感和行为的表现中"。从态度的定义中可以看出，态度具有认知（信念、知识、期望或者所感知到的态度对象与其特征之间的联系）、情感（感觉、心境、动机、情绪及相关的心理变化）和行为表现（行为或行动，包括已实施和计划中的行为）三种成分。这三种成分都可以通过语言和非语言的反应模式进行表达。见表 4-3。

表 4-3　态度的构成和反应模式

反应模式	态度结构		
	认知成分	情感成分	行为成分
语言模式	表达对态度对象的认识、理解和评价	表达对态度对象的情感体验	表达针对态度对象的行为意图
非语言模式	对态度对象的感觉反应	对态度对象的生理反应	对态度对象的外显行为反应

除了具有以上提及的三种结构成分外,态度还具有多种动机功能,包括知识经验功能、工具性功能、自我防御功能、价值观体现功能、一致性功能和独特性功能。态度帮助人们组织关于世界的信息(知识经验功能);获得奖励并避免惩罚(工具性功能);管理情绪冲突(自我防御功能);表达自我、个人价值观及自我身份意识(价值观体现功能);保持对个体的一致性观点(一致性功能);将个体从相似的社会群体区分出来(独特性功能)。

由此可以看出态度是一种习得的认知、情感和行为的倾向性,人们对事物、情景、惯例、理念等的应对均与态度有密切关系。态度具有很强的影响力,可以帮助人们感知事物并组织决策和应对。

一、态度形成

态度的形成受到先天因素和后天因素的共同影响,即是遗传和学习共同作用的产物。

(一)遗传

研究表明遗传决定了多种态度,包括对待饮食的态度、对待工作的态度及对待种族的态度。但遗传对态度的作用并不是直接的,很可能是间接的,受到个性特征、物理特性、学业成就和其他个体变量的中介作用的影响(Olson, Vernon, Harris & Jang, 2001)。

(二)学习

社会学习理论认为,态度的形成是一个社会化学习的过程,受到长辈、同辈及其他信息源的影响。人们通过观察和模仿他人的行为来获取态度,态度最早在儿童时期产生,到成年期时逐渐成形,但也可能在以后的生活中发生变化(如重大生活事件)。就个体以什么样的方式来习得态度,研究者给出了两种重要的理论解释:经典性条件反射和操作性条件反射。

经典性条件反射认为,个体获得对某一事物的态度,是因为有愉快或痛苦的刺激与该事物反复相连。积极态度的形成伴随着愉悦的刺激,而消极态度的出现则来自痛苦的经历。如,儿童通常会对表扬(愉快经历)他的人产生好的态度(积极态度)。

对人类的态度形成来说,更常见的是操作性条件反射,即个体在特定情景下的反应会带来怎样的强化。如,儿童吮吸手指,换来的是大人的斥责(不愉快经历),吮吸行为通常会减少。在操作性条件反射中强化(正强化、负强化)或惩罚可以使某一特定反应再次发生的可能性增加或减少。态度也可以像行为那样被强化,例如当人们表达出对某人或物的积极态度而得到赞赏或物质奖励时(正强化),这种态度就会不断出现;当对人们不正常、不被赞同的态度给予言语或物质上的惩罚时,这种原有的态度将会产生变化;这两种方式都将会使人们形成更易被社会所接受的态度。但应该认识到强化或惩罚是否产生作用，还受到强化或惩罚对个体的意义的影响，而且这种意义应该在行为发生之前个体就已经明白于心的。

除以上所述之外，模仿和社会比较也是学习态度的重要方式。很多态度是通过模仿、观察他人的行为形成的，人们从媒体或其他信息源获取的大量社会比较信息也是态度形成的一种重要方式。

二、态度改变

对于组织来说，关心的问题是如何影响或改变员工与工作相关的态度，如工作满意度、工作参与和组织承诺。因为有研究发现，如果态度越强有力，越易获得，就越有可能对行为表现产生影响(Petkova，Ajzen & Driver，1995)。

在日常生活中我们可以观察到，人们会改变陈述的方式，以使言行保持一致。如一个学生想竞选学生干部，如果成功了，他会说"学生干部对我来说非常重要"，并相信可以充分锻炼自己。然而，假如没有成功，他可能说"当不当学生干部也没有什么，我本来就不怎么想当，只不过随便试试而已"。

研究发现人们喜欢态度和自己一致的人，不喜欢态度和自己不同的人，而且人们也喜欢在态度和行为之间保持一致。即如果人们的态度与其行为或与他人的态度不一致时，他们就会感到不适，这种不适感会促使个体采取措施消除态度的分歧并保持态度和行为的协调一致。

(一)认知失调理论

著名的社会心理学家费斯廷格(Leon Festinger)提出了认知失调理论(cognitive dissonance theory)，用这个理论解释态度和行为之间的联系。他认为当一种态度和一种行为不一致时，这种不一致则会导致冲突的产生，而任何形式的冲突都会让人苦恼，从而促使个体采取行动减少这种苦恼。个体要么在认知之间进行协调，要么在认知和行为之间进行协调，从而使态度和行为之间取得一致，总之个体会寻找使不协调最少的稳定状态。

在实际生活中没有人能够完全避免不协调状态。例如，虽然你知道不遵守交通规则是错误的，但是每年你都会出现违反交通规则的行为，并且希望不会被交警抓到。

在什么样的情况下人们会努力减少不协调呢？费斯廷格认为个体减少不协调的愿望由三个因素决定：导致不协调的因素的重要性；个体认为自己对这些因素的控制程度；不协调可能带来的后果。

如果导致不协调的因素对个体来说不重要，则改变不平衡的压力就较低。相反，则改变不平衡的压力就高。举例来说，假如销售部王经理认为作为销售人员不能欺骗顾客。但由于工作的需要，他不得不在产品销售的过程中夸大产品的效用，很显然，王经理面临着认知失调。这时他该怎么办？王经理可以采取两种方式来应对：第一种是改变他的行为，实事求是地告诉消费者产品的效用；第二种是他可以认为这种不协调不太重要("处在公司的立场上，我必须将公司的利益放在消费者利益之上")；第三种是改变他的态度("欺骗顾客并没有什么错")；第四种是寻找出其他的因素来平衡不协调因素("我们的产品对消费者来说，的确能带来明显的好处")。

个体认为对不协调因素的控制程度影响到他们对不协调做出反应的方式。如果他们认为这种不协调是一种不可控制的结果，没有选择的余地，就不太可能去改变态度。如，如果由于老板的指令产生了不协调的结果，则减少不协调的压力就小。这种情况下尽管失调存在，但可以用理由使之合理化或可以加以辩解。

不协调可能带来的后果也影响减少不协调的动机。当高不协调与高奖赏相连，则可以减少不协调所产生的紧张程度。

除此之外选择的自由性和努力程度也会影响认知失调，自由选择比由于强迫而产生的行为更可能产生失调效应；当一个人为某种行为付出很大努力，却有不好的结果产生，就会导致更大的失调。

认知失调理论对组织的意义是：它有助于预测员工与工作相关的态度和行为改变的倾向性。如，当要求员工改变他们原有的态度或让他们去做与个人态度相冲突的事情时，组织可以采取这些措施促使员工态度或行为的改变：对任务的重要性、奖赏因素、自由选择因素等的调整。

（二）自我知觉理论

贝姆（Bem）于1967年提出了自己对态度和态度改变的看法，他认为我们并不是都真正知道自己的态度，而是从自己行为与行为发生的环境来推论自己的态度。这种理论适应于个体对态度所指向的事物缺乏经验的情况下。上述认知失调理论则更适用于个体对某一态度认识很清晰或很支持的情况下。即当人们缺乏对态度所指向的事物、情景的信息或感知时，他们可能通过行为来确定他们的态度。这是一种以归因理论来说明态度改变的心理。如，我经常听古典音乐，所以我喜欢古典音乐。

贝姆的理论引发了重大发现，他的理论也导致"门槛技术"出现，指人们在答应起初的小请求后，就倾向于答应下一个更大的请求。研究者认为这种现象的产生，是由于个体自我感知产生了变化。贝姆认为，当人们意识到，他们是出于自由选择而行动时，他们会将这些行为表现归因于他们的个性倾向，而非外部环境因素，因而这时人们给自己所下的结论就是"我就是这样一个人"。

自我知觉理论得到了广泛的支持，即人们擅长于使用态度使已经发生的行为具有意义。传统的态度—行为之间的关系虽然是正向的，但这种正向关系非常微弱，而行为—态度之间的关系却很强。这告诉我们，人们擅长于为行为寻找理由而不擅长去做有理由应该做的事。

第三节　价值观

价值观是态度的核心，影响着一个人的态度和行为。价值观代表个体对周围事物的是非、善恶和重要性的评价，是研究组织行为、了解员工的态度和动机的基础。价值观直接影响态度和行为，举例来说，如果你相信"人是具有独立和平等的人"，而你所在组织把员工当成机器来使用，你可能会形成这样的态度：这家企业并不是一家关注人的价值的企业。具有不同价值观的人会有不同的行为，具有不同价值观体系的组织具有不同的管理策略，作为管理者既要了解自己的价值观，也要了解影响组织的其他群体和个体的价值观。

一、价值观的形成和发展

价值观是个体学习和经验的产物，父母、朋友、文化传统及社会环境等因素都可以影响个体的价值观。个人的学习和经历不同，价值观也就不同。

遗传对价值观的形成起着重要的作用。对分开抚养的双胞胎进行的研究表明，遗传可以解释价值观形成和变异的大约40%。但这也可以看出环境因素对价值观的形成和变异更具有决定作用。特定的文化传统影响着个体价值观的形成，如勤劳、节俭、谦虚的价值观是在长期的中华民族历史发展中形成的，而这些价值观在个人的早期会从父母、老师、朋友和其他信息源中获得。

正因为价值观受到遗传影响，并且是在长期的家庭、社会生活中逐步形成的，所以一个人的价值观和价值观体系虽然会随着生活的变迁而发生变化，但有些基本的价值观念却往往相对稳定，它们长期对行为起着指导作用。这对组织来说十分重要，因为组织成员在加入组织之前都有各自的经历，都带着形形色色的价值观进入组织当中，管理者往往需要通过了解员工的价值观来解释员工的行为，并作为对他们进行思想教育的依据。

二、价值观的分类

心理学家罗克奇通过研究将价值观分为两类：终极价值观和工具型价值观（Rokeach，1973）。终极价值观反映个体对人生追求目标的"终极"偏好，是一种感觉偏好，而工具型价值观反映的是个体追求渴望的结果的方式，是一种"事物"。举例来说，若你认为工作中最重要的是获得财富，财富本身并不是一种感觉而是一件事物，那你追求的是工具型价值观；若你认为一生中对你很重要的是家庭、朋友或金钱，这也是一种工具型价值观；若你追求的是幸福、爱、肯定、关心、自由、救助，那么这些就是你追求的终极价值观。Rokeach 将价值观分为 18 个终极价值观和 18 个工具型价值观，如表 4-4 所示。

表 4-4 Rokeach 的价值观分类

终极价值观	工具型价值观
舒适的生活（富足的生活）	雄心勃勃（辛勤工作、奋发向上）
精彩的人生（刺激的、积极的生活）	心胸开阔（开放）
成就感（持续的贡献）	能干（有能力、有效率）
和平的世界（没有冲突和战争）	欢乐（轻松愉快）
美的世界（艺术和自然的美）	清洁（卫生、整洁）
平等（兄弟情谊、机会均等）	勇敢（坚持自己的信仰）
家庭安全（照顾自己所爱的人）	宽容（谅解他人）
自由（独立、自主的选择）	助人为乐（为他人谋福利）
幸福（满足）	正直（真挚、诚实）
内在和谐（没有内心冲突）	富于想象（大胆、有创造性）
成熟的爱（性和精神上的亲密）	独立（自力更生、自给自足）
国家安全（免遭攻击）	智慧（聪明、善思考）
快乐（轻松、舒适的生活）	符合逻辑（理性、一致性）
救世（拯救、延续生命）	博爱（温情的、温柔的）
自尊（自重）	顺从（有责任感的、尊重的）
社会承认（尊重、赞赏）	礼貌（有礼节的、性情好）
真挚的友谊（亲密关系）	负责（可靠的、可信赖）
睿智（对生活有成熟的理解）	自控（自律的、约束的）

研究表明,终极价值观和工具型价值观因人而异,这种差异使人们在相互沟通时难免产生冲突。对于企业来讲,终极价值观是关于企业存在的目标,如企业未来会是什么或企业为什么要存在等,是关于企业使命的问题;而工具型价值观则是有关达到终极价值观的行为和方式的合理性或合法性的问题,如诚实、正直、忠诚及创造力、弹性、智慧等。

三、价值观和管理

当代管理理论提出了以人为本,以价值观的塑造为核心的价值观管理模式,强调在价值观多元基础上塑造共同的组织价值观,以消除组织发展和员工发展之间的对立。价值观管理将管理者、员工和顾客的利益统筹考虑,协同优化,把企业的发展和个人需要的满足有机地结合起来。

研究认为个体进入组织之后,组织如果能够通过同化过程将员工的价值观和组织的价值观进行融合,达到较高程度的个人与组织匹配时,员工的流动率会降低,员工将更满意,承担更多的工作,组织绩效更高(Bowen,Ledford & Nathan,1991)。这也表明人们通常选择组织价值观与自己价值观相一致的工作,因此个人特征和组织特征之间的人与组织匹配通常会导致更加积极的个人态度和结果。

对于组织价值观与管理,Dolan 等认为,组织价值观在当今组织所面临的复杂的社会环境中是一种重要的管理影响因素,见图 4-2(Dolan,2000)。

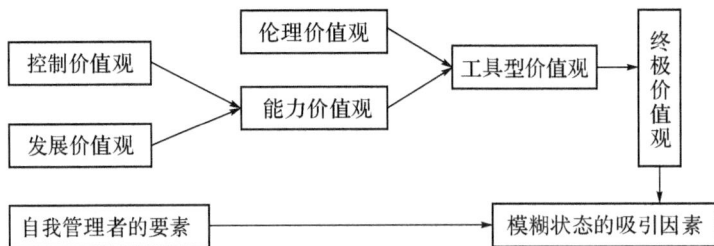

图 4-2　价值观与组织管理

由图 4-2 可以看出,工具型价值观和终极价值观二者是相辅相成的,终极价值观决定组织的终极状态,而工具型价值观则使组织这个模糊系统朝着终极状态发展。在这个过程中能力价值观又可以是以控制为导向(如负责、纪律、效率和准时等)或以发展为导向(如信任、创造力、自由和兴趣等)。

我们要认识到价值观管理是建立在价值观基础之上的,采用的是更为人性化的管理方式,要求对人有更深入的认识,要求管理者具有在管理中解决复杂性问题的创新性,这实际上对当今的组织管理提出了非常高的要求。因为要认识员工的价值观、塑造组织的价值观及将组织的价值观内化成员工的价值观都是非常复杂、困难的。对于每一个人来说,不管情况如何,不管这个人是否是经理,要对具体的个体或工作中的群体的价值观有一个精确的估计,都需要克服许多困难。值得欣喜的是,目前已经开发出一些可以测量价值观的心理学工具,也有研究表明相同职业或类别的人倾向于拥有相同的价值观,且不同人群的价值观有很大的差异,这为管理者认识个体的价值观提供了一定的理论依据。

四、人—组织匹配

人与组织匹配是近年来组织管理中研究的热门课题。在这个研究领域当中已经有了很多发现,并且,人与组织匹配对工作态度的积极影响也已经得到许多有力的支持。Vancouver 和 Schmitt(1991)对多所中学的教师和校长进行了调查研究,他们发现上级—下属(校长与教师)和下属—下属(教师与其他教师)之间的价值观匹配与员工的满意感、忠诚度呈显著的正相关。Bretz 和 Judge(1994)从四个方面检验了多种概念化水平的匹配对员工工作态度的影响,研究结果显示,人与组织的价值观匹配直接影响员工对组织的满意感。O'Reilly(1991)等人所做的生存率分析研究显示,价值观匹配是影响员工流动的一个主要因素;根据对价值观匹配程度所做的分析,可在两年之内有效地预测员工的离职倾向。也就是说当员工价值观与组织价值观高度匹配时,员工的流动率降低,员工将更满意,承担更多的工作,组织绩效更高。

研究个人价值观与组织价值观是否匹配主要有以下两个模型:PO 匹配模型和 PP 匹配模型。

PO 匹配模型指的是个人价值观与组织价值观的匹配状况,它最早应用于 Schneider(1995)的 ASA 框架,即"吸引—选择—退出"(attraction-selection-attrition),这个框架描述了个人与组织相互适应的过程。ASA 模型认为个人进入组织时,考虑 PO 匹配是创建组织同质性的主要影响因素;进入组织之后,组织如果能够通过同化过程将员工的价值观和组织的价值观进行整合,从而达到较高程度的 PO 匹配,那么将产生较高的组织承诺、降低的人员流失率,并增强组织效力(Chad & Anthony,2005)。

PP 匹配模型指的是个人价值观与个人价值观之间的匹配程度,包括员工与员工、员工与管理者的价值观匹配程度。Vianen 和 Annelies(2000)指出这就是为什么人们喜欢和与自己有共同爱好的人一起工作,因为他们的社会价值比较容易被同事们认同。而适配度是敬业行为的同向指标,即它与敬业行为显著正相关,敬业度高的知识员工,往往表现为主动与企业要求和企业文化相吻合。因此,在新员工进入公司后,企业要帮助他们认识公司的理念和工作本身的意义。

Kristof 总结了以往研究的成果,在此基础上对人与组织匹配进行了融合,提出了匹配的整合模型,如图 4-3 所示(Kristof,1996)。

研究认为人与组织的高度匹配,即将合适的人力资源吸引到组织当中,能给组织带来积极的结果。目前大多数此方面的研究正是关注到了当个体与组织达到高水平相容之后通常会产生积极的结果。

本章小结及对管理者的意义

在特定的情景下人们将怎样做很大程度上取决于他们自身的判断而并非客观真实的世界,没有哪两个人是用完全相同的方式来判断同一情景的。可以说,人们都是生活在自己所经历的社会里,个性、态度和价值观影响着人们看待事物的方式。

1. 个性的形成受到遗传和环境的交互作用的影响,人们都带着各自独特的个性而成

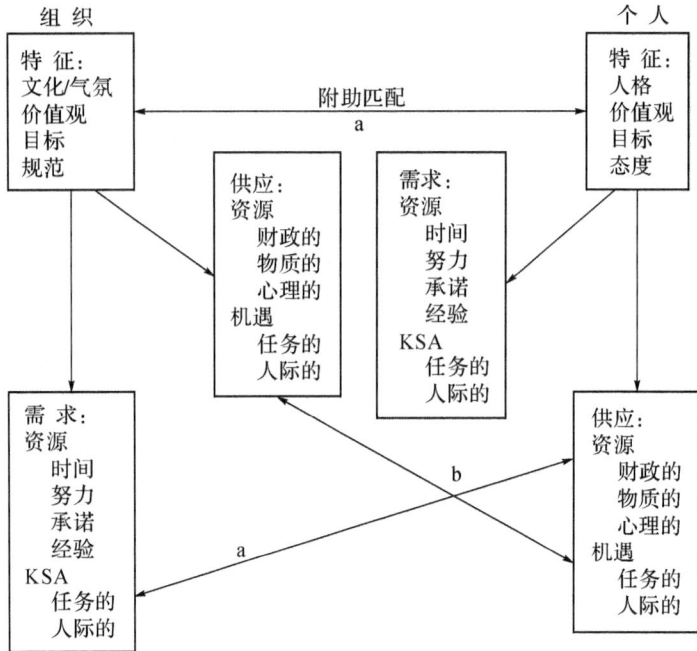

图 4-3　人与组织匹配的概念结构

注:a表示辅助匹配,强调个体能够在组织中增补、修饰或拥有其他个体相似的特征;b表示互补匹配,强调个体特征能够弥补组织的不足。

为组织的一员。"五因素模型"的新近发展让人们认识到个性与工作绩效之间的相关。虽然"大五"的几个维度都与工作绩效有关,但许多研究表明,尽责性也许是预测绩效的最好指标。

2.许多个性特征和组织的管理密切相关,对于管理者来说重要的是,要了解一些重要的个性特征与组织绩效间的关系。幸运的是,管理者可以通过各种不同的渠道来了解与工作相关的员工的个性特征,从而可以更有效地开展管理。

3.态度反映了一个人对某一对象的特定感觉和行为表现倾向。态度的形成受到先天因素和后天因素的共同影响。在组织中,员工的工作态度影响着其工作行为表现。管理心理学关注员工与工作相关的态度,如工作满意度、工作参与和组织承诺等。有关态度改变的认知失调理论和自我知觉理论,均有助于预测员工与工作相关的态度和行为改变的倾向性,可以指导管理者采取相应措施以促使员工保持或重建有效的工作态度和工作行为。

4.价值观代表个体对周围事物的是非、善恶和重要性的评价。价值观直接影响态度和行为。当前价值观管理及其思想开始引起人们的广泛关注,这种管理思想是建立在价值观基础之上的。就价值观和组织管理已有研究者提出了一些重要的研究成果,但要实现这种管理理念仍然任重而道远。

本章思考题

1.决定个性差异的因素是什么? 认识到这种差异的原因对管理者有何意义?

2."大五维度"与工作绩效有何关系？

3.你认为你的个性特质是什么？如何做到个性和职业的匹配？

4.态度的形成受哪些因素的影响？如何改变员工的工作态度使其有利于组织的行为出现？

5.什么是个体间价值观的差异？为什么认识到这种差异非常重要？

6.在工作中你最看重的是什么？如果缺少了它,你的工作满意感会大幅下降吗？

推荐阅读及参考文献

第五章　知觉与个体决策

本章开篇案例

有趣的心理账户①

今晚音乐厅将上演一场你期盼已久的音乐会,票价很高,需要 400 元,不过你早已决定去看,并且在前几天就已经买了票。吃过晚饭,你正兴冲冲地准备出门,却发现入场票没了踪影,一定是在路上弄丢了。焦急的你要想听这场音乐会只能重新掏一次腰包了,你正进行思想斗争,该不该去音乐厅再花 400 元买一张票听音乐会呢? 请写出你的决定(买或不买)。

同样是一场你梦寐以求的音乐会,票价是 400 元。但是这次你没有提前买票,打算到了音乐厅再买。刚要从家里出发的时候,你发现你把一张刚刚买的价值 400 元的电话卡给弄丢了。这个时候,你还会不会花 400 元去买这场音乐会的入场券呢? 请写出你的决定(买或不买)。

实验证明大多数人在第一种情况下都会选择不再去音乐厅买音乐会的票,而在第二张情况下他们选择仍旧去欣赏音乐会。你的选择是不是也和他们一样呢? 客观上讲,这两种情况是没有区别的,是等价的:在你愿意花 400 块钱去听音乐会的前提下,你面临的都是损失了价值 400 块钱的物品,然后你需要选择是否再花 400 元去欣赏音乐会。只不过在两种情况下你损失的形式不同:在第一种情况下,你是因为丢了一张票而损失了 400元,而在第二种情况下你是因为丢了 400 元的电话卡而损失了 400 元,同样是损失了价值400 元的东西,为什么你选择是否去听音乐会的决定会截然相反呢?

这正是芝加哥大学行为科学教授萨勒提出的心理账户(mental accounting)的概念:个人和家庭在进行评估、追溯经济活动时会进行一系列认知上的反应,通俗点说就是人的头脑里有一种心理账户,人们把实际上客观等价的支出或收益却在心理上划分至不同的账户中。它的存在影响人们以不同的态度对待不同的支出和收益,从而做出不同的决策和行为。由于心理账户的存在和效应,在两种等价的情况下正常人往往会做出自相矛盾的判断和决定,离理性有很大的差距。

组织中的个体都要做出决策(decision)。也就是说,他们要在两个或多个备选方案中进行选择。高层管理者要决定设置什么样的组织目标,提供什么样的产品或服务,如何建

---

① 引自:奚恺元.别做正常的傻瓜.机械工业出版社 2004 年版,第 5 页。

构最佳的公司总部,在哪里建设一个新厂等;中低层管理者要决定生产日程安排,选择新员工,合理分配薪水。当然,决策并非仅仅是管理者的特权。非管理层的员工所做出的决策同样影响到他们的工作和他们为之工作的组织。其中比较明显的决策可能包括:在具体某一天里是否去上班,在工作中付出多大努力,是否遵守上司提出的要求等。而且近年来越来越多的组织把工作相关的决策权授给非管理层的员工,这些权力在过去只有管理者拥有(Robbins,1997)。

因此,个体的决策成为组织行为中非常重要的一部分。但是组织中不同的个体面临相同的管理情景,会有着不同的观点,表现出不同的行为,导致不同的运行结果。组织中的个体如何决策,他们最终做出的选择质量如何,在很大程度上受到知觉的影响。在本章节中,我们就来讨论知觉与个体的决策问题。

第一节　知觉概述

组织生活中经常会有这样的情况发生,人们面对相同的事件和情景,却会产生不同的看法和评价。这是因为,尽管现实世界是一种客观存在,但人们的行为是建立在其对现实的知觉基础上的,而不是以现实本身为基础。由于每个人的出发点不一样,观点也会有所不同,且没有两个人用完全相同的方法知觉同一情景,所以不同的个体知觉到的内容也不尽相同。

一、知觉的基本概念

知觉(perception)是客观事物直接作用于感觉器官后,在头脑中形成的对客观事物的各个部分和属性的综合整体反映。这种反映不是消极、被动的,而是一种积极、能动的认识过程。通过知觉,我们对感觉到的信息赋予一定的意义。

知觉是个体选择、组织和解释感觉到的刺激的过程。人从自己的立场用个人的经验对信息做注释。人们的行为是基于个体对客观事物的知觉,而非客观事实。

二、知觉的特性

(一)知觉的选择性

在同一个时刻,有许多客观事物同时作用于人的感官,进入感官渠道的信息非常丰富,人不可能同时对所有的信息进行加工,而是选择其中一部分信息进行加工,而对于其他信息,则选择忽略。人根据当前需要,对外来刺激有选择地进行组织加工的过程,叫作知觉的选择性。这种知觉的选择性既受客观因素(如知觉对象本身特点、鲜艳的色彩、强度大的刺激物等)影响,又受主观因素(如个性特征、兴趣及经验等)影响。

知觉的选择性帮助人们在特殊情况下知觉有用的信息,因而对人们正确地知觉客观事物有重要意义,但是因为知觉的这种特性,人们对同一个客观事物会产生知觉差异。

(二)知觉的理解性

知觉不仅能反映客观事物的整体形象,还能反映事物的作用、意义,这说明知觉过程包含着理解。人们在知觉事物的过程中，是根据已有知识经验、实践活动以及个人兴趣爱好等来主动地对知觉对象做出解释，形成意义。每个人的知识经验不同，对知觉对象的理解也不同，因而不同的人对同一事物会形成不同的解释，做出不同的判断。

知觉的理解性有助于我们从背景中区分出知觉对象，有助于我们形成整体知觉，从而扩大了知觉的范围，使知觉更加迅速。

（三）知觉的整体性

知觉的对象有不同的属性，由不同的部分组成，人们在知觉过程中，并不孤立地反映知觉对象的个别特性和属性，而是把知觉对象的多种属性整合为统一整体。人们往往根据自己的知识经验，把不完整的、零散的部分整合成一个完整而统一的整体。知觉的这种特性称为知觉的整体性。影响知觉整体性的因素除知识经验外，还与接近、相似、连续和封闭等有关。

（四）知觉的恒常性

知觉的恒常性是指人能在一定范围内不随知觉条件的改变而保持对知觉对象相对稳定特性的组织加工的过程。知觉的恒常性也与过去的知识经验有关。知觉的恒常性在人的生活实践中具有重要意义，它使人能在不同的情况下按照事物的实际面貌做出反应；但同时知觉恒常性也会使人们过于依赖过去的知识经验，使人们不能实事求是地去观察和知觉对象。

第二节 影响知觉的因素

知觉是人脑对客观事物的主观反映，在同一时刻内许多客观事物同时作用于人的感官，但人不能同时反映这么多客观事物，在知觉的过程中，有很多因素会影响知觉的结果。综合归纳这些因素，可分为知觉对象、知觉情景和知觉者三个方面。

一、知觉对象

知觉是对客观事物的反映，作为知觉对象的客观事物的特点，会影响到人们对其的选择、组织和理解。新奇、运动、声音、大小、背景、相似性及知觉对象的其他因素（如空间上的接近、时间上的接近等）都能影响我们的知觉。

当知觉对象具有与众不同的特性时，更有可能被觉察。在群体里，热闹的人总比安静的人更容易受到注意。同时由于我们不是孤立地看待目标，因此目标与背景的关系也会影响到知觉，并且，我们倾向于把关系密切的和相似的事物组合在一起看待。例如，女性、黑人、残障人士等都有着可以明显区分出来的特点，人们在知觉他们时常常与其他一些无关特点联系起来（Robbins，1997）。

二、知觉情景

我们在什么情景下认识和了解客观事物也是非常重要的，周围的环境因素影响着我们的知觉，这些情景因素包括物理环境和社会环境等。

（一）物理环境

一个客观事物能否被觉察到，取决于它在所处的环境中是否显著。就如枯叶蝶在满是落叶的深秋栖息在树叶上的时候，一般人很难觉察，但是如果是在树木郁郁葱葱的夏天，枯叶蝶在深绿色的树叶上停留时，则很容易被发现。其他的环境因素还包括地点、光线和温度等。

（二）社会环境

知觉者所在的社会环境不同，也会使其对相同的客观事物的知觉有所不同，甚至出现较大的差异。比如同样的减薪 5%，不同的员工感受可能不同。有人因此松了口气，甚至高兴，因为经济寒冬的到来他一直担心会被公司裁员，减薪对他来说意味着保住工作；而在大多数正常情况下的减薪则会引起员工的强烈不满。

三、知觉者

面对同样的知觉对象，在相同的物理和社会环境下，不同的个体会有不同的知觉。这就取决于知觉者的态度、需要和动机、兴趣、知识和经验、期望以及情绪等。

（一）态度

态度是主体对特定对象做出价值判断后的反应倾向——要么喜欢，要么不喜欢，是关于客观事物的评价性陈述。例如在企业管理中，对待风险，不同的个体会有不同的态度。有的管理者敢冒风险，将风险视作机会，有的经营者却惧怕风险，视之为陷阱。

（二）需要和动机

需要和动机的不同会影响到人们知觉的选择性，甚至会导致对于同一对象的不同知觉。凡是能够满足人的需要、符合人的动机的事物，往往会成为知觉的对象、注意的中心，反之，与人的需要和动机无关的事物则往往不被人所知觉。未满足的需要或动机刺激了个体并能对他们的知觉产生强烈影响。一项对饥饿的研究将未进食时间作为饥饿程度的指标，将被试分为未进食时间从 1 小时到 16 小时不等的小组，实验向被试呈现一组主题模糊的图片，结果个体饥饿的程度影响到他们对模糊图片的解释。饥饿程度越高的被试，则越高频率地把图片内容知觉为食物（Robbins，1997）。

（三）兴趣

人们的兴趣是各不相同的，兴趣的个别差异往往会决定着知觉选择上的差异。一般来说，人们在形成知觉时，总是集中注意感兴趣的事物，而把不感兴趣的事物排除在知觉之外。例如，一位财务总监更容易觉察到生产费用的波动，一位人力资源经理会更多地注意到员工对公司福利的讨论，而一位销售部门的主管则更敏锐地觉察到产品市场的供需状况。

（四）知识和经验

过去的知识和经验对人们的注意力也会有所影响。知觉者所感知到的正是与自身有关的事物。所谓"仁者见仁，智者见智"正是这个道理。由于已有知识和经验的补充，人们才获得了对事物整体性的反映，但是在很多情况下，一个人过去的知识和经验也会减弱其对客体的兴趣。过去从未经历过的事件或物体会更吸引我们的注意力。

(五)期望

期望是一种心理准备状态,是对即将出现的情况的一种预期。这种心理准备状态会使个体知觉失真,它使知觉者所知觉到的正是他所期望的。例如人们都会预期警察都很威严,幼儿园老师很有耐心和细心,原本固有的期望就使人们对这些线索非常敏感,而对其他线索视而不见,以这种固有的方式去知觉客观事物,而不管事物实际的特点如何。

(六)情绪

人的情绪对知觉有着多方面的影响。一般而言,对于令人愉快的、令人感兴趣的事物,人们更乐意知觉;对于易引发消极情绪的事物,个体则会有意无意地选择回避。除此之外,情绪对时间知觉也有较大影响。积极情绪引起时间估计不足,消极情绪引起偏高的时间估计。处于满足和快乐的情绪时,引起人们拖长所体验时间的倾向,时间似乎变短了。消极的情绪倾向是要缩短所体验的时间,所以,处于不愉快的状态,知觉者会觉得时间变长。

四、社会知觉中的偏差

在心理学的研究中,对知觉有着不同的分类。根据知觉的对象来进行分类,把知觉划分为对物的知觉和对人的知觉。在管理心理学中,尤其注重对人的知觉,即社会知觉。社会知觉是人们对有关他人的信息加以综合和解释的过程(王重鸣,2001)。

社会知觉因其复杂性,受到人员特征和情景等多方面因素的影响,因而存在各种偏差。在管理情景中,常见的偏差有以下几种。

(一)选择性知觉

选择性知觉(selective perception)是当人们面临着复杂情景时,并不能够对知觉对象的每一个特征都有所知觉,而是根据自身知识、经验等,有选择地提取相关特征,形成判断。

知觉是具有选择性的,人不可能同时知觉所有事物;但可以按照某种需要和目的,主动而有意地选择少数事物(或事物的某一部分)作为知觉的对象,或无意识地被某种事物所吸引,以它作为知觉对象,对它产生鲜明、清晰的知觉映象,而把周围其余的事物当成知觉的背景,只产生比较模糊的知觉映象。被选择的知觉对象通常是完整的、相对稳定的和可以理解的。

但是选择性知觉也会造成知觉偏差。例如,在现实的管理之中,通过一份对人力资源管理者的调查问卷我们发现,很多招聘负责人在面试的过程中面对与自己有共同经历、背景的候选人时,会有更高的满意度,相应候选人获得的认可度亦较高。

(二)晕轮效应

晕轮效应(halo effect)又称光环效应或以点概面效应,是指当个体做出判断时,会受到知觉对象的某一种突出特征(如智力、社会活动力或外貌等)的影响,而形成一个总体印象。也就是说,这一突出的品质或特征起着一种类似晕轮的作用,使个体看不到对象的其他品质,从而由一点而做出对对象整体的判断。

正如歌德所说:"人们见到的,正是他们知道的。"日常生活中,晕轮效应往往是悄悄地却又强有力地影响着我们对人的知觉和评价。比如,面试者常常会特别关注一个求职者的相貌、仪表、文凭、交际能力,并被这些特质所屏蔽,看不到其他特质,从而做出片面的判断。

心理学家戴恩做过一个这样的实验:先让被测试者看一些人的照片,这些人形象、着装各不相同。然后让这些被测试者从特定的方面来评定这些人。结果表明,被测试者赋予了那些有魅力的人更多的、理想的人格特征,比方说:和蔼、沉着、好交际等。

晕轮效应并不是随机发生的。研究表明,当被知觉的特质在行为上表现为模棱两可时,当知觉对象的特质含有道德意义时或当知觉者以自己有限的经历来判断知觉对象的特质时,晕轮效应最有可能出现。

了解和研究晕轮效应,有助于克服自己看待别人时的偏见,也有助于了解他人产生这种偏见的根源。

（三）对比效应

对比效应(contrast effect)是指一组知觉对象在某个方面特征上如果有非常明显的差异,那么人们对这些方面的评价容易受到相近对象特征的相互影响(见图 5-1)。

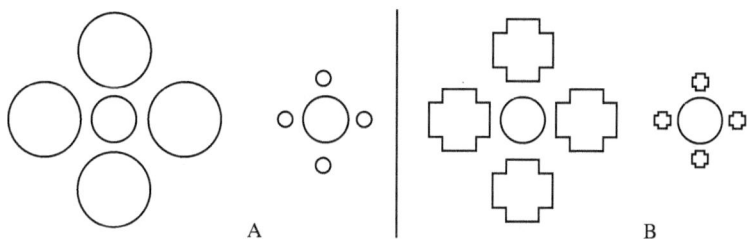

图 5-1　对比效应图

(A 图右边图的中央圆圈显得比左边图的大,而 B 图这种对比效应消失)

我们对一个人的评价并不是孤立进行的,而是常常受到我们最近接触到的其他人的影响。

例如,假定评定者刚刚评定完一名绩效非常突出的员工,紧接着评定一名绩效一般的员工,那么很可能将这名绩效本来属于中等水平的人评为"比较差"。对比效应很可能发生在评定者无意中将被评人新近的绩效与过去的绩效进行对比的时候。一些以前绩效很差而近来有所改进的人可能被评为"较好",即使这种改进事实上使其绩效勉强达到一般水平。对比效应也是评定中难以消除的问题。好在这种知觉失真会随着时间的推移积累有关员工绩效的更多信息而逐渐削弱。

（四）投射效应

一般情况下,我们总是假定别人与我们相似,这样就很容易判断别人,但也因此把自己的感受、态度或动机,投射在他人身上。比如,一个心地善良的人会以为别人都是善良的;一个经常算计别人的人就会觉得别人也在算计他等。"以小人之心,度君子之腹"就是一种典型的投射效应(projection)。

由于投射效应的存在,我们常常可以从一个人对别人的看法中来推测这个人的真正意图或心理特征。但是,投射使我们倾向于按照自己是什么样的来知觉他人,而不是按照被观察的他人的真实情况进行知觉,它会使我们对其他人的知觉产生失真,个体之间存在差异,因此投射也会在某种程度上影响我们的判断力。

(五)刻板印象

刻板印象(stereotype)是指一个人属于一个特定社会团体或阶层,根据这一社会团体或阶层的人的典型行为方式来判断这个人的行为的倾向。通常知觉者会将知觉对象放在一个原型中,根据这个人所属类型的总体特征来判断他的个体特征。比如说,"北方人豪爽,南方人细腻","清华大学毕业的工科生不错"等。其实,每个人都是独特的,他可能具有所属群体的总体特征,更有其独立的个体特征。

物以类聚,人以群分。一般说来,生活在同一地域或同一社会文化背景中的人,总会表现出许多心理与行为方面的相似性。这些相似的人格特点被概括地反映到人们的认知当中,并被固定化,就内化为了人们的心理图式,由这种图式人们便产生了社会刻板印象。一旦见到这一类别的人,人们就会下意识地对他们做出图式化的基本判断。

刻板印象是一种由面推及点、由整体推及局部、由团体推及个人的简化了的思维判断模式,其思维和推理过程是:张三是个男人(分类)→男人是坚强的(图式形成的刻板特征)→所以,张三是个坚强的人(用刻板印象和图式化解释张三)。可以看出,这个推理可能正确,也可能错误。

刻板印象对于管理者的识人用人有着巨大的潜意识影响,管理者应该思考自己识人用人是不是尽量做到了全面、客观、公正、准确。苏东坡诗云:"横看成岭侧成风,远近高低各不同。"只有横向视野而没有纵向视野,或者只有近距离视野而没有远距离视野,都会产生知觉上的偏差,造成识人、选人和用人上的失误,必须全面考察才能比较准确地予以评价。

第三节　个体决策

哈佛商学院认为,企业成败最主要取决于决策因素,该因素占80%。而"现代管理学之父"西蒙也认为,组织就是作为决策的个人所组成的系统。决策贯彻于管理的全过程,管理就是决策。组织中的每一个个体,从高层管理者到普通员工,都进行着各种形式的决策。

一、决策的基本定义

决策(decision making),是指为了实现某一目标而从若干个备选中选择一个满意方案的分析判断过程。

决策的定义的内涵包括以下几点:

(1)首先决策总是针对具体问题的,对问题的判断与认识是一个知觉过程。不同的人知觉特点不同,对问题的判断和认识也不同。

(2)决策一般是从多种方案中做出的选择,没有比较,没有选择,就没有决策。

(3)决策是一个持续的,涉及一系列对信息的搜索、判断和评价的过程。

(4)决策贯穿于决策者的行动过程中,因此我们应该考察个体在实际行动过程中是如何做出决策的。

由此可见,决策是对问题的反应,而对问题的存在和决策的认识是一个知觉的问题。

同时,任何一个决策都要对信息进行过滤、加工和解释。

二、个体是如何做出决策的

那么,个体究竟是怎样做出决策的呢?关于决策的研究,现在心理学界有三种范式:规范化范式、描述性范式和进化论范式。

(一)规范化范式

规范化范式(normative paradigm)是一种经济学范式,旨在建立最优化的模型,规定个体为了获得最佳结果"应该"如何行动,即"完全理性"。

规范化范式的代表性决策模型为理性决策模型(rational decision-making model),其内容为:

(1)决策者面临的是一个既定的问题。

(2)决策者选择决定的各种目的、价值或目标是明确的,而且可以依据不同目标的重要性进行排序。

(3)决策者有可供选择的两个以上的方案,面对着这些方案,通常在逐一选择的基础上,选取其中一个。假如方案基本是相同的,通常会做相同的决定。

(4)对于同一个问题决策者会面临着一种或多种自然状态。它们是不以人们意志为转移的不可控因素,或者可以说决策者的偏好会随着时空的变化而变化。

(5)决策者会将每一个方案,在不同的自然状态下的收益值(程度)或损失值(程度)计(估)算出来,经过比较后,按照决策者的价值偏好,选出其中最佳者。

但是理性决策模型是一个理想化的"为了获得最佳结果应该如何做决策"的模型,本身即包含了一系列前提条件:

(1)决策过程中必须获得全部有效的信息。

(2)寻找出与实现目标相关的所有决策方案。

(3)能够准确地预测出每一个方案在不同的客观条件下所能产生的结果。

(4)非常清楚那些直接或间接参与公共政策制定的人们的社会价值偏向及其所占的相对比重。

(5)可以选择出最优化的决策方案。

但是现实生活中,人们面临的大量决策问题是复杂的、信息不完备的(信息是不对称的),而且有时间和成本的限制,人们的实际决策过程常常并非如此。

(二)描述性范式

描述性范式(descriptive paradigm)以西蒙(Simon,1955)提出的"有限理性"概念为指导思想,认为人是理性的,但理性是有限的。人们在做决策时,追求的是满意而非最优。满意是指,选择一个最能够满足个体需要的方案,即使这一选择并不是理想化的或最优的。也就是说,人们在实际决策过程中寻求的是那种符合要求的和充分的解决方法。

Simon(1978)认为,个体面对动态的难以预测的情况,往往不奢望获得最满意的东西,而只是设置一个可以接受的最低标准,只要某项目满足这个目标就选中它。该决策模型是一种更简单、更符合人社会生活中大多数决策特点的"满意"决策模型。

Payne(1976)对个体多因素的决策进行进一步研究,提出人们的决策策略分为两大类:一类叫补偿性策略,即最优决策模型,另一类叫非补偿性策略,即 Tversky 的研究和 Simon 的满意决策模型。

Simon 发现,人们往往综合使用这两种决策策略,一般先运用非补偿性策略,将选择范围缩小,然后利用补偿性策略做出最后的决策。任务越复杂(需考虑因素越多),非补偿性策略用得越多。

研究表明,人的信息加工容量与决策策略有很大关系。

决策时,人们既要找到最高价值的项目,又要最大限度地减轻认知负荷。当两者冲突时,就会出现折中的做法,即先用简单的策略缩小选择范围,然后再用复杂的方法对剩下的项目进行详尽的分析。

我们可以看到,描述性范式的决策模型中,只是研究了认知约束条件下各种判断与决策偏误,却忽略了判断与决策过程中环境与社会约束。

(三)进化论范式

进化论范式(evolutionary paradigm)从生物进化论的角度强调个体适应环境的重要性,提倡生态理性(ecological rationality),它从关心和描述个体的实际决策行为出发,寻找个体决策的有效策略——启发式策略。

所谓生态理性,即个体是否有理性或其做出的决策是否合理,应该用现实的外在标准来判断,只有当与环境的现实要求结合起来考察个体时,才能找到评判理性的合理标准,这个标准就是生态理性(Gigerenzer,2000,2006)。

在生态理性基础上,Gigerenzer 及其研究团队提出了"快速、简捷启发式"(fast and frugal heuristics)的概念,用来描述个体的头脑和环境。也就是根据个体的头脑如何适应环境,在此基础上再做出的决策就是简单的,但是却可能会更有效。例如球手接球,球手在接很远过来的球时,并没有去计算这个距离,也不知道这个球具体的速度,还有抛物线的轨迹,真正的球手实际上使用的就是快速、简捷启发式策略。他忽略了所有的信息,然后只关注一项,就是球。根据球的角度变化,调整跑动的速度,眼睛盯球的角度始终不变,最后就可能会接住这个球。

启发式策略主要关注我们现实生活中的决策,与环境密切相关。各种各样不同的启发式策略,也应该放在不同的工具箱当中,并应该知道在什么情况下使用相关的启发式策略。不是任何一种启发式策略都能适应所有的情况,我们必须要用适应性的思维方式引导,要关注周围环境的变化,有时候甚至要改变外部的环境,更好地使用这个方法。

Gigerenzer 认为,启发式策略可以分为四类:基于无知的决策规则(如,再认启发式)、单一理由决策规则(如,采纳最佳启发式、采纳最近启发式、最少化启发式)、排除规则(如,排除归类法)及满意性规则(如,抱负水准终止规则)。其中最著名的是"再认启发式"(recognition heuristics)和"采纳最佳启发式"(take the best)。前者仅依据能否再认有关对象做出选择和决策,后者仅将判断和决策建立在单一理由基础之上(歌德·吉戈伦尔等,1999,2002;刘永芳,Gigerenzer & Todd,2003)。虽然这些简捷规则分别适合于不同的问题和任务,但它们有一个共同特点,那就是:能够使有机体快速、简捷地做出判断和决策。正因为如此,他们将这些启发式称为"快速、简捷启发式"。

简捷启发式在现实生活中处处可见,比如诺贝尔经济学奖的获得者海瑞的理论是,如果你有一些资产方面可以进行选择,比如说你要把你的钱分配在不同的资产上,对此他提出了最优化的理论,也就是说如何把这些方式能够得到的效益进行最优化。而事实上,这位学者自己对他的退休金进行分配的时候,却并没有遵循他所说的要进行最优化的理论,比如在证券、股票等方面,他其实把自己的钱财进行了等分,他认为把钱财均分在这些财产上面,比实现最优化反而更好。他其实是在用简捷启发式的策略,而这种启发式的方法,事实上把他过去的那些经验和数据进行了总结。

又比如在风险投资家选择投资对象时,往往是在很短的时间内做出决策,如软银总裁孙正义在听了马云 6 分钟的讲述以及与马云 3 分钟的单独谈判之后,就决定要给他 2000 万美元的风险投资,因为"同样的激情与梦想"。风投银行家在投资公司的时候,往往会认为:好的团队、好的领导者最重要,计划书再烂也无所谓;或者是一流的执行力胜于一切等。从而迅速做出决定,并且很多决定在日后来看来都具有很高的决策质量,就是在某种程度上使用了简捷启发式。

(四)三种研究范式之间的关系

规范化范式和描述性范式本质上是一致的:规范化范式试图建立和寻找理性决策的模型,而描述性范式虽然是对人类真实的决策过程进行写实性的描述,但其中的启发式策略的研究在于寻找和发现违反理性决策的现象,因而支持启发式策略的仍然是经典理性观。进化论范式与描述性范式虽然都追求描述人类的真实决策行为,都运用实验等心理学研究方法,都在寻找人类决策的启发式,但两者存在本质上的差别:进化论视角使用全新的标准,肯定个体使用启发式策略的有效性,肯定个体在与环境相互作用中的主动性(庄锦英,2006)。三种研究范式之间的关系如图 5-2 所示。

三、决策者风格

决策行为会受到个人特性的影响。不是所有的个体都以同样的方式做出决策,不同的个体在实际决策过程中经常会表现出差异,这就涉及决策风格。

(一)决策风格的概念

决策风格是指个体在长期的决策过程中形成的比较稳定的决策倾向,是指决策者对问题的思考与反应,以及认知、价值观及处理压力的方式(Rowe,1981)。决策风格主要用来定义个人如何思考周围环境、处理信息、制定决策的不同类型,因此了解决策风格可以预测不同的决策行为(Rowe,1992)。决策风格可以反映一个决策者精神层面上的考虑,也可以反映一个人的价值系统。

(二)不同风格决策者的特点

关于决策风格的理论有很多,其中 Rowe 的决策风格理论较为完整全面,相对成熟,因此我们以 Rowe 的认知—权变决策风格模式(cognitive-contingency decision style model)中的价值取向(value orientation)和决策者个人认知复杂度(cognitive complexity),将决策风格分为四种:指导型风格(directive style)、行为型风格(behavioral style)、分析型风格(analytic style)和概念型风格(conceptual style)。如表 5-1 所示。

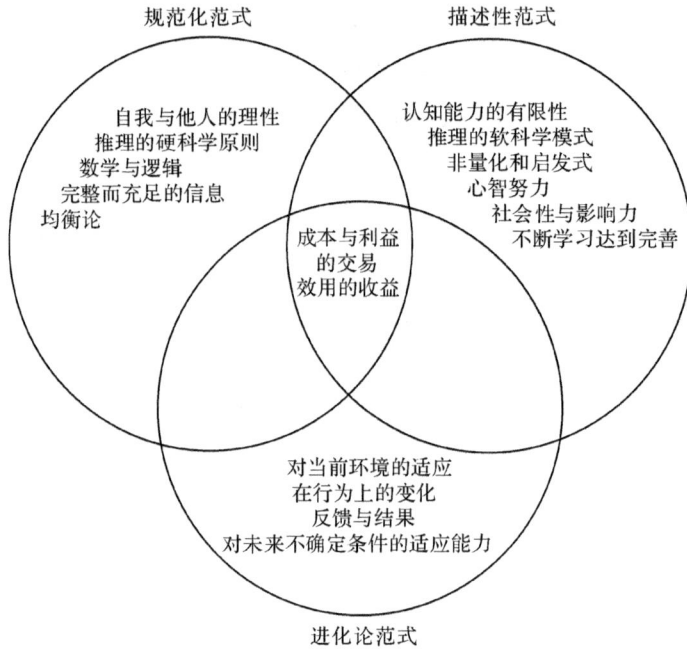

图 5-2 决策研究的三种范式及其相互关系

资料来源:J. E. Russo,安宝生,徐联仓. 决策行为与分析. 北京:北京师范大学出版社,1998.

表 5-1 决策风格模型

		分析型	概念型		
认知的复杂性	高模糊的容忍度	享受解决问题的乐趣 寻求最佳解决方式 希望能控制 使用大量的资料 喜好变化 创新 慎重小心地分析 需要挑战性	成就导向 具备宽的视野 创造性的 人性的 有远见 未来导向 具有独立性 需要被认可	思考	领导
		指导型	行为型		
	结构性的认知	预期结果 积极进取的 行动迅速 使用某个法则 使用直觉 需要权利 口头承诺	支援性 使用说服力 感同身受 易于沟通 喜好召开会议 使用有限资料 需要建立良好的关系	行动	管理者
		工作/技术导向	人际/社会导向		
		价值取向			

资料来源:Rowe AJ & Boulgarides J D. *Managerial Decision Making:A Guide to Successful Business Decisions*. New York:Macmillan Toronto,1992.

（1）分析型决策风格：对不明确性具有高容忍度，倾向工作、技术导向；

（2）概念型决策风格：对不明确性具有高容忍度，倾向人性、社交导向；

（3）指导型决策风格：对不明确性具有较低容忍度，倾向工作、技术导向；

（4）行为型决策风格：对不明确性具有较低容忍度，倾向人性、社交导向。

这四种决策风格各有利弊，没有哪一种风格必然比另外三种风格更好或更坏，在实际情况中，个体决策风格也不只属于一种类型的风格，甚至在个体职业生涯中，决策风格会发生改变。只有把适当的风格运用于特定的决策任务中，才能选择正确的行动方案。当然，任何人做出决策都不是与世隔绝的纯粹的个人行为，只有把决策风格与情景需要统一起来，才能把握住最好的行动机会。

四、决策中的异象和偏差启发式

个体决策对组织具有十分重要的影响，但是个体的认知加工能力是有限的，人们在决策过程中会忽略很多信息，不能全面加工所有信息。因此，在决策过程中，只能有选择地加工信息，这在降低决策信息加工负荷的同时，也不可避免地在决策过程中出现了偏差。下面，我们将介绍一些常见的决策偏差。

（一）沉没成本误区

传统经济理论认为人们在实施某项行动之前，会考虑其现有的和将来的成本和收益，而不会考虑其过去的成本。但实际上，人们在对未来的事情做决策时，通常都会受到过去的历史成本和无法收回的成本的影响，这一效应被称为沉没成本误区（sunk cost fallacy）。这一效应反映人们一旦已经对某件事情付出了时间、金钱和精力，就会倾向于继续对这件事情进行投入。

沉没成本误区有时也称为"协和效应"，指英国和法国政府继续为协和式飞机提供基金的事，而当时很显然这种飞机已经没有任何经济利益可言。这个项目被英国政府私下叫作"商业灾难"，本就不该开始，当时也就要取消了，但由于一些政治、法律问题两国政府追加了资金投入，最终都亏损了大量资金。

为了证明以往的选择是正确的，即使过去的选择现在看来已经不再正确，但是为了弥补这些过失，感觉最好的方案还是再坚持原有的方案，仍对已经开始的项目实行资金追加，很多人都曾经陷入过这个决策陷阱。

人们之所以在决策过程中会陷入沉没成本误区，是因为过于顾及过去的成本和收益，即决策者会追究成本投入的有害性并对其进行评估，进而将它与收益联系在一起。

企业管理者应采取以下措施来避免沉没成本误区：首先企业应该建立一套科学的投资决策体系，要求决策者从技术、财务、市场前景和产业发展方向等方面对项目做出准确判断。其次，在决策过程中，要有意识地抛开决策成本，把握动态经营的关键。英特尔公司（Intel）2000年12月决定取消整个 Timna 芯片生产线就是这样一个例子。Timna 芯片是英特尔公司专为低端 PC 设计的整合型芯片。当初在上这个项目的时候，公司认为今后计算机减少成本将通过高度集成（整合型）的设计来实现。可后来，PC 市场发生了很大变化，PC 制造商通过其他系统成本降低方法，已经达到了目标。英特尔公司看清了这点后，果断决定让项目下马，从而避免了更大的支出。

（二）过于自信

过于自信（overconfidence）是指在不确定的决策环境中，人们常常会对希望执行的计划过于乐观，在自我评价上往往会倾向于高估自己。

过于自信是一个普遍存在的现象，尤其是人们在不确定条件下进行判断和决策时。技术分析之父查尔斯·道曾经说过："过度自信在华尔街所造成的失败，多于其他错误观点所造成失败的总和。"Svenson在一项研究中发现，如果要评价自己的驾驶技术水平在一群人中的位置，90％的人都说自己的驾驶技术在平均水平以上，而很少有人说自己的驾驶技术比平均水平低。但事实上，一定有50％的人的驾驶技术是低于平均水平的。

过于自信的原因之一在于人们不能预见事物发展的各种可能方向，会对所知道的事情将来可能的发展过于自信，另一原因是证实偏见——即倾向于知觉对自己有利的信息。

投资者和证券分析师们在他们有一定知识的领域中过于自信。然而，提高自信水平与成功投资并无相关关系。

过于自信从某个角度而言，也具有一定的优点，可以使人处于乐观状态进而用乐观的情感感染他人。过于自信的管理者容易激励和鼓舞员工，使员工乐于跟随。过于自信也往往会有利于"自我实现"。如果你觉得自己能力不错，善于学习，能够成功地完成某项任务，这种心理暗示将有助于你顺利地实现目标，并形成一种良性循环，否则就会形成恶性循环了。过于自信的人看问题也是较为全面的，善于把握问题大的方面，不会纠缠于小细节。同样因为过于自信的人所持有的积极的态度，他们会更加有创造性。

过于自信也会给个体决策带来偏差，我们可以从以下几个途径避免这个问题：

（1）评价事物尽可能客观，要从正反两个方面入手，全面分析问题。

（2）坚持反省自己信念出错的原因，多听取别人的建议。

（3）在事实的基础上不断调整反馈，收集全面的信息，克服主观臆断。

（三）代表性

人们的许多判断和决策是关于A—B两个事物之间的因果关系，而这些判断往往是建立在A—B两个事物之间相似性的基础上，即代表性（representative heuristic）。代表性使得人们只注意到事物间的相似性，而忽略样本的大小，对先验概率置之不顾，在很少数据的基础上很快地进行预测，得出结论，最终导致系统偏差。

管理者尤其可能受到代表性偏差的影响，例如如果从同一所大学毕业的三个员工工作业绩都较差，那么管理者可能会预测，以后来自这所大学的应聘者也不会是好员工。

又如大多数投资人坚信好公司就是好股票，这也是一种代表性偏差。

我们在做决策之前一定要分析事件的代表性，目的是对同类事件以往所出现的各种结果进行统计分析，得到结果的概率分布，从而找出发生概率最大的结果即最可能发生的结果，为我们的决策服务。所以，在决策分析时，必须考察所有的同类事件样本，或者考察尽量多的同类事件样本。

（四）锚定效应

锚定效应（anchoring effect）是指当人们需要对某个事件做定量估测时，会将某些特定数值作为起始值，起始值像锚一样制约着估测值。在做决策的时候，人们会不自觉地给予最初获得的信息过多的重视。

许多金融和经济现象都受锚定效应的影响。比如,股票当前价格的确定就会受到过去价格影响,呈现锚定效应。证券市场股票的价值是不明确的,人们很难知道它们的真实价值。在没有更多的信息时,过去的价格(或其他可比价格)就可能是现在价格的重要决定因素,通过锚定过去价格来确定当前价格。

例如,股票分析师们总是陷入锚定效应中,经常在不断变化的价格中,依据当前的市场价格来定位,他们给出的无论是市场还是股票的目标价位都和现有的市场价格相差不大,即使模型显示差异大,他们也倾向于被锚定而修改模型以适应现有价格这个锚。锚定的程度受到船锚特点的影响,也就是说,船锚看上去越相关的话,去抓住它的人越多,即使不相关的锚也往往对决策产生重大影响,有时候这个锚碰巧锚对了,还可能会被神化。

之所以会出现锚定效应,是因为个体在做预测的时候,内心往往充满了对不确定性的恐惧,而通过设想一个具体的数字可以明显减弱这种不安,并且坚定自己的信念。这种思维机制,称为"锚定",就像在空中抓住一个物体一般"向它下锚"。

那么,管理者在决策中应该怎样来避免这锚定效应的陷阱呢?《哈佛商业评论》1998年的著名文章"Hidden traps in decision making"提供了一条相当有价值的建议——"最重要的是:要避免被锚定,多角度的独立思考最重要"。

诺贝尔奖与行为决策

尽管诺贝尔奖里并没有心理学奖,但这没能挡住心理学专家们的努力! 以下三位是奠定行为决策(或称经济心理学)大树的三位专家,他们获得的都是经济学奖。

赫伯特·西蒙(又名司马贺)

赫伯特·西蒙(Herbert A. Simon,1916—2001),美国认知心理学家、管理学家、
计算机学家、组织决策管理大师,1978 年获诺贝尔经济学奖。

作为一个犹太人,西蒙对中国非常友好,曾任中美文化交流大使一职。20 世纪 80 年代曾到中国义务讲授和传播认知心理学,在那个认知心理学大热的时代,他对中国认知心理学的兴起及与国际的接轨做出了重要贡献。也正是如此,中国的心理学家送给他一个很中国化的名字——司马贺。

20世纪40年代,西蒙提出了决策为管理的首要职能这一论点,即"管理就是决策"的思想,在这个领域做出了开创性的贡献。随后又建立了系统的决策理论,并提出了"有限理性"行为的命题和"令人满意的决策"的准则。

• 有限理性(bounded rationality)

西蒙认为,有关决策的合理性理论必须考虑人的基本生理限制(记忆容量有限)以及由此而引起的认知限制(选择性注意和知识信息获得限制)、动机限制(目标认同和价值偏见)及其相互影响的限制。从而所探讨的应当是有限的理性,而不是全知全能的理性;应当是过程合理性,而不是本质合理性;所考虑的人类选择机制应当是有限理性的适应机制,而不是完全理性的最优机制。因此,"管理人"之所以接受足够好的"解",并不是因为宁劣勿优,而是因为他根本没有选择的余地,根本不可能获得最优解。

• 满意而非最优原则(satisficing rule)

基于此,西蒙提出用"(第一)满意决策"代替"最优型决策"。在这里,如果把决策比作大海捞针,最优型决策就是要求在海底所有的针中间捞出最尖最好的那枚针,而满意型决策则只要求在有限的几枚针中捞出尖得足以缝衣服的那枚针即可,即使还有更好的针,对决策者来说已经无意义。

莫里斯·菲力·夏尔·阿莱

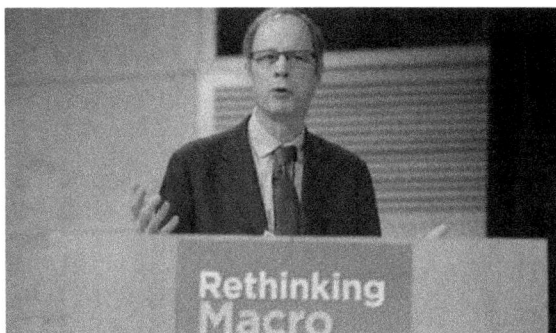

莫里斯·菲力·夏尔·阿莱(Maurice Félix Charles Allais,1911—2010),生于法国巴黎,法国经济学家,他在市场理论与资源的效率分配方面做出了重要贡献,在行为决策领域提出了注明的阿莱悖论。是1988年诺贝尔经济学奖获奖者。

• 阿莱悖论(Allais Paradox)

为什么人们会不辞辛苦,跑到一家僻远的小杂铺店里,在一件价码很低的货物上为省几块钱而锱铢必较,但对距离同样远的一家超市提供的打折后金额相同的货物却无动于衷?为什么人们在买保险时,会买价格较贵的小额保险,而不太愿买价格较便宜的大额保险?为什么在股市上,投资者会对短线的利好消息反应过度,从而导致对股价的过度敏感?

这一系列现象都涉及人们的基本行为,尤其是面临风险时人们决策的基本行为。传统的经济学基于冯·诺伊曼和摩根斯坦1944年的理论,认为人们在面临风险时是追求期望效用最大化的。这常被用来解释人们在股市上对不同股票或不同投资机会的选择。

但早在20世纪50年代,阿莱就通过一系列可控实验,提出了著名的"阿莱悖论",对期望效用理论构成了挑战。

例如：对 100 人测试所设计的赌局：

选择 1				选择 2			
赌局 A		赌局 B		赌局 C		赌局 D	
赢额	概率	赢额	概率	赢额	概率	赢额	概率
100 万元	100%	100 万元	89%	0 元	89%	0 元	90%
		0 元	1%	100 万元	11%		
		500 万元	10%			500 万元	10%

赌局 A：100% 的机会得到 100 万元。

赌局 B：10% 的机会得到 500 万元，89% 的机会得到 100 万元，1% 的机会什么也得不到。

实验结果：绝大多数人选择 A 而不是 B。

赌局 C：11% 的机会得到 100 万元，89% 的机会什么也得不到。

赌局 D：10% 的机会得到 500 万元，90% 的机会什么也得不到。

实验结果：绝大多数人选择 D 而非 C。

按照期望效用理论，风险厌恶者应该选择 A 和 C；而风险喜好者应该选择 B 和 D。然而实验中的大多数人选择 A 和 D，即出现阿莱悖论。阿莱设计出这个悖论，来证明预期效用理论，以及预期效用理论根据的理性选择公理，本身存在逻辑不一致的问题。出现阿莱悖论的原因是确定效应（certainty effect），即人在决策时，对结果确定的现象过度重视。

丹尼尔·卡尼曼

丹尼尔·卡尼曼（Daniel Kahneman，1934—）美国普林斯顿大学心理学教授，和美国乔治梅森大学的经济学教授弗农·史密斯（Vernon L. Smith）共享 2002 年度的诺贝尔经济学奖。

卡尼曼最重要的成果是关于不确定情形下人类决策的研究，他证明了人类的决策行为如何系统性地偏离标准经济理论所预测的结果。在与其学生阿莫斯·特沃斯基（Amos Tversky，1996 年英年过世）的合作中，他系统地陈述了"预期理论"。

· 预期理论（prospect theory）（亦译为展望理论）

卡尼曼早就发现了人们决策的不确定性，即人类的决定常常与根据标准的经济理论做出的预测大相径庭。1979年,他与特沃斯基合作,共同提出了"预期理论"。卡尼曼认为,人的决策包括框定 (framing)和价值判断(valuation)两个阶段。预期理论主要由价值函数(损失规避、敏感性递减、参照依赖、相对值优先)和非线性权重函数(高估小概率、低估中高概率)组成。

比如,他们通过实验对比发现,大多数投资者并非是标准金融投资者而是行为投资者,他们的行为不总是理性的,也并不总是回避风险的。投资者在投资账面值损失时更加追求风险,而在投资账面值增加时,随着收益的增加,则变得保守起来。

例如,卡尼曼和特维斯基于1981年设计了一个有趣的实验(关于亚洲疾病问题)。

(1)600人感染了一种致命的疾病,有以下两种药物可供选择:

A.可以挽救200人的生命。

B.有1/3的概率能治愈所有人,2/3的概率一个人也救不活。

实验结果:72%的受访者选择A。

(2)600人感染了一种致命的疾病,有以下两种药物可供选择:

A.肯定致400人于死地。

B.有1/3的概率能治愈所有人,2/3的概率一个人也救不活。

实验结果:22%的人选择A。

实际上这两个问题的A选项完全相同,只是表达的方式有所差异而已。实验者利用这个以及其他类似的问题得到下述结论:人们对于收益和损失的态度是不一样的,对于相同大小的所得和所失,人们对所失看得更重,即损失规避(loss aversion)。盈收时保守,亏失时冒险。而因为情景描述的改变而改变人的选择偏好的现象,即为框架效应(framing effect)(Tversky & Kahneman,1981)。

与规范性(normative)的"期望效用理论(expected utility theory)"(von Neumann & Morgenstern,1947)等相比,描述性(descriptive)的"预期理论"能够更好地解释"阿莱悖论"(Allais Paradox)、沉没成本误区(sunk cost effect)、心理账户(mental accounting)、现状偏差(status quo bias)等很多所谓的"非理性"现象,即异象(anomaly)。并且用参照依赖等假说解释了人们的损失厌恶心理,解决了过去期望效用理论不能解释的人们明显的风险偏好行为,极大地完善了在不确定情形下的人类决策行为理论。

本章小结及对管理者的意义

1.知觉是客观事物直接作用于感觉器官后,在头脑中形成的对客观事物的各个部分和属性的综合整体反映。知觉的特性包括选择性、理解性、整体性和恒常性。知觉对象、知觉者和知觉情景都会影响到人们的知觉过程。社会知觉中的偏差主要有选择性知觉、晕轮效应、对比效应、投射效应和刻板印象等。

2.心理学界关于个体决策有三种研究范式:规范化范式、描述性范式和进化论范式。

3.常见的决策偏差主要有:沉没成本误区、过于自信、代表性和锚定效应等。

4.人们的行为是建立在其对现实的知觉基础上的,而不是以现实本身为基础。组织中的个体对情景的知觉是他们行为的基础。因此,管理者不论对员工的评估多么客观公正,也不论企业提供的薪金水平在同业中多么高,都比不上员工在这些方面的知觉所产生的影响。如果员工觉得评估中存在偏见或薪金水平很低,则他们的行为就会恰如这些条件客观存在一样。员工针对他们所看到的世界进行理解和解释,这导致了知觉失真存在潜在的可能性。管理者在工作中需要注意帮助员工正确认识自己的工作并进行合理的评估,同时也要注意避免管理者自身的知觉偏差对员工的影响。

5.不同的员工有着不同的需要、不同的责任感、不同的志向、不同的态度和愿望、不同的知识和技能水平,以及不同的潜在能力。管理者需要花时间来了解每个员工的特性,进而更好地进行激励与沟通等,实行以人为本的管理。

6.了解个体在实际情况中怎样进行决策有助于我们解释和预测他们的行为。从理论上来说,的确会有一些优化的模式,但是最优化的模式在真实的生活当中,往往会碰到很多的问题,个体在实际决策过程中,更多地采用的是启发式策略。学习与实践启发式策略,可以帮助管理者将决策偏差、决策陷阱剥离,实现通过快速、简捷、聪明的决策策略,增加成功的频次,更快地做出决策。

本章思考题

1.选择性知觉怎样影响到知觉?举例说明选择性知觉是怎样造成知觉失真的。

2.简述决策研究的三种范式及其关系。

3.简述四种决策风格类型及其特点。

4."在大多数情况下,组织中的个人决策是一个非理性的过程。"你是否同意这一观点?请讨论。

推荐阅读及参考文献

第六章　工作场所中的激励

本章开篇案例

为什么我的 90 后员工薪水很高，但依然要走[①]

90 后的员工和富二代、娱乐圈，并称朋友圈三宝，因为他们总是说走就走了，老板们哭着喊着给他们加薪升职，却也只能看到他们的背影和扬起的尘土。

其实钱、工作环境这些因素只能让他们"没有不满意"，并不能让他们感到"满意"。满意只能来自工作本身和已经得到满足的需求。所以对超级多元化的 90 后员工，老板们还是得用不同的激励手段。

老叶是一家精品酒店的老板，是一位 70 后的老酒店人，在多家五星级酒店担任了多年的管理层。现在他手下带领着一个几乎由清一色 90 后"小朋友"组成的团队，团队中也有几位 80 后高管。在几个旅游网站上，他的酒店评分都是本地最高的，接近满分，看评语似乎有很多回头客，除了酒店的环境很好之外，主要的原因大概是"服务真的很好"、"酒店的员工服务很周到"。

老叶说服务业终究还是关于人的行业，一开始他觉得自己有很多年的酒店从业经验，从"顾客是上帝"这一点出发，把服务做好，后面一切都好了。但是年轻人的世界不太一样，他走了一段弯路。最后发现，还是要先把员工们伺候好了，员工们才能把顾客当成上帝。对不同岗位和员工类型，需要用不同的激励手段。

服务中心的一线员工，比如前台和服务员，其工作本身是一套流程，而不是高深的专业技能。他们工资不高，因为在这个岗位上酒店付不起太高的工资。所以需要对他们进行额外的非物质激励，给予他们被重视的感觉。老叶采取过一些老式方法，比如通过业绩光荣榜来展现对优质员工的重视，经常采取态度真诚的口头表扬，效果也都不错。不过效果最好的办法是给一线员工授权，让他们在解决顾客的实际问题时拥有更多的自主权。服务中心距离顾客最近，所以他把服务中心设置成资源调配中心，有权力调动包括客房、厨房等其他部门的资源，并在考核上加以参考。除此之外，前台员工可以直接调用一夜间房费以内的费用，事后报备。比如某位新入住的顾客，正逢过生日，为其订一个蛋糕还是一束鲜花，完全由一线员工决定。而酒店的微信订阅号运营得不错，负责的是一位从媒体界挖来的 90 后编辑，他虽然年轻，但也是资深的专业人员，忠于自己的专业技能甚于雇主。所以老叶给他安排了很多具有挑战性的任务，又让他自主决定如何完成，还定期慰问

[①]　引自微信公众号：吴晓波频道

表达支持与鼓励,关心他的工作存在什么问题,是否需要支持,以示对他的工作不但感兴趣而且很看重。还有一些是兼职的实习生和试用期的员工,他们在工作安全感和稳定性上欠佳,福利待遇上也不如正式员工。所以相应的激励因素就是提供转正的机会,以及提供一些职业技能培训的课程。

第一节　激励的概念

人的一切有目的的行为都是出于对某种需要的追求,当人的某种需要得不到满足时,将形成寻求满足需要的动机,在适当的条件下,动机就会导致某种行为,这正是产生激励的起点。所以,管理者就应该从人的需要出发,通过对员工个性的把握,来设计合理的激励机制以解决需求问题。

人力资源开发与管理是企业管理的核心与灵魂。而如何激发人才的正确动机,调动人才的积极性,充分挖掘和发挥人才的潜能,是人力资源开发与管理的最根本的任务。因此,激励问题一直是管理的核心问题之一。

激励一词,源自英文单词"motivation",意思是刺激、诱导、给予动机或引起动机,联系到动机的英文单词"motive",便不难看出两者有着密切的关系与联系。所谓激励是指通过了解人的需要和动机,设计一定的奖惩措施和工作环境,控制和引导人的行为,使其积极努力地朝某一目标前进的行为过程。一般认为,管理激励是由企业经营者为激发企业员工的主动性、积极性和潜能,提高经营效率,完成管理目标而实施的管理行为。激励的主要目的在于:激发员工潜能;提高工作绩效;促进人力资源开发;提高企业核心竞争力。

自20世纪初以来,管理学家、社会学家和心理学家们从不同的角度研究了怎样激励人的行为,并提出了许多管理激励理论。对这些理论可以从不同的角度进行归纳和分类。比较流行的分类方法是按研究激励问题的侧重面的不同及其与行为的关系的不同,把各种激励理论划分为内容性激励理论和过程性激励理论两大类。

内容性激励理论是以研究人的心理需要、动机为基础而形成的激励理论,它是研究个体需要的内容和结构的理论。该理论认为,需要和动机是推动人们行为的原因,也是激励的起点。因此,人的积极性和受激励的程度主要取决于需要的满足程度。代表性理论主要有需要层次理论、双因素理论、ERG 理论和成就动机理论。而过程性激励理论则从连接需要和行为结果的中间心理过程入手,研究从动机的产生到选择何种具体行为的心理过程及行为目标的选择。代表性理论主要有认知评价理论、目标设置理论、强化理论、公平理论、期望理论、波特—劳勒的综合激励模型以及自我决定理论。

第二节　内容性激励理论

一、需要层次理论

最著名的管理激励理论当数马斯洛(A. H. Maslow)的需要层次理论(hierarchy of

needs theory),他假设每个人有五个层次的需要,即生理需要、安全需要、爱和归属需要、尊重需要和自我实现需要(见图 6-1)。马斯洛认为,当一种需要得到满足后,另一种更高层次的需要就会占据主导地位,个体的需要是逐层上升的。从激励的角度看,如果希望激励某人,就必须了解此人目前所处的需要层次,先满足人的最基本的需要,然后依次向高级层次的需要发展。

马斯洛将前人对需要的研究系统化和理论化,因而成为管理学激励理论的"开路者"。他的需要层次理论简单明了、易于理解,具有内在的逻辑性,得到了普遍的认可。然而众多的研究并未对这一理论提供验证性的支持。

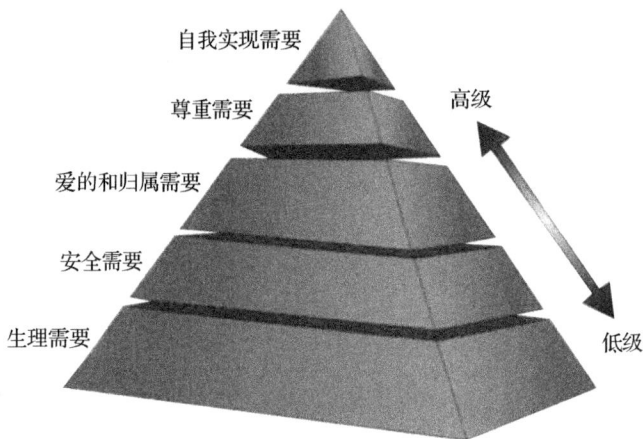

图 6-1 需要层次理论模型

二、双因素理论

美国行为科学家弗雷德里克·赫茨伯格(Frederick Herzberg)于 1959 年提出双因素理论,即激励—保健理论(motivation—hygiene theory),从而把马斯洛的需要理论向前推进了一大步。双因素理论把影响人的积极性的各种因素划分为激励因素和保健因素两大类(见图 6-2)。(1)保健因素的含义是当这些因素得不到满足时,人们将降低其工作积极性;而当这些因素得到满足时,人们却不会因此而提高工作积极性。也就是说,当保健因素得到充分改善时,人们只是没有了不满意感,但并不会感到满意。这种类似预防性的保健因素包括工作安全感、薪酬、福利、工作条件、与上级的关系和公司的政策与管理等。(2)激励因素的含义指当这些需要得不到满足时,员工不至于降低工作表现,而一旦这些需要得到满足,就会提高人的工作表现。赫茨伯格认为,要想真正激励员工努力工作,必须注重激励因素,这些因素才会增加员工的工作满意感。它包括成长与发展、责任感、工作的挑战性和工作成就感等。

赫茨伯格的双因素理论在西方行为科学界颇有影响,该理论的一个突出的特点是把激励问题与工作性质和工作环境具体地联系起来,能够较好地把激励理论应用于企业管理之中。但它也受到学术界广泛的争议,批评意见主要认为:赫茨伯格所采用的方法具有一定的局限性,人们易于把不满意归因于外部条件,并且缺乏普遍适用的满意度评价标准,等等。

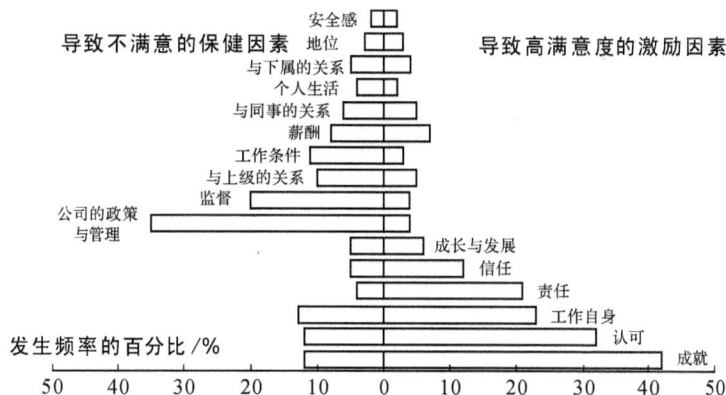

图 6-2　双因素理论模型

三、ERG 理论

美国耶鲁大学的克雷顿·奥尔德弗（Clayton Alderfer）于 1969 年在马斯洛的需要层次理论的基础上提出 ERG 理论。他把人的需要简化为生存需要（existence）、关系需要（relatedness）和成长需要（growth），因而这一理论被称为 ERG 理论。（1）生存需要关系到人的机体的生存，包括衣、食、住、行及工作组织为使其得到这些因素而提供的手段等。（2）关系需要指人们对于保持重要的人际关系的要求。（3）成长需要指个人谋求发展的内在愿望。

ERG 理论不强调需要的层次排列顺序，认为人在同一时间可能有不止一种需要在起作用，如果较高层次需要的满足受到抑制的话，那么人们对较低层次的需要的渴望会变得更强烈，即"受挫—回归"（见图 6-3）。

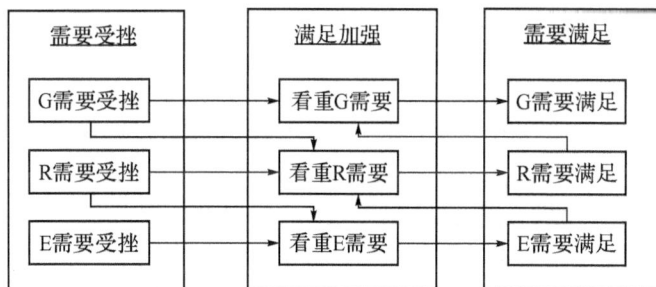

图 6-3　ERG 理论模型

四、成就动机理论

美国管理心理学家戴维·麦克利兰（David McClelland）在 20 世纪 50 年代后，从社会表现的角度仔细观察人的需要，提出了自己的激励理论，对管理心理学的需要理论做出了重大贡献。麦克利兰指出，除了基本生理需要以外，人的基本需要有三种：（1）成就需要（need for achievement），完成具有挑战性的工作以后的成就感会使人愉快，增加人奋斗的动力，对人的行为起重要影响作用。（2）权力需要（need for power），指影响和控制别人的一种愿望和驱动力，高权力需要者喜欢承担责任，喜欢竞争性的工作和地位取向的工作环境。(3)亲和需要(need for affiliation),高亲和需要者渴望友谊,喜欢合作而不是竞争的环境,希望彼此之间的沟通和理解。

麦克利兰认为,成就需要是自我实现的主要动机,是人类行为的主要动力之一,成就动机高的人一般成长较快,往往能成长为组织的骨干。因此,成就需要的高低对一个人、一个企业和一个国家的发展和成长,起着特别重要的作用。

第三节　过程性激励理论

一、认知评价理论

心理学家 Deci 和 Ryan(1980)认为,任何影响能力感和自我决策感的事件都可影响人的内部动机。早期的研究发现,像金钱、食物和奖品这类外在奖励均使内部动机下降,这在不同年龄、不同性别和不同任务的各种研究中,得出的结论都是如此。这是因为,使用外部促动因素来控制人,使人们感到自我决策权丧失。随着自我决策权的丧失,学习者将更少受到内部动机的激励。

认知评价理论认为,当良好业绩受到外部奖励时,个体会感到自己是为了外部因素而在工作,从而丧失了对自己行为的控制能力,内在激励进而减少。同样的道理,外部奖励的取消会让个体改变自己对从事这项工作的因果关系的看法,将自己从事这项工作的原因归为内部因素,从而会增加个体的内在激励。如果认知评价理论是正确的,那么传统的薪酬理论就要进行修正了,因为增加薪水不一定能增强整体激励水平,这取决于外在激励的增加额与内在激励的减少额之间的对比。认知评价理论为激发人的内部动机提供了重要的理论依据。

二、目标设置理论

洛克(Locke)在前人研究的基础上,于 1968 年正式提出目标设置理论(theory of goal setting)。目标设置理论认为,挑战性的目标是激励的来源,对于一个人的行动而言,具有一个明确而具体的目标比没有目标更能激发人的积极性,从而能取得更好的业绩。在设定目标时,要特别注意目标的难度和清晰度。难度适中、清晰的目标的激励效果最佳。目标设置理论方面的研究认为目标通过四种机制影响业绩:(1)目标具有指引的功能。(2)目标具有动力功能。(3)目标影响坚持性。(4)目标通过导致与任务相关的知识和策略的唤起、发现或使用而间接影响行动(杨秀君,2004)。

在多年研究的基础上,Latham 等(2002)提出目标设置理论的基本元素和高绩效循环模式(high performance cycle)(见图 6-4)。从图中可见,目标的特性(明确度和困难度)直接影响业绩;成绩影响个体的满意度;对业绩和奖励的满意度又会促使个体对新的挑战进行承诺。但目标和业绩之间的关系会受到目标承诺、目标重要性、反馈、任务复杂性、努力、策略等的影响。

目标设置是激励员工绩效的一种简易、直接和高效的技术。目标设置理论具有很大的科学性,并为目标管理(MBO)提供了理论依据。

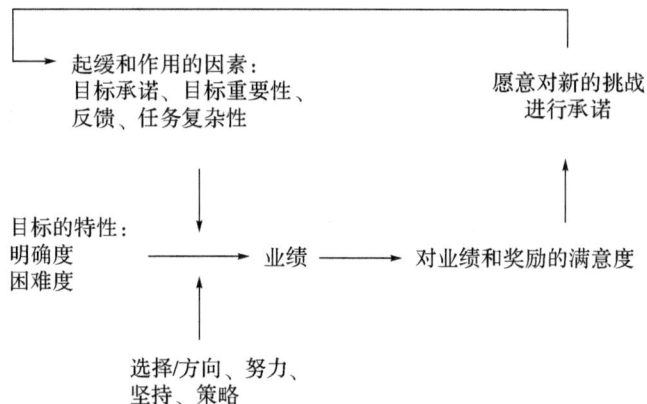

图 6-4 目标设置理论的基本元素和高绩效循环模式

三、强化理论

强化理论的代表人物是美国行为主义心理学家斯金纳(B. F. Skinner)。该理论认为人的行为是对其所获得的刺激的函数。如果这种刺激对他有利,则这种行为会反复出现;若对他不利,则这种行为就会减弱直至消失。能增加反应强度的刺激物就是强化物。强化物可以是物质的,如奖金和奖品等;也可以是精神的,如权力、责任、名誉、表扬和认可等。人们可以直接控制强化物来控制行为,达到改造行为的目的。因此,管理者要采取各种强化方式,以使人们的行为符合组织的目标(魏祥迁,2000)。

根据强化的性质,强化可分为正强化和负强化。正强化是指由于一刺激物在个体做出某种反应(行为)后出现从而增加了该行为(反应)发生的概率,该刺激物称为正强化物。负强化是指由于一刺激物在个体做出某种反应(行为)后而予以排除从而增加了该行为发生的概率,该刺激物称为负强化物。另外一种较常见的控制行为的方法是"惩罚",它有两种方式:一种方式是在行为出现之后呈现负强化物,如工作上出了差错的员工受到上级的责骂;另一种方式是行为出现后,撤走正强化物,如给犯错的员工减少奖金。斯金纳认为,惩罚不是一种理想的控制行为的方法,其效果是有限的。

在企业管理中,为了调动和保护员工的积极性,正、负强化都是必要的。在激励一个人按某种特定方式工作时,管理者应注意:(1)正强化比负强化更有效;(2)所期望取得的工作成绩应予以明确规定和表述;(3)对工作成绩应及时予以正确的反馈(毕蛟,1988);(4)管理者的重点应该在于积极强化而不是惩罚,也就是说,管理者应当忽视,而不是惩罚他不赞成的行为。尽管惩罚措施对于消除不良行为的速度快于忽视手段,但是它的效果经常只是暂时性的,并且可能会在今后产生消极影响,如缺勤和辞职等。

强化理论丰富了现代管理科学和行为科学等的内容,并被广泛地运用于社会的各项管理中且取得了巨大的成就,其不足之处在于忽视了诸如目标、期望和需要等个体因素,而仅仅注重当人们采取行为时会带来什么样的后果。

四、公平理论

美国北卡罗来纳大学心理学教授亚当斯(J. S. Adams)从认知失调理论出发,于 20 世纪 60 年代初提出了公平理论（equity theory）。该理论的基本内容是当一个人做出了成绩并取得了报酬以后，他不仅关心自己所得报酬的绝对量，而且关心自己所得报酬的相对量，在通过多种比较确定自己所获报酬是否合理后，依据比较的结果调整今后对工作投入的积极性。所谓相对量是指个人所付出的劳动及所得到的报酬与他人的进行横向比较所得到的结果，也指个人目前付出的劳动与自己过去的进行纵向比较所得到的结果。人们主要通过横向比较和纵向比较来判断所获奖酬的公平性。其公式可以简单地表述如下（李兴修，于世芬，2002）：

当事者所得报酬/当事者所做付出＝参照者所得报酬/参照者所做付出

当事者现在所得报酬/当事者现在所做付出＝当事者过去所得报酬/当事者过去所做付出

如果等式成立，当事者便觉得公平。否则，就会造成心理失衡，产生不公平感。如果等式左端值小于右端值，当事者则会产生比参照者吃亏或者今不如昔的不满情绪；如果等式左端值大于右端值，也会使当事者因付出少得到多而感到不安。这时他们就会采取行动改变这种情景，如通过自我解释达到自我安慰；采取一定的行为，改变别人的或自己的收支状况；更换比较对象，以获得主观上的公平感；发牢骚，泄怨气，制造人际矛盾等。其结果可能会提高或者降低劳动生产率，改善或降低产出质量，缺勤率或自动离职率降低或提高。

公平理论提出后，在西方企业界流行甚广，它所揭示的人们产生不公平感的原因及规律是客观存在的，消除人们的不公平感的确有助于积极性的调动。但是，该理论还存在着一定的缺陷，如缺少客观的衡量标准；付出的劳动与获得的报酬不易计量等（孙伟，黄培伦，2004）。

亚当斯的公平理论侧重于研究工资报酬分配的合理性、公平性及其对员工生产积极性的影响。由于分配公平主要是指人们对分配结果的公平感受，所以亦被称为结果公平。后继学者还研究了"程序公平"与"互动公平"（孙怀平，朱成飞，2007）。程序公平强调如果员工认为企业的决策程序是公正的，即使决策结果对自己不利，员工往往也会接受这些结果。互动公平主要关注分配结果反馈执行时的人际互动方式对公平感的影响。

五、期望理论

美国心理学家弗罗姆（V. H. Vroom）于 1964 年在他的《工作与激励》一书中提出期望理论（expectancy theory）。其基本观点是，某一目标对人的激发力量，取决于该目标的价值（效价）和预计达到目标的可能性（期望值）的乘积，用公式表示为

F（激励力量）＝V（效价）×E（期望）

激励力量（motivational force）指激励水平的高低，反映的是个人或组织进行某一行为的动机强弱。激励水平高，则动机强烈，动力大。效价（valance）指某项活动所产生结果的吸引力大小。影响效价的因素很多，其中包括目标对被激励对象来说是否需要；被激励对象所处的环境等。若目标能满足需要则效价高，不能满足需要则低，有时目标甚至会给个人带来损害。因此从这个意义上说，效价有正值、零值和负值之分。期望值（expectancy）指个体对某一目标实现可能性的主观估计。期望值也称期望概率，受个人的经验、个性、情感和动机的影响。对于某个目标，如果他估计完全可能实现，这时期望概率最大，$E(P)=1$，反之，如果他估计完全不可能实现，那么这时的期望概率为最小，$E(P)=0$。

从期望激励模型可以看出，目标对个体的激励强度，由效价和期望值二者的合力决定。二者的不同结合会产生不同的激励力量，主要表现为：$E_高 \times V_高 = M_高$（强激励）；$E_中 \times V_中 = M_中$（中激励）；$E_低 \times V_高 = M_低$（弱激励）；$E_高 \times V_低 = M_低$（弱激励）；$E_低 \times V_低 = M_低$（极弱激励或无激励）。也就是说，当个人对实现某项目标的效价高，且实现概率也高时，则实现此项目标的激励力量就大；若效价和期望值这两个因素中的任何一项很低时，则实现此目标的激励力量就不大（刘永安，2002）。

期望理论认为，激励过程包含三种特定的心理过程：(1)努力—绩效评价过程（effort—performance），即员工认为通过一定努力会带来一定绩效的可能性。(2)绩效—报酬的评价过程（performance—reward），即个人对通过一定的绩效能够取得报酬的认定程度。(3)结果或报酬的吸引力（attractiveness），即雇员对预期结果或可能获得的报酬满足自己需要的评价。对企业管理者来说，期望理论提供了这样一个思路：每一个员工在这三种心理评价过程的驱动下，行为的选择和取向通常要经历四个步骤：工作能给员工带来什么结果；这个结果对员工有多大的吸引力；要实现这个结果，员工需要怎么做；在员工看来，达到这样一个结果有多大的成功概率。以上三个心理过程是密切相关、缺一不可的，无论哪方面的评价低，都不能起到有效的激励作用。

期望理论对激励问题做出最全面的解释，且把激励的研究从外在因素研究引向了内在因素研究，把现实世界复杂的激励问题进行了精辟的提炼，对于人的主观认知与激励的关系给予了科学合理的解释，使管理学激励理论变得更丰富多彩（黄浩，2003）。但弗罗姆模型建立在个人理性与组织信息完全的假设前提下，这在很大程度上理想化了。

六、波特—劳勒的综合激励模型

波特—劳勒激励模型是美国行为科学家波特（L. W. Porter）和劳勒（E. E. Lawler）于1968年提出的一种激励理论。他们在弗罗姆的期望理论模型的基础上，将需要理论、公平理论和强化理论加以综合利用，把内、外激励因素都考虑进来，提出了一种更加合理的激励过程模型，被称作波特—劳勒综合激励模型（见图6-5）。

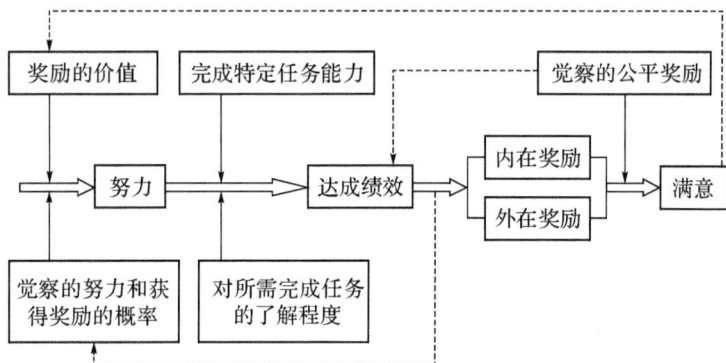

图 6-5　波特—劳勒综合激励模型

从图 6-5 我们可以归纳出波特—劳勒模型的基本观点：(1)努力程度综合地取决于某项奖励的价值以及个人的努力会导致这一奖励的概率的主观估计，这种主观估计受个体过去经验和实际绩效的影响。(2)工作绩效是一个多维变量,它除了受个人努力程度影响外,还取决于个人完成特定任务的能力与素质、个人对所需完成任务的了解程度以及对奖励公平性的感知。(3)奖励是由工作绩效所决定的,包括内在奖励和外在奖励,无论是内在奖励还是外在奖励都要以工作绩效为前提。内在奖励是指一个人由于工作成绩良好而给予自己的报酬和奖励,如感到完成了一件有意义的工作,对社会做出了贡献等;外在奖励包括工资、晋升和地位等。内、外奖励和个人主观上所感受到的奖励的公平感糅合在一起,影响着个体最后的满意感。如果个体看到他的奖励多少与工作绩效很少有关系时,这样的奖励就不能成为提高其工作绩效的刺激物。(4)满意程度通过反馈影响下一次的努力程度。满意会导致进一步的努力,而不满意则会导致个人努力程度的降低甚至离开工作岗位。(5)激励和工作绩效之间并不是简单的因果关系,要使激励能产生预期的效果,就必须考虑到奖励内容、奖惩制度、组织分工、目标导向行动的设置、管理水平、考核的公正性、领导作风及个人心理期望值等多种综合性因素(陈光潮,如红梅,2004)。该模型把工作绩效同满意直接联系起来,波特和劳勒根据收集到的资料认为,传统的观念上是满意导致工作绩效,但实际上可能是工作绩效导致满意。

波特—劳勒综合激励模型克服了单个理论的片面性,然而,该模型并没有注意到内在激励与外在激励之间的互动关系,认为二者是相互独立的,而仅仅将其进行简单的加总。

七、动机理论新进展——自我决定理论

自我决定理论(self-determination theory, SDT)是由美国心理学家德西和瑞安(Deci & Ryan)等人在 20 世纪 80 年代提出的一种关于人类自我决定行为的动机过程理论。该理论认为人是积极的有机体,具有先天的心理成长和发展的潜能。自我决定是在了解和估计自己的基础上,自由选择和确定选择来驾驭自己的生活。自我决定的人知道并能表达他们自己的需要、兴趣和能力。他们自己设定正确的目标和期待,在追求这些目标时做出选择和计划,然后采取行动,如果有必要他们会改变路线或调整计划以便有效地达到期待的目标(严标宾等,2003)。自我决定的潜能可以引导人们从事感兴趣的、有益于能力发展的行为,这种对自我决定的追求就构成了人类行为的内在动机。

自我决定理论认为,在每个个体身上都存在着一种发展的需求,这就是人类的基本心理需要,它包括自主需要(autonomy)、能力需要(competence)和归属需要(relatedness),能满足这三种需要的社会事件或社会环境能促进行为的内在动机。德西和瑞安把动机分为内在动机、外在动机和无动机。内在动机是人类固有的一种追求新奇和挑战、发展和锻炼自身能力、勇于探索和学习的先天倾向,它是高度自主的,代表了自我决定的原型。自我决定理论强调促进外在动机内化的重要性,并提出影响外在动机内化的三个环境因素,分别为能力知觉、自主性体验和归属感。

因此,自主性支持(而非控制)型的工作环境和管理方法会提高个体基本心理需求的满足程度和促进内在动机,进而会导致更高的坚持性、有效的绩效、工作满意和积极的工作态度。

自我决定理论是新近发展起来的一种认知动机观,代表着当下动机理论研究的趋向。但是,它把人类某种单一的社会需要——自我决定,看作是推动人类行为的根本动因,这

忽视了人类动机行为的复杂性,其理论体系还有待于进一步完善(刘海燕等,2003)。

第四节　有效的激励技术与方案

一、员工认可方案

南方李锦记有限公司81%~90%的员工敬业度超过了中国最佳雇主75%的平均值,离职率控制在3%以内。南方李锦记的员工高敬业度是与公司竭力推行的"员工认可计划"分不开的。与多数管理人员吝于赞扬员工做法相反的是,南方李锦记认为,及时认可会让员工觉得公司对自己的工作是尊重的,认可是激励员工最好的方式。

与员工认可方案一致的行为有:对员工表达感谢、公开表扬或对员工表示注意等。例如,南方李锦记管理人员认可员工时,采用的方式较多,可以是过去和员工握一下手,或是说声"谢谢",或是发封邮件,或是写张便条向员工表示感谢。用得最多的是以手机短信的方式表示祝贺。对完成某一项目的员工除在正式会议上公开表扬外,高级管理人员会亲自邀请该员工一起吃饭,并打个电话向员工的亲人表示感谢,或是送个小礼品;对于成功完成较大项目的员工,公司按规定从专项经费中提取一定比例的资金,奖励项目组成员出外旅游。除物质奖励外,"私下认可"作为一种肯定员工的激励方式在南方李锦记得到了广泛应用。南方李锦记的指导原则是只要是值得表扬的,虽不一定是公开场合的表扬,但一定要给员工一种很好的感觉:自己的工作得到了上司的肯定。

"员工建议制度"作为一项应用最广泛的员工认可方案,是由美国伊斯曼·柯达公司在1898年创建的(胡学龙,1989)。该公司规定不论男女老少,不论蓝领还是白领工人,都可以把自己对改进工作,或工作的某一环节,或企业全面战略性方案的看法和建议,投入员工建议箱。与此同时,公司指定专人管理建议箱,对建议进行汇总分类处理,并责成有关部门讨论。谁的建议一经采纳,谁就可以得到相当可观的奖金。此后,员工建议制度在美国得到广泛的推广应用,并取得了越来越大的成效(一得,1985),且一直沿用至今。员工建议制度为什么受到企业员工的普遍欢迎?用美国芝加哥全国建议制度协会会长的话来说,那就是:可能建议人也是为了得到奖金,但更重要的是,建议人感到自己受到了企业的尊重,是荣誉感驱使,是获得了晋升的机会。

员工认可方案是强化理论在管理实践中的应用。紧跟在员工行为后的"认可"(精神奖励或物质奖励),即给予员工正强化物,会导致员工相似行为的反复出现,进而使员工行为符合组织目标。此外,员工认可方案强调"及时"认可,以达到最好的激励效果。

二、员工卷入方案

(一)参与管理

1989年4月17日,美国《商业周刊》发表了一份由布鲁金斯学会起草的研究报告。报告指出,在实行员工参与管理制的企业里,参与可以使员工对组织目标承担更多的责任并获得更大的满足,不仅能大大提高企业的劳动生产率,充分激发职员的工作积极性、主动性和创造精神,而且还能有效地缓和劳资关系,从而确保企业的经营与管理活动顺利进行。参与管理(participative management),又被称为"自下而上的管理",即在不同程度上,组织员工参加组织决策的研究和讨论,它是员工自我价值实现的重要途径。

参与管理的利弊主要体现在,优点:(1)参与管理制提高了参与者的自我价值感和成就感。(2)全面实行参与管理的另一个好处是减少了制定决策和执行决策之间可能产生的矛盾,使下级了解决策工作的艰难,从而把对上层决策者的不满化为一种责任感和同情感。缺点:(1)最常见的一个问题是上层管理者忽视了向员工解释参与管理的重要意义。(2)另一个问题是可能导致员工产生自我挫折感。(3)最后一个问题是可能出现一种所谓"得寸进尺"的综合征(朱其特等,1985)。

(二)代表参与

代表参与(representative participation)是指并非所有员工都直接参与决策,而是以员工代表的形式参与组织的决策。它最常见的两种形式是:员工监事委员会和董事会代表。员工监事委员会由被任命或推选出来的员工组成,当管理者做人事决策时,必须咨询他们的意见。董事会代表是指员工代表作为董事会成员之一,并代表公司全体员工的利益。国内外均有相关法律条文或政策文件规定在公司中实施代表参与,例如,党的十五届四中全会通过的《中共中央关于国有企业改革和发展若干重大问题的决定》指出:国有独资和国有控股公司中的董事会和监事会都要有员工代表参加。这一规定为当时推行员工董事、员工监事制度的实践,做了高度的概括和总结,也为后续进一步建立、完善这项制度提供了理论指导和政策服务。

(三)质量圈(QC)

日本在质量管理上的成功,已为世人所共知。质量圈(quality circle,QC),或称为质量管理小组,是指在企业各个工作岗位上的员工,为了实现企业的方针和目标,自觉主动地围绕岗位中存在的质量问题(包括商品质量、人员素质、环境质量等),运用全面质量管理(TQC)的观点和方法,以提高服务质量为目的而进行活动的小组(区煜广,1988)。在日本,每个质量圈由八名普通员工和一名年长资深的员工组成,是比较自治的单位。在日本员工参加这类质量圈是自愿的,每八名员工中就有一人参加质量圈。质量圈的成员都接受解决问题的训练,其中包括一些基础数学方法的训练。

质量圈为减少次品与废品,减少返工和停工的时间,同时也为改善工作条件、提高自我发展等问题提出解决的方法。即使质量圈中的员工解决问题的办法不如技术人员好,但由于自己亲自参与,他们的积极性被大大调动起来,并力争把问题解决好。这种质量圈的管理方法,充分发挥了每一个人的积极性与创造力,达到了激励效果。

(四)员工持股计划(ESOP)

员工持股计划(employee stock ownership plan,ESOP)最早由美国经济学家兼律师路易斯·凯尔索(Louis Kelso)于20世纪50年代提出,他的初衷是通过让员工真正成为企业的主人或者所有者,从而更好地协调劳资关系,提高员工积极性和劳动生产率,促进企业持续稳定的发展(谢刚等,2003)。员工持股计划的基本内容是:在企业内部或外部设立专门机构(员工持股会或员工持股信托基金组织),这种机构通过借贷方式形成购股基金,然后帮助员工购买并取得本企业的股票,进而使本企业员工从中分得一定比例、一定数额的股票红利,同时也通过员工持股制度调动员工参与企业经营的积极性,并形成对企业经营者的有效约束。员工持股计划从 20 世纪 50 年代中期开始出现,之后,在西方国家特别是美国和日本普遍推行,已成为企业中一个重要的制度(剧锦文,2000)。

理论与实践证明,员工持股计划是一种有效的激励机制。美国学者研究了员工持股与企业绩效的关系,认为员工持有股票所有权确实会带来生产效率的提高(Blair,1995)。中国学者对我国实施员工持股计划企业所做的研究表明,员工持股也使企业的经营绩效有所提高。美国的一项对比调查显示,实行员工持股计划的公司,员工往往能主动减少缺勤次数并能共同提出减少缺勤次数的刺激办法,从而使缺勤率有较大幅度的下降。

三、浮动工资方案

浮动工资(variable-pay),就是劳动者的工资收入随个人劳动成果的多少和企业经济效益的好坏而浮动的一种工资形式。实行浮动工资的最大好处,就是可以把死工资变成活工资,使劳动者的个人利益同他的工作绩效和企业绩效相联系。最常见的浮动工资方案有:计件工资方案、奖金、利润分享计划和收入分享。

计件工资方案(piece-rate pay plan)是直接以一定质量的产品数量为计件单位计算员工劳动报酬的一种工资方案,是一种最古老的薪酬方案。它是把工作业绩和收入报酬紧密结合的一种激励制度,作为一种高激励强度的工资制度曾受到许多管理学者的推崇。目前,计件工资方案的制订主要针对一线工人,虽然计件制工人不是所谓的企业核心员工,但他们处于生产、服务第一线,其对薪酬的满意度关系到企业生产和经营的效益和质量。因此,组织应设计和实施公平合理的计件工资方案以激励员工(方晓波,2005)。

奖金是指在对员工工作绩效进行考核的基础上,对于工作绩效突出的员工进行物质上的鼓励而采取的一种激励措施。其目的在于调动员工工作积极性和创造性,充分发挥其潜能,实现企业的目标。有学者(杨瑞莉,1991)研究指出,奖金的激励作用并不是随奖金数额的高低而相应增大或减小的,而是低额奖金与高额奖金的激励作用较大,中等数额的、相当于平均奖水平的奖金的激励作用最小。尽管奖金的激励作用显而易见,但是在企业内部运用起来仍然存在大量的问题。例如,基于奖金分配的绩效考核存在较大的主观性,缺乏科学合理的奖金分配方案等。

利润分享计划(profit-sharing plan)最初由美国麻省理工学院经济学教授马丁·韦茨曼(W. L. Weitaman)提出。利润分享是指员工的工资与某种能够恰当反映企业经营的指数相联系,这里的“指数”主要是指“企业的利润”。利润分享可以以现金的形式,也可以是股权分配(针对高层管理者)。例如,香港一些大企业以赠送股份认购权或低价出售股份来奖励高级经理人员,如一家上市公司以重金聘来一位主管,两年半任期内除薪金外还赠予其 4200 万股股份(张承耀,1999)。

容易与利润分享计划相混淆的另一种浮动工资方案是收入分享(gain-sharing),它是这样一种群体激励计划,群体生产力的提高决定了员工分配到的工资总额。两者主要区别在于,前者关注企业利润,而后者关注的是生产收入。

浮动工资方案是一种基于员工绩效的薪酬方案。根据期望理论,如果员工期望的报酬与其绩效水平不一致,那么员工就会降低其努力程度。相反,如果员工所得报酬与其绩效水平成正比,则员工会继续保持甚至提高其努力程度。因此,浮动工资方案与期望理论的原理是相符的。

四、技能工资方案

20世纪80年代以来,外部环境的变化和企业管理的变革对企业传统的以工作为中心的岗位工资制产生了巨大的冲击。为了激励员工不断学习新知识和新技能,并提高企业的竞争力,许多西方企业已经实行以员工为中心的技能工资制(常荔,2004)。据美国《商业周刊》一项关于技能工资的使用情况和效果的调查研究表明,目前技能工资已在全美30%以上的公司中推广使用。国内也有越来越多的企业如联想、华为、平安保险等已经实行技能工资这种新的薪酬管理模式。随着管理技术和方法的逐步完善,技能工资制日益被认为是应对知识经济时代市场竞争和技术变化挑战的一种行之有效的薪酬计划(刘小禹等,2006)。

所谓技能工资(skill-based pay,SBP),有时也叫作能力工资或者知识工资,它是以员工个人所掌握的知识和技能的广度与深度为基础来支付其工资的薪酬制度。相比传统的岗位工资,技能工资在很多方面都更具优势。例如,它可以促使员工主动地进行学习,从而有助于学习型组织的建立;通过为员工提供多种发展渠道,从而避免了单一的职位晋升所导致的"拥挤效应";可以因员工的技能能够互换而使填补职位空缺较为容易,从而令管理更为灵活;等等。国外学者的研究表明,使用技能工资制度一般能带来更高的员工绩效和员工满意度。

根据期望理论,员工采取某一行为的积极性取决于回报的吸引程度以及得到这种回报的可能性。在技能工资制中,员工的基本工资由其掌握的技能数量、种类和深度所决定,员工若期望增加自己的基本工资,那么就必须证明自己掌握了与工作相关的新技能。因此,实行技能工资制能够激发员工获得奖励的期望,并激励员工为争取加薪而更加主动、积极地学习与掌握新知识和新技能,而员工掌握了企业所需的新知识和新技能以后就能提高工作效率,进而提高企业绩效。此外,紧跟在员工所学新技能后的技能工资,作为一种积极强化物,会促使员工不断学习新技能,这与强化理论的预测是一致的。

五、弹性福利方案

弹性福利(flexible benefit)起源于20世纪70年代的美国,在80年代蓬勃发展。它又称为灵活福利,是指企业在员工充分参与的基础上,建立每个员工不同的福利组合,并定期随着其兴趣爱好和需求变化,做出相应变更。各雇员可按自身工作和生活实际情况,决定其福利组合及组合中各福利项目的比例。福利支付形式"个性化"是弹性福利的重要特点(欧明臣,2003),该福利形式如自助餐一样,可让员工自由挑选喜欢的物品,因此又被称为"自助式福利"。

弹性福利方案主要有五种类型:(1)附加型弹性福利计划。最普遍的弹性福利制,是在现有的福利计划之外,再提供其他不同的福利措施或扩大原有福利项目的范围,让员工去选择。(2)核心加选择型的弹性福利计划。由"核心福利"和"弹性选择福利"组成,核心福利是每个员工都可以享受的基本福利,不能自由选择;弹性选择福利是员工在获得的福利限额内可以根据自己的需求或喜好随意选择的福利项目,每一个福利项目都附有价格。(3)弹性支用账户。员工每一年可从其税前总收入中拨取一定数额的款项作为自己的"支用账户",并以此账户去选择购买雇主所提供的各种福利措施。(4)"套餐型"福利。由企业同时推出多种固定的"福利组合",每一种组合所包含的福利项目或优惠水准都不一样,员工只能选择其中的一个组合,不能要求更换组合中的内容。(5)"菜单式"福利。它是一种员工选择自由度更大的弹性福利制度形式。该制度强调让员工根据自己的需求和偏好,从企业所提供的一份列有各种福利项目的"菜单"中选择最适合自己的福利项目。企业应根据员工的不同需求尽量提供多样化的福利项目,以便供员工有余地地选择(钟丽华,2008)。

马斯洛的需要层次理论表明,不同的人有不同层次的需要,因此不同层次的员工应选择与之相适应的薪酬分配方式。弹性福利计划使员工在企业提供的福利菜单内依照自己的需求和喜好自由选择福利项目,满足了不同层次员工的需求,让员工享受到前所未有的个性化福利带来的愉悦。赫兹伯格的双因素理论表明,福利是一种保健因素,它的满足虽然只能消除员工的不满,不一定能起到激励作用,但如不当则会引起员工的不满和较高的离职率。期望理论认为,人的积极性被激发的程度,取决于他对目标价值估计的大小和判断实现此目标概率大小的乘积,要重视目标效价与个人需要的联系,而弹性福利是此种要求的最好体现。

最后,管理者还应注意,激励技术与方案的设计应该综合运用各种方式,考虑周详,而不能简单地"一刀切"。激励的基础是心理学理论,不能否定不同的员工有不同的心理,有不同的需求,甚至同一位员工在不同的阶段也有不同的需求。因此企业必须根据不同年龄、不同岗位、不同专业、不同阶段的员工等采用不同的激励方式,才能发挥激励应有的效用。总之,激励的方式多种多样,企业要根据实际情况,综合运用多种激励体系,激发员工的潜力和工作热情,更好地发挥激励理论在人力资源管理中的指导作用,使企业在激烈的市场竞争中立于不败之地。

本章小结及对管理者的意义

1.激励是管理的核心问题之一。激励是指通过了解人的需要和动机,设计一定的奖惩措施和工作环境,控制和引导人的行为,使其积极努力地朝某一目标前进的行为过程。

2.内容性激励理论包括马斯洛的需要层次理论、赫茨伯格的双因素理论、奥尔德弗的ERG理论和麦克利兰的成就动机理论等。它们均是以研究人的心理需要和动机内容为基础而形成的激励理论。

3.过程性激励理论包括德西和瑞安的认知评价理论、洛克的目标设置理论、斯金纳的强化理论、亚当斯的公平理论、弗罗姆的期望理论、波特—劳勒的激励综合模型以及德西和瑞安的自我决定论等。它们从连接需要和行为结果的中间心理过程入手,研究从动机的产生到选择何种具体行为的心理过程及行为目标的选择。自我决定论是动机理论的最新进展,代表当前理论界的研究趋势。

4.员工认可方案通过对员工表达感谢、公开表扬或对员工表示注意等方式认可员工,使员工感到公司对自己的工作是尊重的,从而达到激励员工的目的。"员工建议制度"是目前应用最广泛的员工认可方案。员工认可方案与强化理论相联系。

5.员工卷入方案包括参与管理、代表参与、质量圈和员工持股计划。通过员工亲自参与管理或将其利益与企业效益挂钩,对员工起到了较大的激励作用。

6.浮动工资方案有计件工资方案、奖金、利润分享计划和收入分享四种方式,它是劳动者的工资收入随个人劳动成果的多少和企业经济效益的好坏而浮动的一种工资形式,与期望理论的预测一致。

7.技能工资是相对岗位工资而言的,它是以员工个人所掌握的知识和技能的广度与深度为基础来支付其工资的薪酬制度。它能激励员工不断学习新知识和新技能,并提高企业的竞争力。技能工资方案是期望理论与强化理论在人力资源管理实践中的应用。

8.弹性福利方案包括附加型弹性福利计划、核心加选择型的弹性福利计划、弹性支用账户、"套餐型"福利和"菜单式"福利五种类型。员工可按自身工作和生活实际情况,决定其福利组合及组合中各福利项目的比例,体现了"个性化"的特点。需要层次理论、双因素理论和期望理论较好地解释了弹性福利制的激励作用。

本章思考题

1.什么是激励,在组织中为什么要对员工进行激励?

2.试比较四种内容性激励理论。

3.对比"正强化"、"负强化"和"惩罚",三者的区别是什么?

4.解释期望理论,并分析如何将其应用于管理实践中。

5.什么是员工持股计划?它为什么能提高企业绩效?

6.比较绩效工资和技能工资的优劣。

7.什么是弹性福利方案?它有几种类型?

推荐阅读及参考文献

第七章　情绪与情感

本章开篇案例

近十年来,人们对于工作当中情绪的理解越来越丰富。在一定程度上可以说,现在我们可以或者近乎可以管理员工的情绪了。例如,所有希望创建开放和友爱工作环境的公司,都在运用人员选拔过程"筛选掉"那些不够外向和热情的求职者。并且为员工提供培训,指导他们如何微笑和表现出愉快。一些组织走得更远,它们试图建立一种"在情绪方面人性化"的工作环境;它们不断唤起员工与顾客进行交流的日常情绪;它们选聘那些高情绪智力的求职者来控制工作团队和工作小组的情绪氛围,以及从事其他一些类似的情绪管理活动。

格罗格·马克斯(Groucho Marx)曾经开玩笑地说:"在演艺界成功的秘诀是诚实和真诚。一旦你学会伪装出这些特点,那你就无往而不胜了。"今天,在很多服务性组织中,马克斯的名言正在应用于实践。例如,大量保险公司的电话推销员们接受训练以唤起顾客的积极情绪,使他们更容易说"行"。员工们被指导避免使用带有负面意思的词语,而代之以令人振奋的、易于建立自信的词语,如"当然如此"、"绝对保证"、"立刻"和"非常棒"等。另外,他们还被指导以一种自然而然的方式来传递"脚本"(script)中的内容。为了确保这些"人工的"积极情感始终被唤起,公司常常监控这些销售人员的电话。

麦当劳、迪士尼和星巴克这样的组织会选择积极向上和热情友好的员工,并为他们设计表现出这些特点的行为程序,它们让员工毫无选择余地。另外,这些组织向其遍布世界各地的员工表达公司的情绪期望。当汉堡包和奶香咖啡走进一座城市时,无论是阴沉的莫斯科人还是羞涩的芬兰人,所接受的微笑培训都来自同门同派。

如果要求员工伪装出与工作有关的某种具体情绪,而这种情绪又与员工的真实情绪相冲突,这种做法是否可取? 向别的国家输出标准化的"情绪规则手册"是否恰当? 你的想法如何呢?

资料来源:斯蒂芬·P.罗宾斯.组织行为学(第10版).孙健敏,李原,译.中国人民大学出版社,2005.

我们会在生活中装点着情绪与情感的色彩。我们时而情绪高亢,时而情绪消沉,时而满腔怒火、悲痛欲绝,时而欣喜若狂、舒适愉快,这一切都构成了我们五彩缤纷的心理世界。情绪和情感与我们的日常工作和生活密切相关,它是组织行为领域中一个不可忽视的课题。但是近几十年来,人们对于组织行为领域中的情绪研究的关注度还不够突出。翻开我们手头比较经典的组织行为教科书,很难发现有单独的章节来详细地阐述情绪与情感的内容。原因何在呢? 自古希腊时代以来,理性主义就占据了社会科学的主导性地位,人们设法回避或抑制情绪,认为情绪如"强盗"一般会劫持认知、判断、推理等高级认知活动。如在一个独立的组织环境中是不允许员工轻易地表达憎恨、懊恼、后悔、失望、高兴、伤感、生气、恐惧、胆怯、激愤、喜悦等种种情感。长久以来,情感与理性是势不两立的。西方管理学和经济学领域中出现了"完全理性"或"理性人"的假设,该假设认为作为一个社会人首先是一个理性的人,理性主导了人们的行为,所以理性的人是应该拒绝情感的。西方的理性主义假设在很大程度上限制了人们对于情绪和情感的关注。与此同时,研究人员与管理者也乐意接受这种没有情感的组织。

人们对于情绪的回避还来自对于情绪启动的偏见。当理性主义者提及情感时,最先浮现在脑海中的是一些破坏性的、负面的、消极的情感。因为消极负面的情感可能阻碍人们的工作效率提高,降低人们的生产力。因此理性主义者会不加分辨地将所有情感拒之门外。但是近些年来,情绪对于人类理性认知活动的建设性作用正逐渐受到人们的重视,随之成为组织行为领域中(如行为决策、领导、员工创新)研究的热点。美国行为决策学者黑斯蒂(Hastie)在 2001 年的心理学年鉴(*Annual Review of Psychology*)中指出情绪研究会成为未来行为决策研究的一个重要方向。

第一节　情绪与情感

一、情绪与情感的定义

在我们向你揭开无比丰富的情感世界之前,先要弄清楚三个彼此联系的概念:情感、情绪与心境。

首先,我们来看一下什么是情感。情感(affect)是一个比较概括性的概念,很难用一个准确的词语来表示它的意义,情感应该包括人们所体验到的各种感觉,它要比情绪和心境更加宽泛、抽象。情感可以是对于人、事或物的喜恶,也可以是内心的一种或喜或悲的状态(negative affect & positive affect)。如果需要对情感进行更为具体的界定,可以把它划分为情绪和心境。情绪(emotion)指的是个体对于某人或某事物的强烈感觉,它表现为生气、轻视、害怕、爱、幸福、高兴、激情、惊讶、失望、后悔、骄傲、嫉妒、愤怒、尴尬、讨厌和羡慕等。情绪持续时间一般较短暂。心境(moods)是比较平静和持久的情感状态,它没有情绪那么强烈,也没有具体的指向对象,但一般会持续较长的时间。

情绪和情感是人对客观事物的态度体验和相应的行为反应,它不是一种特质。情绪状态需要以个体的愿望和需要的达成为中介,如果客观现实或情景符合个体的需求和愿望时,个体就会感受到积极正面的情绪与情感,如渴求知识的人得到一本好书时会感到高兴,彩民中了头彩时会欣喜若狂,一个人追求到心仪的伴侣时会感到幸福。如果客观现实或情景不符合个体的需求和愿望时,个体就会感受到消极悲观的情绪与情感,如当考试不及格时会感到垂头丧气,当失去工作机会时会感受莫名的失望,当工作失误时会感到内疚和懊悔,当错过购物良机时会感到后悔等。情绪反映了个体与环境之间关系的维持或改变。相比情绪而言,心境就没有那么具体了,它一般比较概括,没有特定具体的指向对象。当你不去关注环境中的客体时,情绪就会转变为心境。例如,你的上级对于你和客户之间的谈判百般挑剔,你可能会感到愤怒,这说明你对某个具体的客体(你的上级)表现你的情绪(愤怒)。但是数天之后,你总感觉提不起精神。你没有办法准确地把这种感受归结为哪件事情,你仅仅觉得自己的心情与往常不一样,有种挫败感,这种情感状态就是所谓的心境。

情绪与心境在表达方式上同样存在着差异。当我们对于某个客体(上级)产生情绪(愤怒、生气)时,我们一般是通过面部表情来传达的,而心境的感受则是通过自身的思考或沉思来实现的。情绪一般是通过行为方式来传达情感的,属于行为导向的表现方式,而心境则是通过认知方式来传达情感的,属于认知导向的表现方式。

情绪与心境不是完全隔离开的,二者存在密切的联系。大多数情况下,强烈的情绪之后往往会转化为平静的心境状态。比如,你以超低的价格买到了一款精美高质的欧米茄手表,这种兴奋的情绪会持续好多天,直至让你保持了好长一段时间的快乐心情。当然也有"心情糟糕"的时候,比如最近心情一直不好,老感到受挫,可是偏偏又经历一些让自己更加心烦的事情,从而使得心情越来越糟。此外,心情的好坏对于外部事件的忍受度可能会不一样,心情好的时候遭受一点麻烦的事情可能会觉得无关大碍,但是如果心情差的时候,哪怕一点点打击也会使心情变得更糟。

在组织行为学研究中,人们对于情绪与情感的界定倒不是很明确。有些领域中更多地关注情绪,如行为决策中的情绪感受(后悔理论、主观幸福感研究),也有些领域可能会更多地关注于情感,如积极情感(positive affect)和消极情感(negative affect)。情感、情绪与心境三者的关系可以用表 7-1 来表示。

表 7-1　情感、情绪与心境的关系

情感	
被定义为人们体会到的各种感觉,情感是一个宽泛的概念,包括情绪与心境	
情绪	心境
● 由具体的事件引起	●更加概括,不清晰
●持续的时间较短暂	●持续时间较情绪更加长
●本质上更加具体和多样化(如生气、害怕、悲伤、懊悔、高兴、讨厌等)	●表现形式更为广泛
●伴随着明显的面部表情	●通常没有具体的表情
●行为导向的表现方式	●认知导向的表现方式

来源:斯蒂芬·罗宾斯:《组织行为学精要》,吴培冠,高永端,张璐斐等译,机械工业出版社 2008 年版,第 94 页.

二、情绪的维度

我们可以表现多少种情绪呢?情绪之间有什么差异?如何来区别?对于这些问题的回答就需要学习情绪的划分了,或者更具体地说是情绪的维度。那么什么是情绪的维度呢?情绪的维度指的是情绪所具有的某些特征,这些特征包括情绪多样性、强度、频率和持续性。利用这些特征我们就可以把情绪划分为不同的类型。

（一）多样性

情绪是多样性的，它包括各种各样的表现形式，如快乐、欣喜、愤怒、抑郁、嫉妒、憎恨、欢快、惊奇、气愤、伤心、绝望、热爱、害怕、畏惧、厌恶、愤慨、鄙弃、挫败以及兴奋等。人的面部表情是很丰富的，可以表现出所想要表现的各种情绪。而在我们的语言中也可以找到许多表现我们的情绪或情感的词语，这些词语非常的生动。一些表现情绪的词语在我们日常交流中出现的频率又非常的高，当与同事谈心时，我们总会有意无意地通过面部表情或语言来表现出自己的情绪或情感，比如当看到同事穿着一件非常入时的衣服时，你会大加赞赏，表现出非常高兴和惊奇的样子来，并且会用你所能够想到的各种赞美的词语来表达这种情绪。当工作上遇到挫折时，你会表现得非常悲观，恨不得把自己的情绪通过所能表现的方式淋漓尽致地表现出来。

尽管我们的情绪异常丰富，但是总体上仍可以将其划分为两种形式：积极情绪和消极情绪。积极情绪指的是表现良好的、舒适的情感，如快乐、愉悦、欣喜等；消极情绪指的是那些让人感到不适的情感，如愤怒、憎恨、厌恶等。积极情绪和消极情绪代表了情绪的两极性特征，它们彼此是对立的状态，非此即彼。不存在中立的情绪，即一种情绪不可能既是积极的，又是消极的。积极情绪和消极情绪对于个体的影响力是不一样的，一般来说，消极情绪对人的影响最大，在我们生活经历中，我们往往会对自己的消极体验耿耿于怀。

国外学者对于情绪的多样性进行了深入探讨，有的学者提出了把众多的情绪限定和界定在更为基础的维度上，组成人类的六种基本情绪：愤怒、悲伤、害怕、快乐、厌恶和惊奇。这六种情绪是连续存在的，这就是为什么有些情绪很难准确地辨别，特别是不同的文化背景之下，往往会存在情绪的混淆。

（二）强度

情绪的强度源自情绪的动力性特征，即情绪是一种动力性系统，它表现了情绪的各个成分内部以及相互之间存在着动力性的交互作用。个体在表现情绪的时候，其强度是不同的，即便是面对同样的环境刺激，有的人会做出强烈的情绪反应，如暴跳如雷、欣喜若狂、大声疾呼，而有的人则相对比较平静和沉稳。这种差异体现了个体人格特质上的不同，对于一些外向型的个体来说，他们对于外部环境的情绪反应可能会比较强烈，会做出非常明显的行为动作；而一些性格内向的个体对于外部环境的情绪反应就没有那么强烈，他们可能会比较拘谨和矜持，不会轻易地表现出自己的情绪。

不同的工作类型对于情绪的反应有着不同的要求。比如空中交通管制人员和法官的工作就不允许他们有过多的情绪表露，这类职业要求从业者比较稳重沉着，即便是高压环境下也应该表现出应有的冷静。而对于其他一些职业，如娱乐节目主持人、演员、教师以及社会服务工作者，他们的工作要求就需要更多的情绪表达和理解，能够随时根据情景的变化不断调整自己的情绪强度和内容。情绪是推动个体行为的动力性因素，它在一定程度上能够促进或者抑制人们的行为。

（三）情绪反应时间

我们的情绪需要多长时间表达一次？每次情绪的表达又会持续多长时间呢？

对于同样的情绪刺激，不同个体的情绪反应时间是不同的。比如，对于愤怒情绪刺激,有些个体很快就做出强烈的回应,而有些个体情绪反应就比较慢。某些情绪反应被引发之后,其恢复时间是不同的。有的个体恢复得很快,有的个体恢复得就比较慢。例如,给个体呈现恐怖性的刺激来诱发情绪,有些个体恐惧感的持续时间比较长,其心率水平持续性升高,皮肤电阻发生改变。而其他个体的这些指标恢复得就很快。这些反映了情绪反应的时间特征。

不同的工作对于情绪反应的时间要求也是不一样的。比如财务会计对于情绪的要求就比较单一,它不需要会计们时常把笑容挂在脸上,不需要对于某些刺激表现出过为强烈的反应。会计一般都是比较稳重冷静的,对数字比较敏感,因此企业在招聘会计时不会过多考虑他们在情绪劳动方面的投入情况。而对于另外一些工作就大不一样了,比如餐厅服务员、航空小姐,他们的工作性质就要求他们时刻保持善意友好的笑容,对于客户的要求做到最大程度的忍耐,同时还会要求他们能够快速地恢复情绪以适应工作的要求。

个体情绪的多样性、强度和反应时间需要与工作的情绪要求相匹配,员工是否适合做某项工作,在一定程度上不仅仅取决于该工作需要员工展示什么样的情绪以及展示这种情绪的强度,而且还取决于情绪出现的频率和持续时间。

（四）一些关于情绪维度的理论

学者们对于情绪维度的划分有着不同的看法,提出了许多理论。最早提出情绪维度划分的是冯特(Wundt,1896),他提出了情绪三维度说,这三个维度包含愉快—不愉快、兴奋—沉静、紧张—松弛,每一种具体情绪分布在三个维度的两极之间的不同位置上。该理论为情绪的维度理论奠定了基础。之后,又有许多学者提出了不同的看法,如 Plutchik (1970)提出了情绪具有强度、相似性和两极性等三个维度;Izard(1977)提出了情绪的四维度理论,认为情绪有愉快感、紧张感、激动度和确信度四个维度;Russell(1980)认为情绪可以划分为愉快度和唤醒度两个维度;Watson 和 Tellegen(1985)提出情绪由理论上正交的两个因子组成,它们是积极情绪和消极情绪。

已有研究表明,情绪的两维度结构可以解释自评情绪体验中的大部分方差(Barrett, 2006)。两维度结构得到学者们的不断重视,其中以 Watson 和 Tellegen 提出的两维度结构最具代表性,在此模型中,积极情绪和消极情绪被认为是自陈情绪结构的两大彼此相对独立的基本维度。Waston 等认为积极情绪反映了个体的热情、活跃和警觉的程度,高积极情绪的个体呈现一种精力充沛、全神贯注、欣然投入的状态,而低积极情绪的个体则表现为悲哀和失神无力。消极情绪指一种心情低落和陷于不快乐的主观体验之中,包括各种令人生厌的情绪状态,诸如愤怒、耻辱、憎恶、负疚、恐惧和紧张等,低水平的消极情绪是一种平和宁静的状态。积极情绪与消极情绪是相互独立,互不相容的。此外,有的学者(Watson & Clark,1992)认为积极情绪与消极情绪分别与大五人格中的外向性和神经质具有很强的相关,因此也被称为"大二"情绪维度(the "big two" affective dimension)。我国学者左衍涛和王登峰(1997)通过对汉字情绪词的自评维度进行研究发现积极情绪与消极情绪维度的存在。

三、情绪的感受与表达

我们对于情绪的理解常存在困惑,我们有时候不能够真正地去表现自己的情绪。比如你不喜欢你的主管,但是你还是常常对他表达赞美之词,而不会轻易亮出自己真正的情绪。再比如你所在公司要求每一位员工在工作期间不管什么情况都要对客户面带微笑,如果这时候你遇到一位难缠的顾客,他对你的服务挑三拣四,你内心可能很不痛快,但是你还是会对他表现出礼貌性的微笑。在遇到真实情绪与表达情绪不一致时,我们会感到非常的疲劳,甚至会生厌。这就是情绪的感受与表达的问题。情绪感受(felt emotion)指的是个体实际感受到的情绪;而情绪表达(displayed emotion)是指组织要求的并被认为符合特定工作要求的情绪。情绪的感受与表达之间的矛盾不是先天就有的,而是在后天的学习中获得的,它符合我们交往中的社会规则。

Ekman 和 Friesen 用情绪表达规则(affective or emotion displaying rules)来进一步解释这种现象。情绪表达规则是个体在社会化过程中获得的,用来指导特定社会环境下表现社会期望情绪的一套规则。它对于外部情绪的调节共有四种方式:减弱真实情绪的表现,夸大情绪的表现,表现看似自然的情绪,表现完全不同于真实情绪的表情。情绪表达规则规定了个体在什么情景下,对谁,应该表现出什么样的情绪,而不管个体内心真正的情绪状态如何。它是在特定社会文化背景下长期以来约定俗成的,相对于个体而言,是客观存在于外界的社会性规则。组织成员在该规则约定的文化背景下实现社会交往过程中对他人情绪表现的预测与控制,提高社会交流的效率。

情绪表达规则的获得有助于员工获得更好的绩效评价。员工的工作需要不仅仅要依据组织要求表达情绪,而且还要能够理解他人的外部情绪,透过观察到的情绪来获取必要的信息。这在组织中尤其重要,因为角色期望和工作情景常常要求人们识别出那些隐藏真实情感的情绪行为。笑口常开的员工常会赢得更好的绩效评价,不管这种笑容是否出于真心。反之,那些容易敏感暴躁的员工很难受到主管、同事甚至顾客的好评。

四、情绪情感的影响因素

影响情绪的因素主要有人格特质、性别、压力等因素。

(一)情绪与人格

不同人格特质的个体其情绪的感受和反应是不一样的,人格使得人们易于经历特定的情绪和情感,有些人比其他人更容易感到内疚和生气,另一些人则在大多数情况下都很冷静和放松。人格特质中包含情绪与情感的成分。Emmons 与 Diener 测量 EPQ 特质与具体情景下的情绪感受的关系,发现外倾性人格的个体报告更多的快乐。Gross 等的实验研究发现,神经质个体会报告更多的悲伤。Larsen 和 Ketelaar(1991)在两个采用不同的情绪诱发技术的研究中发现,外倾者更可能去体验积极情绪,但是在对消极情绪诱发的反应中他们体验到的消极情绪的数量没有差异。而神经质者比情绪稳定者体验到更多的消极情绪,但是二者在体验到的积极情绪的数量上没有差异。可见,对于同样的外部刺激,高外倾个体容易体验到更多的正情绪,而高神经质个体容易体验较多的负面情绪。

(二)情绪与性别

男女个体对于情绪的感受是不一样的。有研究显示女性可能比男性更容易受情绪传染或影响(Wild et al.,2001)。男性与女性在情绪化回应和读懂他人情感上存在差异,女性比男性有更多的情感表达,女性的情感体验更加强烈和敏感,对积极情绪和消极情绪的表达频率均高于男性。和男性不同,女性在情绪表达之后会更加舒服。此外,女性比男性更加擅长读懂非文字语言和超语言线索,比如音质、语调和语速等(Kring & Gordon,1998;Grossman & Wood,1992)。男女之间对于正面情绪的情绪调节策略是不一样的(黄敏儿,2001),面对正面的情绪,男性存在较多的认知忽视和表达抑制,女性存在较多的认知重视和宣泄。

男女个体在情绪感受、表达和调节上的差异是由于性别社会化的方式不同。男性的社会角色要表现出坚毅和勇敢,而女性的社会角色则是持家、养育子女。这也是社会进化的结果,男性要比女性更加坚强和理性,不允许轻易地受到情绪的困扰。最后,女性在理解和表达情绪上存在先天的优势,她们往往会受到更高的社会赞许。在应聘岗位时,女性求职者往往会得到较高的印象分,雇主对于她们的第一印象相对于男性会高一些。

（三）压力

工作中过多的压力影响着员工的情绪与情感。当员工长期面临烦琐的工作任务、人情世故的烦扰、工作场中的骚扰,他们的工作热情逐渐消退,对人对事漠不关心,并对工作产生厌倦等负面情绪。长期困扰员工的压力事件可能每次并不是很强烈,但是这些事件一旦多起来就会恶化员工的情绪。情绪与压力紧密关联的一个概念是情绪耗竭(emotional exhaustion),它是员工受到职业压力的影响而产生的反应,其特征是缺乏活力,有一种情绪资源耗尽的感觉。情绪耗竭经常伴随着挫折、紧张,所以员工会在心理层面上自认为无法致力于工作。情绪耗竭与一般的压力反应具有相似的工作压力源(如工作负荷、角色问题等),以及相似的态度和行为结果(如离职意向、缺勤等)。情绪耗竭与压力反应一样,并不是人际工作者所独有的,而是具有普遍意义的心理现象。

（四）人际交往

人际交往活动能够增强积极的情绪,而对于消极情绪没有太明显的影响。但是情绪与人际交往之间的因果关系似乎不是很明显,你可以说快乐的心情使得你更愿意参与社会交往活动,也可以说良好的社会交往活动能够使你保持快乐的心情。虽然人际交往活动对积极情绪有影响,但是这要看交往活动的类型是否符合你的口味了。比如长篇大论的报告会并不一定会使你拥有快乐的心情,反而会使你感到疲倦和厌倦;与一位严厉刻板的主管交谈,或许半分钟的时间你都觉得很长。但是与一位漂亮的女同事交谈,你会非常的惬意,以至于两个钟头的交谈你都会觉得短。和朋友一起游泳、爬山,听比尔·盖茨的演讲,参加一个化装舞会等都会让你兴奋不已。

人类是群体性动物,需要通过社会交往来施予关爱和获得关爱。在与人关爱的过程中你一样会感受到无比的欣喜,当然收获他人的关爱会让你感到安全和舒服。人际交往活动对于我们是必需的,特别是在公司内部,这种交流活动越发显得重要。良好的人际交往能够让你赢得良好的口碑,甚至还会获得优秀的绩效评价。公司内部的人际交往可能更带有政治色彩,它或许是个体职业发展的社会技能。良好的人际交往能够让员工保持更充沛的精力投入工作,从而能够提高他们的工作绩效。

（五）生活习惯

个体的生活习惯也会影响情绪和情感。比如睡眠、运动、饮食等。

睡眠的质量影响人们的情绪,睡眠不佳的员工报告更多的疲惫、暴躁、焦虑和敌意(Lavidor,Weller & Babkoff,2003)。头天晚上睡不好的员工在第二天工作中会感到更少的工作满意感(Scott & Judge,2005)。随着工作压力的不断增加,人们睡眠的质量日益受到威胁,员工普遍报告其睡眠的时间比较少,很难达到标准的八小时睡眠时间。

运动是个体保持积极情绪的有效方法。运动可以加快血液循环、提高身体免疫力,能够使人保持充沛的体力。运动对于个体的消极情绪也有良好治疗作用,它能使个体远离焦虑、沮丧等负面情绪。Stephens(1985)针对总人数超过55000人的调查研究指出,身体活动和心理良好感觉有明显的相关关系,正面的情绪和身体活动有相关,不论男女,抑或是年龄差异。Mose,Steptoe等(1989)研究指出中等强度的运动对情绪有增益效果,但是高强度的运动可能会适得其反。虽然运动能够改善人们的情绪,但是这并不是绝对的。

此外,良好的饮食习惯也会影响人们的情绪。有研究显示糖类能使人心平气和,心情舒畅,因为糖类能够增加大脑中的复合胺的含量,该物质被认为是人体内自然产生的镇静剂。保持良好的情绪还需要注意良好的膳食。工作中很多员工因为赶时间不愿意吃早餐,研究发现营养早餐对于身体健康具有重要的作用,早餐是能够激活一天的脑力燃料,不能不吃。早餐可以使人在工作中思考敏锐,反应灵活,并提高工作效率和保持良好工作状态。

五、情绪劳动

情绪劳动(emotional labor)的概念最早由 Hochschild 于 1979 年提出。她在 1983 年出版的著作中对空姐的工作进行了详细的分析,并指出她们的工作不仅具有生理方面的要求,而且更有情绪方面的要求,必须时刻应对乘客和她们自己的情绪问题。情绪劳动的实质就是员工与顾客的相互交往,在面对面、声音对声音的交往中,员工都被要求表达适当的情绪。例如,空姐被要求即使面对傲慢无礼的乘客也必须表示友好;护士和教师必须对病人和学生表示同情;银行职员必须以良好的情绪状态而不是板着面孔来显示对他人的信任;商场营业员必须以微笑来面对顾客。Gaffman(1959)指出,在所有的现实社会交往中,人们都倾向于扮演一定的角色并努力产生某种印象,这种印象要求遵循一定的规则,表现出适当的情绪。Hochschild 运用这一观点来解释情绪劳动,把情绪劳动看作是组织中的社会互动。她认为员工不仅要按要求完成任务,付出精力和生理努力,而且他们往往被要求在工作中控制自己的情绪。Morris 和 Feldman (1996)把情绪劳动定义为"员工必须进行努力、计划和控制,在人际交往中按照组织的要求表现出情绪的活动"。由此可见,情绪劳动应具备以下几个条件:(1)情绪劳动在与顾客面对面、声音对声音的互动中完成;(2)情绪表达要用来影响他人的情绪、态度和行为;(3)情绪的表现要遵循一定的规则。

人的情绪活动是普遍、广泛的,人时时在产生情绪,处处在体验情绪。然而,不能把员工所有的情绪活动都看成是情绪劳动。Zapf (1992)对情绪劳动所具有的特征进行了如下归纳:

(1)情绪劳动是员工与顾客之间互动的产物。对于一些服务行业的员工来说,情绪劳动是非常普遍和明显的,如教师、社会工作者、医生、售票员、营业员以及餐厅服务员等。这些职业都需要员工投入大量的情绪劳动,根据具体的情景表现出不同的情绪。反过来说,如果这类工作缺少情绪劳动的话,组织的绩效和顾客满意度将会是另一番情况了。

(2)情绪劳动是有目的地表现情绪来影响他人情绪的过程。在与顾客打交道的过程中员工需要根据具体的场景和组织要求表现情绪,这种情绪不一定是员工真实的情感,但是这种表达的情感一定要符合特定的情景要求。Strauss 等人认为,情绪劳动的目的就是按规定影响顾客的情绪,从而更好地完成组织赋予的任务。

(3)情绪表达规则。情绪表达规则实际上是一种社会交往规则,它要求了哪些情绪是可以公开表达的,哪些情绪是不能够轻易表达的。许多公司虽然没有明确制定情绪表达规则,但常常把它放在组织文化或工作描述以及任命说明书中。服务性企业则往往明文规定一些情绪表达规则。

(4)情绪劳动的多维性。Morris 和 Feldman(1996)对情绪劳动的不同内容进行了研究。他们认为,情绪劳动包括以下四个方面:情绪表达频率、对情绪表现规则的重视程度、情绪多样性和情绪失调。这四个方面的维度可进行不同程度的调整,并各自对情绪劳动产生不同的影响。

Zapf 指出,情绪劳动本质上是个人根据组织制订的情绪行为管理目标所进行的情绪调节行为。根据个体努力程度的不同,情绪调节可以分为表层调节和深度调节。表层调节和深度调节的本质区别在于个体的情绪表达是否反映了其真实的情绪体验。前者指员工压制个人感觉到的真实情绪而假装表现出组织所要求的情绪的一种方式,是一种"戴上面具"的伪装;后者是一个积极主动的过程,当个体的内心感受与组织的表现规则不一致时,个体通过积极的思考、想象和记忆等内部心理过程,使真实情绪体验与需要表现的情绪相符合,并通过行为体现出来,做到表里如一。

第二节 情绪智力

一、什么是情绪智力

情绪智力(emotional intelligence,EI)最早由 Sslovey 和 Mayer 于 1990 年首次提出,他们认为情绪智力是指个体监控主体及他人的情绪和情感,并识别、利用这些信息指导自己的思想和行为的能力。1997 年他们又把情绪智力重新界定为:精确的知觉、评估和表达情绪的能力,接近或产生促进思维的情感能力,理解情绪和情绪知识的能力,调节情绪和促进情绪、智力发展的能力。情绪智力水平从低到高依次包括:自我情绪知觉,自我情绪控制,他人情绪知觉,他人情绪控制。

情绪智力包括五个维度:

(1)自我意识:能够意识到自己的感受;

(2)自我管理:管住自己情感和冲动的能力;

(3)自我激励:面临挫折失败时能够坚持不懈的能力;

(4)移情:体会他人感受的能力;

(5)社交技能:应对他人情感的能力。

二、情绪智力影响因素

情绪智力涉及个体的心理认知与体验,因此,对于不同的人、不同的情景,情绪智力的意义也有所不同。影响情绪智力的因素主要有个体性因素和社会文化因素。

(一)个体性因素

不同性别、年龄和人格特质的个体具有不同的情绪智力。Mayer 等(1999)研究发现在能力智力测验中,成年人的得分比青少年的得分高,女性的得分比男性的得分要高,并且个体对于情绪的认知能力会随着年龄的增长而不断增长。

情绪智力也是个体的一种特质,反映了他们情绪上的倾向性。而且情绪智力与个体的某些人格特质维度具有一定的相关关系。Dawda 等(2000)研究发现特质情绪智力与开放性和神经质相关,与宜人性和谨慎性也存在相关性。

(二)社会文化因素

情绪智力的高低受到社会文化的影响比较大。情绪智力与社会满意度、社会工作质量具有一定的关系。较高的情绪智力通常与较好的心理社会功能相联系,对情绪智力较高的个体而言,一些心理社会因素可以作为躯体疾病的缓冲器。

文化影响个体的情绪体验和情绪表达,在使用情绪智力量表时,需要注意不同的文化背景的差异。目前的研究主要关注测量工作的跨文化普适性。Parker 等(2005)用情绪智力的 EQ-i:YV 量表,以加拿大的土著青少年和非土著青少年作为配对样本,用验证性因素分析来检验该量表是否适合这两个群体,结果发现,此量表适用于这两个群体,但是土著青少年在人际关系、压力管理和适应性这三个维度上的得分显著低于非土著青少年。

三、情绪智力与情绪胜任力

情绪胜任力(emotional competence)指的是个体知觉到他们能够在理解自己的情绪、理解他人的情绪、调节自身情绪以及利用自身情绪等四个维度上所具有的情绪能力。情绪胜任力是 Goleman 于 1995 年提出的概念,他把情绪胜任力定义为基于情绪智力的导致高绩效的通过学习和经验而获得的能力。2000 年,他进一步将情绪胜任力定义:有效管理自己以及自己人际关系的能力,并且按照"自我—他人"和"意识—行动"两个维度,将情绪胜任力分成自我意识、自我管理、社会意识、社会技能四个成分。2001 年 Goleman 等对情绪胜任力重新修订,并将情绪胜任力分成个人胜任力和社会胜任力两个部分。在情绪智力与情绪胜任力关系上,Goleman 和 Mayer 等都提出情绪智力自身并不是工作绩效的强预测指标,而认为情绪胜任力是工作绩效的有力预测指标。Kim 等(2009)学者认为情绪胜任力可以通过主动性人格的中介作用影响员工的工作绩效,特别是在那些高工作自主性的工作中。

情绪胜任力与情绪智力在概念上是重叠的。Goleman 对情绪智力与情绪胜任力做出了具体的区分。他认为,情绪胜任力是那些在工作领域能带来高绩效的人际和社会技能。情绪胜任力以情绪智力为基础,情绪胜任力的学习需要以一定水平的情绪智力为前提。

四、情绪智力与绩效

在过去的二十几年中,外国学者一直致力于研究智力、人格等因素与工作绩效的关系,并且有许多研究证实了智力、人格会显著影响工作绩效。Goleman 大力宣传情绪智力与工作绩效之间的关系。他在其《情绪智力》一书中提出情绪智力是绩效突出的人与普通人相区别的关键所在,它的作用要比专业技能和认知技能联合起来的作用更大。从 Goleman 的观点我们可以看出,情绪智力被认为是影响工作绩效的重要因素之一。他认为,传统智力测验只能解释影响个人成功的 20% 的因素,而其他因素就可以用情绪智力来解释。因此,如果我们期望提升员工的工作绩效,那么开发和培养员工的情绪智力是非常重要的突破口。Van Rooy 等对 59 项 EI 研究进行元分析,结果显示 EI 与工作绩效相关度较高。国外学者在这方面的研究比较丰富,比如 Schuttu、Chuettpelz 和 Malouff 研究了情绪智力与任务绩效之间的关系,Slaski 和 Cartwright 研究了管理者的情绪智力与其管理绩效之间的关系。Daus 和 Ashkanasy 研究了情绪智力的各个维度对工作绩效的影响等。

员工的情绪智力对其工作绩效产生影响的基础是通过调整员工的状态使其更加理性地投入工作。高情绪智力的员工,善于控制自己的情绪并进行自我激励,相对于低情绪智力的员工,他们更少地将不愉快的情绪带入工作中,在遭遇挫折时,有更强的心理承受能力,并鼓励自己将工作做得更好。许多实证研究证实了这一点,如 Rozell、Pettijohn 和 Parker(2006)对 103 名销售员进行调查研究,发现他们的情绪智力与他们的销售业绩呈正相关。Cameli 和 Josman(2006)也证实了员工的情绪智力与他们的任务绩效以及组织公民行为之间的正向关系。

管理者的情绪智力对员工工作绩效也产生影响。根据社会交换理论,管理者有一定的社会和经济资源,员工需要通过一定的工作表现来获取管理者的资源,赢得管理者的偏爱,以及得到更多的奖赏。高情绪智力的管理者善于察觉并理解员工的情绪,能与员工进行较好的工作沟通。这种沟通有利于员工工作中问题的解决,同时员工会更加努力地工作来回报管理者对他们的信任、理解和帮助,以获得管理者的资源和偏爱。Thomas 等人以分布在 9 个不同地区的同一家连锁饭店的 187 名食品服务员工为对象,研究发现员工的情绪智力与他们的工作满意度和工作绩效呈显著性相关。此外,研究还发现管理者的情绪智力,相较于高情绪智力员工,与低情绪智力员工的工作满意度有更高的正相关关系。即使在控制了人格变量之后这些结果还仍然显著。

当然也有一些学者对情绪智力与工作绩效之间的积极关系持否定态度。这是因为情绪智力与人格高度相关,当把这些人格变量控制住之后,情绪智力的贡献就不是很显著了。虽然情绪智力看上去与情感稳定性特质高度相关,但是还没有足够的研究证据证明,在预测工作表现方面,情绪智力比人格和一般智力有更好的预测作用。

第三节　工作倦怠

一、什么是工作倦怠

工作倦怠(job burnout)的研究始自 Freudenberger(1974)和 Maslach(1976)等人。当

时的研究主要基于那些在服务业及医疗领域人们的经历,因为这些职业属于情绪性工作,有较多的人际压力源存在,长年精力耗损,人们工作热诚容易逐渐消退,进而产生对人漠不关心以及对工作持负面态度的症状。之后经过 20 多年的发展,工作倦怠的研究不断地走向深化。

目前,人们对于工作倦怠存在不同的理解,其中最具影响的是 Maslach 的定义。他将工作倦怠定义为一种情绪耗竭(emotional exhaustion)、去人性化(depersonalization or de-humanization)以及个人成就感低落(diminished personal accomplishment)的现象。该现象经常出现在从事人际工作的人员身上。这个定义指出工作倦怠包含三个维度:情绪耗竭、去人性化和个人成就感低落,它主要发生在从事人际服务的工作上,即那些主要与人打交道的职业(如护士、教师等),而不是以物(如一线工人)或信息(如程序员)作为工作对象的职业上。

情绪耗竭被认为是倦怠最具代表性的指标。它的特征是缺乏活力,有一种情绪资源耗尽的感觉。此外,情绪耗竭经常伴随着挫折、紧张,所以员工会在心理层面上自认为无法致力于工作。实际上,情绪耗竭是一个与传统的职业压力(job stress 或 occupational stress)研究中的压力反应,如疲惫、情绪低落、焦虑等非常相似的维度,这一点已经得到了许多研究的证实。更重要的是,情绪耗竭与一般的压力反应具有相近的工作压力源(如工作负荷、角色问题等),以及相近的态度与行为结果(如离职意向、缺勤等)。因此,可以说耗竭与压力反应一样,并不是人际工作者所独有的,而是具有普遍意义的心理现象。

去人性化的特征是视其服务对象为"物",而非当成"人"看待。员工会有对待同事或客户倾向于冷漠的心态。Ashforth 和 Lee(1990)认为去人性化具有一种防御性行为的性质,其实质是一种试图去避免不希望的工作要求或者减少感知到的威胁的一种反应性或保护性的行动。也就是说,去人性化是人际工作者在面对过度的紧张或耗竭时的一种防御性反应,而对于非人际服务行业的人员来说,当他们面临同样的耗竭状态时,也可能产生类似的防御性反应的倾向,只不过这种反应可能与工作上接触的个人关系不大,而是以一种对于工作的疏远(alienation)、脱离(disengagement)或犬儒主义(cynicism)的方式显示出来。

个人成就感低落的特征是倾向于对自己产生负面的评价、感觉无助以及自尊心下降。员工可能感到工作能力的衰退和无力感的增加,丧失工作成就感,以消极的态度来评价自己,对自己的工作的满意度也随之降低。从理论上来说,人们一般认为情绪耗竭与去人性化是倦怠的核心维度,个人成就感低落相对而言并不是非常重要。而一些学者又认为,个人成就感是一个人的个性特质,近似于 Bandura 提出的自我效能感(self-efficacy),反映了人们对于工作情景的一种调整。人们在一定工作情景下产生对于自我效能方面的主观评价是自然而然的事情,即便是从事非人际工作的人,当他们面对耗竭感,出现了疏离工作的倾向之后,伴随着无效能或者缺乏成就的感觉也是顺理成章的事情。

二、工作倦怠的表现

(一)生理症状

工作倦怠包含各种生理上的症状,表现为耗竭感、缺乏精力、持续疲劳、身体虚弱;对疾病的抵抗力差,常感冒、肠胃不适、失眠等。

(二)认知症状

工作倦怠还会使员工产生认知上的症状,如自我概念低落,失去理性、热诚,以及采取悲观、否定、愤世嫉俗的态度等。

(三)情绪症状

员工在产生工作倦怠之后,往往会感到沮丧、无助、无望、失去控制感、抑郁;会觉得工作空虚、无聊、易怒、神经质、缺乏耐性、冷漠、悲观等。

(四)行为症状

当个体员工感到工作倦怠之后,很多表现为与周围人群疏远,人际关系差,易怒或脾气暴躁,与他人的摩擦增多,对工作不满意而经常迟到、请假甚至离职,组织承诺低、工作积极性降低等。

三、工作倦怠的来源

(一)个体因素

1.人口学因素

性别、年龄、婚姻状况、教育程度等人口统计学变量对工作倦怠有一定影响。根据有关学者对工作倦怠的研究,女性在情绪耗竭上得分高于男性,而男性在去人性化上得分高于女性。但是这些差异在某些岗位上却不一定显著,如生产线员工,他们的工作倦怠在性别因素上就不存在显著性差异。

员工的年龄越小,就越容易感受工作倦怠,而工龄越长的员工,他们的工作倦怠水平就越高。年龄越小的员工处理问题的能力越低,适应能力较差,情绪上更加不稳定,态度容易发生变化,因而更容易产生情绪倦怠。而工龄长的员工情绪耗竭和去人性化程度更为严重,主要是他们工作很久之后,工作的新鲜感被重复机械劳动的枯燥乏味所代替,情绪耗竭和去人性化程度逐渐增强。在受教育程度方面,学历越高,去人性化倾向越明显,情感耗竭程度越强。婚姻满意度与情绪衰竭和去人格化维度呈负相关,未婚的生产线员工的情绪衰竭和去人性化程度都显著高于已婚员工。

2.人格特征

某些人格特征与工作倦怠存在较为密切的联系。如自我控制感、A/B 型人格、大五人格、自尊感和自我概念等特质。研究发现外控型、A 型人格、神经质、低自尊的人表现出较高的工作倦怠水平。

3.应对方式

应对方式是个体为对付压力而采取的相应的认知活动和行为活动。可分为问题指向和情绪指向两种方式。前者着重针对压力源采取积极的行动,以改变个体与环境的关系;后者则着重于调节和控制个体面对压力时的情绪反应,使个体内部保持一种平衡状态。相对于情绪指向的应对方式而言,问题指向的应对方式更能有效地减轻个体的工作倦怠感。

(二)工作情景因素

1.工作特征

研究表明,工作负荷过度与工作倦怠之间表现出显著的正相关,尤其是情绪耗竭这一维度上。工作负荷经常被用来表示工作要求的数量、时间限制等。在工作时间方面,12 小时工作制下的生产线员工情绪耗竭、去人性化和个人成就感低落的程度要比 8 小时工作制下的员工更为严重,这主要是工作负荷影响所致。

研究还发现,如果员工长时间从事同样的工作,就可能会厌烦、沉闷,工作表现也低于正常水平。因为长期重复同样的工作,员工最先失去的是新鲜感,然后是成就感,最后甚至会怀疑工作价值。

这说明超负荷的工作特征会加剧员工工作倦怠的感受,他们更容易感受到压力和疲倦,更容易产生负面情绪。

2.组织特征

工作控制感、工作的报酬、组织公平及对员工职业发展的重视程度等与员工工作倦怠存在紧密的联系。

比如对于一线员工来说,产品质量和数量有着严格的要求,工作规范程度高,员工本人缺乏自主性,所以较其他群体更容易产生工作倦怠。如果生产员工长时间超负荷工作,工作环境比其他群体差,报酬却低于其他群体,起不到激励作用,其自然难以感受到组织的公平。同时,由于他们的工作特点,员工个人发展容易受到企业的忽视,当员工感觉自己遭遇不公平待遇,个人晋升受阻或缺乏学习机会时,产生工作倦怠就不可避免了。

(三)社会支持因素

社会支持(social support)主要包括个体的婚姻状况,上级、同事及社会的认可等。国内有关研究表明,一线员工中外地员工比本地员工体验到更多的情绪上的倦怠。主要原因可能是本地员工能够得到更多的来自家庭、朋友等的社会支持,而外地员工得到的社会支持较少。

社会支持力量中,婚姻满意度可以作为个体家庭支持程度的指标,与个体工作倦怠的水平呈显著的负相关。有学者研究发现,员工的婚姻满意度与情绪耗竭程度和去人格化维度呈负相关,未婚员工的情绪耗竭程度和去人格化程度都显著地高于已婚员工。这主要是由于已婚的人得到的社会支持更多,所以他们的倦怠水平就较低。

总之,个体员工感觉到的社会支持与其工作倦怠呈现负相关,即感觉到的社会支持水平越高,他们感受到的工作倦怠水平就越低。

本章小结及对管理者的意义

情感是人对客观事物的态度体验和相应的行为反应,它可以具体地划分为情绪和心境两个方面。情绪(emotion)指的是个体对于某人或某事物的强烈感觉,它表现为生气、轻视、害怕、爱、幸福、高兴、激情、惊讶、失望、后悔、骄傲、嫉妒、愤怒、尴尬、讨厌和羡慕等。情绪持续时间一般较短暂。心境(moods)是比较平静和持久的情感状态,它没有情绪那么强烈,也没有具体的指向对象,但一般会持续较长的时间。

情绪是构成个体特质的一个自然组成部分。人们可以从情绪的多样性、强度、频率和持续性等方面将情绪划分为不同的特征。员工表达的情绪与其实际的情绪体验并不一定是一致的,有时候会存在偏差,而这种差别遵从于情绪表达规则。不同的人格特质、性别、工作压力、人际交往和生活习惯等因素影响人们的情绪。管理者不能忽略组织行为中的情绪成分,因为情绪与行为是不可分离的。如果管理者了解了情绪的作用,则对于个体行为的解释和预测能力将会更强。

情绪劳动是员工按照组织要求在人际交往中表现出来的情绪活动。其特征是:情绪劳动是员工与顾客之间互动的产物;情绪劳动是有目的地表现情绪来影响他人情绪的过程;情绪劳动符合情绪表达规则;情绪劳动的多维性,包括情绪表达频率、对情绪表现规则的重视程度、情绪多样性和情绪失调。

情绪智力是指个体监控主体及他人的情绪和情感,并识别、利用这些信息指导自己的思想和行为的能力。它包含五个维度:自我意识、自我管理、自我激励、移情和社交技能。影响情绪智力的因素包括个体性因素和社会文化因素。情绪智力对于员工的工作绩效的提高具有促进作用。

工作倦怠往往被界定为一种情绪耗竭(emotional exhaustion)、去人性化(depersonalization or dehumanization)以及个人成就感低落(diminished personal accomplishment)的现象。它在个体生理、认知、情绪以及行为等方面表现出不同的症状。它分别受到个体性因素、工作情景因素以及社会支持因素等的影响。

对于管理者来说,员工情绪的控制并不是那么简单的。而管理者一旦掌握了员工情绪的特点,就能够较为准确地预测和把握员工的工作行为。不同的情绪对于员工的工作绩效会产生不同的影响,积极的情绪能够促进工作绩效的提高,而消极的情绪则可能抑制工作绩效的提高。因此,在管理活动中管理者要主动发现情绪的积极作用,着力提高员工的工作绩效,可以从这两个方面考虑:首先,情绪可以提高唤醒水平,因此它可以成为更高工作绩效的激励物;其次,通过情绪劳动使员工认识到,情感也是工作要求中的一部分。因此,在领导、销售以及其他接触顾客的岗位中,有效管理情绪的能力对于这些岗位的成功十分重要。

本章思考题

1. 如何区分情绪与心境?

2. 什么是情绪感受和情绪表达?

3. 如何理解情绪的影响因素?

4. 什么是情绪劳动? 你如何理解情绪劳动对于组织行为的作用?

5. 情绪智力是什么? 它和情绪胜任力有什么关系?

6. 什么是工作倦怠? 它是如何产生的?

推荐阅读及参考文献

第三篇

群 体 篇

为了完成工作任务，组成组织的个体通常会被分成部门、团队、委员会和其他一些形式的工作群体。群体和团队是构成组织中观层面(meso-level)的要素，也是个体心理和行为影响到组织结果的桥梁。群体行为并不是群体成员个人行为的简单相加，它还具有一些独特的行为规律，管理者只有了解了这些规律并充分运用于实际的工作中，才能有效地处理群体问题。本篇将介绍：第八章群体动力，第九章团队行为与团队决策，第十章沟通，第十一章领导，第十二章权力与政治，第十三章冲突与谈判。对上述群体行为及其内部过程机制的探索将使得我们对群体规律有更好的把握，这为有效处理好群体内的人际关系，促进团队管理，以及更好地组织和领导群体使其形成良好的规范、强大的凝聚力，为形成优秀团队和做出更高的绩效而提供指导。

第八章　群体动力

联合化学公司

马林是联合化学公司流程设计中心的主任，手下有八名工程师，均系男性。多年来，小组成员之间关系良好。随着工作任务的增加，马林招聘了刚刚获得某名牌大学工学硕士学位的姜丽加入一个旨在提高设备运行效率的项目小组。该项目小组原先只有三人，由巩森任组长。

作为一名新成员，姜丽非常喜欢这项具有挑战性的工作，因为在工作中能够用到不少专长。她工作十分认真，对其他项目小组的成员也非常友好，但在业余时间，她从不和同事闲聊。由于工作主动，姜丽总是率先完成自己分担的那份任务，而且还经常帮助其他同事。

五个月后，巩森找到马林讨论项目小组的问题。巩森汇报说："姜丽骄傲自大，好像什么都懂。对人不友好，大家都不愿意和她一起工作。"马林回答说："据我所知，姜丽是个优秀的工程师，成绩很突出。大家对她的印象这么不好，这怎么可能呢？这几天我找她谈谈。"

一周后，马林找姜丽谈话，说："姜丽，自从你来到流程设计中心，工作很勤奋，能力很出众，我非常赞赏。但是，听说你和同事的关系处理得不好，怎么回事？"姜丽大吃一惊，回答说："没有啊！"马林提醒道："具体一点，就是有些同事说你骄傲自满，好像无所不能，而且常常对他人的工作指手画脚。"姜丽反驳道："我从来没有公开批评过其他同事。而且，每当我完成自己的任务后，还常常帮助他们。"马林问："为什么别人对你的意见那么大呢？"姜丽感到愤愤不平，说："那几位同事根本没有尽全力工作，他们更热衷于足球、音乐、酒吧。还有，他们从未把我当作一名称职的工程师，仅仅把我看作是一名闯入他们专业领域的女性。"马林说："工程师的考评与激励属于管理工作，你的职责是做好本职工作。关于性别，公司招聘你只是由于你的能力、知识符合条件。好好干，把管理问题留给我。"

本章的案例体现了一个典型的群体问题：随着工作任务的增加，项目组现有的人力资源已经不足以应付增加的工作量，致使管理者必须向小组增派人手以便把工作任务完成。

现代社会高速发展，人们越来越重视团队的建设以及与之相关的各种问题了，因为很多工作仅靠个人的能力很难顺利完成，必须组建团队并合众人之力攻克难关。然而，人力资源并不像电脑配件那样即插即用，那么，管理者如何才能使新鲜的"血液"更快更好地融入现有的"血液循环系统",并共同完成最终的目标呢? 本章介绍群体的基本概念和群体动力的相关知识,解释开篇案例体现的组织行为学中的许多现象。

第一节　群体概述

一、群体的界定和分类

(一)群体的界定

群体是指为了实现特定目标,两个或更多的人相互影响、互相依赖而形成的组合。群体问题是一个十分重要的课题,我们研究各类组织中的工作群体,其中主要是小型工作群体。

1. 小型工作群体的内涵

(1)群体成员能够意识到自己和其他成员是一个整体,群体的存在是为了应对外界挑战,更好地完成任务;

(2)群体成员以共同的群体目标作为行动导向;

(3)群体成员必须遵守群体规范,具有集体意识;

(4)群体成员彼此之间有经常的、频繁的相互作用;

(5)群体成员都具有一定的角色和地位,且行为符合其他成员和非群体成员对其角色的预期。

2. 群体与组织的区别和联系

(1)美国管理学家、社会协作系统学派的创始人巴纳德(Barnard)认为,组织是由两个以上的人自觉协作的活动或力量所组成的系统,即组织由个体或群体集合而成,适应于目标的需要而存在,并通过分工和协调来实现目标。

在人类社会中,人们长期以来为了达到某一特定目标而结成群体。这些具有特定目标的群体就是组织。组织就是精心设计的以达到某种特定目标的社会群体(埃斯欧尼和莱曼,1980;霍尔,1991)。

(2)群体是简单的数字汇总,没有必然的、法定的联系,组织是有范围的、特定的、系统的、有目的的人为组合。组织可以是群体,群体不一定是组织。

群体可以有职能,但没有特定的职能。但组织却有相同的目标和一定范畴内特定的职能。群体的职能也是社会最基本的职能,而组织的职能则是单一的或一定范围内的职能。

(二)群体的分类

根据构成群体的原则和方式的不同,可以把群体划分为正式群体(formal group)和非正式群体(informal group)。这种划分最早是美国社会学家梅奥在"霍桑实验"中提出的。正式群体是组织所规定,有自己明确的目标和规范制度,成员的地位和角色、权利和义务都很清楚并有稳定、正式结构的群体。在组织中除了正式群体还有非正式群体,非正式群体是组织没有正式规定的群体,其成员之间的相互关系带有明显的情绪色彩,以个人之间的好感、爱好为基础。本章开篇案例中姜丽虽然加入了正式的群体,但其行为并没有得到其他成员的认同,没有加入隐藏其中的非正式群体。

正式群体和非正式群体之间有很多差别,见表 8-1。

表 8-1 正式群体和非正式群体的区别

类型	组成原因	特征
正式群体	由组织确定的联盟;有正式的结构形式	目标指向组织目标,结构单一,领导者为上级任命
非正式群体	自发形成的群体;没有正式的结构形式	目标为满足成员需求,结构具有重叠性,领袖人物自然形成

二、群体的发展

塔克曼(Tuckman)的群体发展五阶段模型如下:

阶段一:形成(forming)。在形成阶段,私人关系具有相互依赖的特征。群体成员依靠安全的、模式化的行为并且指望群体领导给予指导和指示。在团队的形成阶段,企业领导者应该承担起团队发起人的角色,应该向团队的每个成员阐述清楚团队的目标和目的,他们各自的角色和职责,以及团队的绩效将怎样被评价,报酬将怎样被支付。

阶段二:动荡(storming)。一个具有任务功能(task-functions)维度的组织在人际关系维度上具有竞争和冲突的特征。随着群体成员试图为任务组织起来,冲突不可避免地导致了他们的私人关系形成。个体不得不屈服和塑造他们的情感、思想、态度和信仰以适宜于群体组织。在团队的动荡阶段,企业领导者的角色主要是调停者,主要任务是协调团队成员之间的矛盾和冲突。一个高明的领导应该尽可能地缩短这一过程,创造一种相互了解和增进友谊的环境。

阶段三:规范(norming)。在塔克曼提出的群体发展的规范阶段,人际关系具有凝聚力(cohesion)特征。成员愿意基于其他成员提供的事实改变他们预想的思想或观点,并且他们积极地问彼此的问题。在这一发展阶段期间,人们开始经历群体归属和一种放松的感觉,作为解决人际间冲突的结果。在规范阶段,企业领导者主要充当促进者的角色,主要任务是促进团队规范的出现,并将团队规范导向团队目标。

阶段四:履行(performing)。履行阶段并不能被所有群体达到。在这一阶段中,人们能够独立地在子群体中,或作为一个整体单元,同样灵巧地工作。他们的角色和权威动态地适应群体和个体变化的需要。到这一阶段,群体应该是最具生产性的。任务职责导致最优的问题解决和最优的群体发展。在履行阶段,企业领导者仍然充当促进者的角色,主要任务是鼓励团队成员克服困难,提供人际关系方面的支持和指导。

阶段五:中止(adjourning)。最后,随着任务的完成,团队走到了尽头。在中止阶段,企业领导者充当善后者的角色,主要任务是完成团队的解散和任务完成情况的评估。他们评估团队和个人的绩效,并根据绩效给予报酬。

三、群体动力理论

(一)简介

群体动力学(group dynamics)就是在群体中,只要有别人在场,一个人的思想行为就同他单独一个人时有所不同,会受到其他人的影响。研究群体这种影响作用的理论,即群体动力学。

最早在文献中使用群体动力学这一术语的,是其创始人勒温。他借用物理学中磁场的概念,提出"力场"(force-field)的理论。该理论认为:人的行为动向取决于内部力场和情景力场的相互作用,而内部力场的张力是最主要的决定因素。据此他提出了研究人类行为的公式:

$$B = f(P, E)$$

式中:B 为个人行为;P 为个人,包括人的情绪、能力、性格等内在因素;E 为情景,包括人际影响、群体社会环境等外在因素;f 为函数关系,即行为是个体与情景二者的函数。

勒温(Lewin,1890—1947)

(二)群体动力理论的评价

(1)启发人们从内因的角度去考察和研究群体行为的产生和发展规律;从群体成员间的关系以及整个群体氛围中去把握群体行为的变化过程;使个体、群体和社会三位一体的关系得到逐渐认识;促进了小群体研究重点的转化;对社会心理学、组织管理心理学的形成和发展有很大影响,特别是对研究群体行为做出了很大贡献。

(2)群体动力理论的局限性在于:偏重强调群体内人与人之间的心理关系,忽视了其他关系;没有看到群体行为产生和变化的根本动因;研究对象、范围等方面未达到普遍意义。

第二节 群体行为的基本规律

一、从众行为

(一)从众行为的实验研究

关于从众(conformity)概念的新的观点认为,从众是在客观或心理上模糊的情景中,人们自觉不自觉地以他人确定行为为准做出的与他人一致的行为或行为反应倾向。

1. 谢里夫(M. Sherif)"游动错觉"研究

关于从众行为的实验研究最早是由谢里夫(M. Sherif)在 1935 年做的。谢里夫利用"游动错觉"进行研究。"游动错觉"是指在黑暗中的一个小光点,即使是完全静止的,但看起来也似乎是在运动,这种现象的产生是因为缺乏参照物。实验分两部分进行:(1)第一部分他要求被试在漆黑的房间里,各自独立地估计一个实际上是静止不动的光点的移动范围。在反复了几次之后,被试开始形成自己特有的估计移动的范围。比如一个被试第一次估计光点移动了 15 英寸,第二次估计为 12 英寸,第三次估计为 14 英寸,那么他所确定的范围就是 12～15 英寸。但不同被试的估计有很大的差异。(2)第二部分,谢里夫把 3个或 4 个人一起放在同一个暗室里,他们都参加过前一部分实验,并已经建立起各自的范围,但他们的范围是各不相同的。研究者发现,当由 2～3 人组成的小组面对同一光点时,要求他们分别说出自己的估计,他们就开始相互影响了。如,有两人原来各自估计的移动范围分别是 5～8 英寸,18～25 英寸。一经共同估计,两人估计的范围就一次比一次接近。实验进行到第 9 次时,两人的估计范围竟然达到完全一致,都是 11～15 英寸。该实验表明:在情况模糊不明确的条件下,一个人对外界的认识、判断会受到他人、众人的意见的影响,放弃自己原有的意见而同他人、众人的意见、行为趋于一致,即产生从众行为。

2. 柯瑞奇菲尔德(R. S. Cratchfield)的研究

柯瑞奇菲尔德改进了阿希的方法进行了新的实验。他把被试分成 5 人一组,每人分别坐在彼此隔开的房间里,通过屏幕向他们提出线段判断、图形面积、句子对错等问题。每次实验中,被试在做出自己的判断之前,首先能够看到其他人的判断答案(这些答案由主试操纵,是人为安排的一致错误的答案),之后要求每位被试做出自己的回答。结果,38％的被试跟着做了错误的回答。可见,在答案是显而易见的情况下,很多人仍然采取从众行为。

(二)与顺从和服从的区别

研究从众、顺从、服从三者的关系(见表 8-2)有十分重要的现实意义,尤其在商业活动、组织管理和教育中其表现更为突出。人们都知道,商业广告对人们的购买行为起着十分重要的作用,而商业广告的作用机制则恰恰在于说服人们去主动遵从或顺从。同样,如果在组织管理或教育中,多采用动之以情、晓之以理的方式促使人们主动去遵从或顺从,减少由于强硬的要求所导致的被动的服从行为,则对组织目标的实现和教育的成功无疑会产生极大的帮助。

表 8-2　从众、顺从、服从的区别

	从众	顺从	服从
外部归因	情景模糊性与他人确定行为的明确性	他人(或群体)的期望	他人(或群体)的要求
行为目的	对事物真实性的探求或认同	迎合他人(或群体)的期望	免受惩罚或寻求奖赏
行为与认识	一致	不一致	不一致
行为过程	主动	主动	被动
内心情绪体验	情愿	情愿	不情愿
行为结果	一致	一致	一致

(三)从众行为的影响因素

按照行为主义的观点,任何行为都是对某种特定刺激的反应。从众行为的发生依赖于从众者所面临的问题情景的模糊性,这种模糊性可能是客观的(如谢里夫的实验情景),也可能是人为造成的(如阿希的实验情景)。情景的模糊性增强了人们对他人确定行为提供的信息的可信赖程度,从而导致了从众行为的发生。当然这只是影响从众行为的情景因素,从众行为的产生还受到个体因素(自信心、个性特点、对偏离的恐惧等)和群体因素(群体规模、群体凝聚力、群体权威性等)的影响。

二、群体规范

(一)群体规范的概述

1.群体规范的定义

群体规范(group norms)是指群体成员所公认的有关群体成员应当如何行动的规则和对成员的行为期望标准。其在不同的群体中产生不同的作用。利用正式群体中的压力与非正式群体中的内聚力可以产生相应的道德效应。

2.群体规范的类型

(1)正式规范:由组织明文规定的员工应遵循的规则和程序。正式规范是由组织直接规定的,如企业的岗位规范、操作规程等。

(2)非正式规范:不是由组织正式规定,而是员工在工作与生活过程中约定俗成的行为准则。是群体成员在相互交往过程中,在模仿、暗示、顺从的基础上形成的。

3.群体规范的形成

群体规范是每个成员必须遵守的已经确立的思想、评价和行为的标准。这些标准为群体成员所公认,而且是每个成员所必须遵守的。群体规范可以是在群体内正式规定的,但大部分是在群体中自发形成的,并且能潜移默化地影响着个人的行为及人格的发展,起着调节成员活动和关系的作用。

群体规范的形成大致经历三个阶段:(1)相互影响阶段。每个成员发表自己对某一事物的评价与判断,群体成员按照自己的标准去看待和了解群体中其他成员的行为标准或业已存在的群体规范体系,彼此之间产生双向的接近和同化,努力寻找共同的因素并以此作为建立新的群体规范的起点。(2)出现一种占优势的意见。不同的行为、价值和观念体系互相融合,通过心理和行为的互动过程,逐步形成某种公认的、可接受的、规范群体成员行为的标准。(3)趋同倾向导致评价、判断和相应行为上的一致性。通过群体和个人之间、个人和个人之间行为观念的交换、归属和服从过程,最终形成对群体所有成员具有共同约束力的行为规范体系。

(二)群体规范分析法

群体规范分析法是在 20 世纪 60 年代后期美国管理心理学家皮尔尼克(S. Pilnick)提出的一种方法,作为优化群体行为、形成良好组织风气的工具,是团队建设中经常用到的一种工具。这种方法包括三项内容:(1)明确规范内容,了解群体已形成的规范模式,特别要了解起消极作用的规范、习惯,听取改革意见。(2)制定规范剖面图,进行影响企业经营的规范分类,每类定出理想的给分点,这种理想的给分点与实际评分的差距,称为规范差距。(3)改革。改革不合理的规范制度,最大限度地调动工人、管理者的积极因素,自上而下逐级确定优先改革的规范项目。群体成员在这一过程中,应自始至终参与改革,在改革过程中,防止出现员工间相互攻击的现象。

根据皮尔尼克的报告,实行这一办法的一些企业收到了好的成效,一家制造公司的质量缺陷减少了55%,一家零售商店的货品损坏减少了70%。群体规范分析法的优点在于可以不让任何员工感到难堪,因为在改革过程中,对象是抽象的而不是具体的人,批评小组工作时不追究责任、事故是由谁造成的,只研究为什么没有做好。对于表现差强人意的团队组织,需要有一个整顿的过程,整顿的一个重要内容就是优化团队规范。此时,皮尔尼克提出的"群体规范分析法"很值得我们借鉴,可以按照上述说明的三项内容来进行分析,从而改进团队组织。

三、群体凝聚力

许多研究者都认为凝聚力对团队行为有十分强的预测效果。具有高凝聚力的团队成员相互间表现出了一种高水平的亲和力和信任度,以及较高的满意度和对团队作为一个整体较高的情感认同(O'Reilly, Caldwell & Barnett,1989),从而对团队的成功十分重要(Turman,2003)。

(一)凝聚力的概念

作为群体的一个重要特性,凝聚力概念最早是由群体动力学派著名心理学家勒温(Kurt Lewin)在20世纪50年代提出的。勒温认为,凝聚力概念主要应该关注个体如何知觉其自身与某个特定群体的关系(Lewin,1952)。个体之所以愿意留在群体中,是因为群体能够帮助个体实现个人目标。现在我们认为群体凝聚力指成员固守在群体之内的全部力量,它既包括群体对其成员的吸引力,也包括成员对群体的向心力,同时还包括成员与成员之间的相互作用、相互交感,是个体与群体之间相互关系的反映。群体内部的一致性、外部的压力、群体的领导方式、群体规模、信息的沟通等因素都会影响到群体凝聚力。在群体凝聚力概念的基础上,Losh(2002)提出了组织凝聚力的概念,并阐述了群体凝聚力与组织凝聚力的关系。他认为,以往的凝聚力研究均是以群体为基础的,群体可能只是某个组织的一部分,将所有群体紧密地联系在一起,引起个体忠诚度的连锁反应,最终构成群体凝聚力的网络,这就是组织凝聚力。

(二)群体凝聚力的分类

Accaro把凝聚力分为任务凝聚力和人际凝聚力,并对此后的凝聚力研究产生了重要的影响。所谓任务凝聚力(task cohesion)是指由于成员对群体任务的喜好或责任感(Hackman et al.,1976),或由于群体能够帮助成员实现其重要目标和满足其重要期望而产生的凝聚力(Tziner et al.,1982)。任务凝聚力主要来源于群体的工作目标和群体所提供的工作激励。所谓人际凝聚力(interpersonal cohesion)是指群体因人际关系良好而产生的对成员的吸引力(Lott et al.,1965),人际凝聚力产生于群体成员的归属感和成员间的相互喜欢(Zaccaro et al.,1988)。

另外,Tziner(2002)提出了社会情感凝聚力(socioemotional cohesion)和工具凝聚力(instrumental cohesion)的概念。在这里,社会情感凝聚力是指建立在社会情感或情绪基础上的凝聚力,这种凝聚力的产生与成员参与群体决策和从群体获得情感满足有关;工具凝聚力是指基于任务目标的凝聚力,这种凝聚力产生的基础是群体成员在共同完成目标和任务过程中所必须具备的信任和合作行为。

还有学者将凝聚力分为自然凝聚力和领导凝聚力。人有社会属性,不能脱离群体而单独生活,每一个人都需要别人,这就是团结的自然凝聚力。领导凝聚力是指成功而有威望的领导者本身就是一种吸引力,在一个群体中,领导经常和群体成员发生着各种各样的关系,群体所承担的任务,需要领导去组织、指挥,需要成员来执行、完成,因此,领导者的行为直接影响群体的凝聚力。

(三)群体凝聚力的影响因素

Lott 指出:"凝聚力是多维的,并受群体成员之间相互合作的程度、群体对其成员的接受、群体的外部威胁以及群体成员报酬等因素的影响"(Lott et al.,1965)。具体来说,群体凝聚力的影响因素有以下几种。

1.群体成员的一致性

这里的一致性是指群体成员的共同性或相似性。如果群体成员有共同的目标、共同的需要、共同的兴趣爱好,则成员之间的行为表现容易达成一致,群体的凝聚力就更强。应该说,群体成员的一致性是凝聚力的基础。

2.群体的领导方式

企业管理者的沟通能力对群体凝聚力具有一定的影响,主要体现在人际沟通能力中的言语表达技能的影响力较强。群体的领导们有其各自的领导方式,而不同的领导方式又会对群体凝聚力产生不同的影响。心理学家勒温和怀特(White)等人经过实验发现,采用"民主型"领导方式的小组比采用"专制型"和"放任型"领导方式的小组成员之间更友爱,思想更活跃,态度更积极,群体凝聚力更强。

3.群体规模

群体规模的大小也是影响群体凝聚力的一个重要因素。群体规模过大,成员之间相互接触的机会则会相对减少,彼此之间的关系也会比较疏远,易造成意见分歧,从而减弱群体的凝聚力。若群体规模过小,群体力量不足,又会影响任务的完成。因此,群体的规模,应既能保证群体的工作机能,又能维持群体的凝聚力。一般说,群体规模以 7 人左右为宜。

4.群体内部的奖励方式

群体内部的奖励方式对群体成员会产生不同的心理影响,进而影响到群体的凝聚力。只强调个人成功,对个人进行奖励,势必造成群体成员之间的矛盾。研究证明,个人和群体相结合的奖励方式易增强成员的集体意识和工作责任,有利于增强群体的凝聚力。

5.群体资源的分享

群体资源是群体为其成员提供的重要报酬之一,对于吸引、保持和激励群体成员都具有重要的作用,能够促进凝聚力的形成和强化。

群体能够提供给其成员分享的资源主要可分为以下几个方面:(1)群体的声誉和社会

地位。(2)群体成员之间可相互学习的特殊技能。(3)群体的历史或光荣传统。如果某个群体历来有成功的表现,那么就容易使群体成员产生自豪感,吸引和团结群体成员(斯蒂芬·P. 罗宾斯,1997)。(4)群体能够向其成员提供的特殊发展机会等。如通过改进工作设计以增加成员工作的复杂性和主动性,可有效地促进成员之间的沟通和互动,增加成员的决策参与度,满足群体成员的挑战欲望以及促进成员间的合作,从而增强群体凝聚力。

6.凝聚力的组织和情景因素

组织能够提供某些个体或群体所不具备的凝聚力因素。如组织的社会地位和组织所拥有的资源能够为个体实现自己的目标创造条件。此外,外部威胁有可能会刺激组织增强自己的凝聚力。研究证明,当群体遭到外部压力时,群体成员会尽弃前嫌,紧密地团结起来抵抗外来威胁,从而有利于增强群体成员的团结精神,强化群体的凝聚力。

(四)凝聚力与生产效率的关系

Mullen 和 Copper(1994)在一篇评述凝聚力研究的文章中指出,一般来说,高凝聚力群体的绩效要高于低凝聚力群体。因为具有高凝聚力的群体有着稳定坚固的人际关系基础,从而使成员们能够以一种充满弹性和有效的方式互动。富有凝聚力的群体“就像有效的氏族部落那样运行,不需要花费额外的精力和资源来维持群体的运行”(Smith et al.,1994)。高凝聚力群体成员间更倾向于分享潜在的价值观和对一些问题意义的理解,从而在一些问题上可以快速行动而不需重温背后基本的假设和目标。所有这些都意味着高凝聚力群体会更有效地产生高团队绩效所需的协同,会相当程度地降低群体运行过程中的损失(Steiner,1972)。

然而,群体凝聚力对生产效率的影响是复杂、多方面的,首先不能从两者的相关关系推出它们的因果关系;其次,两者的关系受凝聚力类型、群体规范、领导风格、群体目标与组织目标一致性等因素的影响。

1.凝聚力与绩效的关系受凝聚力类型的影响

Zaccaro 和 Lowe(1986)通过研究发现任务凝聚力会促进群体绩效的提高,但是,人际凝聚力反而对群体绩效的提高起抑制作用。Zaccaro 和 Mccoy(1988)发现任务凝聚力和人际凝聚力都很高的群体绩效水平最高,只有一种凝聚力高而另一种凝聚力很低的群体其绩效水平还不如两种凝聚力都低的群体绩效水平高。

Henry 等(2002)经过深入研究证明,群体绩效取决于凝聚力类型(人际或任务)和群体战略(组织给予)的匹配度。如果一个高人际凝聚力群体的战略是“信息分享”,那么两者就会有很好的匹配;如果一个高任务凝聚力群体的战略是“识别最准确和最有效的群体成员”,则两者也会有很好的匹配,因此就会带来较高的群体绩效。

2.凝聚力与绩效的关系在很大程度上取决于群体规范

社会心理学家沙赫特在严格控制的条件下检验群体凝聚力和对群体成员的诱导对生产效率的影响,发现无论凝聚力高低,积极诱导都提高了生产效率,而且高凝聚力组生产效率更高;消极诱导则明显降低了生产效率,高凝聚力组的生产效率更低。高凝聚力条件比低凝聚力条件更易受诱导因素的影响。这说明群体凝聚力越高,其成员就越遵循群体的规范和目标。群体规范是决定群体凝聚力与生产效率关系的一个重要因素。

3.领导风格对群体凝聚力与绩效的关系会产生显著影响

结构型领导风格在人际凝聚力与员工角色清晰度、员工满意度和自评绩效三个变量之间起抵消作用,而关心型领导风格在人际凝聚力与这三个变量之间起促进作用(1980)。低凝聚力与人际导向型指挥风格结合时,或者高凝聚力与任务和人际双导向型指挥风格结合时,会取得较高绩效。

4.凝聚力与绩效的关系受群体目标与组织目标一致性的影响

这种影响取决于群体目标与组织目标是否一致。组织内的小群体目标与组织目标可能不一致。只有在群体目标与组织目标一致时,增强凝聚力才有利于提高生产效率。反之,群体目标与组织目标背道而驰,则高凝聚力反而会使生产效率下降。

第三节 群体中的人际关系

从本章开篇案例中我们看到,姜丽其实并不像巩森所说的那样,但为何其他组员又对姜丽存有这样不好的印象呢?因为虽然名义上姜丽已经加入了项目小组,但实质上,姜丽没有得到其他组员的认同,并没有真正融入小组中,让其他成员感觉到的只是她的疏远,而且这种感觉已引起了不愉快的情绪体验。

如何化解误会,解决这个问题?关键是巩森要能够合理地分配各个成员的工作角色与任务,并促进组员在工作上必要的沟通和了解,使他们在工作上达成共识。当然姜丽要积极参与群体活动,以改善人际关系,使之和谐。

一、群体中人际关系的一般问题

(一)人际关系的一般概述

1.人际关系的界定

管理心理学中人际关系是指组织环境中人与人之间的交往和联系。它既包括心理关系,也包括行为关系。它是一群相互认同、情感相互包容、行为相互近似的人与人之间联结成的关系。

2.人际关系的特性

人际关系的特性包括:(1)社会性。所谓社会性,本来就是指人的社会关系或通过社会关系表现出来的属性,它是人际关系的本质属性。(2)情感性。即以感情作为基础,人们才能建立起亲密的人际关系。(3)复杂性。人们之间的交往过程中,各种关系交织在一起,错综复杂。

3.人际关系在组织中的作用

人际关系在组织中的作用有:(1)人际关系影响了组织氛围和组织的凝聚力;(2)人际关系影响了员工的工作满意感和幸福感;(3)人际关系影响了组织的工作效率和组织目标的实现。

(二)影响人际关系的因素

从本章开篇案例中可知即使处于一个群体中,人与人之间关系的亲密程度也不同,人

际关系的建立受各种因素的影响,具体说有以下几种:

1.空间距离的远近

美国社会心理学家费斯廷格(Leon Festinger)等人曾对住在同一楼房里的家庭彼此成为亲密朋友的情况进行了研究。结果发现地理位置上愈接近,彼此接触的机会愈多,相互联系、相互依赖、相互帮助的时候愈多,就愈形成亲密的人际关系。

2.人的仪表特征

人的外貌、打扮、体姿等是影响人际关系的另一因素,特别是我们熟知的第一印象更会影响到交往是否会继续下去。当然这主要影响人际关系形成的初始阶段,交往双方的内在特征对人际关系的和谐和亲密起主要作用。

3.性格的相似与互补

在现实生活中我们遇到与自己性格相似的人时,双方总有说不完的话题,交往甚密,大概是"物以类聚,人以群分"的原因。当然有时性格特征不相同的人,因为互补作用,能满足各自的需要,也会产生吸引力,发展良好的人际关系。

二、如何测量人际关系

(一)社会测量法概述

社会测量法是20世纪30年代美国精神病学家、社会心理学家莫雷诺(Jacob Moreno)提出的一种测量群体内人际吸引和排斥的方法。莫雷诺的社会测量理论认为,人与人之间的情感性联系是最基本的社会关系,情感性联系的基本类型有吸引(喜欢)、拒斥(反感)和中性(漠视)。他主要采用问卷的形式确定群体中人们之间的好感、反感、冷淡等情绪关系,从而用图表或数学公式表现出人们之间的相互关系。

社会测量常用以下几种方式:

(1)等级排列法。将团体其他成员按喜爱程度排出等级顺序,然后对等级顺序进行加权记分。例如,给"最喜爱"的同伴记3分,给"第二喜爱"的同伴记2分,给"第三喜爱"的人记1分。再以这些分数乘以被选次数,得出每个人的等级分数。

(2)靶式社会图。这种方式以靶图方式标出被选频次,靶心为被选频次最高的人,越向外围,被人选择的次数越少。

(3)"猜测"技术。这种方法给受测人呈现一些有关积极或消极特征的简短描述,让他们列出与这一系列描述相匹配的人,然后根据这些选择做出分析。

(二)社会测量法的实施

1.测量标准的选择

(1)在确定标准时,需要考虑标准的性质、数目以及可以选择的数目。标准的多少根据研究的要求而定,一般情况下不宜太多。因为太多、太严的标准将会给被试的选择带来困难,如找不到可选的对象。(2)如果按标准的重要性,可以将它们分成强标准和弱标准。例如,"毕业分配时你喜欢和班上的谁分到一起工作",此问题对被试的生活较持久地起作用,属于强标准。"你喜欢和班上的谁一起去郊游",此问题可能是临时性、情景性的,属于弱标准。(3)选择标准时,应注意使标准尽可能具体,让受测者充分了解标准的内容,如说明一起参加什么工作或活动,避免理解不同而导致的偏差。(4)标准可以用积极方式,也可以用消极方式提出。积极方式如"你喜欢与谁一起去打球",消极方式如"你不希望与谁一起参加会议"。消极方式容易引起受测者的焦虑和不安,因而要谨慎使用。(5)每次测量一般使用一个标准;只有在有特殊需要时,才用多个标准和更多选择。

2.实验准备

在选择完测量标准后不能立即实验,应有 $1\sim 2$ 星期的准备阶段。在此阶段,实验者要了解被试的一般情况,要花一定时间接触被试,跟被试建立融洽的关系。同时,根据研究目的和任务,向被测人说明测量意义,让受测者在自愿基础上参加测量,并向他们说明,将不公开测量结果,使他们无拘束地参加测量,避免影响正常团体气氛和成员之间关系。

(三)社会测量法的结果分析

社会测量所得结果,通常用 4 种方法加以处理:

1.图示法

以小三角形或圆形代表团体中的每个人,他们之间的吸引或拒斥关系用实线或虚线连接起来。这种图称为社会关系图(见图 8-1)。不同研究者可以对相同数据做出不同的图解布局,因此没有矩阵分析的结果可比性高。

2.矩阵法

做一个 $n\times n$ 的方形表格(n 表示一个团体的人数),

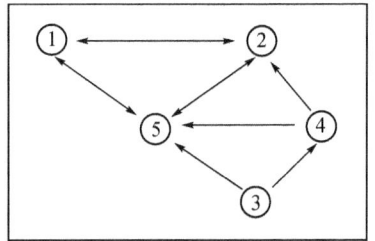

图 8-1 社会关系图

表格的首行和首列填上被试的编号,以数值或符号在表格内记入团体各成员之间的吸引或拒斥关系。这种分析方法主要适用于小团体,当团体增大时,很难从数目差异中纵观整个人际关系。在这种情况下,社会关系图更有效果。

将成员以某些代号表示。横行(J)表示被选者,总列(I)表示选择者,"1"表示选择,"0"表示不选择,自己不选择自己。最后,可以计算出团体中每个成员被选的次数。见表 8-3。

表 8-3 不同成员相互选择的结果

成员		J				
		①	②	③	④	⑤
I	①	0	1	0	0	1
	②	1	0	0	0	1
	③	0	0	0	1	1
	④	0	1	0	0	1
	⑤	1	1	0	0	0
合计		2	3	0	1	4

3.指数法

(1)根据每个人被选择数或被拒斥数计算出如地位指数、凝聚力指数等,比较其数值的大小。指数法的计算公式如下:

个人社会测量指数＝个人被选次数/$(n-1)$

式中 n 为团体成员人数,分母用 $n-1$,是因为每个人不能自己选自己。运用这一公式,可以估算出团体中每一成员的社会测量指数,了解每个人在团体结构中所处的位置。

(2)成员之间相互选择,表明了团体凝聚力的程度,因此,可以将团体社会测量指数作为整个团体的内聚力指标,计算公式如下:

团体社会测量指数＝相互选择数目 /所有可能的互相选择总数

其中分母"所有可能的互相选择总数"即从 n 个成员中选取两个的所有可能的次数。

4.统计法

用统计的方法处理团体成员的被选择数或被拒斥数,如求等级相关、机遇比率等。

(四)对社会测量法的评价

社会测量法对于研究小型群体内的人际关系不失为一种有用的工具,它简便易行,能直观地以数量化的形式表明团体的内部结构和人际间的吸引和拒斥关系,现在已为研究者所普遍接受。另外它比较灵活,已被广泛应用于教育、儿童、人事、消费、管理等许多领域。

但社会测量法也存在不足,其最为突出的局限是:(1)其信度和效度有时较低,难以查明人际吸引或拒斥的原因。选择同样的人,可能出于十分不同的考虑,选择某成员,并不一定表示偏爱或者吸引。因为人际间的相互作用关系非常复杂,它还受到许多其他因素的影响,如个人的人格特征、群体压力等。(2)在企业中只能用以测定班组和小型车间的人际关系,而不能无限制地扩大其适用范围。

本章小结及对管理者的意义

1.本章从组织行为学角度描述了群体的概念、发展阶段和主要类别;分析了群体行为的基本规律,即从众行为、群体规范、群体凝聚力;重点介绍了研究从众行为的两个实验(谢里夫的"游动错觉"实验和柯瑞奇·菲尔德对阿希实验的改进研究),群体规范的分析方法,群体凝聚力的影响因素(群体成员的一致性、群体的领导方式、群体规模、群体内部的奖励方式、群体资源的分享与凝聚力的组织和情景因素)及其与生产效率的关系。最后在分析人际关系一般影响因素的基础上,介绍了社会测量法的实施和应用。

2.为了完成工作任务,组成组织的个体被分成部门、团队、委员会和其他一些形式的工作群体。事实上群体行为并不是群体成员个人行为的简单相加,它还具有一些独特的行为规律,管理者只有了解了这些规律并充分运用于实际的工作中,才能有效地处理群体问题。比如本章开篇案例,如果管理者能够认识到非正式群体的存在和特点,在姜丽进入团队时对其介绍团队成员的工作特点和生活爱好,就会减少她初入一个新环境时的摩擦。群体中人际关系的处理是一项复杂的事情,只有掌握了影响良好关系的因素,才能解决人际间的冲突和矛盾,提高群体绩效。

本章思考题

1.什么是群体,它分为几个发展阶段?

2. 从众与顺从、服从的区别是什么？

3. 什么是群体规范分析法？

4. 群体凝聚力与生产效率的关系是怎样的？

5. 请评价社会测量法。

推荐阅读及参考文献

第九章 团队行为与团队决策

本章开篇案例

华为的狼性

狼者,群动之族。攻击目标既定,群狼起而攻之。头狼号令之前,群狼各就其位,欲动而先静,欲行而先止,且各司其职,嚎声起伏而互为呼应,默契配合,有序而不乱。头狼昂首一呼,则主攻者奋勇向前,佯攻者避实就虚,助攻者蠢蠢欲动,后备者厉声而嚎以壮其威……在狼成功捕猎过程的众多因素中,严密有序的集体组织,高效的团队协作和出众的策略是其中最明显和最重要的因素。这种特征使得它们在捕杀猎物时总能无往不胜。

华为是一个大集体,到2016年全球员工总数达17万人,其中市场人员占33%,而且素质非常之高,85%以上是名牌大学的本科以上毕业生。华为取得的业绩是骄人的,在中国企业史上可谓一个独一无二。华为需要依赖一种精神把这样的一个巨大而高素质的团队团结起来,而且使企业充满活力。华为找到的因素就是团队精神——狼性。正是这种"狼企"文化造就了华为的成功之路。

在业界,华为闻名遐迩,就连对手也要敬畏三分。特别是华为低调的性格与疯狂的行为,使这匹诡异的土狼多了几分神秘,让人琢磨不定。在1987年华为还只是一个注册资金仅2万元的民营小企业,而在2001年的销售额就高达255亿元,荣登电子百强前十位,成为世界级通信设备供应商。对华为而言,主业就是销售。销售表现出了狼性最为鲜活的一面,就是以整体力量向外攻击,为实现目标利用各种手段争夺市场。它对胜利有着疯狂的追求,它对失败有着不懈的忍耐。在竞争中,华为的武器不一定是最好的,但是一定是最有效的,所以它的竞争力根植于它的狼性。

华为团队精神的核心就是互助。华为非常崇尚"狼",而狼有三种特性:其一,有良好的嗅觉;其二,反应敏捷;其三,发现猎物集体攻击。华为认为狼是企业学习的榜样,要向狼学习"狼性",狼性永远不会过时。

华为的"狼性"不是天生的。现代社会把员工团队合作精神的问题留给了企业,企业只有解决好了才能获得生存和发展机会。华为对狼性的执着是外人难以理解的。

华为的管理模式是矩阵式,矩阵式管理要求企业内部的各个职能部门相互配合,通过互助网络,对任何问题都能做出迅速的反应。不然就会暴露出矩阵式管理最大的弱点:多头管理,职责不清。而华为销售人员在相互配合方面效率之高让客户惊叹,让对手心寒,因为华为从签合同到实际供货只要4天的时间。

华为接待客户的能力更是让一家国际知名的日本电子企业领袖在参观华为后震惊,

认为华为的接待水平是"世界一流"的。华为的客户关系在华为被总结为"一五一工程"——一支队伍、五个手段、一个资料库,其中五个手段是"参观公司、参观样板店、现场会、技术交流、管理和经营研究"。在华为对客户的服务是一个系统,华为几乎所有部门都会参与进来,如果没有团队精神和团队出众的策略,那么很难想象一个完整的客户服务流程能够顺利完成。

第一节 团队含义及分类

一、团队含义

(一)团队与群体概念

通过开篇案例的学习,我们可以看到团队的重要性,团队具有个体无法比拟的优势和力量,团队可以帮助个体更快地解决问题,更好地完成组织目标。

那么究竟什么叫作团队(team)? 关于它的定义,不同的学者从不同的角度给出了多种观点。Hillriegel 等认为一个团队是指一群为数不多的雇员,他们的知识、技能互补,他们承诺于共同的行为目标,并且保持相互负责的工作关系。Robbins 认为一个团队通过其成员的共同努力能够产生积极的协同作用,其团队成员努力的结果使团队的绩效水平远高于个体成员绩效的总和。我们认为,团队是指一种为了实现某一目标而由相互影响、相互协作的两个或两个以上的个体所组成的群体。其核心特征就是团队内部人员之间存在协作性,这种协作性既体现在知识、技能方面的协作互补性,也体现在人际方面的协作性。

在讨论团队的含义的时候,我们必须把它与另外一个概念——群体(group)加以区分。群体是指为了实现某个特定的目标,两个或两个以上相互作用、相互依赖的个体的组合。群体有正式群体与非正式群体之分,前者指由组织结构确定的、职位分配很明确的群体。后者是指既没有正式结构,也没有很明确的职位分配的群体。日常生活中的一些命令型群体,如一个政府部门主管与其下属组成的群体;任务型群体,如为完成一项工作达到一定的组织目的而在一起工作的几个人。这都属于典型的正式群体。而一些因为满足相互人际关系需要而建立起来的群体,如为了满足友谊需要,平时几个同学周末相约一起进行体育活动,这样的群体属于非正式群体的范畴。

(二)团队与群体的区别

团队有一些基本的特征:(1)领导的职责要求团队成员分担,与集权、独裁相对应,这里更强调集体决策。(2)团队成员在自己职责范围内对自己负责任,还要时刻关注团队内的其他成员。(3)每一个团队都有一个共同的目标存在,并被团队成员共享。(4)大家努力协作,完成共同的目标、任务,这其中很难去区分彼此的成就,团队的成果应该强调是集体工作成果。(5)鼓励开门见山的讨论,召集解决问题的会议团队工作会议不强调形式,看重实效(Katzenbach & Smith, 1993)。

通过了解团队的一些基本特征,我们可以归纳群体与团队的一些区别,见表9-1。

表 9-1　群体与团队的区别

	群体（group）	团队（team）
领导方面	一般有明确的领导	权力相对均衡，有更多决策权
协作方面	协作性相对较差	协作水平高
责任方面	群体领导负主要责任	除领导外，团队成员共同负责
技能方面	成员技能属组合型	成员技能属互补型
目标方面	群体目标与组织目标一致	除与组织目标一致外，团队还可以有自己的目标
绩效方面	群体绩效为个体绩效之和	成员协同下共同完成的绩效，有可能 1+1＞2

（三）团队发展阶段理论

1.团队发展的五阶段模型理论

Tuckman（1965）提出了群体发展的五阶段模型理论，认为群体的发展会依次经历形成（formimg）阶段、震荡（storming）阶段、规范（norming）阶段、履行（performing）阶段和中止（adjourning）阶段，而每一个阶段又有其主要的特征。由于团队属于群体的范畴，因此其发展也遵循该模式，即团队的发展也可以分为以上五个阶段。每个阶段的具体特征请参照前面群体动力部分。

2.团队发展的间断平衡理论

该理论由 Gersike（1988）提出，该理论认为团队的发展并非都是经历完全相同的发展顺序，但在团队的形成和运作方式的时间段上高度一致。

研究发现：团队成员的第一次会议决定团队的发展方向，此后团队发展进入第一阶段，此阶段较为稳定，第一阶段结束时，团队将经历一次大的转变，这一转变会激起团队较大的变革，而该转变正好发生在团队发展的周期的中间阶段，在转变之后进入第二阶段，此阶段团队发展也较为稳定，团队的最后一次会议的特点是活动速度明显加快（见图 9-1）。

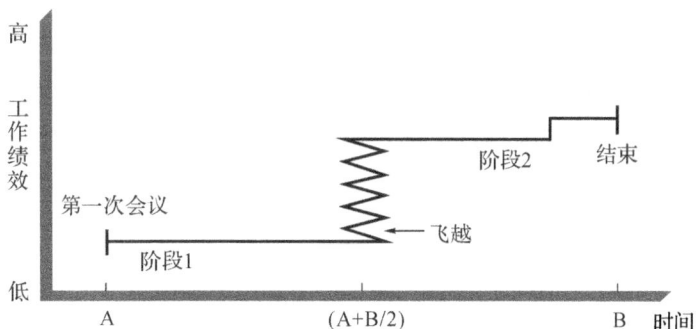

图 9-1　间断—平衡模型

3.团队绩效曲线

Elrod II 和 Tippett（1999）提出团队绩效曲线来说明团队发展进程和团队效能的关系，如图 9-2 所示。团队的成熟过程（team maturity）可分为工作群体（working group）、伪团队(pseudo team)、潜在团队(potential team)、真团队(real team)、高绩效团队(high performing team)五个阶段,团队效能会随着团队发展的不同阶段而有高低不同的变化。

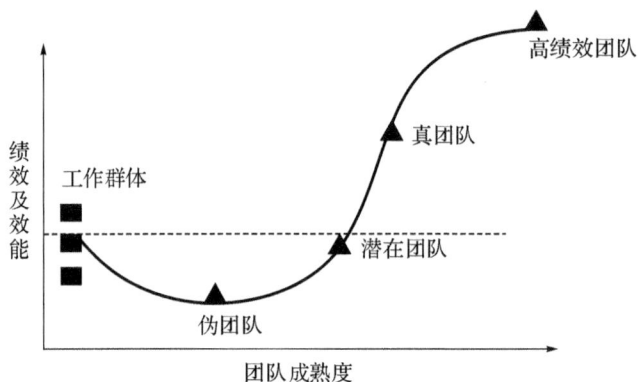

图 9-2 团队发展和团队效能关系

二、团队的种类

我们可以从不同的角度来划分团队,例如根据团队的人数多少,可把团队分成大规模团队、小团队;根据团队完成任务的长远来看,可把团队分成长久性团队和临时性团队;根据团队绩效结果来分,可把团队分成高绩效团队和低绩效团队;根据团队存在的目的和拥有自主权的大小,可将团队分成自我管理型团队、问题解决型团队、交叉功能型团队等;根据团队角色性质,也可把团队分为生产型团队与管理型团队等;根据团队成员一致性程度,可把团队分为同质团队(homogeneous team)和异质团队(heterogeneous team)。很多大学生毕业后开始自主创业,则会形成各种各样的创业团队。另外随着电子信息与网络技术的发达,跨部门、跨时间空间相互协作的一群人还可以组成"虚拟团队"。

下面介绍几种传统的团队类型。

（一）问题解决型团队

问题解决型团队(problem-solving team)由来自相同、相近或互补之工作场所的5～12人自发组成,他们会定期自愿进行会面,探讨在提高生产质量、提高生产效率、改善企业工作环境等方面存在的问题,并会尝试提出一些解决方案。通常要解决的问题会限定在自己小组的责任范围之内,在这样的团队中成员就如何改变工作程序和工作方法相互交流,提出一些建议。

问题解决型团队的一个典型例子就是质量圈(quality circles,QC)。质量圈又称控制圈、质量管理小组、问题解决小组(QC 小组)。其目标就是在自愿的基础上解决与质量有关的问题,员工共同努力提高产品质量。

质量圈可分几个部分:首先要找到质量方面存在哪些问题,接下来在众多问题中选择一些必须马上解决的;然后对问题评估,如评估问题的严重等级,不解决可能会带来什么样的损失;接着是推荐解决问题的方案,并进行评估,看看可行不可行,它的成本花费是多少;最后一部分是决策是否实施。

（二）自我管理型团队

自我管理型团队（self-directed work team）是指在工作过程中，为了完成一些相互依存的任务而组成的具有高度自我管理权力的正式群体。自我管理型团队具有以下几个特性：第一，团队负责纠正完成任务过程中存在的问题。第二，团队对一项"相对完整"的工作负责，如完成生产一个完整的产品或者主要部分。第三，团队具有诸如决定工作方法、进程安排以及为团队成员分配不同工作的权力。第四，团队的绩效作为一个整体是报酬和反馈的依据。

自我管理型团队员工满意度往往较高，能提高工作的效率。但推行自我管理型团队并不总是能带来积极的效果，虽然有时员工的满意度随着权力的下放而提升，但同时缺勤率、流动率也在增加。另外员工也可能会对这种管理模式感到不适应，所以实施自我管理型团队首先要看企业目前的成熟度如何，员工的责任感如何，然后再来确定是否采用自我管理型团队的模式以及给自我管理型团队的自主权的大小等问题。

（三）多功能型团队

多功能型团队（cross-functional team）也称跨职能团队。它一般由各种专业背景和不同作用的员工组成，通过解决跨部门和跨机能的问题来达到目标。例如麦当劳有一个危机管理队伍，由来自麦当劳营运部、训练部、采购部、政府关系部等部门的一些资深人员组成，他们平时共同接受关于危机管理的训练，模拟当危机到来时怎样快速应对。跨职能团队一般还有以下几个特点：

第一，跨职能团队工作任务的特点——工作的知识性与成员贡献的隐性化。如工作成果难以精确地量化，难以在不同成员之间加以准确的区分，从而使团队成员的贡献呈现出隐性化的特征。跨职能团队工作往往也需要较多的脑力支撑。

第二，跨职能团队行为主体的特点——知识型员工。跨职能团队中的大多数成员都具有一定的专业技能，也被称为知识型员工。

第三，跨职能团队的结构特点——成员职能背景的多样性与质的差异性所决定的团队工作的跨职能性。Bunderson 指出，跨职能团队区别于其他团队的重要标志，就是组成团队的成员具有职能背景（functional background）的多样性，这决定了团队的"跨职能性"（cross-functionality）特征。

第二节　虚拟团队与创业团队

一、虚拟团队

（一）虚拟团队的定义

Townsend 等（1998）认为，"虚拟团队"（virtual team）是在地理分布上和组织分布上合作的工作者，他们是通过整合通讯和信息技术完成组织任务的团队。事实上，这些团队被用于完成不同的关键任务。Lipnack 等在《虚拟团队：利用技术跨空间、时间和组织》一书中将虚拟团队定义为"有一个共同目标，通过网络信息技术，跨越空间、时间和组织界限，相互协作工作的一群人"。现在我们一般认为,虚拟团队是指具有不同能力或者资源的一群人,他们借助电子信息技术,跨越时间、空间或者组织边界的障碍,协同工作,来共同完成特定的任务(龚志周和王重鸣,2004)。

(二)虚拟团队与传统团队

虚拟团队区别于传统团队,具体体现在以下几个方面:

第一,虚拟和组织模糊性:指虚拟团队是通过互联网等电子通信工具相互沟通协作的"虚拟"组织形式。团队成员很少甚至完全没有面对面一起讨论工作的机会,而是更多地依靠 E-mail、视频会议系统(video-conferencing)和基于互联网的协作技术(如 net-meeting)来进行沟通交流。同时虚拟团队的成员可能来自不同组织,团队没有明确的组织边界线。

第二,流动性:虚拟团队多以问题导向组建,因而与传统团队相比,虚拟团队成员具有更大的流动性,即使有时需要完成的是同一或者相似任务,也可能是由不同成员的团队来完成。

第三,分工方面:在虚拟团队中,团队成员没有固定的分工,他们仅拥有一个明确的、共同的目标,任何人的工作、努力都是追求该目标的实现,虚拟团队分配给团队成员的角色比在传统背景下更活跃,虚拟团队成员通常拥有不同虚拟团队和同一虚拟团队的多种不同角色。而传统团队会对每个员工进行详尽的任务职责分配。

第四,团队的设计假设前提方面:传统团队的设计是基于"经济人"的假设。将其成员看作是一种工具,在分工上强调熟练,在激励上强调报酬,在协调上强调权威和制度。而虚拟团队的设计是基于"管理人"的假设,在该种团队中强调自我管理。团队成员在追求自我价值实现的同时追求团队价值的实现。其中,给了各个成员展现个性的空间,但同时团队成员也必须充分理解,接受与容忍其他每个成员的品质、个性和弱点。

第五,介入团队工作的时间差异:传统团队中,由于分工明确、说明详细,所以新加入者很快就可以适应环境。而在虚拟团队中,其成员的工作始终都处在一种过程之中,且横向、纵向联系都极为密切,团队的历史工作大多都转化为成员的个人知识和经验,一个中途加入者很难融入其中(樊耘等,2001)。

(三)有关虚拟团队中信任机制的研究

一个团队内部需要有大家相互信任的氛围,而对于特殊的"虚拟团队"来说,信任(trust)的作用显得尤为关键。"没有信任就没有虚拟组织"(Handy,1995),"虚拟团队的成功来自信任"(Lipnack & Stamps,2000)。

1.虚拟团队中信任的形成

一般认为团队内部的信任的形成和发展是一个缓慢的过程。而在虚拟团队中,个体在一起工作的时间很短,在未来共同工作的可能性也较小,而团队任务通常是复杂任务,需要成员之间相互依赖、相互配合以达成团队的目标,而且团队任务通常有时间限制,需要虚拟团队尽快完成。因此,要求成员之间迅速建立起信任关系,形成团队工作的良好基础。虚拟团队的临时特点决定了信任的形成的快速性。Meyerson 等(1996)提出了快速信任(swift trust)的概念,即在虚拟团队的建立阶段就必须迅速建立信任。

Jarvenpaa 等(1998,1999)进一步发展了快速信任的概念,他们认为,虚拟团队中的快速信任通常来源于团队发起人或者协调者,他们的声誉较好,而且发起人了解群体中所有的个体,并在组成团队之前与他们建立起信任关系,因此成员在决定进入团队时,出于对发起人和协调者可信度的良好评价,就会表现出快速信任的特点。

2. 虚拟团队信任的发展

Lewicki 和 Bunker (1995,1996)在探讨信任的作用机制时,把信任分为三种类型:基于理性推断(或算计)的信任、基于知识(或熟知)的信任、基于认同的信任。基于理性判断的信任是指,做出信任的选择是基于成本、收益和风险的权衡,个体在信任关系的初期,由于知觉到的风险较高,并且缺乏收益的刺激,所以信任的水平会较低,这可以解释虚拟团队初期较低水平的快速信任。基于知识的信任是指,在群体互动当中,随着成员熟悉性的增加,成员之间就会形成对彼此的能力、诚信、态度、情感等方面的知识,从而增进(或削弱)彼此之间的信任。由于虚拟团队沟通媒介的限制,难以形成成员的态度和情感的知识,所以在虚拟团队中,基于知识的信任以基于对方的能力和诚信行为的信任为主。而基于认同的信任被认为是属于信任的最高阶段(Handy,1995)。

3. 虚拟团队信任的影响因素

Lurey 和 Raisinghani(2001)提出虚拟团队效能模型,并考察了影响虚拟团队绩效的四类因素,即群体因素(规模、相似性、构成、凝聚力),任务因素(类型、复杂性),情景因素(组织文化、时间压力和奖励结构)以及技术因素(如沟通工具的选择等)。Brown(2000)在研究虚拟团队的信任时,把影响虚拟团队信任的因素归纳为两类:一类是能力信任,一类是意向信任。相对于一般团队而言,能力信任的程度较高,而意向信任的程度较低,能力知觉是虚拟团队中信任的最重要的预测指标,而一般团队中更注重意向信任的内容(王重鸣和邓靖松,2004)。

4. 虚拟团队信任模式与团队绩效的关系

信任模式是从谋算信任,即基于理性推断的(calculate-based)信任发展到知识信任和认同信任。王重鸣和邓靖松(2005)关注了信任模式与虚拟团队绩效的关系,发现在初期阶段,即信任模式中的谋算信任对应于较低的任务绩效,而认同信任对应于较高的任务绩效。而在后期阶段大多数的团队都出现认同信任,各团队之间信任模式的差异性已经降低,团队的任务绩效在后面的阶段也都较高,但是信任模式对团队任务绩效的作用已经变得不再显著。

二、创业团队

(一)创业团队的概念

Kamm、Shuman 和 Seeger(1993)对创业团队(entrepreneurial team)做了以下定义:创业团队是指两个或两个以上的个人参与企业创立的过程并投入资金。该定义着重于创业团队的创建和所有权的两大特性。Kamm 等曾将创业团队的形成过程概括为两大类:一类称之为牵头创业(lead entrepreneur),指某一个人通过其工作经验或社会网络等途径产生创业想法,并由此寻求合作伙伴;另一类称为群合创业(group approach),指一群经由共同兴趣、友谊等而结缘的人,在其交往和工作过程中捕捉到创业机会,并组成创业团队。

（二）创业团队研究的几种理论视角

1.资源基础理论视角

资源基础理论认为,企业的持续竞争优势来自它内部的资源。当一个企业的资源比较稀缺、难以模仿和替代时,它的竞争对手就很难与之相抗衡。创业团队的研究主要借用资源基础理论来解释为什么创业团队比个人创业者更容易成功,并主要关心创业团队的先前行业经验(previous industry experience)、知识、社会网络关系等变量对创业绩效的影响。

2.创业生态学理论视角

创业生态学理论认为,企业的外部环境是决定企业成功的关键要素。Gnyawali 和 Fogel 曾经提出过一个创业环境的理论框架,认为创业环境包括以下五个维度,即财务支持、非财务支持、创业和管理技能、社会经济环境以及创业活动的相关政策。这种视角强调创业环境对创业活动乃至创业绩效的重要性。

3.战略管理理论视角

战略管理理论认为企业的成功更取决于创业者(或创业团队)在动态环境下的战略决策和行为。他们假定环境和组织变量会引起高管团队的组成(如同质性和异质性)、结构(如团队规模、角色的互依性)和决策过程(如社会整合和一致性)。研究者已不太关注战略决策的类型等"内容"变量,而是更关心战略决策的选择和执行及其与绩效的动态关系,探讨了创业者的战略决策与创业过程及其绩效的联结。

4.团队动力学理论视角

团队动力学(team dynamics)是心理学研究中的一个重要领域和研究思路,它主张对团体中各种潜力的交互作用、团队对个体行为的影响、团体成员之间的关系做深入剖析。目前,团队动力的心理学研究成果和范式正被广泛应用于创业研究中,研究者试图借此来探讨和解释创业团队这一特殊背景下的信任、冲突、决策、关系网络和内聚力等命题(刘燕和吴道友,2008)。

（三）创业团队构成多元化对创业成败的影响

创业团队构成多元化可以理解为不同专业技能、年龄结构和价值观的成员组成团队的情况。通常我们可以把团队的多元化理解为团队的构成是异质的。

对于创业团队的构成是否应该多元化,学术界存在着以下争论:

赞成的观点:Schwenk 和 Valacich(1994)的研究表明,异质团队会产生任务冲突,最终会促使团队做出较好的决策,其产出效果优于同质性团队。他们强调,任务冲突能否改进绩效,在很大程度上取决于创业团队的分歧或差异管理能力。Williams 和 O'Reilly(1998)认为,创业团队多元化对绩效产生正向影响的主要原因是:第一,异质的创业团队能产生多元的想法和观点,更有利于创新。第二,异质的创业团队较易产生紧张与冲突,更有助于创业团队分析和解决问题,最终产生较好的决策和绩效。

其理论依据——认知过程理论。认知过程理论(cognitive processing theory)将创业团队成员个体的认知过程区分为自发性过程(automatic processing)和活跃性过程(active processing)。自发性过程是指无意识地自动运用某些认知图式来引导行为。相对而言,活跃性过程发生在创业团队成员个体无法对环境线索配上熟悉的认知图式时。在活跃性过程中,创业团队成员个体会更加积极关注环境中的新信息,以调整现存认知图式。对于异质性的创业团队,由于成员会有不同的认知风格,具有不同的意见、观点,因而更容易使得团队成员关注新的信息,改变原来的认知图式,实现创新。

反对的观点:人们比较喜欢与同类型的人进行互动,因此,多元化不利于成员间的互动;而成员构成多元化引发的人际冲突,对创业团队的最终绩效或成果则会产生负面影响。

理论依据——社会认同理论。社会认同理论(social identity theory;Turner & Tajfel,1986)认为个体对群体的认同是群体行为的基础。根据这一理论,创业团队成员会根据彼此间某些相同或相异的特征,对自己与他人进行归类,这就是自我归类(self-categorization;Turner,1985)的过程。通过自我归类,创业团队成员个体能够按照自己的社会认同把自己视为创业团队的一分子,由于社会认同相同的群体,其成员在某些方面非常相近,因此容易相互吸引、产生好感,并在此基础上形成良好的沟通和较强的凝聚力。因此同质团队可能会使得创业团队内部社会认同度更高,会有更少的冲突,凝聚力更强,有利于创业团队的成功。

第三节　团队互动

一、I-P-O 理论

该理论由 Hackman 等提出。该理论指输入(input)—过程(process)—输出(output)的团队系统理论,也被简称为 I-P-O 理论。输入是指一些影响团队有效性的结构因素,如团队构成、团队规模、团队角色组合等。过程主要是指团队在完成过程中如何设置目标、沟通协作并共同完成任务。输出是团队工作导致的结果,通常从任务绩效(即任务完成的情况)和周边绩效(即团队保持良好发展状况,成员满意度状况)等方面考虑。

I-P-O 理论让我们看到了团队过程的重要性,在以往有关团队的大量研究中,很多研究在探讨团队有效性模型中讨论了团队互动过程和团队效能之间的关系,发现团队互动过程是影响团队效能的重要因子。

二、团队互动的定义

根据 Marks、Mathieu 和 Zaccaro(2001)的定义,团队互动是团队成员相互依赖的表现形式,是团队成员在协调完成工作的过程中所进行的认知、语言、行为等方面的活动,是将团队的投入转化为产出,从而完成共同的目标。

团队工作的基本特性是团队内成员间有沟通、协作、激励、启发等相互促进(mutual enhancement)的互动过程。团队的互动典型表现为两种效应:(1)社会闲散效应(social loafing),即多个人在一起工作还不如一个人工作时多产。研究表明,这种效应可能原因之一是在群体情景下个人的努力与贡献不如单独工作时明显,二是个人在团队中宁愿其他人承担更多任务,即责任分散。(2)社会促进效应(social facilitation),即团队成员在他人在场时受到鼓舞,改进和增强绩效的倾向。这种社会促进效应来自几种因素:一是团队情景下的情绪唤起,增强了努力程度;二是人们在团队中对于他人的评价更为敏感,因而专注于提高绩效。

三、团队互动过程中的几个要素

(一)沟通

沟通是团队互动中的一个重要因素,沟通对于团队来说是必需的,同时也是一种艺术。沟通的质量影响团队绩效。当沟通的质与量提升时,成员间互动效果得到增强,进而提高团队整体效能。Blatchford 等(2001)提出了不同类型的高水平对话,包括探索性对话(exploratory talk)、元对话(metagroup talk)等。元对话是指当团队互动过程中遇到困境,团队成员首先是着眼于当前任务(而不是评价或责备团队成员),包括讨论与任务相关的计划、准备等。研究发现,高水平对话能积极地调节团队效能与团队绩效的关系。

(二)支持与冲突

相互支持是团队互动最重要的方面,通过支持行为,团队成员能有效地互相帮助,使得总体绩效大于个人绩效之和。支持行为多种多样,包括实际行动上的帮助(如体力上的帮助、解决难题、口头帮助、共享/给予)和精神上的帮助(如声援、鼓励、倾听)。团队成员之间互相帮助,不仅有利于团队中人力、物力等资源的充分利用,也会增进成员间的友谊,形成良好的团队氛围。

冲突是指因为真实的或感知到的差异而产生的紧张感。只要两个以上的人互动,冲突就可能产生。冲突有关系冲突和任务冲突之分:前者是指团队成员因人际不协调而产生的冲突,通常由个人偏好、价值观、个性等差异而造成;后者是指成员间对于任务的完成、看法和选择上的争论而导致的冲突。

团队的冲突跟团队领导有密切的关系,宝贡敏和汪洁(2008)研究了团队任务冲突与团队领导行为的关系,发现团队领导促进型行为对任务冲突的作用是负向的,而指挥型与创新型行为对任务冲突的作用均为正向的。

研究还发现,关系冲突对团队有效性有负面影响,而任务冲突则主要是积极影响。冲突与相互支持并不是完全对立的,一般只有关系冲突才会影响相互支持。

(三)信任

信任(trust)对于团队的互动非常重要,团队的互动会影响到团队内部的信任感,而信任会使得团队内部更加具有凝聚力,又会反过来促进更有效地团队互动,进而提高团队绩效。

在一定情景下,如果组织成员相互信任程度高,他们就会采取合作行为,比如产生单方面的合作、利他、职务外工作等自发行为,并将更多的时间和精力致力于集体目标的实现,自愿服从团队的规章、制度、指令和领导,消除管理过程中的大部分阻力,帮助实现团队的集体目标,从而提高了团队的合作力,降低了团队的监督成本。另外,团队的合作力越高对团队信任力的提升也越有促进作用。

信任包括基于算计的信任(calculus-based trust)、基于熟知的信任(knowledge-based

trust)和基于认同的信任(identity-based trust),信任程度依次递增;也可以分为基于理性认知的(cognition-based)信任和基于感性情感的(affect-based)信任。

（四）团队氛围

团队氛围既可作为团队互动的一个结果变量,又可作为团队互动的一个前因变量。团队氛围可包括团队的士气、热情、默契、效能感等,团队的信任感也可作为测量团队氛围的一个指标。另外团队中的公平氛围,以及团队成员公平感对团队绩效的影响现在也逐渐被学界研究和关注。团队氛围形成主要会受到如团队规模、团队人际关系、领导方式、团队决策方式等影响,团队氛围的形成可以促进团队互动。

四、组织中的建言行为

建言行为作为组织或者团队中的一种沟通互动行为正逐渐成为学界研究的热点。Motowildo 等认为,所谓建言行为是指以改善环境为目的,以变化为导向,富有建设性的人际间的交流行为。这些行为主要包括为组织提供建设性意见,如怎样使组织状况得到改善,本部门其他员工如何开展工作,以及说服同事接受组织的观念、意见和指导等。

建言行为(voice behavior)对员工公平感有重要的影响:有研究表明,随着员工建言行为量的增加,他们公平的知觉、控制感和工作满意感都在增加。另外,建言行为对组织创新、组织变革以及组织中个人绩效的评价等均有重要作用(段锦云和钟建安,2005)。

第四节　团队决策

一、团队决策概述

著名心理学家西蒙提出,管理就是决策。通俗地说,团队决策(team decision making)就是团队成员针对团队内的问题,通过一定的程序,选择一定的方法共同做出决定的过程。团队决策应按照科学的方法来进行,需要运用相应的决策技术,遵循科学的决策程序。

（一）团队决策一般程序

第一,识别问题,确定目标。识别问题、发现问题是决策的前提,就是要通过调查研究等方式发现矛盾或问题。发现问题后,对问题进行分析,要明确问题需要解决到什么程度,确定决策的目标。

第二,价值准则。即要对落实目标的内、外部环境和条件进行可能性分析。价值准则是评估和确定决策方案的基本根据。

第三,备择方案的拟定。团队成员提出各种可能采用的解决办法和备择方案。

第四,对方案进行选择。有管理学家称"没有选择就没有决策",一般来说,制订的方案不止一种,团队成员要对每一种方案进行讨论、比较、分析,最后做出选择。

（二）几种常见的团队决策方法技术

1.脑力激荡法

脑力激荡法又称头脑风暴法(brainstorming),该方法使用时团队领导把一个问题清楚地呈现给成员,然后团队成员在给定的时间内,在之前发言者的观点的基础上,可以自由发言,尽可能多地想出各种解决方案,在这段时间内任何人都不得对发言者加以评价,脑力激荡时间一般不要超过 90 分钟,脑力激荡法一般只产生可供选择的方案,因此可以看成是为决策奠定基础的。

另外随着研究的发展产生了脑力激荡法的几种新的变式,下面做简要介绍:

(1)恶魔式辩护和辩证式查询

Mason(1969)提出恶魔式辩护(devil's advocacy,DA)和辩证式查询(dialectical inquiry,DI)这两种决策方法。所谓恶魔式辩护就是指对于一项任务提出一个解决方案之后,试着找出该方案的所有不足,而辩证式查询是指针对任务的一个可行性方案,接着提出另一个可行的相对立的方案,以引起争论。有研究发现决策方法对于讨论过程中信息交流具有显著影响,DA 和 DI 这两种决策方法能够使得群体成员交流更多的信息,对于团队的问题产生更深刻的认知,从而更加有利于问题的解决(郑全全等,2005)。

(2)电子头脑风暴

电子头脑风暴(electronic brainstorming),其跟传统的头脑风暴最主要的不同就是决策的交流方式发生了改变,由传统的面对面的(face to face,FTF),改为以计算机为媒介(computer-mediated,CM)的交流方式,因此更具匿名性,可能会更加减少团队成员讨论时候的顾虑,撞击出更多的决策方案。

2.名义群体技术

名义群体技术(nominal group technique,NGT)是指在决策过程中对群体成员的讨论或者人际沟通加以限制,但群体成员是独立思考的,像召开传统会议一样,群体成员都出席会议,但群体成员首先进行个体决策。该方法可以概括为明显的四个阶段:产生观点、记录观点、明确观点和观点的表决。首先讨论前每个成员独立写下其对问题的看法,把想法提交给群体并向大家说明,然后群体挨个把每个成员的想法加以记录但先不进行讨论,接着开始讨论并做评价,最后每一个群体成员独立地把各种想法排出次序,最后的决策是综合排序最高的想法。名义群体技术的主要优点在于,不限制每个人的独立思考,而传统的会议方式往往做不到这一点。

3.德尔菲法

德尔菲法(Delphi method),又名专家意见法,依据系统的程序,采用匿名发表意见的方式,即专家之间不得互相讨论,不发生横向联系,专家之间无须面对面交流,只与调查人员接触,通过多轮次调查专家对问卷所提问题的看法,调查管理者经过反复征询、归纳、修改,最后汇总成专家基本一致的看法,作为预测的结果。

使用德尔菲法进行团队沟通可以避免群体决策的一些可能缺点,声音最大或地位最高的人没有机会控制群体意志,因为每个人的观点都会被收集,另外,管理者可以保证在征集意见以便做出决策时,没有忽视重要观点。

二、FTF 和 CM 决策方式的比较

以计算机为媒介的群体决策利用 E-mail、电话会议、近程(如局域网会议)和远程电子视听会议(跨省或跨国的互联网会议)等支持系统(group decision making support system,

GDSS)进行决策,这是种相对于传统的面对面群体决策的全新的决策模式。

对于两者差异的研究很多,得出了很多不同的观点,但一般认为,与 FTF 相比 CM 群体决策有其独到的优势,具体体现在:

第一,使成员无拘束和更平等地参与,CM 互动条件下的群体成员,可以更少地受到干扰真实观点提出的无关因素的影响,提高讨论的质量。成员以匿名的身份在网上讨论的时候会放松对自己行为的约束,提出自己所想到的创新观点。

第二,CM 能对成员的输入进行在线记录,平行沟通,使个体成员的观点随时备查,减少了信息超载和记忆障碍的可能性,节约了时间,可以产生更多有效的观点,提高决策的效率。在 FTF 互动条件下,在群体用头脑风暴法产生观点的过程中,在某个成员阐述自己观点的同时,其他成员只有两种可能的选择。一是不得不努力记住自己已经产生但还没有机会表达的观点,以免发生遗忘;二是被迫去听别人的观点,结果导致注意力分散或妨碍继续产生新的想法,从而所产生的观点被遗忘,继而影响整个群体观点产生的效果,CM 互动方式克服了这种缺陷(郑全全和李宏,2003)。

第三,CM 互动方式可以有效地抑制优势成员的主宰讨论,让大家都能参与进来。在传统 FTF 互动模式下,在团队决策讨论时,有些专制领导或者优势成员可能会发表更多的意见,而其他成员要么不发表意见,要么就围绕专制领导或者优势成员所提的观点进行讨论,限制了思维,影响了决策的质量。而 CM 模式就可以有效地避免这一问题。

三、团队决策与个人决策方式的比较

(一)团队决策的优势

一般来讲,团队决策往往在决策效果上具有个体决策所无法比拟的优越性。

第一,团队决策可以集中更多方面的信息、观点、建议,集思广益,产生出较多的可供决策时选择的方案,有助于做出更好的决策。

第二,由于团队决策为团队成员提供了参与决策的机会,增强员工之间相互了解和信任的程度,带给成员安全感和归属感,以及因为共同参与决策而带给成员满意感和公平感,使团队决策显得更加开放、民主,并使最终的决策结果更易得到接受和执行。

第三,团队决策能够体现多方面的代表性,决策过程中可以实现信息的横向和纵向交流,有助于员工较好地掌握决策的内容和任务要求,统一思想,执行和落实决策。

(二)团队决策的劣势

团队决策在有众多优势的同时,也有其自身的缺陷。

1. 团队决策信息取样偏差

(1)信息取样模型

Stasser(1985)提出了信息取样模型(information sampling model),该模型认为,团队成员所拥有的信息有两类:分享的和不分享的信息。所谓分享信息是指,在讨论前所有成员都拥有的信息;而不分享信息是指,每个成员所拥有的独特信息,意即其他成员缺乏这种信息。该模型预测,分享信息有更大的概率被团队提及,也就更有可能被讨论。

（2）信息取样偏差使团队决策易发生极端性转移

研究表明团队讨论的信息对于他们的最终决策有决定性的影响，团队总是更多地讨论共享信息，而各成员的那些非共享信息且没说出来的信息对决策的影响微乎其微，因此，如果一个团队成员事先就对某一问题有比较一致的意见（即共享信息较多），存在一致性的倾向，那么团队决策就易受这部分信息的影响，例如团队决策开始讨论时，多数人就倾向于冒险或者保守的决策，则团队决策就倾向于冒险或保守。

（3）信息取样偏差使团队决策效率不高，浪费时间

为什么团队不利用非共享信息？研究发现，事实就是这样，这里存在着一个很有趣的矛盾，尽管团队是为了收集信息而组建起来的，但很有可能团队成员最后却把时间浪费在讨论他们都知道的信息上。

2.少数人控制团队讨论，影响决策质量

在团队讨论的时候，成员的影响力是不同的，有些专制领导或者优势成员，可能会发表更多的意见。这种少数人控制团队讨论的问题在FTF交流模式下会更加凸显。何贵兵和张平（2004）发现，决策群体的成员在地位、价值取向、专长知识等个性、认知和社会特性上的差异，会导致每个决策者的决策影响力明显不同。

3.小集团意识、群体压力的负面影响

社会决策图式理论认为，群体在进行决策时往往会根据决策任务的特征与要求，运用一定的决策图式对整合的信息做出判断。决策图式包含了认知与社会两种成分，这两种成分对群体决策起着不同的作用。认知成分（如信息、策略等）往往具有正效应，有利于提高决策的效能；而社会成分（小集团意识、群体压力）却容易产生负效应，妨碍群体讨论优势的发挥（Davis,1973）。

小集团意识（groupthink,也称群体盲思）指高内聚力的群体倾向于以表面一致意见的压力阻碍不同意见的发表，使得群体丧失对问题做出全面分析的能力，做出错误的决策。小集团意识的常见表现有：在决策时，会为了与多数人意见一致而保持沉默；在群体决策时，对怀疑多数人共同意见提出问题的人施加压力；决策中存在着一种"一致性错觉"，把没有人发言看成一致同意等。

四、改进决策质量的几个方法

第一，团队的构成最好异质化。众多研究表明，团队成员具有不同的职业背景、能力、认知特点、性格等，会使团队决策获得更加全面的信息，减少决策偏差的可能性。另外研究表明异质性的团队往往能比同质性的团队产生更多创新，并产生独特的问题解决方案，有利于团队决策质量的提高。

第二，加强对团队成员的决策策略的培训。决策策略的培训对信息取样有影响，一定程度上提高了非分享信息的讨论比例，然而这种影响主要发生在任务难度小或适中的情况下。决策培训对讨论的影响主要发生在讨论前期，并且会影响到讨论前的个体偏好（郑全全和刘方珍,2003）。

第三，团队决策时，在有条件的情况下，可以采用CM条件下的互动方式进行交流讨论，它克服了FTF互动条件下存在的缺陷。具体可参见本节的第二部分内容。

另外,在团队决策的过程中,也可以借助一些数学决策模型来分析,或者一些统计技术,如多层线性模型、回归分析等。

第五节　团队效能与团队建设

一、团队效能概述

(一)团队效能

团队效能简言之就是团队的有效性,团队建设专家 McGriffin 曾指出团队的效能有三个方面的表现形式:一是绩效的高低;二是团队建设的成败;三是团队成员对于团队经历的满意度。绩效作为衡量团队效能最主要的指标,又可分为任务绩效和周边绩效。任务绩效(task performance)是指任务的完成情况,是传统绩效评估的主要成分,从团队目标的达成情况、完成任务的熟练程度等方面编制项目;周边绩效(contextual performance)是指一种有助于完成组织工作的活动,侧重于测量成员在工作职责外具备的与工作绩效相关的某些品质特征,从团队成员满意感、承诺感、责任心和人际关系等方面编制项目。

(二)团队效能感

团队效能感的概念由著名心理学家班杜拉(1977)提出的"自我效能感"的概念发展而来,他把自我效能感定义为"一个人对其完成特定工作或任务的一种信念"。团队效能感被认为是团队力量的源泉之一,即团队成员相信通过共同努力,能够完成所面对的团队任务,并实现团队的目标。因此管理心理学把团队效能定义为"团队成员对团队成功完成特定任务所拥有共同能力的信念"。一般来讲,团队效能感越高,团队绩效也可能会越高,但是在一定条件下,团队效能感过高会使团队成员对自己的能力过度自信,从而导致决策失误或者低绩效。

二、影响团队效能的因素及团队建设

(一)团队的目标

目标是一个团队奋斗的指引,如果团队的目标设置得不合理,必然会影响到团队的决策、团队的信心,容易引起团队内部的冲突,进而影响团队的效能。对于目标的设定,有人提出要遵从 SMART 原则(specific, measurable, attainable, result-oriented, and time-bounded,即明确的、可衡量的、可得到的、结果导向的和限制时间的)。

(二)团队的构成和规模

团队的构成最好异质化。很多研究表明,团队成员的异质化,如在技能上的异质互补,在知识背景和工作经历的异质互补,在个性的互补等,有利于团队的创新,有利于决策的科学化。一般认为一个高绩效团队,成员往往在 12 人以内,如果团队人数过多,规模过大,往往会形成一些问题,如沟通不够充分,责任感下降,凝聚力较弱,忠诚度不高,信任度下降等。

（三）团队规范和团队氛围

规范（norm）是指团队成员普遍认可并接受的规章和行为模式。规范的存在会让团队成员的工作更加有序，从而提高团队效能。团队中的信任、公平等氛围形成可以促进团队互动，从而影响团队的效能。因此，团队建设很重要的一点就是加强良好团队氛围的建设。

（四）领导

一般来讲，若团队成员预期自己的努力会得到领导者的赏识、奖赏及称赞，则可能更愿意与其他成员合作、互动与沟通，以完成团队的目标。另外研究发现不同的领导类型或者领导风格会对团队绩效产生不同的影响。Leana（1985）用实验的方法研究了团队决策过程中团队领导不同时段发言对于方案产生型任务结果的影响，结果表明推迟表达观点的领导所在的团队中会产出更多的观点。由此可以看出领导对团队决策、团队效能的影响。

（五）负面组织行为

团队建设中要考虑团队成员的负面组织行为，它会严重地危害到团队的效能和组织的利益。常见的负面组织行为有：非生产性工作行为（counter productive work behavior）、越轨行为（deviance）、不当行为（misbehavior）、反社会行为（antisocial behavior）等。如偷窃、恶意破坏、旷工等都属于负面的组织行为（段锦云等，2008）。

（六）团队人格特征

团队的人格也会对团队的效能产生重要影响，如有研究认为，团队的"大五"人格，即人格的五个因素：外向性（extraversion）、开放性（openness）、神经质（neuroticism）、宜人性（agreeableness）和尽责性（conscientiousness），它们可以较好地预测工作绩效，特别是周边绩效。而在人格五因素里，尽责性又是最为有效的预测因子（钟建安和段锦云，2004）。

本章小结及对管理者的意义

1. 通过开篇案例的学习，我们看到了团队的重要性。在提出团队概念，以及将团队与群体进行区别的基础上，本章讨论了问题解决型团队、自我管理型团队和多功能型团队这几种传统意义上的团队类型。

2. 本章还介绍了两种新型的团队：虚拟团队和创业团队。虚拟团队具有虚拟性、流动性等区别了传统团队的特点。一个团队内部需要有一个大家相互信任的氛围，而对于特殊的"虚拟团队"来说，信任的作用显得尤为关键，因此我们也对虚拟团队中的信任形成的快速性，信任发展的阶段（基于理性推断的（calculate-based）信任、基于知识的信任、基于认同的信任），以及信任的影响因素进行了阐述。对于创业团队我们论述了关于创业团队研究的几种理论视角：资源基础理论视角、创业生态学理论视角、战略管理理论视角、团队动力学理论视角，并对创业团队构成是否应该多元化进行了讨论，希望对创业团队的管理者带来启示。

3. 团队的互动对于团队的管理和团队的效能影响重大，因此我们分析了互动中的过程环节如沟通协调、冲突等要素,从而为团队管理者提供参考,并期望读者能够更好地在管理中把握团队的互动过程。

4.管理就是决策,管理者只有掌握有关团队决策的知识才能更好地管理或者组织团队。因此本章我们还论述了团队决策的程序,介绍了几种团队决策方法,分析了团队决策较个人决策的优势和劣势,提出了提高团队决策的几种方法。同时也重点分析了团队效能的影响因素,提出了有关团队建设的建议。

本章思考题

1.说说你身边的团队与群体,解释它们的区别与联系。

2.如果你是公司的管理者,你会选择组建怎样的团队模式来开展工作? 为什么?

3.谈谈你对虚拟团队的理解。如果你要组建一个创业团队,你会如何打造?

4.当你了解了团队决策的弊端后,下次参与团队决策的时候你将如何做? 为什么?

5.回忆你所经历过的团队互动,谈谈你的感受。

6.如果你是一个公司的经理,你会怎样来进行团队建设,提高公司的业绩?

推荐阅读及参考文献

第十章　沟　通

人无法只靠一句话来沟通,总是得靠整个人来沟通。

——彼得·德鲁克

本章开篇案例

迪士尼公司的企业员工意见沟通制度

迪士尼公司是一家拥有 12000 余员工的大公司,它早在几十年前就认识到员工意见沟通的重要性,并且不断地加以实践。特别是在 20 世纪 80 年代,面临全球性的经济不景气,这一系统对提高公司劳动生产率发挥了巨大的作用。现在,公司的员工意见沟通系统已经相当成熟和完善。

迪士尼公司的员工意见沟通系统主要分为两个部分:一是每月举行的员工协调会议;二是每年举办的主管汇报和员工大会。

迪士尼公司的员工协调会议是每月举行一次的公开讨论会。在会议中,管理人员和员工共聚一堂,商讨一些彼此关心的问题。在公司的总部、各部门、各基层组织都举行协调会议。从基层到总部,逐级反映上去,以公司总部的首席代表协会会议为最高机构。员工协调会议是标准的双向意见沟通系统。

在开会之前,员工可事先将建议或怨言反映给参加会议的员工代表,代表们将在协调会议上把意见转达给管理部门,管理部门也可以利用这个机会,将公司政策和计划讲解给代表们听,相互之间进行广泛的讨论。

要将迪士尼 12000 多名员工的意见充分沟通,就必须将协调会议分成若干层次。实际上,公司内这类组织共有 90 多个。如果有问题在基层协调会议上不能解决,将逐级反映上去,直到有满意的答复为止。事关公司的总政策,那一定要在首席代表会议上才能决定。总部高级管理人员认为意见可行,就立即采取行动,认为意见不可行,也得把不可行的理由向大家解释。员工协调会议的开会时间没有硬性规定,一般都是一周前在布告牌上通知。为保证员工意见能迅速逐级反映上去,基层员工协调会议应先开。

同时,迪士尼公司也鼓励员工参与另一种形式的意见沟通。公司在四处安装了许多意见箱,员工可以随时将自己的问题或意见投到意见箱里。为了配合这一计划实行,公司还特别制定了一项奖励规定,凡是员工意见经采纳后,产生了显著效果的,公司将给予优厚的奖励。令人欣慰的是,公司从这些意见箱里获得了许多宝贵的建议。如果员工对这种间接的意见沟通方式不满意,还可以用更直接的方式来面对面和管理人员交换意见。

员工大会都是利用上班时间召开的,每次人数不超过 250 人,时间大约 3 小时,大多在规模比较大的部门里召开,由总公司委派代表主持会议,各部门负责人参加。会议先由主席报告公司的财力状况和员工的薪金、福利、分红等与员工有切身关系的问题,然后便开始问答式的讨论。

这里有关个人问题是禁止提出的。员工大会不同于员工协调会议,提出来的问题一定要具有一般性、客观性,只要不是个人的问题,总公司代表一律尽可能予以迅速解答。员工大会比较欢迎预先提出问题这种方式,因为这样可以事先充分准备,不过大会也接受临时性的提议。

迪士尼公司每年在总部要先后举行 10 余次员工大会,在各部门要举行 100 多次员工大会。在 20 世纪 80 年代全球经济衰退中,迪士尼公司的生产率每年平均以 10％以上的速度递增。公司员工缺勤率低于 3％,流动率低于 12％,在同行业中最低。

……

人是群体性的动物,在人与人的互动中,无论在家庭、在学校、在职场、在休闲活动中,都是透过语言的信息传递与肢体动作,来表达心中想要传达的意思。心理治疗师萨提尔说:"我想要爱你而不抓住你;欣赏你而不评判你;参与你而不侵犯你;邀请你而不要求你;离开你而不歉疚你;批评你而不责备你;并且,帮助你而不是侮辱你。如果,我也从你那边得到相同的对待,那么,我们就可以真诚相会且丰润彼此。"这段话道尽人与人之间沟通的意涵与沟通的技能,好的沟通是心灵相会,沟通彼此,不好的沟通是操控、紧抓、评判、侵犯、要求、责备与侮辱对方。

在现代社会里,要做一个有社会力(social skills)的人,就要拥有与人沟通的能力,这种能力往往表现为能表达自己与倾听他人的能力。

情景活动:

沟通水平测试

按照你的实际情况,在五个等级中选择相应的分值:"总是"打 5 分,"经常"打 4 分,"不确定"打 3 分,"偶尔"打 2 分,"从不"打 1 分,填入括号内。

(1)能自如地用语言表达情感。　□
(2)能自如地用非语言表达情感。　□
(3)在表达情感时,能选择准确恰当的词汇。　□
(4)他人能准确地理解自己使用语言和非语言所要表达的意思。□
(5)能很好地识别他人的情感。　□
(6)能在一位封闭的朋友面前轻松自如地谈论自己的情况。　□
(7)对他人寄予深厚的情感。　□
(8)从不会泄露他人的秘密。　□
(9)持有不同观念的人愿意与自己沟通情感。　□
(10)他人乐于对己诉说不幸。　□
(11)从不会轻易评价他人。　□
(12)明白自己在沟通中的不良习惯。　□
(13)与人讨论,善于倾听他人的意见,且不强加于人。　□
(14)与人争执,但能克制自己。　□

第一节　沟通概述

一、沟通的定义

"沟通"（communication）一词源于拉丁语的 communis（共通的）与 communicate（跟他人交换）一词。沟通是指为了设定的目标，把信息、情感在个人或群体间传递，并且为对方所接受和理解的过程，包含以下两个要点：

（一）事实（fact）

指信息、观念、想法、信念，价值观或意识形态等。如"今晚公司要开会"（信息）、多吃苹果有益健康（观念）、做生意最重要的是要讲诚信（价值观）。

（二）感觉（feeling）

指传达出来的情感与感受。人与人之间沟通，常常是传达事实而漠视感觉，而真正会沟通的人，是先表达感觉再回应事实，这也就是同理心的应用，让人有共鸣性的了解。

二、沟通的意义

整个管理工作都和沟通有关。在组织内部，有员工之间的沟通、员工与工作团队之间的沟通、工作团队之间的沟通；在组织外部，有组织与客户之间的沟通、组织之间的沟通。

（一）沟通能够协调各个体，使组织成为一个整体

组织要有良好的绩效，必须与组织成员充分沟通，让其充分了解其地位、责任感，激发他们的共识、工作热忱、认同感。对组织个人而言，可以由沟通来形成自我形象与自我表达；并借由沟通表达情感，与他人建立社交互动，增进人际关系。对组织团体而言，对内可借沟通来控制成员的行为，激发其对组织的认同感；对外可借沟通来搜集信息、传递信息、寻求他人提供资源或协助，并作为组织决策的依据，以促进组织目的的达成，最终使组织成为一个整体。

（二）沟通是领导者激励下属、实现领导职能的基本途径

艾森豪威尔是第二次世界大战时的盟军统帅。有一次，他看见一个士兵从早到晚一直在挖壕沟，就走过去跟他说："大兵，现在日子过得还好吧？"士兵一看是将军，敬了个礼后说："这哪是人过的日子哦！我在这边没日没夜地挖。"艾森豪威尔说："我想也是，你上来，我们走一走。"艾森豪威尔就带他在那个营区里面绕了一圈，告诉他当一个将军的痛苦

和肩膀上挂了几颗星以后,还被参谋长骂的那种难受,打仗前一天晚上睡不着觉的那种压力,以及对未来前途的那种迷惘。最后,艾森豪威尔对士兵说:"我们两个一样,不要看你在坑里面,我在帐篷里面,其实谁的痛苦大还不知道呢,也许你还没死的时候,我就活活地被压力给压死了。"这样绕了一圈,又绕到那个坑附近的时候,那个士兵说:"将军,我看我还是挖我的壕沟吧!"在组织中,由于工作区域的间隔,管理者与下级之间的沟通往往限于汇报工作,若管理者能经常以走动的形式与下属沟通,则能起到很好的激励作用。

(三)沟通使组织与外部环境之间建立联系桥梁,实现组织的社会化

任何一个组织只有通过信息沟通才能成为与外部环境相互作用的开放系统。我们所处的时代是一个人与人、组织与组织、地区与地区、国与国之间的联系越来越密切的时代,每个组织都与其他组织和个人存在着广泛的联系。只有良好的运作,才能有良好的生存和发展空间。一个组织只有处于良好的公共状态下,才能进行良好的运作。美国的亨利·福特就说过这样一句话:作为福特公司的董事长,我告诫自己,必须与各界确立和谐关系,不可在沟通上无能为力。接下来让我们来看看艾柯尔用沟通拯救公司的案例。

案例故事

因拯救濒临倒闭的克莱斯勒公司名满天下的艾柯尔,25 岁以前不过是一个整日沉默寡言的普通工程师。艾柯卡改变自己命运的契机在于他学会了一种看起来最简单的本领——与人沟通。25 岁那年,他参加了一次由卡尔基训练机构主办的"沟通能力培训班",这成了他重写自我的起点。沟通这种能力,后来成了艾柯尔的"看家法宝",以至有人说他是用一张嘴救活克莱斯勒公司的。艾柯尔就任克莱斯勒公司总裁时,克莱斯勒公司正以产品品质低下、债台高筑、贷款无门、人浮于事的形象而闻名。他临危受命后,一面倾听员工意见,提高员工士气;一面请顾客反馈本产品的问题,收集信息;一面游说于国会内外,活动于政府部门之间。艾柯尔四下出击,分共合进,其多方面的沟通收到了奇效:国会那些原先曾激烈反对政府担保的议员缄默不语,政府也一改初衷,采取了积极出面担保的合作态度。10 亿美元贷款不可思议地从天而降,令克莱斯勒公司一举开发出几种符合市场需求的新型轿车。1982 年,公司扭亏为盈,1983 年赚取利润 9 亿多美元,创造了该公司有史以来盈利最多的一年。艾柯尔顿时天下扬名。

三、沟通的类型

就方式而言,沟通包括语言沟通、文字沟通、网络沟通和肢体语言沟通。

(一)语言沟通

语言沟通就是面对面地、口头传递信息的沟通方式。这种沟通方式以肢体语言、声音语言、文字语言全面地传递信息,其特点是信息传递速度快,具有及时性的特点,但难以把握信息的准确性。

在组织中,语言沟通在会议、面谈、闲聊等情景中都会存在(见图 10-1),因而,这也是最常被采用的沟通方式。有一家著名的公司为了增进员工之间的相互信任和情感交流,规定在公司内部 200 米之内不允许用电话进行沟通,只允许面对面地沟通,结果产生了非常好的效果,公司员工之间的感情非常融洽。同时,我们也看到,很多 IT 公司虽然建立了

多类型的沟通渠道:E-mail、电话、因特网,但忽略了最好的沟通方式——面谈。致使在电子化沟通方式日益普及的今天,人和人之间的了解、信任和感情已非常的淡化了。

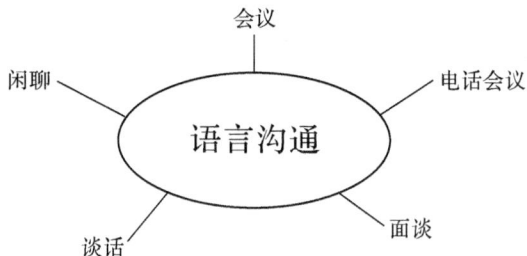

图 10-1　语言沟通示意图

　　虽然语言沟通会使得消息很快地传遍一群人,但是,语言沟通是很容易被扭曲的。谣言是非正式的沟通渠道。正因为我们都有把知道的事与他人分享的需要,所以在组织中好消息很快地传开,坏消息传得更是快。谣言具有三个特色:(1)不为管理者所控制;(2)被认为是比正式的沟通渠道更为可靠的信息来源;(3)满足群体内的自利需求。

(二)文字沟通

　　在工作与生活中,除了语言沟通之外,还有一种比较正式的、以纸质载体留存信息的沟通方式,那就是文字沟通。主要的文字沟通形式有:文章、信件、便笺等(见图 10-2)。其优点是文字是永远的记录,适于解释复杂的事务,可预先草拟并周详地计划,信息准确。缺点是花费多且耗时,因文字是永远的记录所以无法改变,文字沟通比打电话正式,因而感觉较疏远,没有人能保证你所发出的文书一定会为对方所过目。

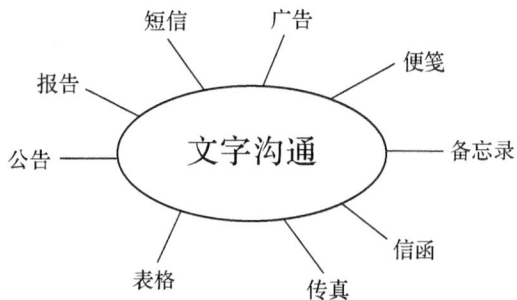

图 10-2　文字沟通示意图

(三)网络沟通

　　网络沟通是指在网络上以文字符号为主要语言信息,以交流思想和抒发感情为主要目的的人际沟通。常见的沟通方式有 E-mail(电子邮件)、BBS(网上论坛)、网上聊天、虚拟社区发表评论,等等。

　　电脑改变了人们的沟通模式。过去我们告别时常说:"记住给我写信。"后来常听到:"再见,有事打电话。"而今天人们的告别语常是:"记住给我发 E-mail,有事 QQ。"可见,目前网络已经成为人际沟通主要形式之一。收发邮件、网上聊天、网上教育、网上商务、网上求职等,几乎是人们每天在做的事情。这正是组织沟通领域的变革和飞跃。电子网络因其快速、准确的特点,极大地提高了组织沟通的效率。另外,有效沟通方式因为网络的出现而增加了很多的可选择空间。公司内部的人员既可以选择在局域网的 BBS 上发布信息、讨论专业问题;也可以向上司发送电子邮件以征询意见;更可以通过企业 MSN 等聊天途径与同事进行随时随地地交流。音频及视频的多媒体支持也使得在不同地点办公的同事们创设学习型组织的议事模式。也有人曾怀疑过网络沟通机制与组织结合的成效。例如,有很多人会问戴尔公司:"你们怎么让你的员工愿意用电子邮件?"戴尔回答:"很简单,你只要问他们有没有收到你用电子邮件传过去的通知就行了。"没有人希望自己漏掉信息。事实证明,公司内部的网络沟通由此建立起来了。

1. 网络沟通的优点

网络沟通在组织中扮演着重要的角色。王重鸣(2005)发现:虚拟团队的网络式沟通下的充分的信息交流促进了成员之间相互说服,从而达成观点一致。郑全全等(2005)的研究发现:最恰当的虚拟团队工作方式应该是网络式沟通。

2. 网络沟通的限制

网络对人际交往可能存在因果限制。陈朝阳(2006)发现人们将上网代替了社会活动,认为网络与别的被动的非社交性娱乐活动类似,如看电视、读书或听音乐。这些活动可能会导致社会退缩现象以及心理健康水平的下降。此外,也有些研究的分析结果指出:较多地使用 E-mail 与沮丧心情的产生存在着一定的联系。Katz 和 Aspden(1997)的美国全国性的调查数据表明仅有 22% 的被试在使用网络两年内结交过一位新朋友。目前,报纸杂志经常报道网上的欺骗事件。由于网上除了文字之外,掩盖了交往双方的一切,使结交推心置腹的挚友的机会微乎其微。

网络沟通另一个非常重要的不足之处是:不可能很好地传递你的思想和情感。当你和对方要交流的是情感的时候,电子邮件这种方式就不利于去沟通情感。以前很多人同朋友沟通时都使用电话,而现在用电子邮件沟通的时间多了,朋友逐步变成了陌生的人。如果你和你的亲人长期不见面,采用电子邮件来沟通,时间长了,你们的感情也会慢慢地淡化。

(四)肢体语言沟通

沟通始于肢体语言沟通,"先远观、后近看"就是沟通者先从较远处观察沟通对方的形象与仪态,后在近处细细地察看沟通对方的表情与行为礼仪。沟通中肢体语言信息包括身体语言和说话的音调。身体语言指手势、脸部表情、身体的其他动作。在身体语言的表达上,男女也存在着差异。从身体位置和姿势看,Pearson(1985)等人认为身体位置和姿势携带有人际关系的信息。男性更多的是采用放松姿势,而女性更多的是采用比较拘束的姿势。McCroskey 等(1986)注意到男性更多是双脚分开站或坐,双手放于身体两侧,而女性更多的是把两手交叉抱于胸前。女性喜欢和另一位女性坐得很近,而男性和另一位男性距离较远,离一位女性倒有可能更近。与男性相比,女性的动作和手势会更多,说话的音调意在强调某些词句。口语沟通必定伴随影响巨大的非口语成分。研究显示,口头沟通的信息约有 55% 来自脸部表情和身体动作,38% 来自音调,只有 7% 来自实际使用的语言字汇。反应取决于说话的方式,而非说话的内容。肢体语言信息是潜意识的外在表现,最接近真实内心。肢体语言信息在沟通中具有重要作用。肢体语言信息传递的正确性决定了口头沟通的有效性。一些肢体语言的行为含义如表 10-1 所示。

表 10-1　肢体语言的行为含义

肢体语言表述	行为含义
手势	柔和的手势表示友好、商量,强硬的手势则意味着"我是对的,你必须听我的"
脸部表情	微笑表示友善、礼貌,皱眉表示怀疑和不满意
眼神	盯着看意味着不礼貌,但也可能表示兴趣,寻求支持
姿态	双臂环抱表示防御,开会时独坐一隅意味着傲慢或不感兴趣
声音	演说时抑扬顿挫表明热情,突然停顿是为了造成悬念,吸引注意力

第二节 沟通的策略

一、沟通的过程

沟通的过程是一个完整的双向沟通的过程:发送者要把他想表达的信息、思想和情感,通过语言发送给接收者。当接收者接到信息、思想和情感以后,会提出一些问题给对方一个反馈,这就形成一个完整的双向沟通的过程。在发送、接收和反馈的过程中,我们需要注意的问题是:怎样做才能达到最好的沟通效果。因为传递信息者在双向互动下,容易受到干扰而影响沟通。仔细地分析沟通过程,如图 10-3 所示。

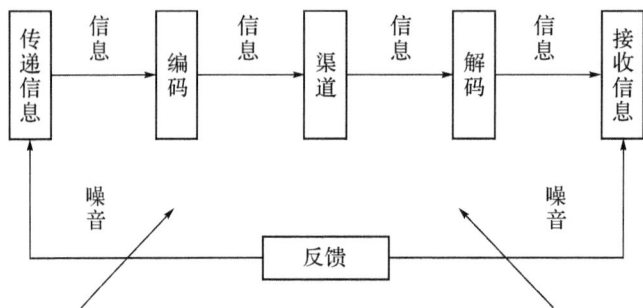

图 10-3 沟通的过程

从图中我们可以看到,沟通从发送者开始,发送者形成了需要传递给别人的思想、感情、观点或消息,首先要将它们编码成可传递的信息形式,如声音、文字、图形或手势等,经过编码的信息通过一定的媒体或通道如电话、电台、电视、网络、报刊、书籍等传递到接收者。接收者试图理解所接收到的信息,就得进行译码。

整个沟通过程还会受到"干扰"的影响。干扰可能来自周围环境,也可能是通道本身的问题,还可能是发送者或接收者的心理因素所致。由于干扰会影响沟通的效果甚至使其走样,因此,沟通过程的反馈是必要的。没有反馈的沟通是单向沟通,单向沟通不能确证对方是否准确理解所接收到的信息,只有借助反馈才能做到这一点。为了确定沟通的有效程度并消除曲解,沟通最好是有反馈的双向沟通。

(1)传递信息者:将信息传递出去的人,如教师授课、领导开会,同样在传达信息。

(2)信息:指沟通中所传达的内容,如商务代表的谈判内容等。

(3)渠道:指传递信息的方法,例如教师上课方式的多元化,既可以用讲授法,也可以利用多媒体视频来呈现视觉信息。

(4)接收信息者:指接收信息的人,如在课堂听课的学生,听广播的听众。

(5)噪音干扰:影响信息传递的因素。人的心理因素会干扰沟通的进行,外在的因素也会影响信息的传递。

(6)编码和译码:指信息的传递,经过传递信息者的组织与接收信息者的解说注释,例如:父母亲经常对青少年说"我们好爱你",而青少年感受到的是"你们口口声声说爱我,家只不过是吃饭、睡觉的地方,跟旅馆没有两样"。两者之间有很大的落差,这是沟通不良的原因。

(7)回馈：指传递信息者与接收信息者的双向交流。

二、影响沟通的相关因素

(一)沟通背景因素

沟通总是在一定的历史、地理、政治、经济、文化背景中发生的。任何形式的沟通，都会受到各种环境因素的有力影响，要考虑心理背景、物理背景、社会背景和文化背景等因素。在现代信息经济时代，多文化、多元化的集团企业、企业集团，跨国公司的跨地区、跨国家的团队沟通等管理沟通问题越来越受到专家的重视。

1.文化背景的影响

跨文化交际过程中，文化背景制约着非语言行为的内涵，也就是说，同一行为动作，在不同的文化背景中表示不同的意义。在同一个国家里被视为礼貌的一种行为，很可能在另一个国家里被看作是粗鲁的、恶意的行为，而这种行为往往是下意识地表现出来的，容易被行为者忽视，也更容易被对方误解。例如：跷起大拇指在中国的意思是"顶好"；在英国、澳大利亚和新西兰等国的意思是"搭车"；在希腊急剧地跷起大拇指，意思是让对方"滚蛋"。

在各国的企业中，也体现出不同文化背景对企业文化的深刻影响。中国人主张中庸，万事以和为贵，十分重视和谐的人际关系，避免直接冲突，以和平的心态为人处世，不提倡锋芒外露。在中国企业中，人们很少能直言向别人提出批评，批评时也要用礼貌的表达方式。多数中国人把直言不讳当作鲁莽与不文明的象征，或视之为肤浅。而西方人倾向于采取实事求是、直言不讳、详细明确、直截了当的交际方式，不过多地考虑人际关系因素。他们重视自由表达观点，交际方式富有挑战性，即使发生冲突，也可互相了解，但这种讨论与争论往往仅针对工作而不针对个人。正如世界著名的 GE 公司，它的企业文化突出"以人为本"的经营哲学，鼓励个人创造力的展现，并充分重视和强调个人，尊重个体差异。因此 GE 的沟通风格是个体取向的，并直言不讳。企业内部的员工在任何时候都会将自己的新思想和意见毫无掩饰和过滤地反映给上层管理者。而对于公司的管理协调，GE 员工习惯于使用备忘录、布告等正式沟通渠道来表明自己的看法和观点。GE 公司前总裁杰克·韦尔奇在公司管理沟通领域提出了"无边界理念"。GE 公司将各个职能部门之间的障碍全部清除，工程、生产、营销以及其他部门之间的信息能够自由流通，完全透明。在这样一个沟通理念的指引下，GE 更为有效地使公司内部信息最大限度上实现了共享。实践证明：良好的企业必然具有良好的沟通，而良好的组织沟通必然由其良好的企业文化所决定。正因为如此，在国际贸易活动中，外国人认为中国人说话不明确，模棱两可，回避不同意见，谈判没有诚意。而实际上，中国人是受自己文化的局限，往往过多地考虑他人的感受，尽可能避免强烈冲突。

2.性别因素的影响

对于男性和女性在语言沟通风格上的差异，不少学者有过研究。综合其观点，主要有：在人们的观念中，把女性谈话风格等同于软弱型谈话风格，其主要特点有：一是多用试探性的修饰词，如"这种"、"我猜测"、"也许"等词，这既表现出说话者缺乏权威或确信，有时也会减弱谈话中的非友好性。二是多用反义疑问句,这说明女性对自己所说的话没有完全把握,或期望引起对方反应。三是多提软性要求,女性在提出要求时不是简单说出要求,而是用更多的词使要求软化。四是多用礼貌词语,这表现出女性替对方考虑的特点。五是多用表达不确信含义的词,如"虽然……,但是……"等。六是倾向于用强调词,以增加说话的力量,如"真的"、"非常"、"确实"等。七是倾向在谈话的沉默间歇主动用一些词来打破沉默,如"好的"、"你知道"、"噢"等。与此相对,人们观念中常把男性谈话风格等同于强有力的谈话风格。男性谈话风格被认为是直接的、清晰的、自信的,没有以上提及的女性谈话中的特点,也不强调相互作用的人际维度和情感维度。

(二)信息过滤因素

信息在传递的过程中不断被"过滤"。沟通漏斗(见图 10-4)呈现的是一种信息由上至下逐渐减少的趋势,因为漏斗的特性就在于"漏"。对沟通者来说,是指如果一个人心里想的是 100% 的东西,当你在众人面前、在开会的场合用语言表达心里 100% 的东西时,这些东西已经漏掉了 20%,你说出来的只剩 80% 了。而当这 80% 的东西进入别人的耳朵时,由于文化水平、知识背景的关系,只存活了 60%。实际上,真正被别人理解、消化的东西大概只有 40%。等到这些人遵照领悟的 40% 具体行动时,已经变成 20% 了。沟通漏斗的信息过滤功能非常强大。

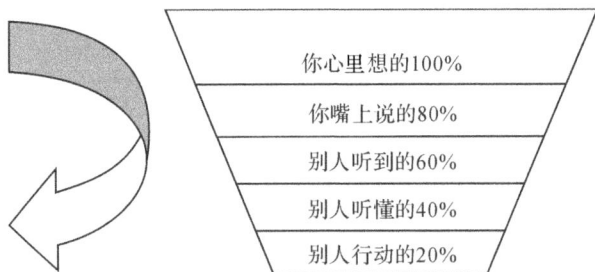

图 10-4 沟通漏斗

在组织中,有一种信息的过滤方式是从上往下的。这就会发生一种非常有意思的现象:董事长讲一句话是 100%,底下的员工听到的却只有 20% 了。这是因为每一位中层领导在向下传递董事长讲话的过程中,都会对信息进行重组,以增强自己的权势,当信息到达基层时,已经成为一种控制手段,不再是一组信息数据了。过滤导致信息含糊或混乱。在这种情况下,接收者不是不知所措,就是按自己的理解行事,以至于发生与信息发送者原意可能大相径庭的后果。信息混乱则是指对同一事物有多种不同的信息。

(三)选择性知觉因素

接收信息者会基于个人的需求、动机、经验、背景、人格特质,选择性地看或听接收到的信息。也可能将个人的利益和期望投射到解码过程中。由于一个人的知觉程度受多种因素的影响,常使得人们对同一事物会有不同的理解。例如,当上司信任你,分配你去从事一项富有挑战性的新工作时,你可能会误解上司对你原有的工作业绩不满意而重新给你分配工作。当人们面对某一信息时,按照自己的价值观、兴趣、爱好来选择、组织和理解这一信息的含义,一旦理解不一致,信息沟通就会受阻。

小游戏

形式：4～5人一组

时间：10～12分钟

道具：一则摘自报纸、杂志的简短文章

目的：演示说明信息在通过各种"渠道"加以传递时往往会失真。

程序：

1.事先从近期报刊或杂志中摘录一则2～3段长的文章，但不要是最热门的新闻。

2.将学生分成4～5人一组。

3.将各组成员按1～5号分好次序。

4.请1号留在教室内，其他人先出去。

5.把故事念给各组的1号听。但不允许提问或做记录。

6.2号可以从教室外进来，每组1号负责将故事复述给2号听。

7.3号进来，2号将故事再复述给3号听。

8.4号进来，3号将故事再复述给4号听。

9.每组的5号都听到了故事。

10.老师请每组的5号学生复述一下他们听到的故事。

分享：

1.每个传递者是否遗忘了一些内容？是哪些？

2.故事在传递中，出现了哪些错误？原因是什么？

（四）情绪因素

在发送或接收信息时的心情，会影响信息的诠释。情绪是从人对客观事物所持的态度中产生的主观体验。冯特认为，情绪可从愉快—不愉快、紧张—松弛和兴奋—沉静三方面做出描述。情绪与人的自然性需要有关，具有较大的情景性、短暂性，并带有明显的外部表现。我们来看一个发生在家庭生活中的两个场景。

场景A

妻子：你怎么这么晚才回来，还等你换煤气，今天饭也没做。

丈夫：难道你自己不会去换吗？或者打个电话不就行了？别什么事都要我来做，你又不是小孩。

妻子：我又不知道你把电话号码放哪里。

丈夫：我不是和你说过好多次了，就在电视柜上，你怎么老年痴呆了？

妻子：你说什么？我老年痴呆，那你呢？我看你是到更年期了。

场景B

妻子：你怎么这么晚才回来，还等你换煤气呢，今天饭也没做。

丈夫：你可以打个电话叫煤气公司送。

妻子：我忘了你把电话号码放在哪里。

丈夫：就在电视柜上。

妻子：哦，好的，那我现在就去打。

丈夫：那我先切菜了。

在上述事例中我们可以发现，情绪状态会影响个体的沟通表达方式。对客观事物持肯定态度时，就会感到愉快、满意等；持否定态度时，就会感到憎恨、恐惧、愤怒或悲哀等。情绪发生时，往往伴随着一定的生理变化和外部表现，会对双方的沟通或工作产生影响，形成沟通的障碍。

（五）语言因素

相同的字眼，对不同年龄、教育、文化背景的人，代表不同的含义。语言不通是人们相互之间难以沟通的原因之一。当双方都听不懂对方的语言时，尽管也可以通过手势或其他动作来表达信息，但其效果将大为削弱。即使双方使用的是同一语言，有时也会因一词多义或双方理解力的不同而产生误解。沟通是传递信息者→过滤→接收信息者→反馈的回环过程。在别人的反应里看到自己，因此，可以这样说：有效的沟通是人本管理的第一课，有效沟通是"预备＋主动＝诚实、坦率（语气、语调）＋尊重别人"。

第三节　有效沟通技巧——聆听

发送完信息后，对方就要去接收信息，即聆听。发送信息和聆听信息哪一个更重要呢？冷静地思考后你会发现，其实在沟通中听比说更重要，我们平时听别人说了很多的话，却没有认真去聆听对方真实传递的信息，导致沟通失败。所以说聆听是一种重要的非语言性沟通技巧。

一、聆听的原则

在聆听的过程中，我们需要注意聆听的原则：

（1）聆听者要适应讲话者的风格。每个人发送信息的时候，他说话的音量和语速是不一样的，你要尽可能适应他的风格，尽可能接收他更多、更全面、更准确的信息。

（2）聆听不仅仅用耳朵在听，还应该用你的眼睛看。你耳朵听到的仅仅是一些信息，而眼睛看到的是他传递给你的更多的思想和情感，因为这需要更多的肢体语言去传递，所以听是耳朵和眼睛在共同地工作。

（3）首先是要理解对方。听的过程中一定要注意，站在对方的角度去想问题，而不是去评论对方。

（4）鼓励对方。在听的过程中，看着对方保持目光交流，并且适当地去点头示意，表现出有兴趣地聆听。

二、有效聆听的四步骤

步骤1　准备聆听。

首先，就是你给讲话者一个信号，说我做好准备了，给讲话者以充分的注意。其次，准备聆听与你不同的意见，从对方的角度想问题。

步骤2　发出准备聆听的信息。

通常在听之前会和讲话者有一个眼神上的交流，显示你给予发出信息者的充分注意，这就告诉对方:我准备好了,你可以说了。要经常用眼神交流,不要东张西望,应该看着对方。

步骤 3　采取积极的行动。

积极的行动包括我们刚才说的频繁地点头,鼓励对方去说。那么,在听的过程中,也可以身体略微地前倾而不是后仰,这样是一种积极的姿态,这种积极的姿态表示着:你愿意去听,努力在听。同时,对方也会有更多的信息发送给你。

步骤 4　理解对方全部的信息。

聆听的目的是理解对方全部的信息。在沟通的过程中你没有听清楚、没有理解时,应该及时告诉对方,请对方重复或者是解释,这一点是我们在沟通过程中常犯的错误。所以在沟通时,如果发生这样的情况要及时通知对方。

本章小结及对管理者的意义

沟通是信息交流的重要手段,它就像一座桥梁连接不同的人、不同的文化和不同的理念。管理沟通是管理中极为重要的部分。管理与被管理者之间有效沟通是任何管理艺术的精髓。美国著名未来学家奈斯比特曾指出:"未来竞争是管理的竞争,竞争的焦点在于每个社会组织内部成员之间及其外部组织的有效沟通。"

组织目标的实现与否取决于组织中的管理沟通是否畅通,有效的管理沟通有利于信息在组织内部的充分流动和共享,可以提高组织的工作效率,增强组织决策的科学性、合理性。另外行为科学理论告诉我们,组织成员并不是单纯的物质利益追求者,他们同时还有精神层次的需求。比如说对组织的归属感、荣誉感和参与感,而这一切也都是借助于有效的管理沟通得以实现的。因为只有有效的管理沟通,组织成员的意见、建议才能得到充分的重视;只有有效的组织沟通,组织成员的工作成绩才能得到应有的评价和认可。沟通的有效性也与企业文化直接相连。企业文化是企业员工所共有的企业核心价值观,属意识范畴。企业文化的形成有赖于组织成员之间的良好沟通,并达成最后价值观上的认同。如果主管人员从不在电梯或走廊与同事们轻松交谈,当他在员工大会上发表演讲后能听到员工们的热烈反响吗?要想改善组织内部沟通,需要自我检视一下,公司主管们都能像Intel公司的安迪·格鲁夫那样踏进员工餐厅随机地与员工一起就餐吗?行动的力量是对裱在会议室的"公司远景、价值观和理念"的最好说明。所以说,沟通是一切组织管理行为的灵魂。

本章思考题

1. 请你做一个练习,测试一下你的非语言交际能力如何。

按照下列标准,给每个句子打分:"从不"打 1 分;"有时"打 2 分;"通常是这样"打 3 分;"总是这样"打 4 分。

问题	得分
◇我在听人讲话时保持不动,我不摇晃身体,我不摆动自己的脚,或者表现出不安定	
◇我直视讲话者,对目光交流感到舒服	
◇我关心的是讲话者说什么,而不是担心我如何看或者自己的感受如何	
◇欣赏时我很容易笑和显示出活泼的面部表情	
◇当我听时,我能完全控制自己的身体	
◇我以点头来鼓励讲话者随便说或以一种支持、友好的方式来听他的讲话	
总分:	

◇如果你的得分大于15分,则你的非语言性技巧非常好;

◇如果你的得分在10~13分之间,说明你非语言交际能力处于中间水平,应该有一定的改进;

◇如果你的得分低于10分,那么请学习聆听技巧。

2.案例分析 角色扮演

条件:项目经理与公司CEO在电梯中碰面,从一层到CEO离开电梯,只有15秒时间。

目的:项目经理希望获得对自己项目的资源倾斜,假如你是项目经理,你用什么办法?

3.小组活动

目标:

(1)学习运用非语言渠道传递信息;

(2)练习解读别人的肢体语言。

时间:15分钟

过程:

(1)每组选两名组员参与;

(2)一名组员面向大家,另一名背向大家并在整个过程中不得回头;

(3)教师站在背向大家的组员身后,向面向大家的组员依次展开词条;

(4)面向大家的组员以肢体语言表现出词条的内容,以便让背向大家的组员猜出词条;

(5)自教师展开第一条词条开始计时,每三条词条为一组,每组时间为5分钟,以在规定时间内全部猜出词条为获胜。

4.节日到了,你要送一些"祝福"给你的亲朋好友,你将采取什么沟通方式?比较其优缺点。

5.现代化企业如何构建有效的沟通渠道?

推荐阅读及参考文献

第十一章 领 导

本章开篇案例

在联想的漫长发展历程中,柳传志不仅是创始人,更是联想企业文化的缔造者,卓越的领导者。尽管联想集团和联想控股上市已久,但仍然没有多少人能分得清两者的区别。后者十几年前就拥有了一家房地产公司及数家股权投资公司,甚至还有一家服务白领的快餐公司。因为联想控股的核心始终只有一个——那家并购了 IBM 公司 PC 业务的电脑制造公司。

2009 年,时任联想集团董事长的柳传志正着手投入 100 亿元让手下的人为联想控股寻找新的"核心资产"。而即便是在当时,联想集团的 PC 业务已经算不上是联想控股最大的利润来源了。2009 年 9 月 11 日,柳传志在接受路透社采访时称,未来两年内联想控股约六成的利润将来自旗下投资公司——弘毅投资和联想投资,以及一些投资项目的回报;而四成左右则来自联想集团。

他甚至承认联想控股所持联想集团的股份在未来也存在着出售的可能。"联想集团股价高起来,我们真需要的时候,也可以出让减持一些。"考虑到他当时刚刚接任联想集团董事长,这超出很多人的想象。

当时,联想集团的 PC 业务是联想控股公司最核心的业务,某种程度上,PC 就意味着联想。而出乎所有人的意料,联想集团的母公司第一次清晰表现出了"去 PC 化"的意图。

大股东中科院国科控股再一次成全了柳传志,选择出让自己所持有的部分联想控股股权(29%)。国科控股没有就此次出售行为是出于何种考虑做出更多的解释,一个可能的猜测是,柳传志说服了国科控股——联想集团 PC 业务的前景已经到了需要认真考虑联想控股未来的时候了。

联想集团——这家全球第四大 PC 制造商最终结束了并购 IBM 公司 PC 业务带来的短暂的自豪感。它把自己的总部迁往纽约,在全世界有 64 个分支机构,在 100 多个国家开展业务,有 60% 的营业收入来自海外;不过,这起"蛇吞象"般的并购显然比联想集团之前想象的要艰难得多,高管间的文化冲突、金融危机让其很快陷入麻烦之中——2009 年 1 月 8 日,联想集团宣布了国际化以来最大一次重组,此后的第一季度在全球削减 2500 个岗位;而 2009 年 2 月 5 日联想集团发布的 2008 财年年报,全年净亏 2.26 亿美元。这是联想成立 25 年以来最大的一次亏损。

并购而来的 IBM 公司 PC 业务对联想集团来说更像是一个烫手山芋,尤其是海外市场的糟糕表现——虽然联想的全球电脑销售量上升了 1.1%,但这些增长大多来源于中国国内市场,而非海外市场;而在 2009 年第一季度,联想在成熟市场的综合销售较过去一年同期下降了 17%。

这些不得不让柳传志担心,联想集团已不能成为联想控股的加速引擎。即使没有并购后的不适症状以及金融危机,联想集团所在的 PC 制造业也不再是个朝阳产业。

"这个行业的确发生了很大的转变。"柳传志说。联想控股比以往更加急迫地需要一个"平衡的布局"。

第一节　领导概述

一、领导的定义

开篇案例中,柳传志展现了一位卓越的领导者在组织发展中所起的决定性作用。很多商业机构都会视商业领袖为能使企业起死回生者。在企业遇到危机时,便更换领袖、CEO,期盼奇迹出现、转亏为盈。然而,一个强大企业的长期健康发展,要远远比满足股东短期期望更重要。让整个企业团队重新拥有活力,尽显所长,在任何商业环境中,都能发挥团队潜力到最高点,完美地执行企业策略,团队密切合作,取得最大的业务空间,掌握竞争优势,领导起到相当至关重要的作用。

在管理心理学领域中,领导(leadership)是一个非常重要的概念。不同的研究者从不同角度和侧面,对其进行不同界定。Tannenbaum(1958)提出,领导行为有效性由领导者、被领导者、环境三个条件共同决定。现在学者大都赞同这种观点,即没有一种普遍适用的"最好的"领导理论和方法。领导行为效果的好坏,除了取决于领导者本人的素质和能力外,还取决于许多客观因素,比如被领导者的特点、领导的环境等。由此可见,领导是诸多因素相互作用、相互影响的过程,一切要以实践、地点、条件为转移。

因此,我们将领导定义为:领导是具备一定能力的个体——领导者(leader)影响一个组织实现其目标的过程。该过程由领导者、被领导者和环境三者的相互作用而决定,用公式表示为:领导＝f(领导者×被领导者×环境)。

二、领导和管理

在组织中,领导和管理存在着什么区别呢? 一些学者认为这两者是同义词、无区别,或领导只是管理职能的一个方面。然而另外一些学者则持相反观点,主张领导者和管理者在企业组织中扮演不同角色,做出不同贡献。比如 Kotter 在对比分析了领导者和管理者后,将两者总结概括为,领导者建立愿景、方向,影响他人参与愿景,激发追随者克服困难,甚至可能实施激进改革。管理者制订计划预算,设计组织机构,安排员工职位,监督控制员工绩效,维持企业秩序。

学界更倾向于后一种观点,即领导者不同于管理者。管理者是被任命的,他们拥有合法的权力,其影响力来自职位所赋予的正式权力;领导者可以是任命的,也可以是从一个群体中自发产生出来的,他可以不运用正式权力来影响他人的活动,显而易见,所有的管理者都应是领导者。但是并不是所有的领导者都具备完成其管理职能的潜能,因此,不是所有的领导者都应该处于管理岗位上。

Mintzberg 确定了为实现组织目标,领导者所执行的三类领导角色,即人际角色、信息角色、决策角色。何时何地采用何种角色,取决于企业技术职能、任务环境、工作性质,以及领导者面临的日常问题。

三、领导的功能和其权力来源

组织功能在于引导组织成员共同实现组织目标,具体地说,即实现企业目标是领导的最终目标。围绕这个目标,领导者必须充分利用主客观条件,制定企业目标与进行决策,合理地使用人力、物力、财力和信息,建立起科学管理系统。French确定了领导权力有五种来源:

(1) 法定性权力,是由个人在组织中的位置决定的;

(2) 奖赏性权力,指个人控制着对方所重视的资源而对其施加影响的能力;

(3) 惩罚性权力,指通过强制性的处罚或剥夺而影响他人的能力;

(4) 感召性权力,指由于领导者拥有吸引别人的个性、品德作风,而引起人们的认同、赞赏、钦佩、羡慕而自愿追随和服从他;

(5) 专长性权力,指因为人在某一领域所特有的专长而影响他人。

第二节　领导特质理论

一、传统领导特质理论

领导特质理论(traits theories of leadership),又被称为"伟人学说",是整个领导领域的基础开端,其理论基础来源于Allport人格特质理论。20世纪早期的领导理论研究者认为,领导的特质(trait)与生俱来,只有天生具有领导特质的人才可能成为领导者,拿破仑、成吉思汗等都是与生俱来的领导者,生下来就具有一系列促使其成为伟大领袖的个人特质。

Echiselli在其《管理才能探索》一书中,研究探索了八种个性特征和五种激励特征。八种个性特征包括:才智,语言与文字方面的才能;首创精神,开拓创新的愿望和能力;督察能力,指导和监督别人的能力;自信心,自我评价高、自我感觉好;适应性,善于同下属沟通信息、交流感情;判断能力,决策判断能力较强,处事果断;性别,男性与女性有一定的区别;成熟程度,经验、工作阅历较为丰富。五种激励特征包括:对工作稳定性的需要;对物质金钱的需要;对地位权力的需要;对自我实现的需要;对事业成就的需要。他的研究结果表明,首先,才智和自我实现,以及对事业成功的追求等,对一个人能否取得事业的成功关系较大,而对物质、金钱的追求及工作经验等则关系不大;其次,一个有效的领导者的监察能力和判断能力也是十分重要的,是驾驭事业航程顺利前进所必不可少的;最后,男性与女性的区别与事业成功与否关系不大。

现在广泛得到认可运用的"大五"人格模型属于特质说,分成神经质、外向性、开放性、宜人性和尽责感5种因素。Timothy对以往有关研究样本数据进行元分析,将领导标准划分成领导气质和领导效率。领导气质是指对他人较少了解时做出的判断;领导效率和绩效呈正相关。元分析结果表明,外向性、责任感和领导气质呈正相关;外向性、开放性和领导呈效率正相关(钟建安和段锦云,2004)。

麦格雷戈提出了 X 理论和 Y 理论。持 X 理论态度者认为员工不喜欢工作,对员工持否定悲观态度,必须对其严格监督,使用外在控制方法;持 Y 理论态度者则持相反看法,对员工持肯定积极态度。自我认知是指个体对其自身所持的肯定或否定态度。只有建立积极自我认知,个体才会具有积极自信特质,才能成为高效领导者或员工下属。积极自我认知,Y 理论态度领导者,一般发出和接收积极回馈信息,期望他人获得成功,允许下属按自己方式工作;积极自我认知,X 理论态度领导者,一般专横、武断、急躁,较多责备他人而非表扬,实行独裁管理;消极自我认知,Y 理论态度,领导者缺乏自信心,不敢做出决策,出现问题时容易自责;消极自我认知,X 理论态度,领导者在出现问题容易责备他人,容易使得下属失去希望。

领导特质理论假设,有效领导者与无效领导者间,领导者与非领导者之间存在着差异,并认为个人特质是领导有效性的预测变量(见图 11-1)。确定高效领导者所具有的各种特质可以通过测量和社会工作等有关个体的个性、性格、能力等实施。虽然领导特质理论取得一定成绩,比如发现成功领导者都具有一系列、一致的独特个性特点,但其理论仅关注领导者本身,忽视领导者工作的情景因素、工作环境等后天因素,因此存在内在局限性。

在该理论后续研究中,反对传统领导特质理论强调遗传、天生的观点,认为领导者个性特征品质,可以在后天实践中形成,通过训练培养加以塑造。

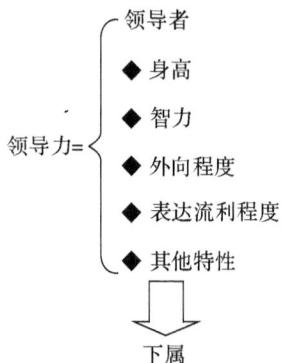

图 11-1　领导特质理论模型

二、领导特质理论新发展——魅力型领导理论

20 世纪八九十年代,经济出现全球化,竞争加剧。在工作环境不断动荡变化中,一些大公司,如 IBM、GE、TOYOTA、SAMSUNG 等,开始公司变革。为在短期内取得成效,迫切需要"魅力型"领导者。一些成功公司领导者、军队领导者,如 Iacocca、Macarthur 等,其不同的性格特征、领导方式等,都和原有领导理论不匹配。有研究者提出魅力型领导理论(charismatic leadership theory),对本组织发挥非凡影响力的人,就是魅力型领导者。德国社会学家 Weber(1947)考察了"魅力",用其描述某人的某种个性特征,把该人看成超自然、超人,具有非凡的、他人未有的神授特质。

Berlew 将"魅力"概念引入组织研究领域,House 在此基础上提出魅力型领导理论,认为领导因素中个人特征是对信念执着、对前途目标具有丰富想象力。魅力型领导者使下属非常相信领导者的看法、观点,无条件接受领导者,对领导者有情感依赖,对领导者心甘情愿服从。领导者通过本身超凡才能和魅力影响下属,从而实现既定目标。House 其后又指出,魅力型领导者要能提出一个有想象力、更远大的目标,赢得追随者支持,要创造成功且胜任的形象,用自身榜样表达其所坚持价值观。Bryman 也提出相同观点,魅力型领导者具有高度自信心,建立未来远景,坚持理想,塑造改革形象,表现创新行为。其根本特质是领导者存在使命感,他人接受该使命。

魅力型领导在一定程度上是"社会交换",交换内容是非理性的情感因素,这是魅力型人格特征核心。魅力型领导理论和"特质天赋论"的区别在于主张领导者的后天可塑性,个体可以经过培训而展现出领袖魅力,成为一名魅力型领导者。魅力型领导理论抛弃了简单根据特质对领导力进行解释的做法,而是在更为复杂的背景下进行讨论。魅力型领导作用模型描述了领导者价值、魅力型领导和组织产出的关系,如图 11-2 所示。魅力型领导者致力于改变下属的以自我为中心的观念,试图将员工个人及其自我观念和整个组织的愿景目标联系起来共同发挥作用;强调工作过程本身的收获,而不看重外在的奖励,期望员工把工作当成自己智慧和能力的体现。

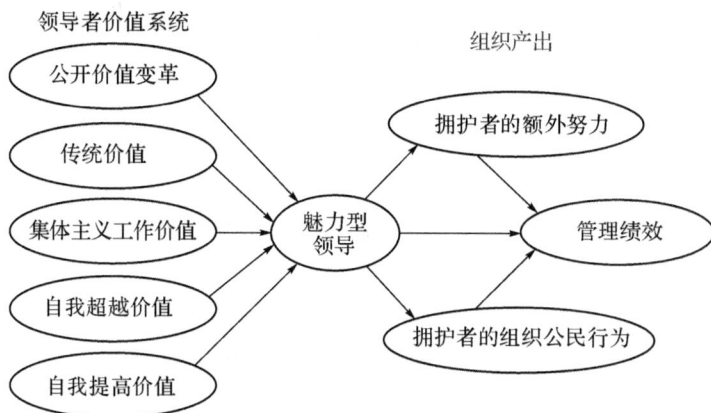

图 11-2 魅力型领导作用模型

第三节 领导行为理论

从 20 世纪 40 年代开始,领导研究从特质研究转向行为研究,扩大了对领导的研究范围。通过研究领导者在领导过程中具体行为,和不同行为对下属的影响,寻找最佳领导行为。领导行为基础是领导特征和技巧,领导风格是领导者特质、技巧及其和下属沟通时行为的统一体。爱荷华大学的 Lewin、Lippitt 和 White(1939)提出专制型领导风格和民主型领导风格,开启领导行为理论(behaviors theories of leadership)研究时代。

美国俄亥俄州立大学学者,把领导行为归为定规维度和关怀维度,使用二维空间四分位图形式表示领导行为。低关怀高定规领导者,最关心的是工作任务;高关怀低定规领导者,较关心领导者和下属间合作,重视相互信任、尊重的气氛;低定规低关怀领导者,对组织和人漠不关心,领导效果较差;高定规高关怀领导者,对工作和人都很关心,领导方式效果一般较好(Stogdill & Coons, 1957)。

密歇根大学学者也把领导行为划分成 2 个维度,员工导向维度和生产导向维度。前者关注人际关系,后者更强调工作技术和任务事项。员工导向领导者和高群体生产率、高工作满意度呈正相关;生产导向领导者则正相反。

在俄亥俄州立大学和密歇根大学学者研究基础上,德州大学学者(Jung & Avolio, 1999)提出领导方格理论,把领导行为分成关注效率和关注员工 2 个维度,每个维度分成 9

个等级,方格共有 81 种组合方式。在方格四角和正中确定 5 种典型类型,(1.1)为贫乏型领导者,对人和事都不关心,最低能领导方式;(1.9)属乡村俱乐部型领导者,只关心人不关心工作,被称之消遣型领导;(9.1)为任务型领导者,高度关心工作、效率,只准下级服从,不关心下属;(5.5)属中间型领导,中等程度关心人和工作,安于现状,维持一般工作效率、士气;(9.9)属协调型领导,同时关心人和工作,协调综合各种活动,促进工作开展,是最高效领导方式(见图 11-3)。

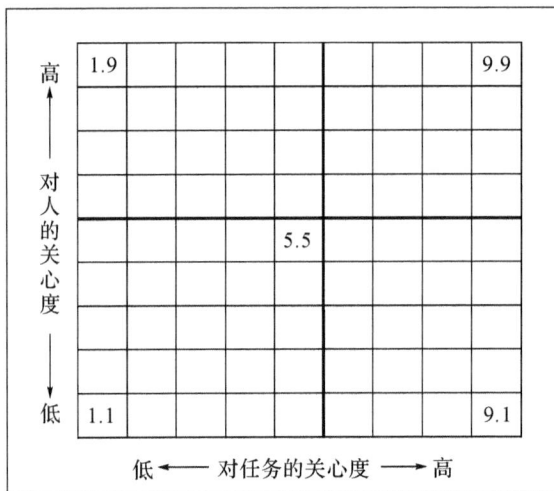

图 11-3　领导方格理论

综上所述,领导行为理论使用因素分析法,把大量领导行为归纳成 2 个维度,寻找 2 个维度的结合,引导影响下属实现特定目标。为领导行为和组织绩效间相关性提供了一定程度证据。但该理论并未说明领导行为和下属相应表现间相互作用的机制,也未找到能够在各种环境中指导领导者做出有效领导行为的领导模式。

第四节　领导权变理论

领导特质理论和领导行为理论试图寻找适合于所有情景的领导风格。但在 20 世纪 60 年代后期,越来越多研究者认为,该领导风格实际并不存在,并且开始寻找解释领导的更为复杂的方法,同时更为关注情景的因素。研究的焦点开始拓展到领导者、下属、领导情景 3 个因素相互影响关系层面,并提出假设,认为领导有效性取决于情景因素,且情景因素可以被分离。据此提出了领导权变理论(contingency theories of leadership)。

一、Fiedler 模型

费德勒(Fiedler,1978)认为,有效的领导者不仅在于他的个性,而且也在于各种不同环境因素和领导者、群体之间的交互作用。Fiedler 将影响领导有效性的环境因素具体分为三个方面:(1)领导者与被领导者的相互关系;(2)职位权力;(3)任务结构。

Fiedler 对三项环境因素做了评估:领导者与被领导者的关系或好或坏,任务结构化程度或高或低,职位权力或强或弱。他指出,领导者与下属关系越好,任务结构化程度(或任务清晰程度)越高,职权越强,领导者拥有的控制力和影响力也越高。反之,领导者的控制力和影响力就越低。Fiedler 将这三个环境变数组合成八种领导工作情景或类型,每个领导者都可以从中找到自己的最佳位置(见表 11-1),如研究任务取向型领导者在非常有利和非常不利的环境下工作更有利。

表 11-1　Fiedler 理论模型

环境特征	领导成员关系	好				差			
	任务结构	高		低		高		低	
	职位权力	强	弱	强	弱	强	弱	强	弱
		I	II	III	IV	V	VI	VII	VIII
	领导类型	非常有利的环境				非常不利的环境			

领导行为是和该领导者的个性相联系的,所以领导者的风格或领导方式基本是固定不变的。当一个领导者的风格或方式与情景不相适应时,解决办法是改变情景,使之与领导风格相适应。

二、领导生命周期理论

Hersey 和 Blanchard 提出了领导生命周期理论(situational leadership theory,SLT),认为下属的"成熟度"对领导者的领导方式起重要作用,对不同"成熟度"的员工采取相应不同的领导方式(Blank,Weitzel & Green,1990)。

"成熟度"(readiness)是指员工承担其行为责任的能力和意愿的大小,包括工作成熟度、心理成熟度、个体的知识和技能。工作成熟度高的人拥有足够的知识、能力和经验,完成他们的工作任务,不需他人指导;心理成熟度,指个体做某事的意愿和动机,心理成熟度高的个体靠内部动机激励而不需过多外部激励。

在管理方格图的基础上,根据员工的成熟度不同,将领导方式分为四种:

(1)指示型(telling)。表现为高工作低关系型领导方式。领导者对下属进行分工并具体指点下属应当干什么、如何干、何时干,它强调直接指挥。在这一阶段,下属缺乏接受和承担任务的能力和愿望,既不能胜任又缺乏自觉性。

(2)推销型(selling)。表现为高工作高关系型领导方式。领导者既给下属以一定的指导,又注意保护和鼓励下属的积极性。在这一阶段,下属愿意承担任务,但缺乏足够的能力,有积极性但没有完成任务所需的技能。

(3)参与型(participating)。表现为低工作高关系型领导方式。领导者与下属共同参与决策,领导者着重给下属以支持及其内部的协调沟通。在这一阶段,下属具有完成领导者所交给任务的能力,但没有足够的积极性。

(4)授权型(delegating)。表现为低工作低关系型领导方式。领导者几乎不加指点,由下属自己独立地开展工作,完成任务。在这一阶段,下属能够而且愿意去做领导者要他们做的事。

根据下属成熟度和组织所面临的环境,随着下属从不成熟走向成熟,领导者不仅要减少对活动的控制,而且也要减少对下属的帮助(见表 11-2)。当下属成熟度不高时,领导者要给予明确的指导和严格的控制,当下属成熟度较高时,领导者只要给出明确的目标和工作要求,由下属自我控制和完成。

表 11-2 领导生命周期

员工成熟度	领导者行为		领导风格
	支持型行为	指导型行为	
低能力、低意愿	低	高	指示型
低能力、高意愿	高	高	推销型
高能力、低意愿	高	低	参与型
高能力、高意愿	低	低	授权型

三、"路径—目标"理论

House 以期望概率模式和对工作、对人的关心程度模式为依据,提出路径—目标理论(path—goal theory),认为领导者工作效率的衡量标准是激励员工达到组织目标,并且在工作中得到满足的能力(House,1971)。领导者的基本职能在于制定合理的、员工所期待的报酬,同时为员工实现目标扫清道路,创造条件。领导方式可以分为四种:

(1)指示型领导方式(directive leader)。领导者应该对下属提出要求,指明方向,给下属提供他们应该得到的指导和帮助,使下属能够按照工作程序去完成自己的任务,实现自己的目标。

(2)支持型领导方式(supportive leader)。领导者对下属友好,平易近人,平等待人,关系融洽,关心下属的生活福利。

(3)参与型领导方式(participative leader)。领导者经常与下属沟通信息,商量工作,虚心听取下属的意见,让下属参与决策,参与管理。

(4)成就指向型领导方式(achievement-oriented leader)。领导者做的一项重要工作就是树立具有挑战性的组织目标,激励下属想方设法去实现目标,迎接挑战。

领导者应该根据不同的环境特点来调整领导方式和作风,当领导者面临一个新的工作环境时,他可以采用指示型领导方式,指导下属建立明确的任务结构和明确每个人的工作任务;接着可以采用支持型领导方式,有利于与下属形成一种协调和谐的工作气氛。当领导者对组织的情况进一步熟悉后,可以采用参与者式领导方式,积极主动地与下属沟通信息,商量工作,让下属参与决策和管理。在此基础上,就可以采用成就指向型领导方式,领导者与下属一起制订具有挑战性的组织目标,然后为实现组织目标而努力工作,并且运用各种有效的方法激励下属实现目标。

四、领导者—下属交换理论

虽然领导特质理论、领导行为理论和领导权变理论在内容上存在很大的差异,但它们都遵循着同一种研究假设,即假定领导者以同样的方式对待其所有下属(average leadership style，ALS)。领导者—下属交换理论(leader-member exchange theory，LMX)的出现，是对 ALS 假定的突破。现实中的领导者会区别对待不同下属，并依据关系亲密程度把下属区分为"圈内下属"和"圈外下属"。领导者时间、精力有限，在工作中对待每个下属态度不同，和下属建立不同类型关系，领导过程重点被转移到领导者和下属间双向互动关系。

LMX 理论最早由 Graen 提出，他认为 LMX 关系形成过程，是一个随时间纵向发展的过程(Graen，1995)。LMX 形成发展包括四个阶段：工作社会化和纵向关系中上下级之间差异性发现、工作情景中 LMX 关系质量的改进、双方共同构建基于伙伴关系的工作生活远景、LMX 从单纯的二元关系上升至团队水平形成团队—下属交换关系。

LMX 情景因素包括：权利主义、控制倾向、能力、任务结构、正式职权、工作组；领导风格因素包括：执行型、支持型、参与型、成就导向型；目标成就因素包括：绩效、满意度。

LMX 相关效果变量研究中，更多考察 LMX 和组织公民行为间关系，应用前景相对广阔(杜红和王重鸣，2002)。自上而下的单向管理，变为上下级之间、员工与团队或组织之间的互动式管理，并与领导的培训发展计划、员工职业生涯发展相结合，促进提高领导技能，增强员工对工作环境的把握能力和对工作困难的克服能力。建立组织内良好的信息沟通网络，改善组织气氛，提升团队合作精神和组织凝聚力。

五、总　结

领导权变理论进步性在于认为领导有效性和情景变量存在相关关系。但局限性也很明显：对于情景变量的考察处在静态水平，员工态度、技能水平等实际上可能发生变化。对情景因素考察缺少整体性，相对预测性较低。

第五节　本土化领导理论

凌文辁在对中、日、美社会规范跨文化比较研究中发现(凌文辁、郑晓明和方俐洛，2003)，这三个国家在社会规范上存在着本质上的区别。在对人的管理上，中国重视"德治"、日本重视"人治"、美国重视"法治"。社会规范是文化的反映，在中国有相当一部分问题，我们都把它看作是道德问题，而在美国却可能被看作是法律问题。

领导是普遍的现象，并不受国界的阻隔。然而领导的内涵、领导的作风以及做法却颇受文化的影响。领导者选择何种作风，在大多数情况下会反映出其所处的文化影响，而不完全由个人意志决定。西方领导理论是基于西方文化创立的，其是否适用东方文化背景有待进一步检验。

中国人在管理中强调管理者道德模范表率作用，提倡魅力型德行领导。在选人用人方面，强调德才兼备，以德为先。对组织、对国家尽忠，对长辈尽孝，对他人施仁；尽伦理之义务，重道德之约束，重内在反省与静心冥思，以规范自己的行为。这些心理行为现象，是中国管理文化的基础。

一、CPM 领导理论

日本大阪大学心理学家三隅二不二在 20 世纪 60 年代初期，提出了领导行为 PM 理论。三隅采用了因素分析方法和多变量解析方法编制了领导行为的测定量表,并使用了 PM 概念。任何一个团体都具有两种机能:P(performance),是团体的目标达成机能;M(maintenance),是维持强化团体或组织体的机能。

三隅等人先在实验室进行了领导类型的模拟实验,后又对各种行业团体的领导进行了现场测定,用以检验 PM 理论模式的效度。他们发现尽管行业不同,但 PM 理论却显示了非常一致性的效果。

凌文辁等人吸收三隅二不二的 PM 领导理论的长处,并结合中国文化背景,提出了中国 CPM 领导行为理论(凌文辁、陈龙和王登,1987)。他们指出,关于行为科学的理论,都是以一定的社会和文化背景为基础的。中国与西方的文化背景相异,国情也不同,中国人自古以来重视人的“德”的方面。在中国评价领导者的领导行为,有必要考虑个人品德因素。设计量表时加入 C 因素,以测定领导者的个人品质(character and moral)。

在随后研究中,凌文辁等人通过理念构想,并在构想的基础上,进行开放式问卷调查,收集条目并编制问卷,对 8792 名被试调查结果进行探索性因素分析,得出三因素模型矩阵,结果发现这三个因素不仅总方差解释率非常好,而且可以重建相关矩阵(凌文辁和方俐洛,2003)。

在 CPM 理论中,P 是完成团体目标的职能,包括计划性和压力等因素。为了完成团体目标,不仅要求领导者有周密可行的计划和组织能力,而且要求对下级严格规定完成任务的期限,制定规章制度和各级职责范围,对执行情况进行检查等。M 是维系和强化团体的职能。职能所造成的压力,会使下级产生紧张感,甚至引起上下级的对抗。职能的作用就在于通过对下级的关怀体贴,消除人际关系中不必要的紧张感,缓和工作中所产生的对立和抗争,对下级进行激励支持,给下级以发言和表达意见的机会,激发自主性,增强成员之间的友好程度和相互依存性,满足下级的需求等,以维护组织的正常运营,保证组织目标的实现。维系和强化团体的机能,C 因素起着模范表率的作用。领导者的模范表率行为,一方面可以使被领导者在工作中的不满得以解除,从而获得心理上的平衡和公平感;另一方面,领导者的模范表率行为,通过角色认同和内化作用,可以激发被领导者的内在工作动机,使其努力地去实现组织目标。

二、家长式领导

在 Silin 最早对中国台湾一家大型企业 CEO 的个案研究之后(Silin,1976),Redding 也采用本土的研究途径开始探讨中国香港、中国台湾、印尼、新加坡等华人家族企业(Chinese family business,CFB)中高层管理者的问题,并指出华人企业的领导具有清晰、鲜明的特色,称之为家长式领导(paternalistic leadership,PL)(Redding,1990)。

目前有关华人的领导研究中,最为深入和被广泛接受的是台湾大学郑伯壎等人提出的家长式领导三元理论(郑伯壎、周丽芳和樊景立,2000)。郑伯壎等人特别强调了家长式领导与西方领导理论本质的区别。西方的领导理论是建立在上司与部属间地位平等的基础上,再找出彼此间权利与义务的工作关系;华人社会则是开始就建立在清楚的上下关系与角色套路中,家长式领导与成员的互动遵循贬低原则、干涉原则以及申辩原则,是不平等的上下关系。

郑伯壎等人将家长式领导界定为:在一种人治的氛围下,所表现出来的严明纪律与权威、父亲般的仁慈及道德廉洁性的领导方式。在这个定义之下,家长式领导包括三个重要的维度,即威权(authoritarianism)领导、仁慈(benevolence)领导、德行(moral)领导。其中威权领导,是指领导者强调其权威是绝对而不容挑战的,对下属会做严密的控制,要求部属毫无保留地服从;仁慈领导是指领导者对下属提供个别、全面而长久的关怀;德行领导则可描述为领导者必须表现出更高的个人操守、修养、公私分明。家长式领导表现出权威领导、仁慈领导、德行领导行为,相对应的是部属表现出的敬畏顺从、感恩图报以及认同效法(见图11-4)。这种对应关系体现了一个基本的假设,即家长式领导的效能是建立在领导者、部属对自己角色的认同,以及部属的追随(followership)之上,否则将导致管理效能降低、人际和谐关系破坏甚至公开的冲突。

在公共服务部门方面的研究结果(周俊三,2003;张德伟,2001)都证实家长式领导广泛存在于各种华人企业组织、团队中,而非仅仅为家族企业所独有,是中华文化下组织的普遍特征,并且进一步证明了家长式领导对于组织或团队的效能不仅有独特的解释力,而且优于西方的领导理论(比如转型领导、交易领导、LMX)。

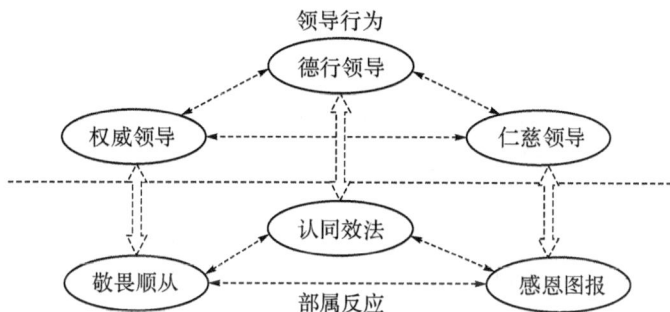

图 11-4　家长式领导与部属反应心理过程

第六节　新兴领导理论和展望

当前世界处于信息时代,知识与信息的分享、观念的变化、组织的变革呼唤新型领导方式。传统工业时代的领导者,掌握着命令权,有控制信息流动的特权,指引着方向,命令或规定部属做什么、不做什么。工业时代的终结和信息时代的开启,要求人们的领导方式和观念发生革命性的变化。信息分享导致削弱传统组织领导权威,扁平化组织方式置换领导基础内涵。社会变革对领导者提出更高要求。企业所面临的经营环境越来越趋于全球化、信息化与多元化。信息科技的发展,知识型员工的不断涌现,使得领导者再也不能以独裁的方式来管理员工。因此,出现了变革型领导理论(transformational leadership theory)、复杂领导理论(complexity leadership theory)等新理论。

一、变革型领导理论

Burns 最早把领导划分成这两种类型:交易型领导(transactional leadership)、变革型领导(transformational leadership)(Burns,1978)。交易型领导模型包括:俄亥俄州立大

学领导模型、Fiedler 权变模型、"路径—目标"模型,交易型领导者经过明确工作角色、任务,指导鼓励下属向既定目标迈进,典型领导行为是奖赏、承诺、维持组织高绩效。相反,变革型领导者以自身领袖魅力,关注员工需求,影响改变员工的工作态度、信念、价值观,鼓励员工为组织利益超越个人利益。

Bass 在 Burns 研究基础上,提出这两类领导类型各自独立,并且更关注员工需求,同时领导者魅力因素是变革型领导必要非全部因素(Bass, 1985)。Bass 建立了涵盖两类领导类型七项因素的模型。变革型领导包括领导者的魅力因素、感召力因素、智力激发因素、个性化关怀;交易型领导包括不定时奖赏、例外管理、自由放任。Bass 随后编制了多元领导特质问卷 MLQ,用于测量变革型领导在领导过程中的优、劣势。

Podsakoff 等人认为,信任是变革型领导和绩效之间最主要的中介变量,对领导信任的下属能够增加特别的努力和对工作内在的满意感,有一种和信任联系在一起的正向的作用,变革型领导间接而不是直接影响组织公民行为(Podsakoff et al., 1990)。

李超平等人利用 14 家企业 744 份调查问卷的结果,采用结构方程模型,对变革型领导、心理授权、员工满意度、组织承诺之间的关系进行了交叉验证分析(李超平、田宝和时勘,2006)。他们将变革型领导和心理授权各分成四个维度进行研究,发现心理授权在变革型领导与员工工作态度之间起着中介作用,但心理授权中只有工作意义和自我效能两个维度在变革型领导与员工工作态度之间起着中介作用,另外,在变革型领导中只有愿景激励和德行垂范两个维度是通过心理授权的中介作用来影响员工工作态度的。

变革型领导理论受到了学术界和企业界的欢迎,目前变革型领导理论已经成为领导理论研究的新范式,并被众多跨国企业用来指导企业的人才选拔、培训和培养。该理论解释了为什么某些领导者可以提升员工的动机、钦佩、尊重、信任、承诺、投入、忠诚和绩效水平。强调象征性行为和在情感上有感染力的行为,比如愿景性的或预见性的、树立榜样的、超常的和支持性的行为,也包括一些认知导向的行为,比如适应性、灵活性、对环境的敏感性和智能激发等。但是变革型领导论缺点在于,其理论主要来自高层次领导团队,推广效度较低。

二、复杂领导理论

组织作为有机系统,其有效性不再取决于英雄式领导者个人,而是取决于内置有机系统的领导实践。组织内不同层级相互依存,维持有机系统存在。领导作为一种关系性过程,是在不同层级上分散出现,被不同层级分担,依靠社会互动关系和影响网络实现的。

复杂领导理论利用复杂科学的基本分析单元——复杂自适应系统(complex adaptive system,CAS)对领导进行了新的解释(Marion & Uhl-Bien,2001)。复杂领导理论建立在中观模型框架下,同时关注个体/团体过程、组织过程等水平。领导不仅仅被看成正式职位或单个权威,还被看成一种动态的、自发性的、互动的过程。主体(agent)在网络动态中,以能产生新行为样式或运行模式的方式相互作用时,引发行动与变化的集体动力,领导将从复杂的相互影响中自发出现。

复杂领导理论框架包括:管理性领导(administrative leadership)、适应性领导(adaptive leadership)和赋能性领导(enabling leadership)三种类型领导,同时着重解释这三种领导角色的相互卷入(entanglement),特别是 CAS 与科层制之间的卷入。管理性领导是一种正式领导,它是指在科层制组织中正式管理职位上计划和协调组织活动的个人和群体行为。适应性领导是一种非正式领导过程,在相互依存的主体进行有意互动中产生,是组织产生适应性结果的主要力量,它提供了组织所需要的革新、适用、学习、改变等要素。赋能性领导作用于其他两种领导之间,授权并维持复杂互动动态,培养并塑造适应性领导,对"管理性—适应性"、"创新—组织"两个维度进行协同,并恰当处理适应性领导与管理性领导的相互卷入。这些领导角色在人员内部、行为内部以及人员与行为之间相互卷入。复杂领导理论关注在等级结构情景条件下,CAS 中恰当互动动态是如何产生的,以及组织成员怎样与这种互动动态相互作用,以产生组织及其子单元的适应性结果,如创新、学习和适应的策略和行为。

复杂领导理论对领导和领导者做了区分,增添了一种对领导的新认识:领导是一种能产生适应性结果的、自发涌现性的、相互影响的过程。该理论把领导者看成以影响这种过程的动力和结果的方式行动的个体。在领导研究中,复杂领导方法采用中观层面模型,同时考察了个体过程、团体/组织过程等水平。它提醒人们,领导不仅是领导者对被领导者的影响,而且还作为 CAS 一种功能,存在于 CAS 动态过程中。

复杂领导理论特别详细解释了适应性领导如何在依然存在科层制等级结构的组织中产生并发挥作用,构建了适用性结果如何在组织中动态地涌现的路径。CAS 是柔性网络形态,无数生态龛(niche)存在其中,主体不均匀地占据着生态龛,因而 CAS 具有局部优化倾向,在受到组织管理性限制时,会产生适应性张力(adaptive tension)。处在混沌状态的CAS 组织充满着冲突和复杂,在不需要外部主体干预下重组内部结构,主体相互竞争合作产生协同行为,最终引起组织的神经式网络动态中自上而下的非正式结果涌现。

复杂领导的视角为越来越多研究者重视和采用。Schneider 等指出 CAS 中的领导,通过调整组织身份和社会运动这两个中介变量,可能间接影响组织(Schneider & Somers,2006)。Plowman 等通过案例研究,支持了复杂系统中的领导者只能影响未来而无法控制未来的观点,指出领导者作为促进者可以打破现有的行为模式,鼓励创新和为他人解读新兴事件的意义(Plowman et al.,2007)。Boal 等研究了 CAS 中的战略领导角色,提出领导者可以通过对话和讲故事塑造主体相互作用的演化过程,建构把组织过去、现在和将来连在一起的共同意义(Boal & Schultz,2007)。

本章小结及对管理者的意义

在信息时代,效率将会在不断加剧的全球竞争中成为重要因素,领导技能正在成为领导者必要装备。对学术界的要求上,既要不断发展与时俱进的领导理论,同时又要应用于实践,在实践中不断取得成功。

最初的领导特质理论是和个人相联系的,以具体领导者为研究对象,但是领导对象因人而异。其后的领导行为理论从人际导向和工作导向等视角考察领导行为的有效性,它克服了领导特质理论的局限,在"领导者—追随者"框架中,用系统观点分析整合整个团队,将领导对象视作多方面动态整体展开研究。再随后的领导权变理论,所倡导的是根据不断变化的实际情况,因势利导寻找最佳解决办法,它更能适用复杂环境需要,更具有生态和现实意义。

在信息化时代,领导理论面临新的挑战,新近发展出了变革型领导理论、魅力型领导理论、复杂领导理论等一系列新的领导理论,以期挖掘新时代更富意义的领导哲学,以期寻求更有适应力的领导内涵,探索更有成效的领导方式。

本章思考题

1. 什么是领导?领导者和管理者相同吗?

2. 简述并评价领导特质理论。

3. 评述俄亥俄州立大学学者提出的领导行为模型和密歇根大学学者提出的领导模型的区别。

4. 为什么以往领导理论不能很好适用于当前知识信息时代?怎么发展以往理论?

推荐阅读及参考文献

第十二章　权力与政治

本章开篇案例

经历了长达 10 小时的针对公司的六西格玛举措会议后,高兹想做的只是回到宾馆房间。高兹是 Service Master 公司的首席信息官。公司位于伊利诺伊州丹尼森市,拥有并运营一系列广泛的家庭服务,包括 Teminix 害虫控制和"快乐的女佣"清洁服务。首席执行官乔恩最近宣布了一项六西格玛计划来改进顾客服务,需要对顾客收集信息并对服务代表的业绩进行汇编。高兹创建了一个数据库以及基于互联网的汇报工具,这样汇报和获取数据对分公司员工的管理者以及六西格玛团队来说都很容易。问题在于,一部分分公司和分部拒绝使用这个新系统。那些习惯于自己开发和完成自己项目的分部管理者对被要求使用集中的数据库感到不太高兴。

因此,经过一天长时间的在田纳西州孟菲斯市 Peabody 宾馆的会议后,高兹决定到酒店大堂去搞一些"政治"活动。他觉得有机会联合一些人来支持运用互联网作为进行六西格玛改善计划的方法,但他还没决定是否要这样做。高兹与每个部门的人会面。在非正式谈话中了解他们对六西格玛项目的看法,他们的目标和兴趣,以及他们期望 IT 技术能如何帮助他们实现自己部门的目标。他知道要使这个 IT 项目成功,他不但要清楚自己的需要和目标,而且还要理解同事的需要和目标。

几个小时后,高兹回到自己的房间,他觉得自己还要应对两个挑战:让分公司员工了解互联网是一个汇报数据的简单工具;说服各个不同部门理解集中运作的价值。多亏了高兹的非正式谈话,他现在充分了解谁是他的联盟,他已经形成了战略来影响他人支持这个项目,因为他会把他们的利益考虑其中。最终各个分公司和分部都采用了这个数据库。通过这个实例,高兹深刻理解了运用权力、政治来完成事情的重要性。

第一节　权　力

一、权力的定义

权力(power)指个体 A(群体 A)对个体 B(群体 B)的行为发生影响的能力(Bass,1990),影响的目的在于达到个体 A 所希望的结果(Daft, 2008)。这种影响通常是通过个体或群体掌握稀缺且重要的资源加以实现(Robbins, 2005)。从定义来看,权力是人与人之间的相互作用,涉及人们之间的相互影响。权力有两个特点:首先,权力是一种能够影响他人或其他群体的能力或者潜力,这种影响是通过依赖关系实现的;其次,权力可以表现出来,也可以不表现出来,而以潜在的形式存在。

依赖性是权力产生的关键。权力是依赖性的函数,某人被依赖的程度越高,这个人的权力就越大(Mintzberg,1963)。如果 A 掌握了某些稀缺资源(包括工作、资本、技术、升迁、解雇、知识、信息等)并且是这些资源的唯一掌控者,而这些资源对于 B 来讲十分重要,那么 B 对 A 就会产生依赖,进而 A 对 B 就拥有了权力(Emerson,1962)。设想你是某公司的一名新员工,在三个月的试用期内,该公司的某主管全权负责对你的工作考核,决定你的去留问题,如果你想留在该公司,那么这名主管就拥有了对你的权力。

依赖性产生的关键在于所掌握资源的重要性、稀缺性和不可替代性。如果你掌握的资源是非常重要的,而且组织成员意识到资源的重要性,他们对你的依赖性就会增加。我们都知道,组织总是力图避免不确定事件的发生(Cyert,1963),所以那些能够减少组织不确定性的个人或群体就拥有了一定的权力。对于高科技企业来说,最有权力的部门应该是研发部门,因为研发部门保证了其产品质量和技术方面的领先优势。研发部门获取权力,一方面在于掌握资源的重要性,另一方面在于资源的稀缺性,即掌握了一些重要知识,这些知识的价值要远远高于随处可得的资源的价值。特别是对那些掌握核心知识的员工,其不可替代性更增强了企业对其的依赖,也就扩展了其权力。

二、权力与权威、领导

权力与权威这两个概念有时会被人们等同使用,但两者在含义上是存在区别的。两者的相同之处是他们都表明一种对人的行为或物的所有权及使用权的控制力和影响力。不同之处在于权威更多与组织制度紧密相连,是一种合理合法权力,即组织通过正式的形式(文件或制度)规定企业中的某个职位拥有一定权力。进而可见,权威也是权力的一种,但它与拥有权力的人无关,而只与企业中的职位有关。权力则不然,它不一定与职位有关,只要一个人(或一个部门)对他人的行为具有控制力或影响力,就说明他们之间存在权力关系。一个人的权力不一定是通过职位获得的,它可以通过其他各种方式取得。如一个职位低的人可能比一个职位高的人拥有更大的权力(如掌握了稀缺资源的员工)。

另外,权力与权威在运用方向上也存在不同。在企业组织中,权威的影响力是随着组织层级纵向向下递减的,即处于组织高层职位的人比处于组织低层职位的人拥有更大的或更多的权威。而权力可以向下运用,即职位高的人员对职位低的人拥有行为的控制权与指挥权,这种向下的纵向权力就与上面分析的权威相似;也可以向上运用,即职位低的人员对职位高的人员的行为拥有更大的控制力和影响力;权力还可以横向运用,即处于企业组织中的某个部门可以对处于同一层级的其他部门拥有更大的控制力和影响力。

领导指确定目标和战略,与他人沟通,影响他人实现预定的目标(Kotter,1990;House,1997)。这种影响的来源可能是正式的,如通过正式任命方式产生,也可能是非正式的,如从群体中自发产生。通过对领导的阐述,我们可以发现,领导同权力在概念上有一定的交织。领导者使用权力作为实现目标的手段。领导的目的在于达到目标,而权力是实现目标的手段。

权力与领导的差异在于:首先,两者的目标相容性不同。权力的关键是产生依赖性,构成权力关系的依赖双方在目标上不一定一致;而领导则强调目标的一致性,通过领导实现双方在目标上的一致。其次,领导者一般都拥有权力,但权力的拥有者未必都是领导者,某些权力拥有者可能通过权力来实现个人目标而非领导。最后,影响方向不同。领导侧重的是自上而下的影响,这点同权威的影响方向类似;权力的影响方向可以是自上而下,也可以自下而上,或者是横向的。

三、权力的来源

对依赖性的理解为探讨权力来源提供了根据。French 和 Raven(1959)提出了一种分类,这个分类中有五种不同类型的权力(见表 12-1)。这种分类极大地影响了对权力研究的结果,但同时也忽略了一些特别重要的权力来源,如对信息的控制(Yukl & Falbe,1991)。

表 12-1　French 和 Raven 的权力分类

奖励权力:目标者顺从以获得影响者所控制的奖励
威胁权力:目标者顺从以获得影响者所控制的惩罚
合法性权力:目标者顺从,因为相信影响者有权做出请求,目标者有义务顺从
专业权力:目标者顺从,因为相信影响者有以最佳方式去做某事的专业知识
参考权力:目标者顺从,因为羡慕或认同影响者,希望获得影响者批准

另一个广为接受的权力来源概念是"职位权力"与"个人权力"的两分法(Bass,1960;Etaioni,1961)。Yukl 和 Falbe(1991)揭示职位权力与个人权力是相互独立的,每个权力包括几个不同但又有部分联系的因素(见表 12-2)。职位权力很大程度上是由组织政策和程序所规定的(Daft,2008),主要包括:来自合法性权威的潜在影响,对资源和奖励的控制,对惩罚的控制,对信息的控制以及对工作环境的控制;个人权力更多的是基于个体的特殊知识和人格特征,主要包括:来自工作专长的潜在影响,以及基于友谊和忠诚的潜在影响。

表 12-2　职位权力与个人权力分类

职位权力
合法性权力:从组织的正式职位获得的权威
奖励权力:控制奖励的能力
威胁权力:实施惩罚的能力
信息权力:对信息的获得与控制能力
个人权力
参考权力:起源于个体对拥有理想资源或人格特质的人的认同
专业权力:源于专长、技能和知识所带来的权力

(一)职位权力

为了建立影响组织成员的途径,组织会根据组织中的不同职位分配权力,因此职位权力是以个体在组织中所处的职位为基础的。处于某种职位的人有权力指导某种行为,并对这些行为进行奖励、惩罚等。

合法性权力(legitimate power)来自与组织职位相关的权威,它代表了控制和使用组织资源的正式职权。如果一个人成为组织某部门经理,那么该部门的其他人就会明白应该在工作中遵守他的指令。下属之所以接受这种权力是因为他们认为这是合法的,是组织职位所赋予的。因此他们会接受领导者设定的目标、制定的决策,特别是对于那些对组织拥有很高认同感和忠诚度的员工,更可能顺从合法性权力。值得注意的是,并非只有领导者拥有合法性权力,普通员工同样可以在自己的工作职责范围内行使权力。

奖励权力(reward power)来自给他人提供奖励的能力。组织成员之所以服从另一个人的指示,是因为这种服从能够给他们带来收益。这种收益可能是金钱的,如加薪、奖金;也可以是非金钱的,如对工作的认可、升职、有利的工作条件等。

奖励权力更多地发生在上下级之间,因为上级控制了某些稀缺资源。同级之间的奖励则更多地表现为任务中的有利交换的形式。而下级对上级的奖励权力在大多数组织中是非常有限的,但下属的工作表现对上级的加薪、升职等也有一定的间接影响。对于那些从组织正式权威系统以外获取资源的下属,他们也拥有了对上级的奖励权力。

威胁权力(coercive power)又称为强制权力,来自实施惩罚或提供惩罚建议的能力,与奖励权力是一对相互对应的概念。如果组织成员意识到不服从上级的指示可能会产生消极的后果,出于对消极后果的惧怕,他们会选择服从。威胁权力的形式包括停职、降级、解雇、分配不好的任务等。在当代组织系统中,明确的惩罚并不多见,多以隐形方式出现,比如持续的批评打击、漠视等。这些惩罚对组织绩效会产生很大的负面影响。除非绝对需要,否则最好避免使用威胁权力。

信息权力(information power)来自对信息的获得与控制。在组织中,对于那些拥有组织成员所需要的知识、资料或信息的人来讲,他们就拥有了信息权力。而组织某些重大决策需要大量信息时,对信息有控制权的部门或个人同样拥有了极大的信息权力,这种权力足以对上级的决策产生影响。

通常领导者掌握外部事件重要信息的流动,因此就可以利用这些信息影响下属的态度和行为。比如一些经理人将自己控制的信息作为加强自身专业权力和增加下属依赖性的一种方式。当然,这种信息的控制会使下属缺乏对事件的了解,并且可能使领导者掩盖自己的错误或失败。

(二)个人权力

参考权力(referent power)来源于个体对拥有理想资源或个人特质的人的认同。参考权力主要通过"个人认同"的影响过程表现出来。人们更可能答应自己非常尊敬的人的请求,有时会刻意去模仿所尊敬的人的某些态度和行为。参考权力可以解释名人效应,为什么很多组织愿意投入数百万美元请名人为产品做广告,因为这源自消费群体对名人的崇拜及渴望自己成为那样的人。

参考权力主要取决于个体的品质和真诚,而非个体的职位。个体表现出对他人需要和感情的关心,信任与尊重,公平待人,公正处事,其参考权力都会增加。参考权力发挥作用则更多地通过"榜样角色"加以实现。通过自身的榜样作用,影响他人模仿自己的行为模式等。

专业权力(expert power)来自任务有关的专长、知识和技能。随经济的发展,分工越来越细,专业化越来越强,由此导致专门的知识、技能成为权力的一种主要来源。当组织任务的达成需要借助某些专业知识或技能时,掌握知识或技能的个体就拥有了专业权力。

与领导者相比,某些一线员工或基层下属比他们更了解技能、专业知识方面的细节,因而具有较大的专业权力。

在组织中,拥有专业权力的员工实际上拥有很大的话语权,但是也要注意专业权力的使用方式。应避免一味地提供个人的专业建议,忽略他人感受和意见,以免引起他人憎恶。

四、权力获取与失去的理论解释

权力不是固定的,随着组织环境和某些条件的变化,权力会随着时间变化。描述权力如何获取或失去的两个理论是"社会交换理论"和"战略权变理论"。两种理论关注不同层次的分析权力过程,但都强调专业知识对获取权力的重要性。

(一)社会交换理论

社会交换最基本的形式是利益的交换,不仅包括物质利益,也包括精神利益,诸如认同、尊敬等(Blan,1964;Homans,1967)。Hollander(1979)和Jacobs(1970)关于社会交换的研究明确涉及了组织中的权力。

员工所期望的一个人在组织中应有的权力受到个人忠诚和表现出的才能的影响。团体评价个人与他人的贡献时,个人的地位和权力是至关重要的,特别是在高权力距离的国家更是如此。贡献涉及控制稀缺资源、处理重要任务的能力以及为达成团体目标提供建议的能力。当权力拥有者表现出上述行为时,团体对其的信任增加,个人的权力就得到了加强。相反,如果权力拥有者的决策导致了失败,而且失败不是由于超出其控制的环境因素引起的,那么权力拥有者可能就面临着失去团体信任,进而面临失去权力的危险。

权威和职位权力来自上级任命,使得权力拥有者很少依赖下属对他们能力的评价,但如果权力拥有者经常表现出无能,那么最终会破坏他的合法权威,失去对卜属的权力。

(二)战略权变理论

个体或下属单位在处理组织面对的战略问题上也能获得权力,如决定组织的竞争战略,在下属单位与活动间分配资源等。战略权变理论假定下属单位或个体的权力依赖于三个因素:处理重要问题的专长、在工作流程中处于中心位置、专长是独一无二的。

成功解决对组织十分关键的问题是下属单位或个体获取专业权力的一个来源,特别是那些对组织生存和发展具有重要作用的战略问题。比如对于一个高新技术公司,其成功与否取决于能否开发出新产品。对于公司战略来讲,用以开发新产品的知识和专长就极为重要,研发部门就具有很大的权力。另外,如果个体或下属单位处于整个工作流程的核心,没有他们,其他单位或个人就不能执行自己的任务,他们也就获取了很大的权力。

通过确定组织的战略权变因素,然后控制它们,这样个体或下属单位就可能获得权力。可以看出,战略权变权力同样来自依赖性。

五、权力的运用策略

权力的运用策略是指权力拥有者会通过某些手段或方式来运用他们的权力,以此影响他人,获取理想结果。权力的运用需要一定的技巧和意愿,大量的研究表明,权力拥有者为了获取自己想要的东西通常会采用一些标准化的做法。Kipnis 等通过调查研究发现,权力拥有者在运用权力时通常使用以下七种策略。

(一)理性说服

这是权力拥有者最常使用的策略。通过事实、数据或逻辑争论去说服他人接受自己的提议和想法,让他人感觉这是完成任务或达到目标的最好方法。不管是管理者影响上级,还是管理者影响自己的下属,理性说服都是使用频率最高的策略,并且非常有效。特别是权力拥有者具备相应的知识和技能(专家权力)时,理性说服最为有效。

(二)取得成员喜爱

提出请求之前,表现出足够的尊重与信任,待人友好,关心他人,这种友情似的策略取得的效果也是非常显著的。因为人们通常不会拒绝自己喜欢或尊重的人的请求。在一些重视人际关系的国家,采用这种策略更容易达成自己的目标。此外,人们都喜欢能给自己带来良好感觉的人,因此,适当的表扬是不可缺少的。

(三)结盟

结盟是指针对某一件事,建立一个非正式的群体联系,以获得积极的效果(Kotter,1992)。通过结盟方式将个体的资源加以整合,从而提高各自的权力和收益。对于那些认为自己不能够获取足够权力以完成任务的个人来说,结盟是扩大自己权力的重要途径。工会就是结盟的一个典型例子,单个罢工工人是非常容易被替换的,而替换全部的罢工工人则是非常困难的,因此,很多工人加入工会,以此提高自己无法获取的权力和利益。

(四)交换

个体 A 所提供的某种东西是另一个体 B 想要得到的,作为交换,B 必须做出 A 想要的行为。在交换中,双方都付出了他们认为自己能够付出的东西,并且获得了各自想要的东西。交换策略要想起作用,一方提供的东西必须是另一方想要的,并且与另一方的付出和努力相当。交换策略短期内效果非常明显,但随着时间增长,效果会逐渐下降。交换策略的权力基础多是职位权力和资源权力。

(五)硬性指示

直接采用强制、威胁的方法,要求个体服从,遵照命令指示。组织中发脾气的老板就是采用硬性指示作为自己的影响手段。硬性指示策略在短期内效果较好,但长此以往将对组织产生巨大的破坏力。因此,这种权力运用策略除非成为最后的选择,否则不应该常用。

(六)高层权威

从组织更上一级领导那里获取支持以强化自己的要求。通过从上级获取的支持来加强自己的权力,这也是权力拥有者经常采用的策略之一。特别在一些高权力距离的国家,权力拥有者经常采用各种方式拉近与上级领导的距离,借助上级的权威增加自己的权力,扩大自己的影响力。

(七)使用规范和程序

这是指权力拥有者充分运用组织制定的规范和程序增强自己的权力。在组织中,多数权力拥有者都是通过组织规范和程序来施加影响力的。在功能性组织中,专家能够通过一系列的规则的程序来表达他们的意愿。如果有足够的权力来源作为保障,那么对规则和程序的使用就是一种很有效的权力策略。

在运用权力策略时,有五种因素会影响到策略的选择。分别是:管理者相对权力大小;影响他人的目的;对他人服从可能性的预期;组织文化;跨文化差异。因此权力拥有者在运用策略时,应该考虑到上述的五个影响因素,选择合适的影响策略。

第二节　组织政治行为

长期以来,西方管理学界对组织权力的来源、构成以及运用方面进行了非常系统的研究。许多学者注意到,管理者并非完全按照组织已制定的程序或规则来获取或行使手中的权力,即组织中的管理者并非完全将组织利益放在首要位置,可能通过掌握的权力来满足自己的个人利益。据此,有些学者开始提出组织政治行为(political behavior in organization)这一概念。从 20 世纪 70 年代中期以来,随着对该问题研究的深入,西方理论界专门形成了一个新的研究领域——组织政治学(又称组织政治行为理论)(organizational politics)(Pfeffer,1978;Allen, 1979),该领域已经成为组织行为学、组织结构理论的重点研究对象。

一、组织政治行为的定义

关于组织政治行为的定义至今尚未达成共识,但多数研究者认为组织政治行为是指个体、团队或部门采取未经组织认同的行动来影响他人去实现自身目标的行为总称。

定义的核心主要表现在三个方面:首先,组织政治行为是一种自利行为(Ferris,1996),组织成员试图改变或影响他人的行为或态度从而增强或保护个人利益;其次,行为目标一般与组织目标相反(Mayes & Allen,1981;Ferris, 1989);最后,组织政治行为常常会引起冲突(Ferris,1989)。

组织政治行为的定义根据道德取向不同,有两种截然不同的观点。一种观点认为组织政治行为是消极的,是一种自利性行为,代表了组织生活的黑暗面(Woodman,1985;Wilson, 1996)。迈耶斯(1977)认为组织政治行为是指员工为达到组织不许可的目标或者运用组织不许可的手段达到组织许可的目标而进行的印象管理,其结果可能导致组织机能障碍。因此,组织应当避免出现组织政治行为。

另一种观点认为组织政治行为是一个中性概念,既有积极作用,又有消极作用。组织政治行为作为一种自然程序,用于解决组织内部不同利益群体的分歧。普费弗(1981)认为,组织政治行为是行为主体为获得、运用权力和其他资源而采用的各种行动,以便在意见不统一或情况不明时能够获得预期的结果。

Mandison 等(1980)则不同意将上述两种观点截然分开探讨,他们认为组织政治行为实际上是一个硬币的两面,是一把双刃剑。他们通过对 30 个组织的管理者实证研究证明了这一点,并认为管理者能够鉴别某种组织政治行为的影响有害抑或有益,并较为详尽地罗列了有害和有利的具体内容。

二、组织政治行为存在的基础

在西方国家,政府对企业干预和影响的日益增强、市场竞争的不断加剧以及企业作为一支重要的社会力量的发展和社会民主意识的提高推动了组织政治行为的发展。在多数组织中,组织政治行为已经非常普遍。Pfeffer(1981)在其著作《组织中的权力》中提出三种决策模式,即理性模式(rational model)、政治模式(political model)和混合模式(mixed model)。他认为,现实中很少有组织能满足理性模式或政治模式发生所需条件,组织常态则介于二者之间。因此,他提出一种新的决策模式——混合模式,该模式的提出旨在证明政治行为普遍存在于组织当中。

组织政治行为存在的一个原因在于有限资源的分配。由于组织是由不同价值观、目标、兴趣的个体和群体组成的,这就形成了对于资源分配方面的潜在冲突。而组织资源通常是十分有限的,不可能满足所有人的利益。一方获得资源和利益可能是以另一方损失资源和利益为代价的。这样就导致了对有限资源的竞争,从而使潜在的冲突变为现实冲突(Roma,1990)。为解决冲突,完成预定目标,人们往往会选择依赖于组织政治行为。

存在组织政治行为的另一个重要因素在于权力竞争。通常组织中的资源权力和职位权力是有限的,只有少数人掌握资源的控制和分配权。但是,专家权力和个人权力却都是人人能享有的。每个成员都可以提高自己的个人威信或专业能力,以此来扩大组织的总体权力和自己的个人权力,从而形成一种封闭性的竞争。封闭性竞争中一个集团权力的增强意味着另一个集团权力的减弱。如果竞争的规则比较模糊,那么这种权力竞争就会带来冲突,从而导致组织政治行为的产生。

最后,环境的不确定性同样会导致组织政治行为的存在。在现代信息化时代,多数组织决策是在不确定条件下做出的。决策所依赖的事实很少是完全客观的,这样对于决策的解释同样充满了多样性。组织成员会利用各自的权力和影响来对决策做出解释,以此来支持自己的目标和利益,最终产生了"出于个人利益目标的组织政治行为"。

另外,组织制度不明确、各部门权力大致相当也会导致组织政治行为的产生。

三、组织政治行为的影响因素

尽管多数组织中,政治行为已经非常普遍,但是并非所有组织或群体的政治状况都是相同的。即使在同一组织中,各个部门之间表现出的组织政治行为也会有所不同。影响组织政治行为的因素有很多,Ferris(1989)把影响企业政治知觉的因素分为三类:(1)组织影响,包括集权程度、组织规范化程度(如规章制度是否健全,是否严格按照制度办事等)、等级地位和管理幅度四个因素。(2)工作环境的影响,包括工作自主程度、工作多样程度、反馈、沟通、晋升与提高的机会。(3)个人特征,包括年龄、性别、马基雅弗利主义和受教育程度。Valle 和 Perrewe(2000)把影响因素分成两类:(1)个人因素,包括权力需要、马氏系数、控制点和自我监控能力。(2)组织因素,包括模糊性、竞争程度和企业文化。到目前为止,Robbins(1995)对组织政治行为影响因素的分析最为深刻。他从个人和组织两个方面探讨了组织政治行为的影响因素。个人方面主要指组织成员的独特品质;组织方面主要指组织文化或组织内部环境的结果。具体见表12-3。

表 12-3　影响组织政治行为的个人和组织因素

个人因素	
●低自我监控	●高自我监控
●低马基雅弗利主义	●高马基雅弗利主义
●外控型	●内控型
●对组织投入较少	●对组织投入很多
●可供选择机会较少	●可供选择机会较多
●对成功的期望不高	●对成功拥有很高期望

组织因素	
●资源重新分配可能性不大	●很可能重新分配资源
●高度信任	●缺乏信任
●晋升机会不多	●良好的晋升机会
●角色清晰	●角色模糊
●明确的绩效评估系统	●绩效评估系统不明确
●专制化决策	●民主化决策
●大公无私的管理层	●自私自利的管理层
●绩效压力不大	●高绩效压力
●双赢的报酬分配体系	●零和的报酬分配体系

1. 个人因素

个体水平上，一些人格特质、个人需要等因素可能与组织政治行为有关，例如高自我监控、内控型、高马基雅弗利主义的员工更可能卷入组织政治行为（Biberman，1985；House，1988；Ferris，1989）。高自我监控者通常对组织环境更敏感，表现出更强的遵从倾向，更可能参与组织政治活动。内控型的员工通常希望能够主动地控制环境，使其符合自己的愿望。而高马基雅弗利主义者参与组织政治活动更多是因为高权力需要，渴望能够掌控一切以满足自我利益。

另外，对组织的投入、可供选择的余地、对成功的预期等都会影响到组织成员卷入政治活动的程度。如果成员对组织投入较多，那么离开组织意味着要付出巨大代价，通常不会卷入组织政治活动，特别是一些不合法的政治活动。选择余地越多，越可能产生组织政治行为，因为拥有其他选择，那么成员就可以在组织中尽量争取自己的最大利益，即使失败，也可以重新做出选择。

2. 组织因素

组织因素对组织政治行为的影响要远远大于个人因素。很多研究表明组织特定情景和某些组织文化促进了组织政治行为的产生。

对资源的重新分配往往会产生大量的组织政治行为。这一点在组织变革的时候最为常见，因为组织变革意味着对原有资源重新洗牌，原来的利益格局会产生变化。这样不想失去原有利益的个人或群体同其他想要扩大自己利益的群体和个人会产生冲突，促使组织政治行为的产生。

一般来讲，组织信任程度越高，组织政治行为发生的频率就会越低。高度的组织信任可以有效抑制组织政治行为。而员工行为角色模糊的组织,也会产生大量的组织政治行为。

不明确的绩效评估系统会极大地促使员工参与政治行为。特别是组织绩效评估缺乏客观的标准,单纯强调某一项指标、评估标准单纯由某领导确定,这些都会促使组织政治行为愈演愈烈。

民主化决策是现代组织中一种普遍的决策形式,它使员工可以提出自己的见解,同时决策者应尊重他人意见,更加依赖群体的力量。但是,这种民主化决策形式反而在一定程度上促进了组织政治行为的出现。领导者为获得更大的权力、避免分享权力,下属成员为获得更多的话语权,都会不同程度地卷入组织政治行为。

自私自利的管理层会影响组织成为滋生组织政治行为的温床。下属的组织成员会受到组织中管理层的行为方式的影响,特别是看到高层通过政治行为获取成功之后,整个组织就会形成一种支持政治行为的氛围,促使员工卷入组织政治行为。

零和的报酬分配体系最为强调的便是零和,即非输即赢的报酬体系。一个群体或个体的利益获取总是以其他群体或个体的利益损失为代价的。这样大多数个体或群体就会受到激励去参与组织政治行为,从而尽可能扩大自己的利益,减少损失。

最后,高绩效的压力同样会使员工卷入政治行为。如果要时刻保持高绩效,员工就会想尽一切办法来确保自己的绩效水平,其中就不乏政治行为。

四、组织政治技能

政治在组织中是一个普遍现象,过去的几十年里组织政治引起了人们的广泛兴趣,研究者对组织政治的定义不尽相同,但其共同点是组织政治代表个体在组织中采取不被组织认可的自我服务行为(Witt,1998)。但是为什么有的人的政治行为会取得成功,而有的人的政治行为会失败?Pfeffer(1981)提出了政治技能(political skill)的概念,并认为个体要想在组织中获得成功必须具有政治技能,正是政治技能的差异导致了政治行为的结果不同。

Mintzberg(1985)认为,为了更有效地生存,个体必须劝说他人、影响他人和控制他人,并把这种能力称为“政治技能”(political skill)。Ferris等(2002)把组织政治技能定义为:一种个人风格,包括社会知觉或社会敏锐度,在不同的环境或变化的情景中调节自己行为的能力,它通过引发信任、自信和诚恳,有效地控制和影响他人的行为,以达到个人或组织的目标。

组织政治技能是一种综合的社会能力,包括认知、情感以及行为操作等。Ferris和Treadway等(2005)认为,组织政治技能包括四个维度:社会敏锐度(social astuteness),指个体具有观察周围事物的敏锐性以及融入不同社交情景的能力;人际影响力(interpersonal influence),指个体具有在人际间运用其机敏的思考力和应变力来让人信服或影响他人行动或决定的能力;关系网络能力(networking ability),指个体善于与各类型的人发展出良好关系网络的能力;外显真诚性(apparent sincerity),指个体在人际互动中给人以较高的诚信、可靠及真诚的感觉。

拥有高政治技能的员工不仅具有良好的人际互动的能力,而且还具有建立关系网络和社会资本的能力——由于兼具人际互动风格和社交效能,政治技能会令个体在面对不同或变化的情景下自信地调整其行为,使他人受到影响与控制(Ferriset al.,2005)。这类员工往往具有很强的社交敏锐性、印象管理和人际影响能力,针对不同的情景和对象灵活地开展各种人际互动,使用合适的策略达成效果。

关于组织政治技能影响因素的实证研究并不多。Ferris 等(2007)提出了组织政治技能的影响因素模型,Ferris 等认为影响政治技能的主要因素有洞察力(perceptiveness)、控制(control)、亲和力(affability)、主动影响(active influence)及发展经验(developmental experiences),如图 12-1 所示。

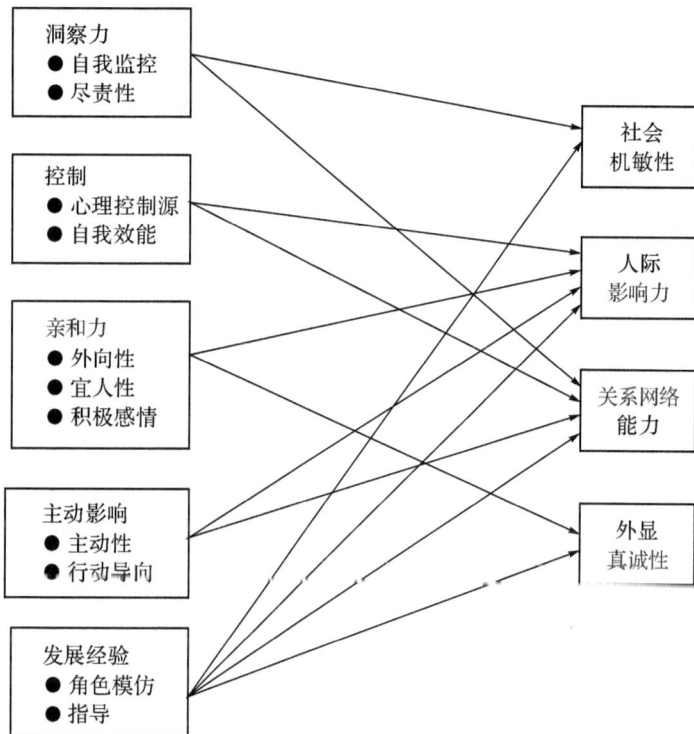

图 12-1 政治技能的影响因素模型

洞察力代表一种阅读和理解社会情景的能力,体现为个体监控、调节自己的行为的能力。洞察力可以预测政治技能的社会机敏性和关系网络能力维度。最具典型性个体的自我监控水平会影响个体的社会机敏性及关系网络能力的高低。

控制即个体在多大程度上感觉能够控制自己及周围的环境,包括心理控制源和自我效能。心理控制源是个体对奖励和惩罚的普遍的预期,自我效能指个体在多大程度上相信他们有能力组织和执行某种行为以获得某种结果的信念。个体的能够控制他人及环境的信念使得个体在影响活动中愿意投入更多的资源,因而会有益于人际影响的成功以及能力的提高。

亲和力反映的是个体的一种对人友好的、令人喜爱的以及人际愉快的倾向性,亲和力体现在外向性、宜人性以及积极情感上。模型认为亲和力可以预测政治技能中的人际影响力、关系网络能力以及外显真诚性。

主动影响代表个体的一种很强的行动导向的特性,这样的个体愿意主动地去采取行动以实现目标,包括主动性与行动导向。主动性和行动导向与政治技能中的人际影响与关系网络能力存在高度相关,有显著的正向预测作用。

政治技能可以表现为一种可以发展的习得行为。个体可以通过特定的训练或相关的经验提高政治技能的水平。例如,角色模仿和指导可以影响政治技能的四个维度。

大量研究表明组织政治技能对员工的工作绩效有正向的预测作用。Semadar 等(2006)比较了政治技能、自我监控、情绪智力与领导效能对管理工作绩效的影响,发现政治技能是工作绩效最有力的预测因子。Ferris 等(2007)研究表明相对于任务绩效,政治技能在预测关系绩效时更有效。Kolodinsky 等(2004)研究发现政治技能与工作满意感呈倒 U 形的曲线关系,与工作紧张感呈 U 形曲线关系,即政治技能处于中等水平时,个体的工作满意感最高、工作紧张度最低,政治技能过高或过低均与较低的工作满意感及较高的工作紧张度相联系。

组织政治技能除了作为直接影响员工绩效的自变量外,还能通过调节一些变量与绩效间关系间接影响工作绩效的调节变量而存在。Hochwarter 等(2007)研究发现政治技能可以调节工作紧张与工作绩效之间的关系,表明政治技能可以减少由紧张带来的对工作绩效的消极影响。Breland 等(2007)研究发现政治技能可以调节领导—下属交换关系(LMX)与感知的个人职业生涯成功之间的关系。Treadway 等(2007)关于逢迎行为(in-gratiation behavior)的研究也证明了政治技能的调节作用。

五、组织政治认知

Mintzberg(1985)曾指出组织是“政治竞技场”,只要有组织,便会有政治活动的产生。由于组织政治行为通常是高度隐秘和象征性的,因此面对相同的政治行为,不同的人会产生不同的知觉(Ferris,1989)。相同的行为,有的员工会认为是组织政治行为,而有的员工可能认为并不是组织政治行为,这取决于员工对组织政治的自我感知。

组织政治认知(perception of organizational politics, POP)是指组织员工对工作环境中自利行为发生程度的主观评估,其中包含了个体对这种自利行为的归因(Ferris, Harrell & Dulebohn, 2000)。这一定义包含三层含义:组织政治认知是个体对组织内其他人行为意图的归因;行为的目的是自利;组织政治认知是对组织内政治行为的主观感受。

影响员工组织政治认知的因素主要有三个方面:组织因素、工作环境因素和个人因素。(1)组织因素,主要包括集权、正式化、控制范围、确定性四个要素。Eisenhardt 等(1988)发现,组织集权化提高时,组织政治认知也相应提高。Poon 等(2003)的研究表明集权化与组织政治认知呈显著正相关,而正式化与组织政治认知呈显著负相关。Fandt(1990)认为当工作环境存在高度不确定性和模糊性时,组织政治行为最可能产生,员工的组织政治认知也较高。组织正式化程度较高时,员工认为不会产生大量的组织政治行为。当组织控制范围增大时,给予每个员工的关注会减少,并可能导致组织不确定性的增加,从而产生组织政治行为。(2)工作环境因素,主要包括工作自主性和工作多样性。工作自主性和多样性可减少工作环境中的不确定性和模糊性,进而降低组织政治认知(Vall & Perrew, 2000)。此外,同事间关系也会影响到员工的组织政治认知,如果同事间关系较好,员工的组织政治认知较低。(3)个人因素,主要是个性特征。Marrison(2001)研究表明高马基雅弗利主义和控制点能够有效预测个体的组织政治认知。关于性别和年龄在组织政治认知上的差异,不同的研究者得出了不同的结论,在此就不做赘述。

员工的组织政治认知对组织和个人都具有很大的影响。频繁的组织政治行为往往损害组织成员的利益,因此组织政治认知通常与员工的消极态度和行为相联系。Ferris(1998)使用回归技术表明组织政治认知与工作满意度呈负相关。Kacmar(2000)使用结构方程技术也得出了同样的结论。Cropanzan 等(1997)的研究表明组织政治认知同工作压力呈显著负相关。Poon(2003)认为组织政治认知与工作焦虑负相关。Witt 等(2000)的研究指出离职倾向与组织政治认知呈负相关。大量研究表明组织政治认知同工作绩效、组织承诺之间呈显著负相关(Randall, 1999;Vigoda, 2000;Kacmar,1999)。另外,组织政治认知也会影响员工的心理应激水平(Cropanzano,1997)和组织间信任(Poon,2003)。

六、权力和组织政治行为的道德问题

权力和组织政治行为的使用可能对组织有利,也可能同组织目标相违背。这涉及两者是否符合道德规范。如果权力与政治行为同组织目标、团体利益和个人权利相一致,那么其就是符合道德规范的。而不符合道德规范的权力和组织政治行为主要表现在两个领域:性骚扰和个人与组织目标间的冲突。

(1)性骚扰(sexual harassment)是不道德地使用权力的典型。性骚扰是指任何个体不想做的带有性实质的活动,但这些活动会影响个体的雇佣情况。性骚扰已经成为组织越来越关注的问题,但是对于性骚扰的具体内容尚未达成一致意见。Kleveland 等(1993)的研究表明:权力是理解性骚扰的核心。上级与下属在权力上存在不平等关系,正式权力使得上级能够对下属进行奖励和惩罚。下属在工作场所特别依赖领导者,以此来获取资源。当获取资源依赖于提供性或忍受性胁迫时,处于依赖地位的个体就受到性侵犯,而不管领导者事实上是否真正地控制资源。

此外,同事之间同样存在性骚扰现象。尽管同事之间不存在法定性权力,但是他们可以借助某些手段为资本来骚扰他们的同事。同事最常使用的手段包括控制信息、拒绝合作等。在讲究团队配合的今天,这种现象尤为常见。

性骚扰不仅是不道德的,更是违法的,而这正是权力滥用的典型表现。

(2)个人与组织目标间的冲突。个体将组织政治作为达到目标的手段。当个体通过组织政治行为或权力吸引其他组织成员完成组织目标时,这种行为无疑是有利于组织的。但是当个人目标和组织目标发生冲突时,如果个体的组织政治行为仅仅为了达到个人的利益,而不考虑这种行为是否符合组织目标,那么行为就是不道德的。但是在组织中,权力拥有者经常将服务自我的行为解释为为了组织的利益。因此,组织需要弄清楚权力拥有者采取政治行为的真正目的。另外,使用政治行为时是否尊重他人的权利、是否符合公平公正原则也是判断组织政治行为是否符合道德准则的依据。

本章小结及对管理者的意义

拥有权力能够帮助个体在组织中获取成功。权力意味着他人对于自己的依赖,同时

自己能够通过权力去影响他人的态度和行为。权力产生的关键在于依赖性,增加他人对自己的依赖性就增加了自己的权力。权力不同于权威和领导。权威是以组织中正式职位为基础的;权力则是以影响力和控制力为基础的。权力和领导在目标相容性、影响方向等方面都存在差异。

权力主要来源于两个方面:根据组织中的正式岗位所产生的影响称之为"职位权力",包括合法性权力、奖励权力、威胁权力、信息权力;来自个人人格特质或知识技能方面的潜在影响称为"个人权力",包括参考权力和专业权力。

权力的获取与失去主要有两种理论解释:社会交换理论和战略权变理论。这两种理论都强调专业知识对获取权力的重要性。权力拥有者为达成个人或组织目标会采用不同的策略。这些策略主要包括:理性说服、取得成员喜爱、结盟、交换、硬性指示、高层权威、使用规范和程序。其中理性说服是权力拥有者使用最多的策略。权力策略的使用会受到某些权变因素的限制,其效果也各不相同。

组织政治行为在现代组织中十分常见,有效的管理者会接受组织的政治本质。组织政治行为的产生受到个人和组织两方面的影响,个人方面包括自我监控类型、马基雅弗利主义、控制点、组织投入、可供选择机会、对成功的期望;组织方面则包括资源重新分配可能性、信任度、晋升机会、角色清晰与否、绩效评估系统、决策方式、管理层风格、绩效压力、报酬分配体系。

组织政治行为结果的好坏取决于个体的组织政治技能。组织政治技能会影响员工的工作绩效。那些具有政治敏锐性、能够合理利用自己的关系网络和人际影响力的员工,其绩效评估结果会更高,薪水提高更快,晋升机会会更多。相反,那些政治技能有限或政治敏感度不高的员工,工作满意度往往不高,并且容易产生焦虑和离职。

组织政治认知是对组织中政治行为的知觉,主要受到组织因素、工作环境因素和个人因素的影响。组织政治认知对员工的工作绩效产生负性影响,并影响组织的效能。

一个不恰当使用权力的行为领域是性骚扰。性骚扰使组织不能够合理地使用人力资源,对组织有极大的负面影响。当个人目标与组织目标间产生冲突时,将会出现道德挑战。判断组织政治行为是否符合道德准则,主要依据政治行为是否同组织目标相一致,是否尊重了他人权利,是否符合公平公正原则。

本章思考题

1. 什么是权力?权力的关键是什么?如何获得权力?

2. 权力与权威、领导有哪些区别与联系?

3. 哪些权力来源于个人?哪些权力来源于组织?

4. 为达到目标,权力拥有者一般会采取哪些运用权力的策略?

5. 给组织政治行为下个定义,关于政治活动在组织中已经成为普遍现象,谈谈你的看法。

6. 影响组织政治行为的因素主要有哪些?

7. 什么是组织政治技能?影响组织政治技能的因素有哪些?

推荐阅读及参考文献

8. 谈一谈你对权力与组织政治行为产生的道德问题的看法。

第十三章　冲突与谈判

本章开篇案例

在韩国近现代经济发展史上，现代集团创造了太多的第一：第一家造船厂、第一家汽车厂、第一条高速公路……也是它，率先在全球创出"Made in Korea（韩国制造）"的牌子，成为韩国企业走向世界的领头羊。难怪现代集团的员工曾自豪地说："世界了解韩国，是从了解现代开始。"

20世纪末的整整10年中，现代集团一直雄踞韩国大企业集团排行榜榜首，鼎盛时期拥有80多个子公司，18万名员工，业务横跨汽车、造船、建筑等数十个行业，总资产高达97万亿韩元（1美元约合1000韩元），年销售额相当于韩国政府全年的预算。

2000年3月27日，韩国现代集团创始人郑周永在总裁会议上宣布由其子郑梦宪为集团继承人，郑梦九管理现代的汽车业务，郑梦准掌控现代重工业集团，现代家族一分为三。

现代集团最优质的资产现代汽车和现代重工独立出去后，其他十几家企业大则大矣，却多是负债累累，集团还要承受对朝投资的重负。郑梦宪因涉嫌政治献金频繁接受调查，而同胞兄弟对其处境却冷淡漠视。郑梦宪独自承受着大厦将倾的悲哀。2003年春天的一个凌晨，他从现代总部大楼飞身而下，结束了生命。

郑梦宪自杀后，郑梦九和郑梦准都无意合并，家族多次秘密协商后决定由现代集团下属现代商船的前任总裁、现代电梯最大股东金文姬的二女儿——彼时51岁的玄贞恩出任现代电梯总裁，间接代理现代集团总裁。至此，现代集团的第二代掌门人临危受命，走向前台。

作为现代集团的新任总裁，玄贞恩清楚地知道，动荡之后要想重建现代集团，她需要一个强有力的管理团队来对公司数以万名的员工进行领导。在那之前，她必须肃清家族势力斗争的影响，这意味着集权，同时也包含着妥协与让步，甚至是忍辱负重！

人们常把"天时、地利、人和"作为事情成功必备的三要素，且"人和"又是这三个要素中的关键。从组织的观点看，一个组织的有效运行与发展，需要所有组织成员相互沟通、相互影响、协同合作，组织中的人际关系应是高生产率的、合作性的和愉悦和谐的。但事实往往并非如此。组织是一个复杂的系统，其中存在的许多问题都没有完美的答案，正如月有阴晴圆缺，组织中不断会产生某种程度的冲突。雷纳多·塔吉尤瑞曾指出："他们（有效的管理者）花费大量的时间来调和下属中协作与竞争间的冲突，帮助下属认识到冲突在生活中无法避免。"既然冲突在生活中无法避免，那么了解冲突及冲突管理，将为管理者的实际工作提供重要的指导作用。

本章我们将对冲突进行概述，阐述其产生原因和发展过程，就冲突的处理和谈判进行详细介绍，以期对读者的学习和工作有所帮助。

第一节　冲突概述

一、冲突的概念

冲突是管理心理学中一个重要概念和研究领域。有关冲突的概念实在太多，国内外学者的定义主要有以下几种：

赫尔雷格尔等（2001）指出，冲突是一方（个体或团体）感觉自己的利益受到另一方的反对或消极影响的过程。这一定义指的是相应的个体之间的利益不相一致，同时这一定义也包括了一系列的冲突问题和事件。

冲突也是一个过程性的概念，当一方感觉另一方对自己关心的事情产生不利影响或将要产生不利影响时，这种过程就开始了。这是一个广义的定义，它阐述了从相互作用变成相互冲突时所进行的各种活动。它包含了在组织中人们经历的各种各样的冲突。另外，这一定义也涵盖了所有的冲突水平。

王重鸣（2001）认为，冲突是人们对重要问题意见不一致而在各方之间形成摩擦的过程，即目标和价值理念的不同而产生对立或争议的过程。

我们从系统全面的冲突管理视野出发，以冲突的内在矛盾运动状态为导向，以辩证唯物主义观点认识和剖析冲突，找出冲突定义所包含的基本要素，归纳出具有共性的冲突本质内涵：

其一，冲突是不同主体或主体的不同取向对特定客体处置方式的分歧，而产生的行为、心理的对立或矛盾的相互作用状态。前者主要表现为行为主体之间的行为对立状态，后者主要表现为主体内部心理矛盾状态。

其二，组织的冲突是行为层面的人际冲突与意识层面的心理冲突的复合。客观存在的人际冲突必须经由人们去感知，内心去体验，当人们真正意识到对不同主体行为比较中的内在冲突、内心矛盾后，才能知觉到冲突。因此，冲突是否存在不仅是一个客观性问题，而且也是一个主观的知觉问题。

其三，冲突的主体可以是组织、群体或个人；冲突的客体可以是利益、权力、资源、目标、方法、意见、价值观、感情、程序、信息、关系等。

其四，冲突是一个过程，它从人与人、人与群体、人与组织、群体与群体、组织与组织之间的相互关系和相互作用过程中发展而来，反映了冲突主体之间交往的状况、背景和历史。冲突是在人与人之间的互动中所感知、所经历的。

其五，冲突的各方既存在相互对立的关系，又存在相互依赖的关系，任何冲突事件是这两种关系的对立统一状态。人们对于冲突管理，以冲突各方的相互依赖关系为基础，以相互对立关系状况的转化或治理为重点，寻找矛盾冲突的正面效应并制约其负面效应，调整冲突各方的对立统一关系。

二、冲突的层面

根据冲突主体及其相互作用对象的不同，可将冲突分为三个结构层次：个体层次、群体层次和组织层次。其中,个体层次包括个体内部与个体之间;群体层次包括群体内部与群体之间;组织层次又包括组织内部与组织之间。如图 13-1 所示,这些不同结构层次的冲突构成了现代冲突管理研究的对象。

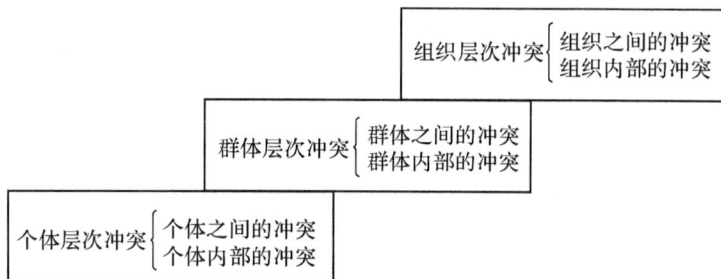

图 13-1　冲突的结构层次

(1)个体内部冲突是发生在个体内部,通常牵涉到目标、认知或情感形式的冲突。在个体的行为将导致互不相容的结果时会引发这种冲突。个体内部冲突常导致内部的紧张和挫折感。有时,一个决策将导致三种基本类型的个体内部目标冲突的一种(或者更多)。

接近—接近冲突意味着个体必须在两个或更多的选项中做出选择,每个选项都会有一个积极的结果(如在两个看起来都很吸引人的工作中选择)。

规避—规避冲突指的是个体必须在两个或更多的选项中做出选择,且每个选项都将带来一个消极结果(如薪酬过低或出差过多)。

接近—规避冲突指的是个体必须决定是否去做一件有积极和消极两种结果的事(如接受一个小公司的高薪酬工作)。

(2)个体间冲突又被称作人际冲突,当两个或更多个体感觉到他们的态度、行为或偏好的目标是对立的时候,就会产生人际冲突。

(3)群体内部冲突指的是组织内部成员之间的争执,这些争执常影响群体的发展和有效运转。群体内部冲突在家族企业中尤为普遍和严重。当一位创始人将要退休、实际退休或去世时,这种冲突将更为严重。

(4)群体间冲突是指组织内部不同群体、部门,对工作任务、资源和信息等方面的处理方式不同,从而产生群体间冲突。这种冲突有时是同事之间的"水平式冲突",有时则是上下级之间的"垂直式冲突"。

(5)组织内部冲突是指同一组织内,资源分配、信息共享等方面造成的冲突,它可能包含个体间、群体间冲突。

(6)组织间冲突是指不同组织追求自身利益最大化所造成的冲突,如保时捷与大众的竞争,最后导致一方被另一方收购,在收购过程中及收购之后的一系列问题等。

由图 13-1 可知,一般组织所涉及的冲突问题包含个体、群体和组织三个层次的冲突。各个冲突层次之间的结构关系为:(1)自下而上的冲突层次关系是一种基础与支撑关系;(2)自上而下的冲突层次关系是一种包容与制约关系。各个层次的冲突具有相互作用、相互关联的内在互动关系。其中,个体层次的冲突是群体层次冲突和组织层次冲突的基础和构件,它又可分为人际冲突和个人内在冲突两个小的层次,个人内在冲突还可进一步分为个人的内心冲突和个人的角度冲突。群体层次的冲突也叫团队或团体层次的冲突,它既包容着群体内人与人之间的冲突,又构建着组织内群体与群体之间的冲突,起着一种"承上启下,含下础上"的作用,是组织行为学重点研究的对象之一。该层次的冲突又可分为群体之间冲突和群体内部冲突两个较小层次,群体内部冲突包括了个人与群体之间的冲突以及群体内的人际冲突。组织层次的冲突可以分为组织内部冲突和组织之间冲突。组织之间冲突应当包括组织与环境的冲突,也可称为组织外部的冲突,这类冲突比起组织内的冲突来说更为复杂,涉及因素更多,影响更大,但前者的原理、形成机制及解决方法与后者大致相同。

需要特别强调指出的是,现实中的冲突往往并非传统理论所描述的由两方主体所构成的单纯类型,冲突的主体常常会有三方或多方,但如果就此去划分冲突类型,冲突管理的研究对象会十分庞杂,因此在简化冲突分类的同时,必须始终明确:不同类型不同层次的冲突具有相互交织、相互作用的互动关系,并且能在一定的条件下实现彼此的互为转化。现代冲突管理的研究对象确实错综复杂,角色众多,"你中有我,我中有你",需要我们全面系统地把握其特性和内在关系,切不可孤立、片面、绝对地看待和研究冲突问题。

三、冲突观念的变迁

谈到群体和组织中冲突的作用,比较恰当的说法是它们之间也存在着相互冲突。有学者认为必须避免冲突,因为冲突意味着群体内功能失调,这被称作传统观点;也有学者认为冲突是任何组织与生俱来且不可避免的。但冲突不一定是坏事,它具有对组织工作绩效产生积极影响的潜在可能性,这一观点被称作人际关系观点;还有一种观点代表着当今主流思想,它认为冲突不仅可以成为组织的积极动力,某些冲突甚至对组织工作的有效进行是必不可少的,这种观点被称作相互作用观点。以下将对这三种观点进行具体介绍。

(一)传统观点

冲突的早期观点认为,冲突都是消极、不良的,并且常常与破坏和非理性相联系,以强化其消极意义。这里,冲突是有害的、必须避免的。

在20世纪三四十年代,这种传统观点在组织行为领域是主流思潮。人们认为导致冲突的原因主要有以下几方面:沟通不良、人与人之间缺乏坦诚和信任、管理者对员工的需要缺乏敏感性。

传统观点使得人们对冲突的对策十分简单粗暴。为避免冲突,提高组织工作绩效,我们必须了解冲突发生的原因并纠正这些功能失调。遗憾的是,现在仍有人使用这种观点形成的标准来评估冲突情景。

(二)人际关系观点

这种观点认为,就所有组织而言,冲突是与生俱来的。正是由于冲突不可避免,才更要强调接纳冲突。冲突不可能被彻底消除,有时它还会对组织的绩效有益。20世纪40年代至70年代中叶,这种观点在冲突理论中占据统治地位。

(三)相互作用观点

人际关系观点接纳冲突,相互作用观点甚至鼓励冲突。该理论认为,融洽安宁的组织环境容易使人变得静止冷漠,并对组织的变革反应迟钝。因此,必须鼓励管理者维持一种冲突的最低水平,从而使组织保持旺盛的生命力,能够自我批评和推陈出新。简单地评论冲突是好是坏的做法不合适,也不成熟。我们认为,冲突是好是坏有赖于冲突类型。

第二节　冲突的原因及过程

一、冲突的来源

有关冲突的来源,主要有两种思路:一种思路是,冲突是资源的稀缺性所致,对于达成目标和自主的渴望,是冲突的来源;另一种思路是,冲突来源于活动不相容,一种活动以一定方式阻碍了另一种活动进行,从而引发了冲突。

引发冲突的因素是多种多样的,有些因素是表面的、显而易见的,而有些因素则是深层心理因素,不可见的。因此我们在分析冲突时,应力求做到周全、谨慎和深入,不能操之过急,鲁莽行事,否则将会致使冲突升级,造成始料不及的严重后果。尽管影响冲突产生的因素是复杂的,但我们可以先从宏观和微观两个方面进行分析。

(一)宏观方面

首先,组织制度层面。组织制度不完善,权责分配不清,各项规章不健全,造成部分工作没人做,部分工作人人抢着做;出了问题,互相推诿、指责;有了成果,争相邀功。这样会造成人际关系紧张,如果长期得不到改善,必然引发冲突。

其次,利益资源层面。个体、群体与组织的发展始终离不开资源的支撑和利益的驱动,然而资源是有限的,个体、群体与组织为维护各自的利益,势必会对有限的资源展开激烈的争夺,在争夺的过程中必然引起个体、群体与组织内部以及相互之间的冲突。

再次,环境氛围层面。这主要是指组织变革以及组织文化对冲突的影响。组织在变革期间,如经营发展战略的调整、人员结构的变动、组织规模的变化、管理模式的调整等,使原有的平衡状态被打破,极易引发冲突。例如人员结构发生变动需要大量裁员,可能会造成员工之间相互猜疑、相互攻击,最终产生冲突;同时也容易使员工对管理者的决策不能正确认识,员工认为管理者的决策不合理,而管理者却认为这正符合实际,于是冲突产生了。

此外,组织文化也对冲突的引发产生着重要的影响。组织文化是组织内成员共同认可的,可以通过符号手段来沟通的一套价值观体系(胡君辰,1997)。如果一个组织内的成员共同认可公平待人、公开沟通、鼓励合作、尊重和信任他人这样一套价值观体系,并按其指导行事,那么在这种组织文化氛围的感染下,组织内的冲突也会减少;反之,整个组织内部的冲突将频繁产生而且愈演愈烈。

(二)微观方面

首先,冲突的产生受角色差异的影响。角色是其他人期望某人在工作和生活中所担当的角色的总和。中心人物接受来自角色指派人的角色信息和角色压力,对这些角色信息和角色压力做出反应并力图努力完成角色,但当中心人物察觉到不调和的信息,感受到来自角色指派人的压力时,发生角色冲突(赫尔雷格尔等,2001)。例如,一位职业女性既需要全力以赴地去从事工作,同时她又要承担着好妈妈、好太太的角色,当这些角色之间处理不当,产生不可调和的矛盾时,角色冲突就发生了。

其次,冲突的产生受个性差异的影响。世界上不存在两个完全相同的人,每个人都与众不同,独具风格,这种独特性是各自在先天遗传的基础上与后天的生活经历相互影响、相互作用下形成的。不同个性致使人们对于相同的问题也会表现出不同的态度,采用不同的办法进行解决,正是这些不同的态度和处理方法,容易引起冲突。

再次,冲突的产生还受个体社会经历的影响。人具有社会性,每个人成长的过程就是其社会化的过程,然而个体的社会生活又具有多样性,不同的生活环境、教育程度、文化传统、风俗习惯、社会实践会造成人们的理想、信念、态度、价值观的不同,进而使人们对人与事物的是非、善恶和重要性的看法及评价产生差异,正是这种差异的存在引起冲突的产生。例如某人认为其他民族的人比其低一等,对其表现出轻蔑的态度,极易造成双方关系紧张,最终引发冲突(杨连生和王金萍,2003)。

二、冲突的影响因素

影响冲突的因素很多。由于冲突的内容各不相同,造成冲突的原因更是多种多样。王重鸣(2001)指出以下一些常见的造成冲突的因素:

(1)性格或价值观念不相容;

(2)对于诸如工作职务、薪酬、晋升等方面的期望落空;

(3)资源有限而产生竞争;

(4)工作职责边界重叠或者不明确;

(5)工作任务的相互依存和制约;

(6)工作任务的期限不合理或者高度的时间压力;

(7)沟通不良;

(8)寻求一致意见决策的倾向;

(9)群体决策中的意见分歧或利益矛盾;

(10)部门工作利益不协调;

(11)管理政策或规章不合理或不明确;

(12)组织体制或管理层次复杂。

从冲突的影响因素类别来看,可以分成任务特征因素(如任务依存程度、任务期限等)、心理特征因素(如不同的性格、价值观、工作期望等)、组织特征因素(如政策规章、组织体制等)和群体过程因素(如沟通不良、群体决策、部门协调等)。影响因素不同,则处理策略也不同,以便弱化或转变"非功能冲突",利用和引导"功能性冲突"。

三、冲突的过程

罗宾斯(2005)把冲突过程划分为五个阶段:潜在对立或失调、认知和人格化、行为意向、行为和结果。图 13-2 描绘了这一过程。

阶段一 潜在对立或失调	阶段二 认知和人格化	阶段三 行为意向	阶段四 行为	阶段五 结果
前提条件 沟通 结构 个人变量	认识水平上的冲突 情感水平上的冲突	冲突处理的行为意向 竞争、协作、折中、回避迁就	公开的冲突 冲突各方的行为 对方的反应	提高群体绩效 降低群体绩效

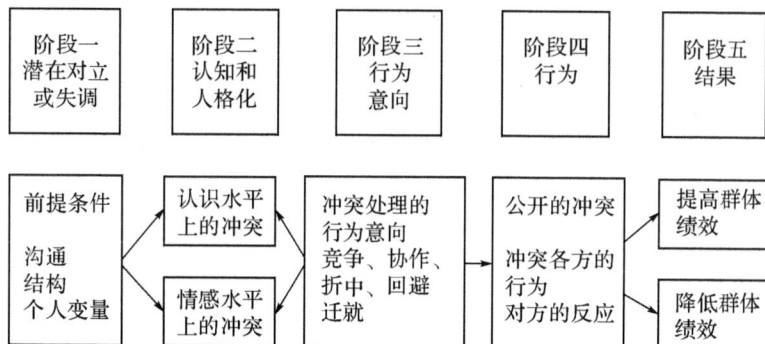

图 13-2 冲突的过程

（一）潜在对立或失调

冲突过程的第一个环节表明了可能引发冲突的条件。这些条件并不一定导致冲突，但它们是引发冲突的必要条件。为了简化起见，我们常常将此类冲突源概括为三类：沟通、结构和个人变量。

（1）沟通（communication）：词汇含义的差异、使用专业术语、信息交流不充分及沟通通道中的噪音等因素构成了沟通障碍，并成为冲突的潜在条件。研究表明，培训差异、选择性知觉等，会造成语义理解困难。当沟通到达一定程度时效果最佳，继续增加则会过度。另外，沟通通道也会影响冲突产生。

（2）结构（structure）：结构概念包括群体规模、群体成员任务的具体化程度、管辖范围的清晰度、领导风格及群体间相互依赖程度。研究表明，群体规模和任务的具体化程度可能成为激发冲突的动力；任职时间和冲突呈负相关；管辖范围的模糊性也增加了群体间冲突的可能性；封闭型领导风格会增加冲突的潜在可能性。

（3）个人变量（personal variables）：每个个体都拥有自己的价值系统和人格特征，它们构成了与众不同的个体风格。研究表明，某些人格类型确实更有可能导致冲突。但有一个非常重要却又常被忽视的因素就是价值观的差异。

（二）认知和人格化

由冲突的定义可知，一方如果对另一方关心的事情造成某种程度的消极影响，那么在前一阶段中，潜在的对立和失调就会显现出来。然而，认识到冲突的存在并不意味着它人格化。当个体产生情感卷入后，才会产生情感水平上的冲突，此时各方都会体验到焦虑、紧张、挫折或敌对。本阶段之所以重要，是因为此时冲突问题被明确地突显出来。在这一过程中，双方确定了冲突的性质。情绪对于知觉的影响十分重要。消极情绪使个体更易对外界信息做出负面解释，而积极情绪则相反。

（三）行为意向

行为意向介于个体认知、情感与外在行为之间，指的是以某种特定方式从事活动的决策。为明确自己如何对他人的行为做出回应，必须首先推断他人行为意向。很多冲突之所以不断升级，主要原因在于一方错误推断另一方的行为意向。

我们使用两个维度：合作性（一方愿意满足另一方愿望的程度），自我肯定性（一方愿

意满足自己愿望的程度),并根据这两个维度确定了如下五种冲突处理的行为意向:

(1)竞争(competing):当一方在冲突中寻求自我利益的满足,而不考虑冲突对另一方影响时,就是采取竞争的做法。

(2)协作(collaborating):冲突双方都希望满足各方利益时,就可以进行相互间的合作,并寻求相互受益的结果。

(3)回避(avoiding):一方可能意识到了冲突的存在,但希望逃避它或抑制它,如试图忽略冲突、回避不同意见等。

(4)迁就(accommodating):一方为安抚另一方,可能愿意把对方利益放在自己利益之上,也就是为了维持相互关系,一方愿意做出自我牺牲。

(5)折中(compromising):当冲突各方都愿意放弃部分利益,从而共同分享利益时,就会带来折中的结果。在这里,没有明显的赢家或输家。他们愿意共同承担冲突问题,并接受一种双方都达不到彻底满足的方案。因而,折中的明显特点是双方都放弃一些东西。

由于个人偏好不同,采取的行为意向也各不相同,但由于偏好具有一定稳定性,因而行为意向也呈现一定的稳定性。如果把个体的智力特点和人格特点结合起来,则可以很有效地预测到人们的行为意向。

(四)行为

行为阶段包括双方进行的声明、活动和态度。冲突行为通常是冲突各方实施行为意向的公开尝试。但与前一阶段不同的是,这些行为带有刺激性。由于判断失误或欠缺实施过程的经验,有时外在行为会偏离原本的行为意向。如合作中你对我提出要求,我对此提出异议,你威胁我,我反过来予以还击,如此继续下去,双方对立行为扩大,偏离合作本意。

(五)结果

冲突双方的行为互动导致最终结果,这些结果可能功能正常,即冲突的结果提高了群体的工作绩效,也可能功能失调,即冲突的结果阻碍了群体工作绩效。

(1)功能正常的结果:大量事实使我们认识到,中低水平的冲突可以提高群体的有效性。如果冲突能够提高决策质量,激发革新与创造,调动群体成员的兴趣,并提供一种渠道使问题公开化、解除紧张,鼓励自我评估和变革的环境,那么这类冲突就具有建设性。请注意,我们强调的是任务或过程,而不是人际关系。

(2)功能失调的结果:冲突对于组织绩效的破坏性结果已广为人知,可以将其概括为,对立与冲突的失控带来不满,这导致共同纽带的破裂,最终使群体消亡。比较明显的不良结果有群体凝聚力下降,沟通迟滞,群体成员间的明争暗斗导致群体目标被忽视等。如果情况极端,冲突会导致组织功能彻底丧失,进而威胁到组织的生存。

第三节　冲突的处理

一、冲突的处理方式

数年来,学者们提出了若干种有关冲突处理方式的理论,大多数理论都很相似。Follet(1940)最早提出冲突处理方式的模型。该模型认为处理冲突的方式有三种：支配(domination)、妥协(compromise)和整合(integration)，以及两种附加方式回避(avoidance)和抑制(suppression)。

Blake 和 Mouton(1964)首先提出区分人际冲突方式的二维方格论。他们列出五种处理冲突的方式：强迫(forcing)、退缩(withdrawing)、安抚(smoothing)、妥协(compromising)和对抗(confrontation)。他们认为这五种处理方式来自两个维度：关注工作和关注人。

根据前人的经典理论，我们将冲突处理方式总结为如下五种：

(1)整合(integrating)：这种方式具有相当大的独断性和合作性，因为它同时包括对他人和自我的高度关注。在这里，冲突被当作一个问题来解决，解决方式同时考虑双方的需求和想法，遇到冲突时，倾向于与他人合作以获得双赢。

(2)忍让(obliging)：这种处理方式具有相当的非独断性及合作性。因为在冲突中它涉及对自我的低关注和对他人的高关注。忍让的一方总试图去满足他人的需求，而忽略自身需求。

(3)支配(dominating)：这种处理方式具有极大的独断性和非合作性。因为在冲突中它表现为对自我的高关注和对他人的低关注。采用这种方式的一方往往把冲突视为只存在胜利者和失败者的竞争，所以努力去控制对方，强迫对方接受自己的解决方法。

(4)逃避(avoiding)：这种处理方式极具非独断性和非合作性。在冲突中它体现为对自我和他人的低关注。逃避的一方常逃离冲突环境，躲避冲突的对方。他们认为为解决冲突所付出的所有努力都是徒劳。

(5)妥协(compromising)：这种处理方式处于独断性和合作性之间。因为在冲突中体现为对他人和自我的适度关注。这种方式与"有得必有失"原则相联系。也就是说，冲突双方都要做出一定让步。

二、跨文化冲突管理

随着组织经营的全球化，组织间的伙伴关系网不断扩大。研究表明，有些跨国经营往往达不到预期效果，其主要原因就在于跨文化冲突的影响。组织成员的文化背景不同，可能采用不同的冲突处理策略。文化差异在个体对冲突内容的认知、对他人行为的反应模式、冲突处理方式及对他人采用策略的推理等方面，都起着至关重要的作用。因而，跨文化冲突管理值得重视。

(一)跨文化冲突的原因

不同形态的文化或文化要素之间相互对立和排斥，就造成跨国企业在他国经营时发生冲突。跨文化冲突的产生主要有以下几方面原因：(1)信息理解的差异；(2)沟通形式的差异；(3)管理风格的差异；(4)法律和政策的差异；(5)民族个性的差异；(6)思维方式的差异。

(二)跨文化冲突的战略对策

既然跨文化冲突不可避免，作为跨国企业管理者，就必须思考如何有效解决甚至利用

这一冲突,为企业发展做出贡献。我们提出以下几点建议:

(1)文化支配:在一个跨国企业中,一个组织与其他组织相比处于强势,这个组织就会起支配控制作用,并且通常情况下继续按其文化背景中的规矩行事。这意味着组织内的决策及行为均受这种文化支配,但有个前提,即企业生产效率不受此影响。

(2)文化顺应:这种方式与之前的策略相反。管理者试图运用这种方式仿效东道主的文化,并将两者合二为一。例如管理者学习当地语言、采用当地货币形式等。

(3)文化妥协:当两个团队的实力相当时,只有双方都做出一定让步,才能使工作继续进行,此时应采用的策略就是文化妥协。如中美合资企业中,中国员工的清明节和美国员工的万圣节都按规定放假。

第四节　谈　判

作为人们分配稀缺资源的基本方式之一,谈判已成为个人和组织生活的重要组成部分,它体现在商务、融资、商品买卖、劳资协调、国际政治等领域中,日常生活中也处处存在谈判(段锦云和徐烨,2009)。有一些谈判十分明显,如雇用双方的谈判;另一些谈判则稍显含蓄,如上下级之间的谈判、客户与售后服务人员之间的谈判。在经济全球化和组织扁平化的今天,组织的运行越发以团队为基础,组织成员发现自己与同事之间没有直接的权力关系,他们甚至可能不向同一上司负责。此时,谈判技能就变得更为关键。

我们认为,谈判是两个或更多的个体或团体就共同或冲突的目标,以讨论的形式来达成协议的过程。这一过程中包括合作、折中甚至强迫。谈判情景包含两个以上的个体对相互依赖的目标做出决策,承诺和平相处,没有明确的决策方案及程序。谈判还包括各方达成协议的信念、相互依存及目的或过程冲突性等成分。

一、谈判的类型

赫尔雷格尔等(2001)提出,谈判有四种基本类型:赢—输式、双赢式、态度建构式和组织内部式。

(1)赢—输式谈判:这种谈判的特征是传统的赢—输、固定数额的情景,这种情景下,一方收益且另一方受损。赢—输式谈判一般涉及经济问题,其相互作用模式包括谨慎沟通、有限地表示信任、使用威胁及其他特殊的声明和需求。总之,当事人之间发生紧张、充满情绪的冲突。在此类谈判中,最主要的处理方式是强迫和折中。

(2)双赢式谈判:共同解决问题以使双方都受益的结果被称为双赢式谈判。当事方发现共同的问题,找到和评估备选方案,向对方表达意见,然后找到双方都可以接受的解决办法。一般看来,这个解决办法很少是双方都完全满意的,但它对双方达成一致的确是有利的。双方都被强烈地激励着去解决问题,表现出灵活性和信任。合作和折中是这种谈判主要的处理方式。

(3)态度建构式谈判:在谈判中,各方都会表现出一定的态度,这种态度会影响各方之间的相互作用,是竞争还是合作、是敌意还是友善。态度建构就是指谈判各方寻求建立所期望的态度和关系的过程。

(4)组织内部式谈判:谈判各方通常情况下是通过各自的代表进行谈判。然而,谈判代表在谈判达成一致前,必须与各自所代表的团体意见一致。如工会代表在与雇主代表谈判之前,会在工会内部协商出一致的概念、态度,这个一致的意见对于之后谈判是必要的。

二、谈判的策略

(一)谈判中的策略

谈判最直接的目的是达成各方满意的协议。在谈判中,双方既有为争取自身利益最大化的对抗关系,又存在着重要的合作关系。因而,在谈判中,要恰当运用谈判策略,才能避免利益冲突使谈判陷入僵局。

(1)刚柔相济。在谈判中,谈判各方的态度既不能过分强硬,也不可过于软弱,过分强硬容易刺伤对方,导致双方关系破裂,过于软弱则容易受制于人,而采取"刚柔相济"的策略比较奏效。谈判中有人充当"红脸"角色,持强硬立场,有人扮演"白脸"角色,取温和态度。"红脸"可直捅对方敏感部位,不留情面,争得面红耳赤也不让步。"白脸"则态度和蔼,语言温和,处处留有余地,一旦出现僵局,便于从中回旋挽回。

(2)拖延回旋。在商务谈判中,对态度强硬、咄咄逼人的对手,可采取拖延交战、虚与周旋的策略,多回合的拉锯战,使趾高气扬的谈判者疲劳生厌,逐渐丧失锐气,等对方精疲力竭后再转守为攻,这样可使自己从被动的谈判地位中扭转过来。

(3)留有余地。在谈判中,如果对方向你提出很多要求,即使你能全部满足,也不必马上做出答复,而是先答应其部分要求,留有余地,以备讨价还价之用。

(4)以退为进。让对方先发表意见,表明所有的要求,我方耐心听完后,抓住其破绽,再发起进攻,迫其就范。有时在局部问题上可首先做出让步,以换取对方在重大问题上的让步。

(5)相互体谅。谈判中最忌索取无度、漫天要价或胡乱杀价,使谈判充满火药味和敌对态势,谈判各方应将心比心,互相体谅,可使谈判顺利进行并取得皆大欢喜的结果。

(二)谈判中的要领

在谈判中,某个细小的问题处理不当就可能会导致谈判的失败,给双方带来损失,因此掌握以下谈判要领,会起到事半功倍的效果。

(1)掌握倾听的要领。倾听不但可以挖掘事实的真相,而且可以探索对方的动机,掌握了对方的动机,就能调整自己的应变策略。倾听时要认真分析对方话语中所暗示的用意与观点,以及他会从什么方面来给你带来混乱;对模棱两可的语言,要记录下来,认真询问对方;在倾听的同时要考虑向对方询问的语言表述,包括语言的角度、力度、明暗程度等。

(2)掌握表达的要领。谈判中,要向对方阐述自己的实施方案、方法、立场等观点,表达要清楚,应使对方听懂;不谈与主题关系不大的事情;所说内容要与资料相符合;数字的表达要确切,不要使用"大概、可能、也许"等词语。

(3)掌握提问的要领。在谈判中,问话可以转变对方思路,引起对方注意,控制谈判的方向。对听不清或模棱两可的内容,可用反问的方式使对方重新解释;探听对方的内心思想时,可采用引导性问话以吸引对方思考你的问题;选择性问话可使对方陷入圈套,被迫产生选择意愿。总之,问话方式的选择要适合谈判的气氛。

(4)掌握说服的要领。说服对方使其改变原来的想法或打算,而甘愿接受自己的意见与建议。要向对方阐明,一旦接纳了自己的意见,将会有什么样的利弊得失;要向对方讲明双方合作的必要性和共同的利益,说服是为了尊重与善交;要说明意见被采纳后,各方从中得到的好处;要强调双方立场的一致性及合作后的双方益处,给对方以鼓励和信心。

三、谈判的过程

通常而言,谈判过程会涉及两个或两个以上的谈判方,而且各方的目标不一致,他们为了满足各自的利益,设法通过彼此的交易达成谈判协议。谈判可能是分配性的(distributive),也可能是整合性的(integrative)。分配性谈判是指,谈判双方的利益完全不一致,一方获益必然导致另一方受损;整合性谈判是指,谈判者的利益并不完全相反,他们有可能通过交换来增加可分配资源的数量,最终达到双赢的结果(段锦云和徐烨,2009)。

谈判包括五个阶段:准备与计划;界定基本规则;阐述与辩论;讨价还价与问题解决;结束与实施。图 13-3 提供了谈判过程的模型。

(1)准备与计划:在谈判之前需要做一些必要的准备工作。需要明确自己想从谈判中得到什么?目标是什么?以下做法会对你有所帮助:把你的目标写下来,找到自己所能接受的范围,并把精力集中在这上面。你需要评估一下,对方对自己的谈判目标有何想

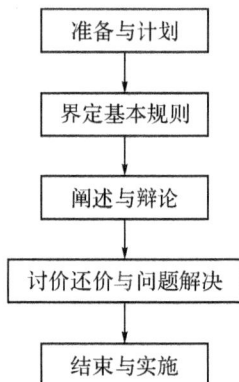

准备与计划

界定基本规则

阐述与辩论

讨价还价与问题解决

结束与实施

图 13-3 谈判过程

法,可能会提出什么要求,坚守立场的程度,有哪些隐含的重要利益,希望达成怎样的协议等。你还要明确各方达成协议的最低接受方案。本方的最低接受方案决定了可接受的最低水平,只要得到的报价不低于此水平,谈判就不会陷入僵局。同样,如果本方报价低于对方的最低接受方案,就别指望谈判能成功。

(2)界定基本规则:制订出计划和策略之后,你就可以和对方就谈判本身的规则和程序进行协商,如谁将进行谈判、在哪里进行、谈判期限、谈判陷入僵局后遵循怎样的程序等。在本阶段,谈判各方将交流最初报价及基本要求。

(3)阐述与辩论:各方交换了最初意见后,就开始就本方的提议进行解释、阐明、澄清、论证及辩论。本阶段不一定是对抗性的,它可以成为各方就一些问题交换信息的机会,如为什么某些问题较重要、怎样让各方达成最终协议等。在本阶段,各方将交换支持本方观点的材料,为下一阶段做准备。

(4)讨价还价与问题解决:谈判就其实质而言,就是一个为达成协议而相互让步、妥协的过程,在本阶段中,除了据理力争就是如何有目的有计划地让步,以期在达成协议的前提下,使本方利益最大化。

(5)结束与实施:在讨价还价并达成协议之后,就是将达成的协议规范化,并为实施和监控制定出所有必要的程序。在本阶段中,需要在订立正式协议的同时敲定各项细节,为

协议的执行完成所有需要的准备工作。

四、谈判中的一些问题

有时候,谈判比你想象中顺利,但大多数时候,你会面临谈判之前不曾预料的问题。在这一部分中,我们将探讨谈判中的某些问题,以作为本章的结束。

(一)第三方谈判

有时,谈判会陷入僵局,且谈判各方无法通过谈判来解决分歧。此时,谈判各方就需要第三方的介入以寻求解决方案。谈判的第三方主要扮演四种角色:调停人、和解人、仲裁人及顾问。

(1)调停人(mediator)是中立的,一般使用劝说、提建议、讲道理等方法来促成各方达成协议。一般来说,决定调停成功的关键因素是情景,即各方都愿意通过调停来解决问题。冲突水平处于中等且调停人被各方认为是中立的情况下,调停效果最佳。

(2)和解人(conciliator)必须受到谈判各方信任,能为谈判各方提供非正式的沟通渠道。事实上,和解人更多时候是扮演一种沟通渠道,同时也进行信息的搜集和解释,并力争使各方达成协议。

(3)仲裁人(arbitrator)在谈判各方面前需具有权威地位,仲裁可以自愿申请,也可根据法律或合同强制介入。谈判引入仲裁常常能解决问题,但需注意的是,仲裁结果若使一方感到彻底失利将引来不满,进而不接受仲裁结果,这将无益于问题的解决。

(4)顾问(consultant)处于中立地位且具备专业技术,一般通过沟通与分析,借助自身在冲突管理方面的技能敦促问题得到解决。顾问不是用来解决问题,而是增进谈判各方关系的,并使各方最终自己达成协议。可见,引入顾问的做法有利于谈判各方对冲突建立积极的认知,更注重长期协作伙伴关系的建立。

(二)谈判者的两难困境

谈判各方越来越能认识到双赢谈判所创造的价值。但是,他们不得不承认最终通过赢—输式策略会将价值最大化。谈判者的困境意味着自我收益倾向和创造更多双方收益的行动相互排斥。最理想的情况是,双方公开地讨论问题,尊重对方的独立存在及关系需求,创造性地寻找双赢方案。然而,这样的情况并不时常发生。

以双赢为出发点的谈判者往往担心对方使用赢—输策略,这种怀疑导致谈判各方不敢使用双赢策略。而且以双赢为出发点的谈判者在与使用赢—输策略的谈判者过招之后,自我收益的倾向会不自觉地增强,双赢策略也就变为赢—输策略。如果谈判各方都使用赢—输策略,那么追求双赢就只能是美好愿望。

(三)自我中心偏向和固定馅饼偏见

谈判者对"什么是公平"的判断并不是完全客观的,谈判各方都倾向于过分重视对自己有利的观点,从而导致了谈判者在谈判中所产生的动机偏向,这种动机偏向就被称为自我中心偏向(egocentrism)。Tompsin 和 Loewenstein(1992)研究发现,谈判者往往都是自我中心的,而且谈判各方越是自我中心,越难达成一致意见。这种模式在不同谈判情景的研究中都一再得到证实。而且他们还发现,提供更多的中性信息能增加自我中心的倾向。

那些接受这种额外的中性信息的被试,倾向于对公平结果做出更为极端的估计。另外,被试也表现出自我服务回忆偏向(self-serving recall bias),即能更多地回忆起那些对他们自己有利的事实。

与自我中心偏向类似,谈判一方常常会错误地认为谈判收益是固定不变的,即固定馅饼偏见(fixed-pie bias)。很多时候,谈判一方把对方看作竞争对手,潜意识地认为谈判过程是一个零和游戏,而忘记了谈判很多时候其实是双赢的,尽管零和式谈判也是一种常见的谈判类型。

(四)主场优势

我们知道很多体育竞赛,比如足球、游泳、射击等,都存在主场优势,即选手在自己的场地参赛比到对方的场地参赛,常常能发挥更好。同样地,谈判也存在着主场优势(home field advantage)(Browna & Baer,2011)。所以,我们经常看到,国际政治谈判常常选择在第三方国家举行。商务谈判也是如此,常常也选择在非主和客的第三地举行。

为什么会存在主场优势? Browna 和 Baer(2011)的研究发现,主要是在主场会有更高的信心和效能感,更熟悉从而更能掌控大局。相反,在客场,无论是谈判还是体育比赛,我们对陌生的环境需要去探索,以寻求安全感,而这一过程需要花费认知资源,干扰我们的注意力,从而降低谈判和比赛绩效。可以想象,主场的环境对你一定更友好,无论是旁观者还是看台球迷,以及周围熟悉的环境,这些都有助于你获得一种安全感,促进谈判或比赛的更好发挥。

本章小结及对管理者的意义

1. 识别冲突的层面,描述冲突观念的变迁

组织中的冲突发生在三个不同的层面:个体、群体和组织三个层次。个体层次又包括个体内部和个体之间两方面;群体层次也包括群体内部和群体间两方面;组织层次包括组织内部和组织间两方面。

冲突的早期观点认为,冲突都是消极、不良的,并且常常与破坏和非理性相联系,因而必须避免。人际关系观点认为在组织中,冲突是与生俱来的。正由于冲突不可避免,才更要强调接纳冲突。相互作用观点甚至鼓励冲突,该理论认为,融洽安宁的组织环境容易变得静止冷漠,并对组织的变革反应迟钝。因此,必须鼓励管理者维持一种冲突的最低水平,从而使组织保持旺盛的生命力,能够自我批评和推陈出新。

2. 了解冲突的来源和影响因素,解释冲突的过程

冲突是组织活动的一部分。组织制度不健全、利益资源分配不均、环境氛围不和谐等宏观层面因素,以及角色、个性差异及个体社会经历等微观因素都会成为冲突的来源。任务特征因素(如任务依存程度、任务期限等),心理特征因素(如不同的性格、价值观、工作期望等),组织特征因素(如政策规章、组织体制等)和群体过程因素(如沟通不良、群体决策、部门协调等)都可能成为冲突的影响因素。冲突过程可能按照以下五个阶段逐步升级:潜在对立或失调、认知和人格化、行为意向、行为和结果。

3.明确冲突的处理方式和跨文化冲突管理

五种处理冲突的方式按关注工作和关注人两个维度,可分为强迫、退缩、安抚、妥协和对抗。个体对冲突的处理方式可能有一定的偏好,但随着时间的变迁及情景的变化可能有所不同。大量的冲突管理研究涉及跨文化冲突管理。组织成员的文化背景不同,可能采用不同的冲突处理策略。文化差异在对个体对冲突内容的认知、对他人行为的反应模式、冲突处理方式及对他人采用策略的推理等方面,都起着关键的作用。

4.探讨谈判的类型,描述谈判的策略

谈判是冲突管理中一个重要过程。谈判的四个基本类型是赢—输式、双赢式、态度建构式和组织内部式。谈判中要尤其注意刚柔相济、拖延回旋、留有余地、以退为进和相互体谅五个策略,及倾听、表达、提问及说服要领的运用。

本章思考题

1. 请阐述冲突的影响因素和过程。

2. 跨文化冲突管理中要尤其注意哪些要点?

3. "参与是一种发现差异并解决冲突的最佳办法。"你是否同意这种观点,为什么?

4. 请简述谈判的过程、策略及谈判中需要注意的问题。

推荐阅读及参考文献

第四篇

组 织 篇

组织是个人和群体（团队）的结构化配置和安排，不论我们的生活还是工作都离不开它。组织水平（organizational level）研究是管理心理学所关注的宏观层，也是作为市场主体的企业等各类组织发展的落脚点。研究组织可以有效地帮助我们解决组织发展中所遇到的问题。本篇将介绍：第十四章组织结构，第十五章组织文化，第十六章组织变革与发展。组织结构凝塑了作为个体的员工和作为群体的部门在组织这个大机器中的定位或"节点"，文化为组织营造了一种"气氛"，也规范和延续着员工的行为，组织文化还为组织变革和发展奠定了基调，而组织的变革和发展是组织寻求突破和创新的途径。

第十四章　组织结构

海尔的组织结构演变

海尔集团创立于 1984 年,曾以年均增长 78% 的增长速度持续稳定发展,发展成为在海内外享有较高美誉度的大型国际化企业集团。其首席执行官张瑞敏曾先后登上美国的哈佛大学、沃顿商学院和哥伦比亚大学讲台,纵论"海尔圣经"。张瑞敏认为,一个企业应建立一个有序的非平衡结构。我们在建立一个新的平衡时就要打破原来的平衡,在非平衡时再建立一个平衡。在海尔的发展进程中,其组织结构就在不断调整。

海尔最早的组织结构是直线职能式结构,下面是最普通的员工,最上面是厂长、总经理,它的好处就是容易控制到终端。但随着企业规模的壮大,这种结构的弊端日益显现,限制了海尔对市场的反应速度。

到了 1996 年,海尔开始实行事业部制,采取"联合舰队"的运作机制。集团总部作为"旗舰",以"计划经济"的方式协调下属企业。下属企业对外是独立法人,独立经营,发展"市场经济",但在企业文化、人事调配、项目投资、财务预决算、技术开发等方面必须听集团统一协调。用海尔人人都熟悉的话说,各公司可以"各自为战",不能"各自为政"。但随着海尔的壮大,张瑞敏发现海尔染上了"大企业病",反应迟钝,效率低下。

1999 年 3 月,海尔开始动组织结构的第一刀:把"金字塔式"的直线结构转变成矩阵结构的项目流程,把所有的事业部业务流程分成若干项目小组,成立专门的组织结构调整小组,管理分散在各事业部的业务。虽然项目小组同样代表集团去开展业务,但它不是一个实体,职能松散,赋予项目管理部门的权力往往太大,彼此没有制约。这种通过项目来进行业务管理的模式也无法搭建信息平台,更不利于实现真正的市场链管理。问题越来越突出,各个项目小组的问题又不统一,总部的统一管理职能极其缺失,于是,仅仅试运行几个月的矩阵式项目管理结构就被废除了。

1999 年 8 月,海尔开始 BPR 流程革命,成立超事业部结构,开始了组织结构的深度变革,经过对原来的职能结构和事业部进行重新设计,把原来的职能型组织结构转变成流程型的网络体系结构……

第一节　组织概述

一、组织概述

(一)为什么要研究组织

在我们深入学习组织理论之前,有必要先搞清一个问题,那就是我们为什么要研究组织。现在,我们以历史的视角作为切入点来回答这个问题。

从历史上来看,组织的出现比人类社会早了上亿年。自从地球上出现了生命,便有了组织。例如,菌落的定义就是由一种微生物组成的具有固定形态特征的微生物结构;蚂蚁和蜜蜂更是典型的群居社会性动物,在它们内部有着严密的组织结构和分工;人类社会出现后,人类延续采用了组织这一广泛且高度有效的形式组织社会生产和开展社会活动。可以说,组织已经成为生物界和人类社会的主要组成部分。我们无法逃避组织,我们需要组织为我们的生活提供物品和服务;同时,我们也身处组织之中为他人和社会提供服务。我们已经成为一个"组织的社会",组织也已经"吸收了社会"(Perrow,1991)。

试着回想一下,最近一周你接触过哪些组织? 和哪些组织打过交道? 你是否也身处于某个组织之中,为社会或自己的同学提供了某种社会性的服务? 答案是我们极力地去搜索那些不是由组织提供的物品(服务),甚至将搜索日期提前到我们出生之日起,最终的检索结果为无。

比如,我们需要自来水公司为我们提供清洁的水,需要建筑公司为我们建造供我们居住和工作的房屋,需要医院为我们提供医疗卫生服务,需要学校为我们提供教育服务等。我们在日常生活中接触到的一切物品都有其组织背景:公路、网络、书籍、服装、煤气……同时我们依赖的服务也是由组织提供的:警察、邮政、餐饮、银行、保险……我们也在组织中工作。

小至个人生活,大到整个社会变迁,无一不是在利用组织提供的各种产品和服务,如果不深入地理解这些组织,我们就无法理解组织带来的一系列问题。

必须清醒地认识到,无论是私人组织还是公共组织,都已经成为我们日常生活中的一部分。从组织发展的历史和现实中可以了解到,组织的建立是为了完成某个有机体所无法单独完成的目标。我们需要组织为我们的日常生活和工作提供那些单独依靠我们自己的力量所得不到的物品和服务,我们在享受组织带给我们利益的同时,也在积极地利用组织优势,为他人和整个社会贡献自己的力量。

我们研究组织的目的就是更好地发挥组织的功能,使其带给我们更多、更好的效益。蜜蜂等社会性生物经过数万年的学习和进化形成了具有明确分工、结构严密的组织体系,这一正确的组织体系保证了它们的种族延续。而与生物界的被动演变不同,我们人类需要主动地去研究各种社会组织,最重要原因在于与动物单一的社会关系和与之相对应的组织形态不同,人类社会中复杂交织着各种利益关系,与之对应地存在着各种类型不同的组织,如私人组织、准公共组织和公共组织等。不同的组织适用于不同的环境之中,而与组织相关的结构、文化、人员、权力等要素时刻影响着组织绩效的发挥。

同时,组织的选择、设计和运行是一个复杂的系统,组织所处的环境时刻变化着,组织中的主体——人具有高度的意识和复杂的行为表现,组织功能最终的发挥存在好的和坏的两种结果,种种情形使我们不得不对组织细致研究,使组织最大限度地与环境相匹配,使结构、人员、资源等均在最佳的配置状态之中,发挥组织最大的功能和最好的结果。

（二）组织的定义

对于定义的讨论向来是件令人头痛的事情,因为每一位学者都会融合自身的知识体系和经验对组织做出他认为最准确的解释,而这些解释实在是纷繁。但我们仍然有必要这么去做,因为一个良好的组织定义会帮助我们清晰地界定研究对象和研究范围,帮助我们从多方面认识一个组织。

首先,我们先来了解一下“组织”一词的含义。一直以来,我们对于“组织”的理解有三种:第一种是作名词讲的“组织”。指的是作为实体(entity)本身的组织(organization),是指按照一定的宗旨和目标建立起来的集体,例如工厂、医院、各个层次的经济实体、学校、政府机关等;第二种也是作名词讲的“组织”,所不同的是,它指的是作为实体组织的内部构成要素之间的关系。如社会生产的分工协作组织、企业内部的管理组织等。第三种是作动词讲的“组织”,指的是作为活动过程(process)的组织(organizing),属于管理中的一种职能,是指为了实现组织目标,对组织的资源进行有效配置,对其中的人进行编排而开展活动的过程。

从历史发展的角度来看,对组织的研究可以划分为三大组织理论。下面我们分别对三大理论中具有代表性的组织定义进行探讨。

1.古典组织理论中的组织定义

古典组织理论奠基人马克斯·韦伯(Max Weber)是第一个给组织下确切定义的人。韦伯认为,组织是组织成员在追逐共同的目标和从事特定的活动时,成员之间法定的相互作用的方式。具体地说:(1)组织与社会关系有关,组织以某种形式的权力为基础。组织是根据合法程序制定的,并靠着一套完整的法规制度规范成员的行为,组织中的人员应有固定和正式的职责并依法行使职权。“秩序”的概念是定义的主要组成部分。(2)组织的活动是连续性的,且有其特定的目的。韦伯的这一定义成为后来很多组织定义的基础。

2.现代组织理论中的组织定义

现代组织理论中影响最为深远的系统组织理论创始人切斯特·巴纳德将组织定义为两个或两个以上的人有意识地协调其活动和力量的系统(Barnard,1938)。与韦伯关注组织内成员的互动模式不同的是,巴纳德关注系统内的成员,他认为好的组织是一个协作系统,组织需要沟通,要求成员愿意为组织做贡献。总的来说,现代组织理论把组织作为现存事物,认为它是事物内部(及其与外部)按照一定结构与功能关系构成的方式和体系。

3.后现代组织理论中的组织定义

前两种组织理论都把组织比喻成一架机器,其结构和功能是组织自己设定的,组织边界是明晰的、封闭的,组织作为一种社会工具而存在。与其不同的是,后现代组织理论认为组织是事物朝着空间、时间或功能上的有序组织结构方向演化的过程体系。这种演化的现象被称作组织化(organization),最终的结果有自组织(self-organization)和被组织(to be organized)两种。我们所探讨的组织是一个不断与外部环境发生作用的自组织系统和自组织过程。组织及位于其中的个人有充分的自主性进行自我学习与更新。组织是动态的,与环境是作用与反作用的关系。组织应更多地关注流程,而不是专门化的环节(罗珉,2004)。

(三)组织与个人

组织是以人为主体的,组织和位于其中的个人时刻处于相互作用之中,关于组织与个人的研究一直以来是组织行为学关注的重点领域。

1.个人—组织匹配研究

个人—组织匹配(person-organization fit)主要探讨个人和组织之间的相容性(compatibility),以及实现这种相容性的前提和可能带来的结果。匹配形式有辅助性匹配(supplementary fit)和补偿性匹配(complementary fit)两种。前者是指组织与个人在文化、价值观等基本特征方面具有相似之处;后者是指组织与员工都能彼此满足对方的需要,例如组织提供给员工所需要的物质、心理资源等,或者员工知识、技能等方面能适合组织的要求。个人—组织匹配研究在员工的组织进入、工作态度、离职意向、工作压力、亲社会行为、工作绩效和组织文化培训等方面具有管理价值。

2.组织公民行为

组织公民行为(organizational citizenship behavior,OCB)是指在组织的正式酬赏制度中没有得到直接承认,但整体而言有益于组织运作绩效的各种行为。此类行为通常未涵盖于员工的角色要求或工作说明书中,员工可自行取舍。研究意义在于由于组织公民行为具有自愿合作性,这种行为能自觉维护整个组织的正常运行,减少维持组织正常运行而被占有的稀缺资源数量;有效地协调团队成员和工作群体之间的活动;增强组织吸引和留住优秀人才的能力。

3.激励

激励(motivation)是组织通过设计适当的外部奖酬形式和工作环境,使用一定的行为规范和惩罚性措施,满足组织成员的各种需要(外在性和内在性),达到组织目标与个人目标在客观上的统一。激励的作用在于开发员工的潜在能力,促进员工充分发挥才智和创造性;吸引优秀人才到组织中,留住优秀人才;造就良性竞争环境,最终达到提高组织绩效的目的。

二、组织的性质与类型

(一)组织的性质

1.复杂性

组织具有复杂性,这主要体现在两个方面:(1)组织中主体的构成及其行为方式具有复杂性。例如,组织中的成员来源多样化,这就导致成员间的知识、文化、价值观等方面具有差异性。在此基础上所建立的组织成员的行为方式具有差异性,成员间关系处理具有多样性,这些多样性和差异都使得组织管理变得复杂。(2)组织所处的环境具有复杂性。随着全球化、网络化和信息化的快速发展,组织所面临的内、外部环境都较之前有了巨大变化。环境不再是组织管理的既定条件,而是被当作外生变量。组织需要协调处理好自身的复杂性去适应并利用环境的复杂性来增强自身的竞争力。

2.模糊性和不确定性

传统的组织理论认为组织是封闭的,有清晰的边界。这种解释在稳定的环境中便于学者们对组织进行分析。然而,在当今动态变化的环境中,组织边界变得模糊。组织的生存和发展越来越依赖于那些与组织活动有关的、所有信息单元之间的互动关系及其所组织的 n 维向量空间(黄泰岩,1999)。无论是组织边界,还是影响组织发展的驱动因素及各因素之间的因果关系都在这种变化的环境中变得模糊。

同时不同类型、不同地区的组织之间的相互作用已构成了网络性的关联,导致单个组织是作为网络中的一个价值节点而存在,倘若一个节点的组织活动停止,将会影响整个网络中组织的价值创造(刘洪,2009)。由此,身在网络中的组织变得越来越不可预测和控制,不确定性增加。

3.智能性

模糊性和不确定性、复杂性之间是相互联系、互为因果的,它们将组织陷入如何与环境相处的困境之中。面对这种困境,有学者提出组织是智能的观点,认为组织是可以自组织和自我学习的,组织作为一个复杂适应系统而存在。这种新型的组织特性可以有效地利用不确定性和差异去处理复杂的环境。组织的智能性在未来组织的发展竞争中越来越重要。

4.开放动态性

组织是开放的,不断地与环境相互作用着。同时,组织总是处于变化、转换与调整之中,组织之间、组织与环境时刻动态地交换着信息与物质。

除此之外,组织还具有整体性、目的性等特点。

(二)组织的类型

关于组织类型的划分有很多标准,但是由于组织分类涉及了众多的变量,至今仍没有一个准确的分类标准,以致出现了专门的组织分类学。我们可以在网络上搜索一下组织的类型,发现在管理学相关网站中会出现多种对于组织的划分类型。例如,从规模上看,组织可以分为小、中、大型组织;按组织是否营利,可分为营利性组织和非营利性组织;从社会职能角度,可以分为文化性组织、经济性组织和政治性组织;按组织的正规程度,可分为正式组织和非正式组织等。

在这里要提醒大家的是,这些划分无一例外都是将组织的某一特征作为分类的基础,而这种分类方法的后果是"分出的类型可以无限增加,因为找到一个新的因素就标志着一个新类型的出现"(Katz & Kahn,1966)。对于组织分类的详细介绍大家可参考霍尔(Hall)的《组织:结构、过程及结果》一书中关于组织类型一节,也可在线进行学术搜索。

三、组织的功能

组织的功能就是办事,通过办事达到组织的目的。然而,在组织办事的过程中必然产生一系列的结果和影响,这些结果有好的和坏的之分,影响自然也有好的和坏的。例如,三鹿集团作为一个营利性的经济组织,为了进一步削减成本,谋取更多企业利润,在奶粉中违法添加三聚氰胺等化学物质,这一做法导致了多名儿童肾功能损坏或死亡,造成了恶劣的社会影响。

因此,我们必须意识到组织不是完美的,组织同样存在着很多的问题,甚至导致组织犯罪。当我们企图利用组织达成我们的目的时,必须要严密控制组织行为,使其在不导致恶劣影响下产生好的结果。

第二节　组织结构

一、组织结构概述

(一)为什么要研究组织结构

在上一节我们了解到,组织的产生是由于它可以完成单个人所无法完成的事情。然而这同时也引起了另外一个问题,那就是我们需要通过一种怎样的方式来管理这个由若干人集合而成的组织从而确保组织目标的实现。

我们在这里共同设想一下:当我们陷入这一困境时,所做的第一件事情便是如何进行工作分配(分工),即将目标任务分块、恰当地分配给组织成员(专业化)。分工这一行为产生了一系列复杂的后果:如组织成员是否负荷不足或过重;若任务量过大,如何整合成员组成任务小组等。这里涉及了组织结构设计的两个核心要素:分工与整合。

在整个达成目标的过程中,我们需要解决各种由分工与整合产生的冲突。

(1)组织内部职权和责任范围的界定。这种界定主要是通过组织结构对组织内部层级数和管理跨度的规定所形成的正式报告关系(权责关系)实现。组织结构决定了组织内部的权责关系。

(2)分工与协作,即按照何种标准整合人员与任务。是通过组织结构决定岗位,还是按部门即组织的专业化分工与协作关系来实现。例如,是按产品、职能抑或是按照工作流程。

(3)沟通与协调。组织结构决定成员之间、部门之间、上下级之间的有效沟通、合作与整合的横向与纵向协作关系。主要通过政策、规则和信息流动来实现。

为了让大家更好地认识到组织结构涉及的因素,我们用图14-1进行表达。

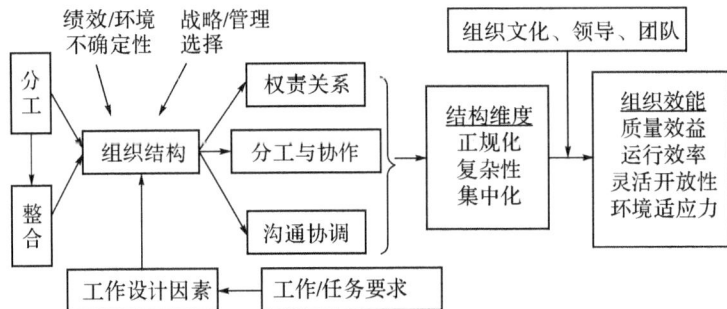

图14-1　组织结构关系

至此,我们了解到,组织结构涉及管理幅度、管理层次、机构的设置、管理权限和责任的分配方式、管理职能的划分、各层次以及各部门之间的联系沟通方式等问题。组织结构决定着组织的正式控制系统、沟通系统和工作关系，同时也对非正式组织、人际关系和组织成员态度与行为起着重要作用，最终影响组织的灵活性与开放程度、组织运行效率及其环境适应力。

我们研究组织结构的目的在于，架构一个适宜的组织结构使我们既可以把完成组织目标所需要的人和事(工作)编排成便于管理的单位，又可以将组织内各个部门、各个单位连接成为一个有机的整体，发挥出最大的组织效能。在现代组织管理中，我们越来越多地把组织结构看作是管理的一个重要变量来进行操控，组织结构成了管理学研究的重要课题。

(二)如何认识和理解组织结构

1. 组织结构的定义

我们在对组织结构定义进行探讨时，发现针对不同的研究情景，学者们分别提出了适用于不同组织的结构定义，如知识型企业组织结构定义，项目型组织结构定义，政治部门组织结构定义，银行、学校等若干组织的结构定义。但是无论何种定义，均围绕几个方面展开：分工、职责、信息流、控制跨度、沟通与协调等，这些便是组织结构定义中的核心要素。

下面给出几个从不同方面对组织结构进行描述的定义：

(1)组织结构涉及对组织任务的正式分工。罗宾斯认为，组织结构是指对工作任务如何进行分工、分组和协调合作(罗宾斯，2005)。从组织结构的产生看的确如此，组织结构就是伴随着对组织任务进行分工和整合时所产生的对一系列冲突进行有效协调与控制的一种手段。

(2)组织结构是一种构成方式。休·阿诺德等认为，组织结构是指一个组织内部的运行及其活动的正式排列(休·阿诺德和菲尔德曼，1990)，这种理解下的组织结构通常在设计思想与架构上吸收了系统论的观点。我们对组织进行了一次架构，在这次架构下，我们对完成组织目标的人员、工作、技术和信息做了一次制度性安排。

(3)强调结构形成过程中人们的相互作用。存在着一种观点认为，结构是"在相互作用的过程中不断形成并得以重新创造、同时反过来影响相互作用的一种复杂的控制媒介；它由相互作用形成，同时也促进相互作用的变化"(Ranson et al.，1980)。即组织结构是形成的，而不是设计出来的。

对于组织结构来讲，有一个经典的比喻可以加深我们对它的理解：组织结构犹如人体的骨架。骨架在人体中起着支架、保护的作用，有了它，消化、呼吸、循环等系统才能发挥正常的生理功能。组织结构在组织管理系统中同样起"框架"作用，有了它，系统内的人流、物流、信息流才能正常流通，保证组织目标的实现。

2. 组织结构的特征

(1)复杂性。复杂性贯穿于对组织的讨论中。它是指组织分化的程度。具体表现为：组织结构受到环境、技术、资源、战略等多种因素的综合制约，每个组织均有一个适宜于自己情景的组织结构，并且这个结构随着内外环境的改变而改变；组织结构有水平分化与垂直分化，水平分化涉及管理跨度，垂直分化涉及管理层次，这两个因素都给组织提出了沟通、控制与协调的问题;组织活动具有地域分散性,如营销活动等,地域越广,组织管理越困难,组织结构越复杂。除此之外,组织结构的部门化划分复杂,可按职能、产品、客户、地域等进行划分;专业化分工复杂等。组织结构的复杂性使得无法存在某一种最佳的组织方法,它要求管理者有能力识别关键变量,评价它们对组织绩效的影响,并充分考虑到它们之间的相互关系,从而确定适宜自己情景的组织结构。

(2)正规化。组织结构正规化是指组织分工、部门设置、职责界定、信息沟通、任务分配等建立在正式授权基础之上,并且通过正式命令、政策、程序、规章制度等约束组织成员的行为、规定信息的正式流通渠道和正式的报告关系等。即组织内一切物质基础和成员之间、部门之间的正式交际都是在正式授权的合法性下依据规章制度进行的。一个组织的规章条例越多,组织结构越正规化。组织总是处于冲突之中,正规化一方面可以激发个人的能力,因为正规化的程序可以协助人们完成工作;但另一方面,它具有压制性,因为人们被强迫服从组织的规定(Adler et al.,1996)。

(3)集权程度。它是指决策制定权力的集中程度。决策权力的配置是在组织结构构建时正式赋予的。一个组织结构的集权程度受组织规模、技术、环境等制约:规模与集权的关系是复杂的,规模的扩大在某些情况下会导致授权,但授权会发生在一定的规则框架之内,所以较大的规模通常与较高程度的集权相关(霍尔,2003)。技术主要指成员的专业化程度,不同的工作常规化、不确定性与成员的专业化水平使得集权程度不同。竞争与不确定性是组织环境面临的重要特征,竞争、不确定环境下组织的集权程度低,相反稳定、确定环境下组织的集权程度高。

二、组织结构的演进

这一部分我们将对组织结构演进的模式与形式以历史的视角逐一介绍。我们需要注意的是,选用历史的视角仅是作为介绍组织结构的一条线索,而不是说之前的组织结构已经不适用。事实上,组织结构没有好坏之分,没有过时之说,每一种组织结构都是特定环境下的产物,也只能适用于某种特定的环境。选用历史的视角进行介绍不仅可以帮助我们从宏观角度理解组织结构的发展过程,同时还有助于我们发现组织结构演变的原因。

在介绍组织结构模式及形式时,我们会用组织结构图进行表示。组织结构图是用方框和线条对一个组织的组织结构、组织关系、基本活动和过程的可视性描述,是我们对组织结构进行介绍时最常使用的工具。

按照组织结构的演变史,我们将其分为四个阶段:

(一)前组织时期

前组织时期的组织结构类型称为简单结构。它的特点是:部门化和正规化程度低,控制跨度宽,但集权程度高,经营权和所有权是同一个人。组织形式呈扁平状,只有2~3层垂直层级,通常为小型组织所采用,不过在危机时刻,大型公司也会在短期内启动这种结构。优势是简便易行、反应敏捷、费用低廉、责任明确。缺点是高度集权导致上层信息负荷过重,难以适应组织扩展的需要;企业经营完全依赖一个人,风险极高。适用于规模小(人员10人以下)、业务单纯的组织,如经营销售业务的组织。

(二)组织定型时期

这一时期的各种组织结构类型可以总称为官僚结构,它是一种对任务进行高度标准化操作的结构。其特点是:由职务专门化建立非常正规的规章制度;以职能部门划分工作任务;中央集权,控制跨度窄;通过命令链进行决策。

官僚结构的主要优势在于,能够高效地进行标准化活动。同时,这种组织结构对中低层管理者的要求较低,因此可以降低成本。官僚结构的不足是:工作专门化导致各部门之间相互冲突,职能部门目标有时会凌驾于组织的整体目标之上;过分关注于遵守规则。只有在员工们面临熟悉的问题,并且问题解决方法已有程序性规定时,这种组织结构类型的效力才能发挥出来。

1.直线制组织结构

直线制组织结构是最简单、最古老的一种组织结构形式(见图 14-2)。当直线制组织是只有两三个纵向层次,决策权集中在一个人手中的"扁平"组织时,即为我们上面所说的简单结构。直线制组织结构是工业化需求的产物。所谓的"直线"是指在这种组织结构下,职权直接从高层开始向下"流动"(传递、分解),经过若干个管理层次达到组织最低层。

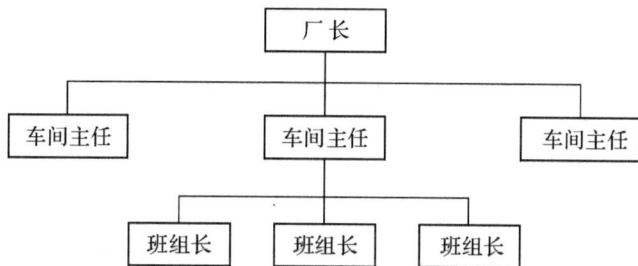

图 14-2　直线制组织结构

直线制组织结构的形式如同一个金字塔,处于最顶端的是一名绝对权威的老板,他将组织的总任务分成许多块,然后分配给下一级负责,而这些下一级负责人员又将自己的任务进一步细分后分配给更下一级,这样任务沿着一根不间断的链条一直延伸到每一位雇员。

它具有四大特征:一条指挥的等级链;职能的专业化分工;权利和责任的一贯性政策;工作标准化。具体为:组织中各种职务按垂直系统直线排列,上司负责管辖范围内所有雇员的行动,并且有权下达雇员无条件服从的命令,组织中的每一个人只能向一个直接上级报告;组织通过一贯性的书面规则和政策来管理,这些规则和政策由公司董事会和管理部门制定。优点是指挥系统清晰、责权关系明确、信息沟通迅速、内部协调容易、管理效率高。缺点是主管负责人需要通晓多种知识、技能,亲自处理各种业务,在组织规模较大、业务和技术要求较高的情况下,难免会因知识能力有限而难以应付;同时,每个组织部门基本关心本部门的工作,部门间协调较差。这种组织结构适用于企业规模不大,成员人数不多,生产和管理工作都比较简单的组织或现场作业管理。

2.职能制组织结构

职能制又称为多线制,它是按职能来组织部门分工,即从企业高层到基层,均把承担相同职能的管理业务及其人员组合在一起,设置相应的管理部门和管理职务(见图 14-3)。其特点是组织内除直线主管外还相应地设立一些职能机构,分担职能业务的管理,这些职能机构有权在自己的业务范围内对下级部门下达命令和指示。下级主管除了要接受上级直线主管的领导外,还必须接受上级各职能机构的领导和指示。当组织的外部环境相对稳定,组织内部不需跨越太多的职能部门进行协调时,这种组织结构模式对企业而言最有效,通常适用于只生产一种或少数几种产品的中小企业。

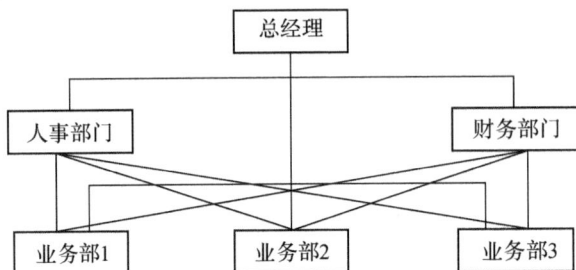

图 14-3　职能制组织结构

这种组织结构的优点是管理分工较细,解决主管人员对所有专业工作进行指挥的困难,发挥职能机构的专业优势。缺点是各个职能部门都拥有指挥权,导致下属要接受多头领导,妨碍组织的统一指挥;各职能机构往往从自身利益出发考虑工作,横向联系差,协调困难;强调专业化,使管理者忽视了本专业之外的知识。

3.直线职能制组织结构

直线职能制又称为生产区域制。它吸收了以上两种组织结构形式的优点,既保留了直线制组织模式的集权特征,又吸收了职能制组织模式的职能部门化优点。直线职能制组织模式设置了两套系统:一套是按命令统一原则组织的指挥系统;另一套是按专业化原则组织的管理职能系统(见图 14-4)。这种组织模式适合于复杂但相对来说比较稳定的组织,尤其是规模较大的组织。因为它较好地适应了现代组织的要求,成为目前应用最广的组织形式之一。

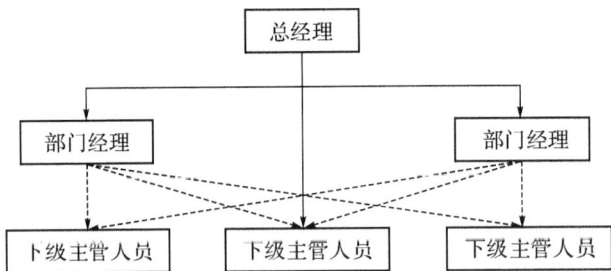

图 14-4　直线职能制组织结构

直线职能制组织结构以直线为基础,按经营管理职能划分部门,并由最高经营者直接指挥各职能部门,实行的是职能的高度集中化。直线部门和人员在自己的职责范围内有决定权,对其所属下级的工作实行指挥和命令,并负全部责任;而职能部门(如计划、销售、财务等)和人员仅是直线主管的参谋,只能对下级机构提供建议和业务指导,没有指挥和命令的权力。在坚持指挥的前提下,直线主管在某些特殊的任务上也授予职能部门一定的权力。在这种结构下,下级机构既受上级部门的管理,又受同级职能管理部门的业务指导和监督。

直线职能制组织结构是一种按经营管理职能划分部门,并由最高经营者直接指挥各职能部门的体制。其优点是集中领导,便于组织人力物力;职责分明,工作秩序井然;工作效率高,整个组织有较高的稳定性。缺点是下级部门的主动性和积极性的发挥受到限制;部门之间沟通少,当职能参谋部门和直线部门之间目标不一致时,易产生矛盾;难以从组织内部培养熟悉全面情况的管理人才;权力过于集中,对环境变化适应性差。

（三）组织转型时期

1.事业部制组织结构

首创于20世纪20年代的美国通用汽车公司,采取的是一种高度集权下的分权管理体制。这一体制适用于规模庞大、品种繁多、技术复杂的大型企业,是国外较大的联合公司所采用的一种组织形式,近几年我国一些大型企业集团或公司也引进了这种组织结构形式。它的突出特点是集中政策、分散经营;独立经营,单独核算。即总公司下设多个事业部,各事业部有独立的产品和市场,有相对独立的自主权,实行独立核算,是总公司控制下的利润中心。事业部经理按照董事会领导下的总经理的指示进行工作,同时他又统一领导自己主管的事业部及其下设的生产、销售、财务等职能部门和辅助部门,还可以利用本公司的参谋部门。公司各参谋部门负责建立和调整全公司的政策和工作程序,对有关重大事项展开讨论并建议。总经理对董事会负责,并根据董事会决议制订全公司的计划,对有关事项做出最终决定,对事业部经理实行监督。如图14-5所示。

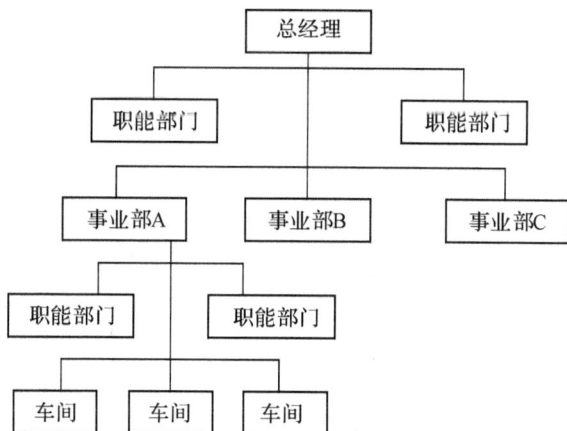

图 14-5 事业部制组织结构

在具体的运作过程中,事业部制可以根据企业组织在构造事业部时所依据的基础的不同,分为地区事业部制、产品事业部制等类型,通过这种组织结构可以针对某个单一产品、服务、产品组合、项目、地理分布、商务或利润中心来组织事业部。

这种组织结构的优点是权力下放,最高管理层摆脱具体的日常管理事务,有利于集中精力做好战略管理;各事业部经营责任和权限明确,物质利益与经营状况紧密挂钩,有助于加强事业部管理者的责任感,发挥主动性和创造性。缺点是容易造成组织机构重叠、管理人员膨胀现象;各事业部独立性强,考虑问题易忽视整体利益。

2.超事业部制组织结构

20 世纪 70 年代中期,随着大企业的迅速扩张,事业部越来越多,组织的协调成本增加,为解决这一问题,出现了事业部制的变种——超事业部制,又称"执行部制"。它是指在事业部制组织结构的基础上,在组织最高管理层和各个事业部之间增加了一级管理机构,负责管辖和协调所属各个事业部的活动,使领导方式在分权的基础上又适当地集中(见图 14-6)。这样做的好处是可以集中几个事业部的力量共同研究和开发新产品,可以更好地协调各事业部的活动,从而能够增强组织活动的灵活性。

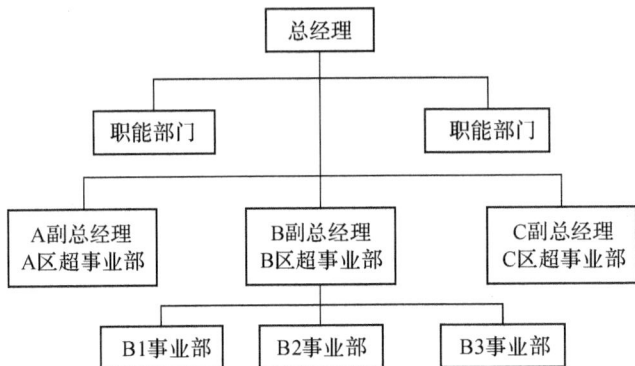

图 14-6　超事业部组织结构

3.矩阵型组织结构

又称规划—目标结构,是由按职能划分的部门和为完成某一临时任务而组建的项目小组结合起来组成一个矩阵(见图 14-7)。其实质是在直线职能制垂直形态组织系统的基础上,再增加一种横向的领导系统。其高级形态是全球性矩阵组织结构。目前这一组织结构模式已在全球性大企业如 ABB、杜邦、雀巢、飞利浦、莫里斯等组织中进行运作。

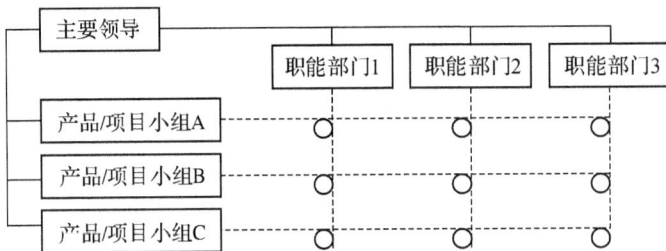

图 14-7　矩阵型组织结构

矩阵型组织最大的特点是突破了统一指挥的框架。它具有双套命令系统:一套是纵向职能系统,另一套是横向项目系统。纵向系统的组织是指职能部门经理领导下的各职能或技术科室,其派出的人员在参加项目的有关规划任务时,接受项目负责人的领导;横向系统的组织,一般是围绕产品、工程或服务项目专门成立的项目小组或委员会,项目小组的总负责人全面负责项目方案的综合工作。为了完成某一特别任务,在设计、研究和生产产品等不同阶段,各有关职能部门不断派各有关专业人员参加工作。任务完成后,部门派出人员就回到原单位再去执行别的任务。同一名员工既同原职能部门保持组织与业务上的联系,又参加产品或项目小组的工作。

这种组织结构的优点是加强了各职能部门的横向联系,较好地解决了组织结构稳定和管理任务变化之间的矛盾,使一些临时性的、跨部门的工作任务执行不再困难;有利于增进各部门人员之间的接触交流,增加学习机会,把具有优势的人力资源针对特定任务项目最佳配置,实现规模经济优势。缺点是这种组织形式实现纵向、横向的双重领导,使组织增加争权夺利的倾向,员工不安全感和压力较大。同时如果关系处理不当,部门和员工间会由于意见分歧而在工作中相互推诿责任;多属临时性组织,容易使成员产生短期观念和行为。

4.多维立体组织结构

多维立体组织结构(见图14-8)是矩阵型组织结构形式和事业部制组织结构形式的综合发展。实质是在矩阵制结构(即二维平面)基础上构建产品利润中心、地区利润中心和专业成本中心的三维立体结构,克服二维矩阵结构未能考虑组织活动所受到的时间和区域性的限制。在这种组织结构形式下,每一系统都不能单独做出决定,而必须由三方代表通过共同的协调才能采取行动。因此,多维立体型组织能够促使各部门从组织整体的角度来考虑问题,从而减少了产品、职能和地区各部门之间的矛盾。即使三者间有摩擦,也比较容易统一和协调。其最大特点是一方面可以使事业部和职能部门的工作有机地协调起来,另一方面又考虑了时间或地区的因素,能使公司在不同时间、不同地点及时而准确

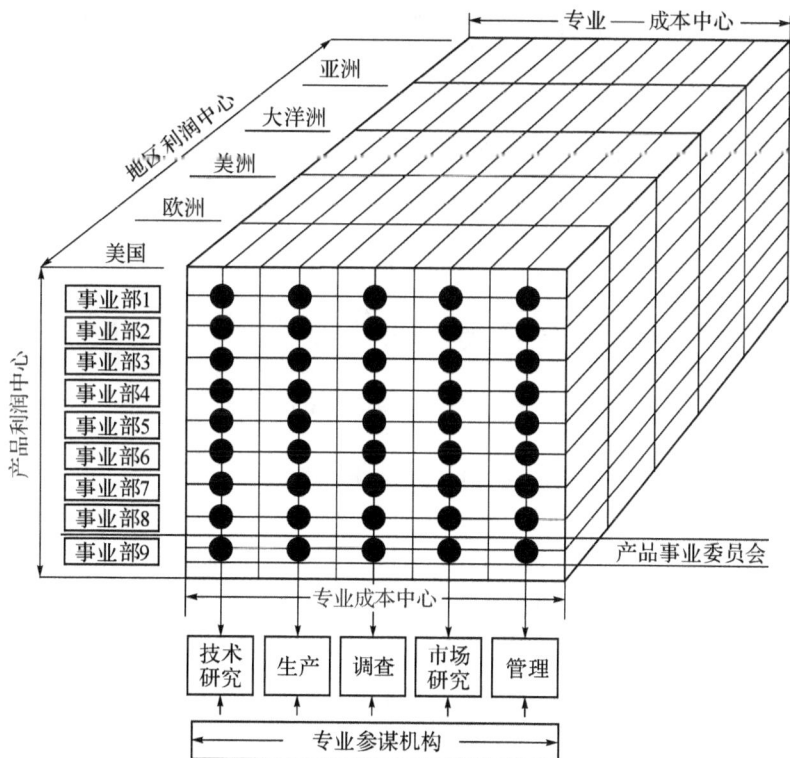

图 14-8　多维立体组织结构

地开展各种业务活动。有利于形成群策群力、信息共享、共同决策的协作关系。缺点是机构庞大,开办费用和管理费用很高,协调困难。这种组织结构形式适用于跨国公司或规模巨大的跨地区公司。

(四)后组织时期

1.团队式组织结构

团队式组织结构是指使用团队作为协调工作活动的核心方式,也就是任务编组的组织结构,是当前组织活动最流行的组织方式。其特点是在团队内部打破部门界限与职位界限,管理者对团队实行放权,鼓励团队成员的自主管理、自主决策和相互合作。小型组织可完全采取团队结构,而在某些大型组织中,常在一定层次、一定范围内采取团队结构,作为对整个官僚结构的补充。这种结构模式的显著优点是可快速回应时刻变化的环境,根据不同的需求,使不同专长的团队在短期间内联结从而完成任务。

2.虚拟组织结构

虚拟组织结构(见图14-9)是在信息技术发展和全球化市场形成的背景下,企业在面对多变、不确定的市场竞争环境中寻求生存和发展所形成的一种动态组织机制。它是指两个以上的独立实体,为迅速向市场提供产品和服务,在一定时间内结成的动态联盟。典型的虚拟组织是一种小型核心组织,主要的企业职能通过外包而来。从结构角度来讲,虚拟组织是开放式的、高度集权的。它不具有法人资格,也没有固定的组织层次和内部命令系统,管理者的时间主要用于协调和控制外部关系。企业可以在拥有充分信息的条件下,从众多的组织中通过竞争招标或自由选择等方式精选出比自己做得更好或成本更低的合作伙伴,将自己的有关业务外包给他们,从而将精力集中在自己最擅长的业务上。通过这种方式,企业可以集中各专业领域中的独特优势,实现对外部资源的整合利用,以强大的结构成本优势和机动性,完成单个企业难以承担的市场功能,如产品开发、生产和销售等。

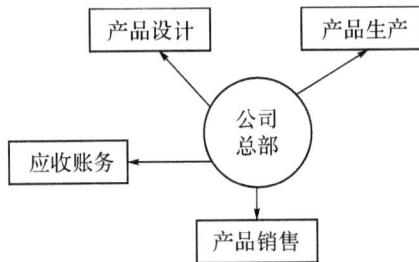

图14-9 虚拟组织结构

我们应意识到,尽管宣传使用虚拟组织的概念十分容易,但是虚拟组织的组成与运作并不简单,最明显的是实施上的困难,如各组成部分如何做到实体上的接触及协调上的困难。人们寄希望于信息高速公路作为虚拟组织的实现工具,但信息高速公路本身还需要发展完善,企业不可能在漫长的等待中丧失市场机会。

3.无边界组织结构

无边界组织是有机组织的一种。它是指边界不由某种预先设定的结构所限定或定义的组织结构。无边界组织是相对于有边界组织而言的。边界通常有纵向、横向和外部边界三种:纵向边界是由组织层级所产生的;横向边界是由工作专门化和部门化形成的;外部边界是组织与其顾客、供应商等之间形成的隔墙。通常组织保留边界是为了保证组织的稳定与秩序,但无边界组织并不是完全否定企业组织必要的控制手段,如工作分析、岗位定级、职责权力等。它同样需要稳定:在纵向边界上,管理层通过取消组织的垂直界限从而使组织层级更加扁平化,个人地位和头衔降至最低水平;横向边界以交叉功能团队取代职能型部门,根据工作流程来组织活动;取消外部边界的活动,包括经营全球化、公司间的战略联盟、客户与组织间的固定联系及远程办公等,化解了与外部支持者(政府、供应商)之间及地域活动带来的障碍。

无边界组织强调各个单位、部门和岗位角色,在履行自己所担负的相应职责的基础上,还要对整个组织目标的实现承担不同程度的职责,包括协助支持其他单位、部门和岗位角色履行他们感到有困难的职责,甚至当其他单位、部门和岗位角色不能及时有效地承担责任时,直接顶上以保证组织目标的实现。无边界组织的出现与发展,是伴随企业发展主导资源的变化而发生的一种企业组织变化,计算机网络化是保证无边界组织正常运行的一个共同技术条件。

4.学习型组织结构

学习型组织概念是美国学者彼得·圣吉(Peter M. Senge)在《第五项修炼》(*The Fifth Discipline*)一书中提出的。他认为企业应建立学习型组织,其含义为面临剧烈变动的外在环境,组织应力求精简、扁平化、弹性因应、终生学习和不断进行自我组织再造,以维持竞争力。

它具有五种特征:(1)建立共同愿景;(2)改变心智模式:人们能够摒弃其原有的思考方式,以及解决问题或执行工作的标准规程;(3)系统思考:人们把组织的过程、活动、功能及其与环境的交互作用看成是一个相互联系的系统整体的一部分;(4)团队学习:人们能够打破横向或纵向的界限,公开交流;(5)自我超越:人们能升华其个人利益和牺牲部门的利益,以服从组织的整体目标。

学习型组织不存在单一的模型,它是关于组织的概念和雇员作用的一种态度或理念。在学习型组织中,每个人都要参与识别和解决问题,使组织能够进行不断的尝试,改善和提高组织的能力。它的支持者将它看成是解决传统组织所固有的分工、竞争和反应性等三个基本问题的良药。通常我们进行"单环学习",即利用过去的规则和当前的政策来改正错误,而学习型组织采用"双环学习",即通过修改组织目标、政策和常规程序改正错误,使组织获得突破性的进展。

5.女性化组织结构

20 世纪 80 年代初,一些组织理论学家开始探索女性的价值观与组织结构之间的关系,他们最主要的发现是,女性偏爱那些重视人际关系和人际交往的组织。组织社会学家乔伊斯·露丝查德(Joyce Rothschild)对女性化组织方面的有关研究进行了归纳和发展,建立了具有六个特征的女性化组织模型:(1)以人本主义观点对待员工,重视组织成员的个人价值;(2)非投机性;(3)通过服务于他人来界定事业是否成功;(4)重视员工的成长;(5)创造一种相互关心的社区氛围;(6)权力分享。露丝查德认为,在由女性加以管理并为女性服务的组织中,女性化组织模式运作效果可能很好。

除按历史线索了解组织结构发展外,还存在一种广泛的组织结构分类法,即将组织结构分为 U 型、H 型、M 型组织结构。U 型组织包括直线制、职能制和直线职能制三种组织结构形式;H 型是指控股公司或股份制公司;M 型是指事业部制组织结构形式。

三、组织结构的解释

在上一部分我们可以看到不同的组织结构类型各自具有特殊的模式及形式,在本部分中我们试图对造成组织结构差异的原因做出解释,这其中也涉及在对组织结构进行设计时应考虑哪些因素的影响。为了更好地进行分析,我们首先对各种组织结构类型进行划分,抽离出两个极端模型:机械模型和有机模型(见图 14-10),其他的组织结构均位于这两个极端点之间的某个位置上。

机械模型的同义词是官僚结构。它的特点是广泛的部门化、高度的正规化、有限的信息网络(主要是自上而下式的沟通)和基层员工几乎不参与决策。另一个极端模型是有机模型,它看起来像无边界组织,结构扁平化,更多运用跨等级、交叉职能的团队进行工作,正规化程度低,拥有全面完整的信息网络(不仅有自上而下的沟通,还使用水平沟通以及自下而上的沟通),员工高度参与决策过程。

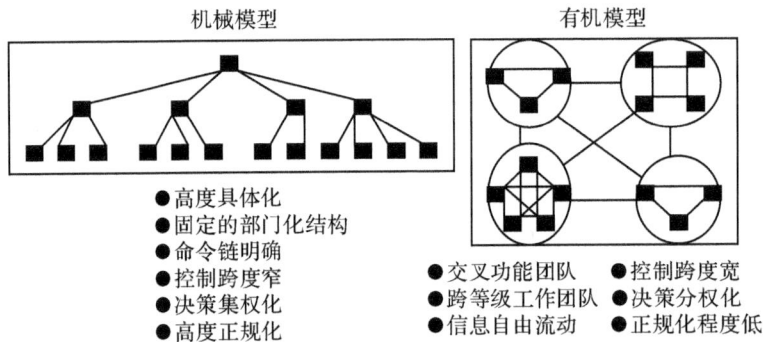

图 14-10　机械模型与有机模型

(一)战略与目标

组织结构是帮助管理层实现组织目标的一种手段。由于组织目标是由组织的总体战略决定的,因此,组织结构应该服从组织战略。大多数组织战略集中在创新、成本最小化和模仿上。相应地在进行组织设计时也出现了三种形式:创新战略,着重引进新产品和新服务,在意义性与独特性上寻求创新;成本最小化战略,实现严格的成本控制,限制不必要的革新和营销费用,压低销售基本价格;模仿战略,试图利用上述两种战略优势,寻求风险最小化而利润最大化,运用机械结构可以实现严密的控制并降低当前活动的成本,同时设有机结构,实现创新。表 14-1 描述了与每种组织战略相对应的最佳组织结构选择。

表 14-1　战略—结构关系

组织战略	组织结构	特点
创新	有机结构	分权化,结构松散,工作专门化、正规化程度低
成本最小化	机械结构	高度集权化,控制严密,工作专门化、正规化程度高
模仿	有机—机械结构	松紧搭配,对目前活动控制严,对创新活动控制松

战略与目标通常是联系在一起的,战略中目标的数量和复杂性都会影响到组织结构。例如,当组织目标较少,不太复杂时,多采用集权式结构;而当组织目标太多、不确定甚至相互冲突时,宜采用分散式组织结构。

（二）规模与成立时间

组织的规模与成立时间影响其结构的形态与性质。在调整职责与关系时要考虑到成长（或衰落）的因素,否则就会出现问题。一个小型企业组织的结构通常很简单,而且采用非正式的结构安排。但是随着时间的流逝,组织逐步成长,效率与纪律的压力使结构越来越正式、越来越复杂（鲍曼和迪尔,2005）。规模与结构之间并非简单的线性关系,相反,随着组织的扩大,规模的影响呈递减的趋势。通常,大型组织——雇用人员在2000人以上的组织,倾向于比小型组织更为工作专业化、部门化,更多的垂直层次和规章制度。

（三）技术

技术是指把组织投入转化为产品的手段。每个组织都至少拥有一种把人、财、物等资源转化为产品或服务的技术。对技术进行区分的常用标准之一是常规化程度。这里是指技术是一种常规化的活动还是非常规化的活动。前者以自动化和标准化的操作为特点,后者则是根据客户要求专门定制的活动,它包括了不同的操作,如人员培训等。

关于技术对组织结构的影响可从以下方面看待:常规化任务与部门化程度更高的结构有关,与各种操作规则、职务说明及其他正规化程度关系更为紧密;非常规化技术则相反。

技术与集权化的关系较为复杂,常规性技术与集权化结构之间存在正相关关系;非常规性技术,由于更依赖专家的知识,应与分权式和授权决策的结构相关。同时,一般认为技术—集权化的关系受到正规化的调节。因为正规化的规章制度与集权化经营决策都属于控制机制,两者可以相互取代。只有在正规化程度较低时,常规化技术才导致集权化;而在正规化程度很高时,常规化技术则伴随着分权化结构出现。

（四）信息

信息与组织结构密切相关,从上一部分组织结构的历史演进中,我们可以了解到,从简单结构到直线职能制是通过改变组织结构进而提高信息传递效率,最终提高组织效率,其主要机制是减少组织内部协调的复杂性;而从事业部制开始,通过组织结构演变提高信息传递效率,其主要途径是通过改善激励机制,提高信息保真程度,最终提高组织效率（王英,2000）。由此可见,理解这一部分对于我们深刻认识组织结构的功能、演变的过程和结构设计具有重要意义。

在组织中,我们所说的信息泛指情报、消息、指令、数据、信号等关于周围环境的知识,这些信息通过声音、图像、文字等媒介进行传递。组织结构与信息的关系是,组织结构不仅决定着信息传导的方向,同时影响着信息传递的效率。

（1）组织结构决定信息传导方向。信息在传递过程中必然遵循着一定的方向与次序,我们将其称作信息通道。信息通道分为两类:一类是指挥信息通道,以传递命令和指示为主,方向为自上而下;第二类是协调信息通道,以传递请求、支援和配合为主,方向为平行或自下而上（王英,2000）。无论是哪一种信息通道都是依据组织结构所设定的包含管理层次、管理权限和机构的路线进行的。

（2）组织结构决定信息传递效率。我们将信息传递效率定义为信息失真程度与传递速度。信息失真分为两类：一类是自然失真，它由人们的可知觉范围、心智能力和接受信息时的环境等因素决定，在层级传递或人员逐一传导中信息自然失真最为显著，我们无法消除自然失真，但是可以通过简化信息传递层级减少自然失真带来的误差；另一类是人为失真，是指信息发送者或接收者的主观目的、自我利益等因素使得信息指挥通道或协调通道中传递的信息人为歪曲、屈服于自我需要（王英，2000）。

切斯特·巴纳德意义上的组织，其有效运行依赖三个基本要素：共同目标、协作意愿和信息联系。在组织管理中，信息是决定沟通与协调能否起作用的核心要素，沟通就是彼此交换信息，协调就是利用沟通得到的信息。因此，如何确定一种组织结构，保证各个方向的信息流动畅通且不失真，对于确保沟通与协调机制的正常发挥、组织绩效的正增长都具有重要意义。

当然，我们也必须意识到，随着网络和信息技术的应用，信息沟通较之前有了很大的改变，人们不必再通过逐一传达信息的方式，而是可以在同一时间接收到源头信息，但是，基于组织结构建设起的信息通道仍然发挥着作用。我们需要探讨的不应是在网络化时代组织结构是否还对信息流动产生作用，而是应该着力于研究如何更好地应对网络传递信息的优劣势，使我们的组织发挥更多的效率和绩效。

（五）环境

组织中的环境包括在组织外部可能对组织绩效产生影响的各种机构或力量，其中典型的有供应商、客户、竞争者、政府管理机构和公众压力群体等。环境之所以能对组织结构产生影响，是由于环境是变化的、不确定的。组织环境存在三个关键维度，如图14-11所示，它们对结构的影响各异（罗宾斯，2005）：

1. 环境容量

环境容量是指环境中可以支持组织成长和发展的程度。丰富和不断成长的环境可带来丰富的资源，使组织面临资源短缺时有缓冲的余地。丰富的容量为组织提供了纠正错误的机会，而容量短缺的组织就做不到这一点。例如，多媒体软件公司的环境容量相对丰富，而依靠提供全方位服务的经纪人事业面临的环境容量就较小。

2. 易变性

易变性维度反映了环境的不稳定程度。当环境中不可预测的变化太多时，环境处于动态中，管理层很难准确预测各种决策意见的未来结果。与此相对的另一个极端是稳定的环境，但现在越来越少。

3. 复杂性

复杂性是指环境要素的异质性和集中化状况。简单的环境是同质的和集中的，如军火行业经营商较少，就可以密切关注竞争状态的变化。相反，异质性强、分散程度较高的环境被称为复杂环境。例如，对于网络公司几乎每天都有新的竞争对手出现。

事实表明，环境的不确定性与组织结构有关。在稀少、动态、复杂环境中，运作的组织面临的不确定性最大。因为组织面临的环境因素不可预测性较强，环境制约因素多，容易失误，需要密切关注大量环境因素的变化。环境的稀缺性、动态性和复杂性越强，就越应该采用有机结构；环境的丰富性、静态性和简单性越强，就越可以考虑实行机械结构。

对于组织结构的形成及差异化的原因探讨,应采用多元综合的解释方法。组织结构是在一定的环境下形成的,但它的形成并不是自动的。组织结构是动态的,在规模上是变化的;它采纳新的技术,面临变化不定的环境,为了顺应某种目的,采用新的或寻求旧有的战略,并根据本行业内其他组织的情况进行调整。

图 14-11　组织环境的维度模型

第三节　组织设计

一、组织设计概述

(一)组织设计内涵

广义的组织设计除了以人与事的协调为主的组织结构设计外,还包括组织中的议事规则、办事程序、规章制度、人员配置、人与物关系等内容的设计与协调活动。广义的组织设计内容主要包括三部分:一是组织结构的设计;二是组织关系—组织运行管理机制的设计;三是人员配置或人力资源管理的设计。通俗说来,就是要把"组织的事"合理地分解成"部门的事"、"岗位的事";把"合适的人放到适当的岗位上",让各部门、各岗位的人结成最合理的工作关系,按照最有效的规则从事工作和活动(时巨涛,2003)。

狭义上来讲,组织设计就是指组织结构设计,是指对组织内的层次、部门和职权进行合理的划分。即把实现组织目标而需要完成的工作,划分为若干性质不同的业务工作,然后再把这些工作"组合"成若干部门,并确定各部门的职责与职权。

(二)组织设计共性元素

任何组织设计都缺少不了六个共性元素,它们是工作专门化、部门化、命令链、控制幅度、集权与分权、正规化。见表 14-2。

表 14-2　组织设计共性元素

关键问题	设计元素
1.任务分解为独立的工作应细化到什么程度?	工作专门化
2.工作分类的基础是什么?	部门化
3.员工个人和群体向谁汇报工作?	命令链
4.一位管理者可以有效地指导多少员工?	控制幅度
5.决策权应该放在哪一级?	集权与分权
6.应在多大程度上利用规章制度指导员工和管理者的行为?	正规化

由于组织的各种活动总是要受到组织内外各种因素的影响,因此,不同的组织具有不同的结构形式。也就是说,组织结构的确定和变化都受到很多因素的影响,我们可以将它

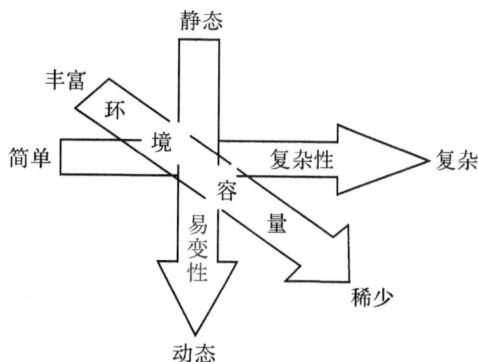

们称为"权变"因素,即权宜应变的意思,随着这些因素的变化而变化。权变理论认为,不存在一个唯一的"理想"组织设计适合于所有情况,理想的组织设计取决于各种权变因素。

(二)组织设计的任务

组织设计的任务是设计清晰的组织结构、规划和设计组织中各部门的职能和职权,确定组织中职能职权、参谋职权、直线职权的活动范围并编制职务说明书。

1.组织结构

组织结构设计包括三种情况:(1)新建的组织需要组织结构设计;(2)原有的组织结构出现较大的问题或组织目标发生变化,原有组织结构需要重新评价和设计;(3)组织结构需要进行局部的调整和完善。

2.组织设计内容

组织设计领域内的著名学者明茨伯格(H. Mintzberg)在总结以往组织理论和组织设计实践后认为,组织设计中需要考虑五种基本成分:

(1)操作核心。是指从事与组织产品或服务有关的基本工作任务的员工,例如,学校的教师、企业的员工等。

(2)战略顶点。负责经营整个组织的高层经理,例如,企业家或者总经理等。

(3)管理中线。在战略顶点和操作核心之间转换信息和联络的经理层,例如,企业的中层经理、地区销售经理,学校的系主任或院长等。

(4)技术结构。负责对各种组织活动加以标准化的专业人员,例如,财会人员、信息系统管理人员等。

(5)后续支持。为组织提供间接支持服务的人员,例如,管理咨询人员、公司法律顾问等。

3.组织设计的成果

组织设计的成果表现为组织图、职位说明书和组织手册。

(1)组织图

组织图,又称组织树,是用图形的方式表示组织内的职权关系和主要职能。组织图的垂直形态表示权力和责任的纵向指挥关联关系,水平形态表示分工与部门化的分组协作关系。组织图能以简明、标准、易懂的图形语言,显示复杂抽象的组织结构和组织关系,因此组织和组织结构设计的成果多以组织图的形式来表达,有些大型组织需要运用多张组织结构图,才能表示出所有职位。

(2)职位说明书

包括工作的名称、主要职能、职责、执行此责任的职权和此职位与组织其他职位以及与外界人员的关系等。

(3)组织手册

通常是职位说明书与组织图的结合。它表示直线部门的职权与职责,是每一职位的主要职能及其职权、职责,以及主要职位之间的相互关系等组织基本事务的文件汇编。它是促进组织成员了解、熟悉组织,明确职责,遵守组织制度,处理相互关系和加强自身组织化的重要工具,同时为进一步研究组织问题,改进和完善组织提供了重要依据。

不同组织的组织手册在格式、内容上可能不尽相同,但一般都包括了组织宗旨、组织目标、组织结构图、组织管理规则、部门职责范围、定编定岗数据、职务说明书和职务规范等方面的资料。

二、组织设计的程序和内容

(一)组织设计一般程序

组织设计是一个复杂的系统工作过程,组织结构设计是其最主要的部分,组织结构设计的基本程序一般是相同的,但在新建组织和原有组织调整这两类组织结构设计中,设计内容的侧重有所不同。按部就班地按程序开展组织结构设计,有助于提高组织的完整性和科学性(时巨涛,2003)。

组织设计一般程序如图 14-12 所示。

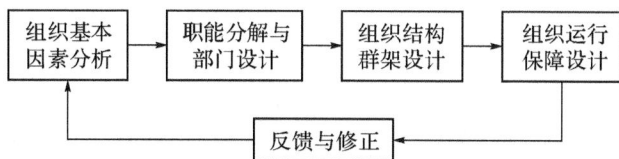

图 14-12　组织设计一般程序

(二)组织设计内容

组织结构设计内容可以分三个方面来展开:一是组织格局;二是组织的运作特征、任务分配、规章程序、决策;三是组织内的责任与职权(王重鸣,2000)。

1.结构格局

结构格局是指组织结构的布局和形态,主要由劳动分工和任务协调要求所决定。结构通常可以通过组织结构图来描述。

(1)劳动分工。又称为工作分工,是指把组织的工作划分成不同任务并由不同人员分别承担。劳动分工的实质是,一个人无法完成整个工作,需要将其分解成若干步骤,每一个个体完成其中的一个步骤。其核心就是,每个人专门从事工作活动的一部分,而不是全部活动。明茨伯格将"劳动分工"作为组织结构七项基本特征之一。

在大型组织中,劳动分工尤为重要。其长处是能够提高工作效率,减少培训成本,增强标准化程度,提升技能专长。但同样有不少弊端,容易形成常规性、重复单调的工作,降低员工工作满意感,减弱员工投入和承诺,分工过细有可能导致人机不匹配。因此,管理心理学研究提出,需要把劳动分工与组织设计和工作丰富化措施结合在一起。

(2)任务协调。组织通常通过三种机制来协调工作任务的分工:一是部门化,二是管理幅度,三是管理层次。这三种机制对于组合任务、创设群体、建立上下级任务报告关系,具有重要的意义。

①部门化。在对工作分解后,按照相同的任务对分解的工作任务整合从而对其进行协调,这种对工作单元进行合并的基础就是部门化。部门化程度决定了工作任务的组合和群体构建程度。

常见的部门划分标准有:按人数划分(如军队中的师、团、营);按职能划分(生产、市场、财务、人力资源等);按地区划分(主要用于销售或营销部门);按照产品或服务划分(如根据新产品组成自主性工作团队);按客户类型划分(即以市场特点确定客户定位和分部门)等。目前在部门化中有两个倾向较为普遍:以顾客为基础进行部门化越来越受青睐;坚固的职能部门被跨越传统部门界限的矩阵组织或工作团队所取代。组织在部门化过程中通常结合使用几种途径,并且随着组织的发展而改变部门化的格局。

②管理幅度。又称"管理跨度",是指一名管理者能够有效地直接指导下属的数量。有关管理幅度以多大为好,已有许多研究,也提出了一些计算公式。总体来说,最佳的管理幅度或部门(群体)规模取决于要求协调的程度,需要考虑的因素有:任务专门化程度,任务熟悉度与相似性,所需任务信息类型,成员对于自主性的需求,以及任务中需要得到主管指导的程度等。一般来说,任务专门化程度越低,工作任务越相似、越熟悉,员工越是经验多、责任感强、工作能力强,成员自主性需求越大,需要主管指导的程度越低,就越是能够加大管理幅度,减少管理层次。

③管理层次。是指组织中设置的管理级别,是组织中从最低层到最高管理层次的任务报告系统。管理层次一般决定了组织的纵向结构,而管理幅度决定着组织的横向结构。管理幅度与管理层次成反比,主管人员通过委派工作给下一级主管人员而减轻自身负担,如此便形成了管理层次。如果主管人员超过了管理幅度就必须增加一个管理层次,较大的幅度意味着较少的层次,较小的幅度意味着较多的层次。按照管理幅度的大小和管理层次的多少,可以形成两种组织结构:管理层次少而管理幅度大的扁平结构和管理层次多、管理幅度小的高耸结构。

高耸的组织结构下,管理层次较多,管理幅度小,沟通渠道多。这种模式组织严密,分工明确,上下级关系协调;其缺点是费用增加,信息沟通时间较长,员工工作满意感和创造性易受影响。而在较扁平的组织结构下,管理层次少,管理幅度大,沟通渠道少,管理费用低,信息交流速度快,员工有较大的自主性,工作满意感增加;其缺点是难以严密监督下级的工作,上下级关系协调较差。

2.结构运作

结构运作主要指管理体制政策对于组织运营方式和员工活动方式的影响。结构运作基本上有两个方面:决策集中化程度和规章程序正规化程度。

(1)决策集中化程度。决策集中化程度是指决策权在多大程度上集中在行政层次的高层管理部门。相关的概念指决策分散化程度,即决策是否在组织各个层次都进行。决策集中化程度与管理人员的决策参与程度密切相关。如果员工很少有机会参与,则组织呈集中化结构,反之为分散化组织结构。

(2)规章程序正规化程度。规章程序正规化程度是指规章与程序是否对于员工工作任务具有指导与约束作用,并以此预测和控制员工的工作行为。这里所说的规章程序可以来自职务分析和职位描述,也可以是不成文的规定。组织正规化的程度可以用受规章程序支配的职务比例以及规章程序执行的严格程度来评价。研究表明,组织正规化程度越高,受规章程序约束的职务比例越大,对于违犯规章程序的容忍度越低;组织正规化程度的提高,会在很大程度上影响整个组织的工作设计、员工积极性和群体互动方式与程度。实施组织正规化的新途径是设法平衡员工独特性和组织统一要求,使规章程序的构建与实行更具有适应性和灵活性。

3.责任与职权

责任是指组织中完成工作取得成效的义务。责任受到所有制的影响,在组织任命后,形成了自上而下的下行"责任链"。责任链的分布,成为组织结构的重要特征。

职权是指职务范围内的管理权限。是组织中的法定权力体系,也与所有制有紧密关系。职权与责任相互联系,经理需要对资源有足够的职权,才能充分实现其管理责任。不同之处在于,责任一般不能授予下属,而职权可以加以授权。我们常常听见员工抱怨说责任太多而职权不足,说明责任与职权并不一致,因而降低工作绩效。在企业管理中,人们往往担心授权的对象和效果,充分地授权已经被看成一种十分关键的管理技能。

组织职权有三种类型:(1)直线职权,即为通常所说的指挥权。(2)参谋职权,是参谋所拥有的辅助性职权,包括提供咨询、建议等。(3)职能职权,是指由业务或参谋部门的负责人所拥有的原属直线主管的那部分权力。职能职权是组织职权的一个特例,介于直线职权与参谋职权之间。

三、组织设计中的典型问题探讨

(一)组织结构与员工行为

组织结构与员工绩效、工作满意度之间存在密切关系。研究表明工作专门化会导致更高的员工生产率,但它以工作满意感降低为代价;集权化较低的组织中,员工参与决策的程度较高,而员工参与程度与工作满意感之间存在正相关关系等。但是无论是哪一种组织结构设计方案,都要受到员工个体差异和文化规范的调节。即为了使员工工作绩效和工作满意感最高,在组织结构设计时应当同时考虑员工的经历、人格特点和工作任务等因素。

(二)组织结构困境

新建一个组织结构和对原有的组织结构进行调整充满着无数的风险,最坏的结果是当我们企图对组织结构进行构建,从而取得更高的组织绩效时,其最终得到的结果既不能持久也毫无益处。

在我们对组织进行构建时,会遇到几种结构困境(鲍曼和迪尔,2005),这是一个永恒的、普遍的难题,我们面对的总是这些长期存在、需要进行艰难的权衡和选择的、永远无法给出简单明确答案的问题。

1.分工与整合

分工与整合之间存在典型的两难选择。职责结构(许多人做许多不同的工作)越复杂,维持一个集中的、紧密结合的企业就越困难。同时,随着复杂性的增加,组织也需要更复杂的协调系统,成本也随之升高。

2.职责空白与重叠

如果责任划分不清楚,组织就无法完成一些重要的任务。相反,职责与活动也可能发生重叠,造成冲突、浪费精力并产生非故意的冗员。

3.负荷不足与负荷过重

如果员工的工作量太少,一方面造成人员的浪费,成本的增加;另一方面,员工也会对工作产生厌烦感,还会妨碍别人的工作。相反,如果员工的工作量太多,则会使员工压力过大,可能造成效率低下。

4.缺乏明确性与创造性

如果员工不清楚组织需要他们干什么,他们承担职责时往往围绕个人利益而不是组织目标。但是,如果责任定义过细,执行者就会教条遵循已经定义好的职责,按照职责描述来工作,而不管究竟会耗费多少产品与劳务。

5.过度自主与过度依赖

如果个人或团队的工作过度自主,人们常常会感到孤独无助。相反,如果单位与成员之间联系过紧,人们的注意力又总是被分散,并且在一些不必要的协调上浪费时间。

6.过松与过紧

结构问题的关键是,如何在不使组织倒退的前提下把它组织在一起。如果结构过于松散,人们几乎很少知道别人在干什么,他们只管自己做自己的事,甚至有时会完全迷失方向;过紧的结构会妨碍灵活性,使人们花很多的时间来打破这个体制。

本章小结及对管理者的意义

组织是目前世界上存在最为广泛的事物之一,不论我们的生活还是工作都离不开它。研究组织可以有效地帮助我们解决组织发展中所遇到的问题。组织结构作为组织的最基本要素,从分工、权责和沟通等方面对组织绩效产生影响。组织结构涉及的影响要素众多,使得组织结构变得异常复杂。在组织结构设计中我们通常无法做到使得所有的要素发挥的绩效水平达到最高。

由于环境和技术时刻变化,组织结构时刻处于变化之中,从而适应环境与组织发展的需要。我们之所以研究组织结构,是因为组织结构对组织内部的各个成员与组织所处的整个环境都会产生重要的影响。只有在组织结构之内,权力配置、领导、冲突、沟通、决策和变革等过程才可能完成。

本章思考题

1.什么是组织?组织的定义是否适合每一个组织?这个定义在多大程度上适合你的家庭?

2.组织结构涉及哪些要素?这些要素之间的相互关系是怎样的?它们是如何影响组织绩效的?

3.简述组织结构的演变过程,试着用所学的知识解释组织结构为何演进。

4.选择你熟悉的两个组织,分析组织结构的背景解释在多大程度上适用于这两个组织。

5.组织结构设计的内容有什么?其中你认为最重要的是什么?为什么?

推荐阅读及参考文献

第十五章　组织文化

海尔在全球

海尔是世界第四大白色家电制造商、中国最具价值品牌。海尔在全球建立了 29 个制造基地、8 个综合研发中心、19 个海外贸易公司。至 2013 年，海尔在全球拥有超过 7 万名员工，已发展成为大规模的跨国企业集团，海尔集团实现全球营业额 1803 亿元。

"天下万物生于有，有生于无。"张瑞敏以这句话诠释了海尔文化之重要性。他说，企业管理有两点始终是他铭记在心的：第一点是无形的东西往往比有形的东西更重要。领导者到下面看重的有形东西太多，而无形东西太少。一个企业没有文化，就是没有灵魂。第二点是老子主张的为人做事要"以柔克刚"。张瑞敏说："在过去人们把此话看成是消极的，实际上它主张的弱转强、小转大是个过程。要认识到：作为企业家，你永远处于弱势；如果你真能认识到自己处于弱势，你就会朝目标执着前进，也就会成功。"

海尔文化的核心是创新。它是在海尔三十几年发展历程中产生和逐渐形成特色的文化体系。海尔文化以观念创新为先导、以战略创新为方向、以组织创新为保障、以技术创新为手段、以市场创新为目标，伴随着海尔从无到有、从小到大、从大到强、从中国走向世界，海尔文化本身也在不断创新、发展。员工的普遍认同、主动参与是海尔文化的最大特色。当前，海尔的目标是创中国的世界名牌，为民族争光。这个目标把海尔的发展与海尔员工个人的价值追求完美地结合在一起，每一位海尔员工将在实现海尔世界名牌大目标的过程中，充分实现个人的价值与追求。在创新实践中，海尔探索实施的 OEC 管理模式、"市场链"管理及"人单合一"发展模式引起国际管理界高度关注。目前，已有美国哈佛大学、南加州大学，瑞士 IMD 国际管理学院，法国的欧洲管理学院，日本神户大学等商学院专门对此进行案例研究，海尔"市场链"管理还被纳入欧盟案例库。

求变创新，是海尔始终不变的企业语言。

更高目标，是海尔一以贯之的企业追求。

在创业 21 年时，已全面搭建全球本土化框架的海尔，步入了一个崭新的战略发展阶段——全球化品牌战略阶段。面对着全球化竞争的新方向，海尔开始企业精神和工作作风的新一轮升级创新。2009 年，海尔实施全球化品牌战略进入第四年。近几年，海尔还推出了个性化专属定制方式，从定制内容、下单、订单下线等节点，产品生产过程都在用户"掌握"之中。这意味着用户不再仅仅是产品的使用者、旁观者，还可以全流程参与其中，提出满足自己个性化需求的"一对一"解决方案。

海尔将继续发扬"创造资源、美誉全球"的企业精神和"人单合一、速决速胜"的工作作风,深入推进信息化流程再造,建立以用户为中心的信息化流程,搭建全球化运营的物流、资金流、信息流网络,创出中华民族自己的世界名牌!

第一节　组织文化概述

一、组织文化的概念

20 世纪 80 年代以后,在国际管理界,组织文化与人力资源管理的关系研究越来越多,体现了西方管理对组织文化之于组织发展的重视。随着我国经济高速发展、企业改革深化、市场化进程加快和经济全球化趋势推进,组织文化的研究已经成为现今组织管理实践中的重要环节,成为组织管理心理学中最为重要的研究领域之一。

何为组织文化?美国麻省理工学院著名的沙因(Schein)教授从多年从事组织文化研究的基础出发,把组织文化定义为:组织文化(organizational culture)是一个特定的组织在其应对外部适应性和内部一体化问题的过程中,发明、发现和发展起来的,被证明行之有效的,并用来教育形成长远正确认识、思考和感觉上述问题的基本假定(Schein,1985)。

另外,沙因还将组织文化划分为三个层次,即表面层、应然层和突然层。表面层是指一个组织明显的物理品质,如语言、艺术成果和小组的技术输出等;应然层位于表面层以下,主要是指价值观,可以从人们对情景、行动和事件的依附关系加以观察;突然层是最深层的,它是一个组织用以应付环境的一些基础假设,其在解决问题过程中被反复验证后就会变成理所当然的。

随后,众多学者也提出各种各样的组织文化模型来,如五因素说、三层次说、两种文化说、精神文化说等。其中,凯曼(Kilmann,1985)将组织文化分为物质文化、制度文化和精神文化三个层次。首先,物质文化即为企业组织中厂房、机器设备、产品等外显的、物质形态的东西;其次,制度文化是指组织的规章制度、公约、纪律等制度形态的东西;最后,精神文化是组织的价值观念、信念、理想等精神形态的东西。然而,需要指出的是以上的假说中都将精神文化作为组织文化的核心成分。

在现代许多组织文化研究中,都提及组织文化的行为文化层面,也在众多组织文化的定义得到体现。因此,我们认为组织文化主要包含物质文化、制度文化、行为文化和精神文化四个方面,其中精神文化是组织文化的最主要成分(见图 15-1)。

综上所述,组织文化是在一定社会历史条件下,组织在长期的发展过程中所形成的、以价值观为核心的、并得到企业成员普遍认可和遵循的核心价值观、制度规范、行为模式和外部形象的综合体系。

二、组织文化的分类

由于组织外部环境和内部条件存在着不同,其组织文化的类型也就不同。从管理心理学角度来看,可以将组织文化分为以下几种。

第一层次：物质文化
组织产品和服务、组织环境、生产环境和组织外部特点等

第二层次：制度文化
组织的管理制度、管理方法和管理政策及行为规范等

第三层次：行为文化
组织中管理者的行为、模范人物行为及组织成员的群体行为等

第四层次：精神文化
组织价值观、组织精神、组织目标及理想和信念等

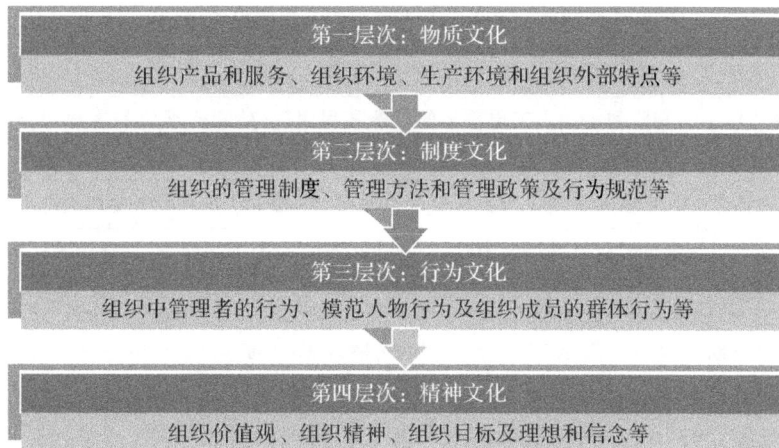

图 15-1 组织文化四层次结构

(一)主文化和亚文化

主文化(dominant culture)是某一组织在一定时期内所形成的占主导地位的组织文化,主要集中体现于核心价值观。亚文化(subculture)是主文化的一个较小组成部分,由于部门的不同或地理区域的划分而形成的不同文化。

应当指出,一个组织的主文化与亚文化不是完全分开的,而是相互关联、相互补充的。首先,组织的主文化是核心部分,其指引着各部门亚文化的形成,才可以保证主文化与本部门特有价值观的正确结合。其次,组织亚文化是对于主文化的补充。虽然主文化被组织中大多数人所认可,但还存在着许多正式的和非正式的子系统,它们存在着性质上的不同,因而形成符合自己部门特有的文化结构——亚文化。

(二)强文化和弱文化

从组织文化的影响力来看,可以将组织文化分为强文化和弱文化。强文化指一个组织强烈拥有并广泛共享的基本价值观,有着强烈的影响力。弱文化则表现为一个组织对什么重要和什么不重要不能达成共识,对基本价值观认识模糊。

由于组织员工对强文化有着强烈的认同感,所以其在组织中有着重要作用。例如,强文化可以控制和约束员工的行为,促使其按照最为适当的方式来开展工作。另外,有研究表明强文化可以有效地降低离职率,员工对于组织价值观有着高度认同,并且会产生高度的组织凝聚力及归属感。此外,强文化可以作为正式规章制度的补充,共同地来控制人们的行为。

(三)权力型组织文化、作用型组织文化、任务型组织文化和个性型组织文化

罗杰·哈里森依据注重个人或团队、强调灵活或规则的标准,将组织文化分为权力型文化、作用型文化、任务型文化和个性型文化四种类型(见表 15-1)。

表 15-1　罗杰·哈里森组织文化四类型说

权力型	主要特征是:在组织中强调以权力为中心,强调个人的力量,突出个人决策而不是组织决策
角色型	注重组织中的官阶和等级。突出刻板的教条和程序,高效和标准化的客户服务,对角色的要求十分明确
任务型	突出团队合作,有很大程度上的灵活性和自主权,其工作环境有利于发挥创造力
个性型	突出质量,追求个人成员的个性发展,往往适用于培养个人的能力、加速个人的成长和满足个人的需要

（四）学院型组织文化、俱乐部型组织文化、棒球队型组织文化和堡垒型组织文化

美国艾莫瑞（Emory）大学的杰弗里·桑南菲尔德（Jeffrey Sonnenfeld）划分组织文化依据的标准是强调冒险或稳重、注重适应性或专业性,并具体提出了四种组织文化类型。

1. 学院型

最适合于那些想全面掌握每一种新工作的人,在这样的组织中他们能不断地成长、进步。如 IBM、可口可乐公司、宝洁公司、通用汽车公司的组织文化都属于这种类型。

2. 俱乐部型

俱乐部型公司非常重视适应、忠诚感和承诺。在俱乐部型公司中,资历是关键因素,年龄和经验都至关重要。典型的公司有:联邦速递、德尔塔航空公司、贝尔公司等。

3. 棒球队型

这种类型的公司从不同年龄和经验的人中寻求有才能的人。公司根据员工产出状况付给他们报酬。在会计、法律、投资银行、咨询、广告、软件开发、生物研究等领域,这种组织文化比较普遍。

4. 堡垒型

这类公司工作安全保障不足,但对于喜欢流动性挑战的人来说,它不失为一个好的选择。桑南菲尔德认为,通常堡垒型组织包括传统的大型零售店、林业产品公司等。

（五）迪尔和肯尼迪的四种类型说

特伦斯·迪尔（Terrenu Deal）和阿伦·肯尼迪（Allen Kennedy）在《公司文化——现代企业的精神支柱》一书中提出了组织文化的四种类型说,主要是依据风险程度高低和反馈速度快慢划分的（见图 15-2）。

（六）强力型组织文化、策略合理型组织文化和灵活适应型组织文化

美国哈佛大学的约翰·科特（John Kotter）与詹姆斯·赫斯克特（James Hescott）在实证研究的基础上,从经营绩效与组织文化的关系视角将组织文化划分为强力型组织文化、策略合理型组织文化和灵活适应型组织文化。第一,强力型组织文化就是一致性和牢固性都很高的企业文化,其价值观念和经营方法被固化在全体员工的思想和行为上,如著名的 IBM 公司是典型强力型文化的代表。第二,策略合理型组织文化认为与企业环境、企业经营策略相适应的组织文化才能支撑企业经营业绩,如瑞士航空公司的组织文化等。最后,灵活适应型组织文化基本观点是:只有能够与市场经营环境变化相适应,并能够在适应过程中优于其他企业的组织文化才能保证企业的业绩,典型的代表有美国数字设备公

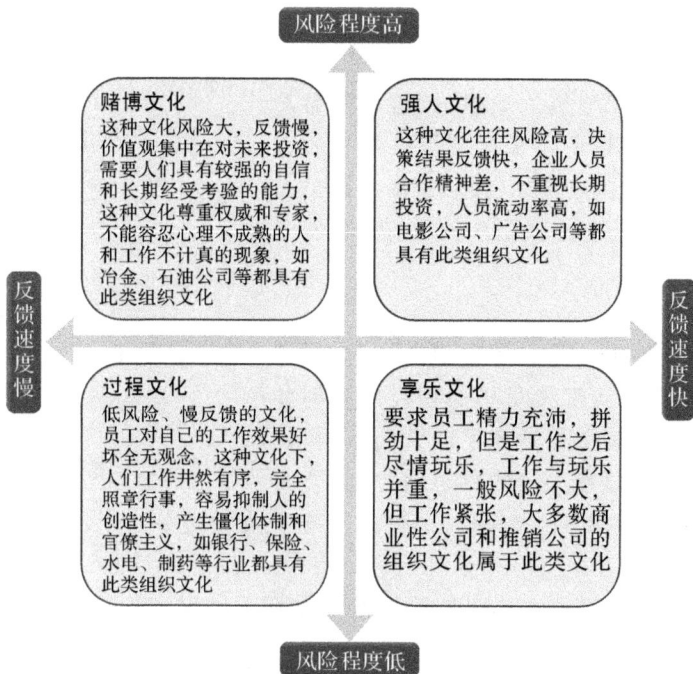

图 15-2　迪尔和肯尼迪组织文化的四种类型说

司、美国 3M 公司等。

尽管众多学者对组织文化进行了各种分类，而且各种类别中对组织文化类型的命名也不尽相同。但是，我们可以发现以上大多数分类在一定程度上具有相似性，也体现了组织文化的多样性和复杂性。以上的六种分类是从六种不同角度切入，说明了在不同时期和阶段依据不同标准组织具有不同类型的组织文化。某一组织文化可能属于其中的某一典型类型，也可能是多种类型的结合体。

三、组织文化的功能

组织文化是在长期的发展过程中所形成的核心价值观、制度规范、行为模式和外部形象的综合体系。在其形成之后，便会渗透到组织的各个环境中，尤其是组织经营与管理模式、组织生产和员工行为。组织文化可谓是两面性兼备，适合组织的组织文化可以提高成员行为的一致性和可预测性，减少模糊性。有效的组织文化较之硬性规章制度更具有渗透力，可以使成员自觉约束行为，有助于提高组织承诺、树立形象。反之，与组织发展相悖的组织文化会导致生产经营不顺、员工行为混乱等，所以在重视发挥组织文化的正面作用时，不可以忽视组织文化的负面作用。

（一）组织文化的积极作用

组织文化的积极作用如图 15-3 所示。

1. 导向作用

组织文化遵循宏观的社会文化的要求，按照本组织的行为准则，不仅对组织成员的心理、行为和思想起着引导作用，还对组织整体的价值取向起引导作用，增强组织整体价值取向和成员行为的一贯性。

2. 凝聚作用

组织文化能对组织成员的思想、性格和行为起潜移默化的作用,给不同的组织成员提供共有的言行举止的标准,将组织内成员黏合起来,从而把个人融合到集体中,使员工产生强烈的认同感,增强凝聚力。

3. 激励作用

组织成员对于组织文化有着强烈的认同感,并产生奋发进取的精神,可激发员工的积极性和创新精神。如惠普公司激励文化发挥了巨大的作用,该文化大大激励了公司研发人员的科研动力,为公司的生产经营注入了新的血液,是惠普公司长久不衰的秘诀之一。

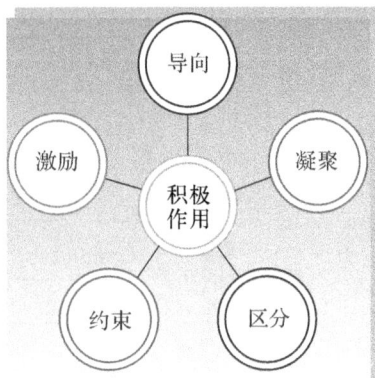

图 15-3　组织文化的积极作用

4. 约束作用

组织文化区别于制度条例的约束方式,而是使用一种"软"约束来对组织员工的思想、心理和行为进行约束和规范。组织文化可以产生强大的群体压力(group pressure)和动力,使组织成员产生心理共鸣,从而达到约束的目的。

5. 区分作用

每个组织所拥有的文化不同,不同的部门结构和组织文化结合,势必会形成与其他部门不同的亚文化,造成同一组织的各部门文化也有差别。因此,组织文化可将组织与组织区别开来,起到分界线的作用。

(二)组织文化的消极作用

组织文化有着双面性,即组织文化在一定程度上仍存在着潜在的负面影响,这种影响尤其在社会经济转型时期表现极为明显(见图 15-4)。

图 15-4　组织文化的消极作用

1. 变革与创新的障碍

组织文化往往是组织精神经过多年的沉淀,经过多年的建设缓慢形成,具有较强的稳定性。当组织面对稳定环境时,组织文化对组织发展、生存极为有利。而当社会发生了变革需要其并轨、转型、进一步提高效率时,原有的文化难以适应环境,束缚组织发展,成为变革与创新的阻力。

2. 多样性的障碍

众多案例表明组织文化多样性的障碍主要表现在:(1)从文化上来讲,强力文化抹杀了不同背景、不同特色的员工所带给组织的独特优势,组织文化就成了文化多样化的巨大障碍。(2)从成员个性品质上来讲,强组织文化的成员容易被塑造成同一的、失去个人优势的统一体,不利于组织集思广益和在决策上创造优势,容易使组织失去活力。

3.兼并与收购的障碍

从现代管理角度出发,组织在进行兼并和收购时应考虑文化的相容性。文化相容可以使兼并后的组织成员能更好地服从管理,建立良好的职业道德。反之,被兼并后的组织的成员难以适应新文化的约束,容易产生心理挫折,削弱组织内部的凝聚力,甚至会拖垮兼并者。国内并购史上第一个有影响力的并购整合失败案例——汇源和德隆分手,究其深层原因就在于双方的组织文化存在着巨大差异:严谨、纪律性强、强调忠诚是汇源的核心组织文化,而德隆则是以散漫的、自由的、自控式的文化见长,此案例体现了组织文化在组织兼并与收购中可能存在的负面作用。

第二节 组织文化的塑造、维系、传承和变革

IBM咨询公司对世界500强企业的调查研究表明,这些企业出类拔萃的关键是有优秀的企业文化,而它们令人瞩目的技术创新、体制创新和管理创新则根植于其优秀而独特的企业文化。美国兰德公司、麦肯锡公司和国际管理咨询公司的专家曾通过对全球增长最快的30家企业的跟踪考察,联合撰写了一份报告,这份报告指出世界500强企业胜出其他的根本原因,就在于这些企业善于给它们的企业文化注入活力,凭着企业文化力,这些一流公司保持了百年不衰。

随着市场的饱和,产品日趋同质化、服务的可攀比性已经迫使今天企业的竞争升华到更高的层面,尤其是市场竞争的国际化趋势加剧,更使建立高绩效的企业文化成为每一个寻求不断发展的企业亟待解决的问题。既然强大的组织文化对企业绩效产生积极影响,由此就引发出一个值得关注的问题:组织文化是如何形成的? 企业家和管理者通过哪些途径来建立强大的组织文化? 这些企业又是如何维系和传承自己的优秀组织文化? 如何进行必要的变革来保持组织的精神动力呢? 本节将重点讨论以上问题。

组织文化建设过程包括组织文化的塑造、维系、传承、变革四个过程(见图15-5)。组织文化的塑造过程通常是在企业创建时期或变革时

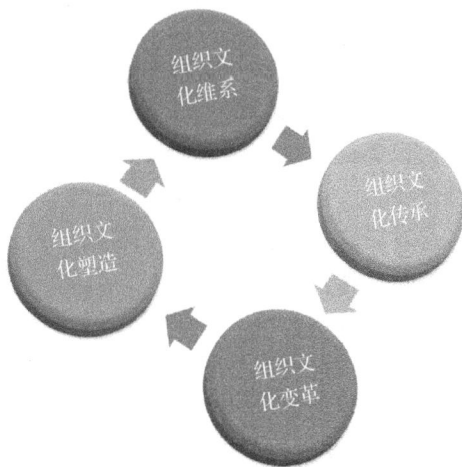

图 15-5 组织形成全过程

期由少数人,主要是企业创始人或高层管理者倡导和实践,经过较长时间的摸索、传播和规范管理而逐步形成的;一旦组织文化创建形成,组织文化的维系就是企业管理者需要重点考虑的问题,需要把已形成的组织文化融入整个组织中,尤其要让员工主动接受组织文化,组织文化的维系是一个长期的过程;此后,就需要借助某些有效的组织文化传承手段,如故事、语言、仪式等,将组织优秀文化传承下去;最后,一个组织其以前的组织文化和价

值观不能适应当时的内外环境变化时,就需要变革并创造新的组织文化,以适应新的内外环境及其变化。以上四个子过程并不是独立的,而是相互关联的,本书中为方便向大家介绍组织文化建设过程,将其分为组织文化塑造、组织文化维系和传承、组织文化变革三个方面来进行阐述。

一、组织文化的塑造

沙因指出,一个组织的组织文化塑造过程,是其应对外部适应性挑战、生存挑战和内部融合挑战的过程。并且,他还指出文化的形成有三个过程:第一,创始人仅仅聘用和留住那些与自己的想法和感受一致的人员;第二,他们对于员工的思维方式和感受方式进行灌输和社会化;最后,创始人把自己的行为作为角色榜样,鼓励员工认同其价值观和假设,并进一步内化为自己的想法和感受。在这样模式的指导下,许多学者和企业经理人对组织文化塑造过程也进行了长期的研究,总结众多研究者的研究成果及企业经验,可以发现组织文化的形成是有一定的普遍模式(见图15-6)。

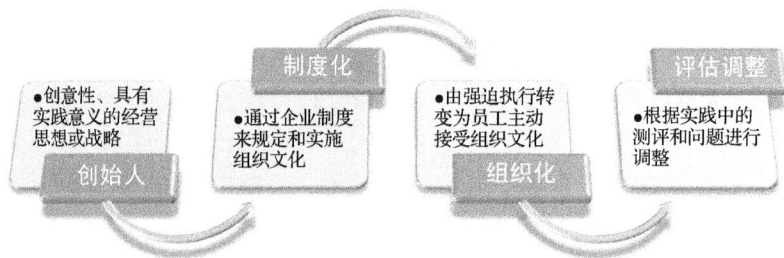

图 15-6　组织文化塑造的一般模式①

(一)创始人或高层管理者

Schein(1985)和O'Reilly(1989)的组织文化形成模型都强调了组织创始人和领导者对组织文化的影响。企业家文化作为一种独特的企业文化现象,是企业家的个性、创新精神、事业心、责任感等品质及其所信奉的管理观念的集中表现。另外,Sashkin(2004)提出领导者在建立组织过程中,需要建立价值导向的组织期望和哲学,创立和使用政策来表达这些价值观,并采用一些个人的实践和行为来示范他们所倡导的价值观和组织文化。

海尔总裁张瑞敏对"海尔文化"的影响就说明了这一道理。张瑞敏认为做企业应该"永远战战兢兢,永远如履薄冰"。正是企业文化中对未来市场的危机意识,使得海尔在发展中能够时刻保持清醒的头脑,做到"得意不忘形,失意不失态",对市场变化始终存有危机感,不断挑战和更新自我,增强了企业的竞争力和创造力。

当今,组织创始人或高层管理者对于组织文化的塑造的重要地位已经是不容置疑的,那么这些领导者的哪些方面会对组织文化形成产生较大影响呢?

首先,Trice和Beyer(1991)等人对组织文化与领导之间的关系做了长期深入的研究。他们发现,领导者的个人特质和个人行为对组织文化的塑造有着重要影响。其一,领导者的行为应该包括有效的角色模型,表现出自己的能力,清晰表达思想上的目标,对下属设

---

① 石伟.组织文化.复旦大学出版社 2004 年版,第 186-205 页。

立高的期望值，信任下属，激励他人等。其二，创始人或组织管理者应该具备魅力型领导的特质，即高度自信、有支配他人的倾向和对自己的信念坚定不移，这些特质会帮助领导者支撑自己的信念，同时吸引和保留追随者。George 等(1999)认为领导者的行为应该包括员工沟通期望中的组织文化。除此之外，Trice 和 Beyer(1991)还认为领导者还应该是善于表达和具有表现力的，这些特质帮助他们将自己的信念和期望传递给潜在追随者并且激励这些下属追求组织的目标和使命。其次，许多研究者对新型领导风格对组织文化的影响进行了大量的研究，其中 Block(2003)的研究发现变革型领导风格对组织文化的内容和强弱都产生影响。而且，变革型领导通过使下属意识到任务结果的价值和重要性，激发下属高层次的需要，诱导他们超越自私自利的思想而为组织目标服务。

（二）制度化

在制度化过程中，主要是将创始人或组织管理者倡导的组织文化雏形进行具体化、书面化和可操作化，是将组织文化由理念状态转变为现实的管理制度的过程。制度化主要体现于经营制度、各部门管理制度和规章等方面，且企业制度在组织文化塑造过程有两个非常重要的作用：其一，企业制度作为企业文化的一种具体表现形式，是把组织文化由理念状态转变为有形的企业制度，其内容中渗透着企业文化的精神，这样一种强制性的规则和约束，有助于企业文化在企业中的推广普及；其二，由于企业制度是企业文化的一种形式，而企业文化是得到了全体员工认同的一种文化，所以会有助于员工更好地理解和遵守企业的各种规章制度。

仍以"海尔文化"为例，张瑞敏总是以"永远战战兢兢，永远如履薄冰"的思想来提醒自己和每一个员工，这样的文化也就要求海尔这样的综合性、高科技的公司必须不断地创新，不断追求产品的卓越品质。在这种文化的指导下，海尔的研发部门有一套完善合理的激励机制，正是有这些行之有效的激励制度作为支撑，大大激发了科研人员进行技术创新的活力，支持着他们大胆进行科学研究，为满足市场需求研究出一款又一款的创新产品。

（三）组织化

组织文化本身是无形的，并非是随着理念、制度、产品的形成而自然而然地被人们习得的。正如制度化的组织文化虽然具有物质的框架，如果其不被员工接受并执行，那么组织文化仍处于萌芽状态，而无法在公司中得到长足的发展，也无法为公司的成长提供精神动力。所以，组织化过程关键就在于让组织文化经历"理念"到制度，再到"理念"，前一个"理念"是创始人或组织管理者对于组织全面的思考和对环境深入调查之后而形成的组织文化理念，而后一个"理念"就是得到员工的理解与认同的组织文化，并转化到员工的日常工作行为和习惯。

海尔总裁张瑞敏曾经这样形容过自己的角色："第一是设计师，在企业发展中使组织结构适应企业发展；第二是牧师，不断地布道，使员工接受组织文化，把员工自身价值的体现和企业目标的实现结合起来。"可以发现，创始人不仅是组织文化的主要源泉，更是组织文化的传播者，同时也体现只有被员工接受并内化的组织文化才是真正可以为企业提供动力的文化。

（四）评估调整

这一阶段的宗旨就是对组织文化实施愿景和实际效果进行测量、检查和评估，了解在组织文化实践中有哪些问题需要解决。其主要工作内容为：建立评估的指标体系和参照系；全面收集相关信息，把握真实状况；比较规划与现实的差异，分析原因，确定调整对象；有针对性地拟定调查措施并付诸实施。

组织文化塑造是一个复杂的过程，需要对内外环境、企业战略和员工等方面进行综合性思考。我国卢盛忠教授和日本若林满教授(1994)在对中日两国企业分析的基础上，提出组织文化创造包括五个阶段(见图 15-7)。

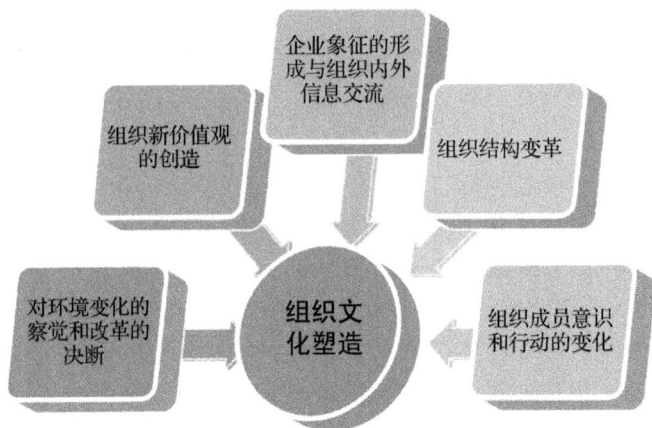

图 15-7　组织文化塑造五个阶段①

(1)第一阶段主要是客观、全面、准确地了解现在组织中所存在的文化或内环境等，对环境进行全面的评估，为文化创造或改革提供理论基础。在这一阶段中创始人或组织管理者要有敏锐的洞察力，多方面地考虑组织需要怎样的文化并利用和创造条件促使适合组织的新文化产生。

(2)第二阶段就是新价值观的创造。Deal 和 Kennedy(1982)以及 Schein(1985)等都认为组织价值观的正式建立对组织文化形成产生正面影响，且组织价值观必须要让所有成员都有可能接受。这一过程中关键问题是组织的全体成员要为实现新的价值观而共同努力，尤其是组织高层管理者必须要一致认同新的组织价值观。

(3)第三阶段就利用外部形象的塑造来宣传组织文化，建立全公司范围的新组织文化氛围。现今，组织形象塑造的主要方法是 CIS(corporation image system)系统，主要包括理念识别(MI)、行为识别(BI)、视觉识别(VI)和听觉识别(AI)。

(4)第四阶段组织结构的变革主要就是从变革组织方面入手，根本性地改变原有的模式以满足组织新价值观的发展和弘扬。

(5)第五阶段主要是让员工"亲身体验"，让员工感觉文化就在身边，与自己的工作息息相关。这一过程的关键在于调动起员工的主动性和积极性，使其从根本上认可组织文化。要让员工"看得见、感受到"组织的新价值观，可以自我体会到浓厚的文化气氛，感觉到一种新的组织习惯和组织个性。

① 卢盛忠.管理心理学(第 4 版).浙江教育出版社 2006 年版，第 523-526 页。

二、组织文化的维系和传承

（一）组织文化的维系

继华特·迪士尼在美国美丽的加州建成首个迪士尼乐园后，美国佛罗里达州、日本东京、法国巴黎和我国香港也相继建成了迪士尼乐园，在所有的迪士尼乐园中都布满米老鼠、唐老鸭等卡通人物模型，并且还有真人秀。在这些乐园中，你可以感受到鲜明的迪士尼乐园的文化，那么迪士尼乐园管理人员是怎样维系"迪士尼乐园文化"的？

首先是员工甄选，迪士尼乐园对求职者的形象有比较高的标准，包括肤色、身高、体重、身材和牙齿的颜色等。其次，当一位新员工进入乐园后，迪士尼乐园会对新员工进行正规化程度较高、集体性、连续性的入门社会化过程。他们要先接受 8 小时岗前定向培训，然后在公园中接受大约 40 小时的学徒培训。迪士尼岗前定向培训的关键之处在于学习公司语言，如顾客叫作"客人"，制服则是"演出服"……这样的培训效果显著，许多员工在培训后的日常工作中很容易投入到应当扮演的角色中。另外，迪士尼公司为所有员工提供员工排球、垒球俱乐部，办公室野餐会，员工公园之夜，海滩宴会等，迪士尼乐园文化渗透在这些活动中。

迪士尼乐园管理者采用一些行之有效的方法来维系公司的组织文化，其维系其组织文化的过程体现了人员甄选和社会化的重要作用。除此之外，高层管理者是一个组织的方向标，他们的行为会告诉或暗示组织成员什么是可接受的行为，什么是不可接受的行为，把活的行为准则渗透进组织，因此高层主管对于组织文化的维系起着重要作用。

可以发现，组织文化最初来源于组织创始人的经营理念、思想和战略，在成功塑造了组织文化之后，他们会运用严格的甄选过程来选择"适合"的管理者和组织员工来进行组织文化维系，并通过社会化过程促使其慢慢学习组织文化，并主动地去接受，让员工完全适应组织文化的要求（见图 15-8）。

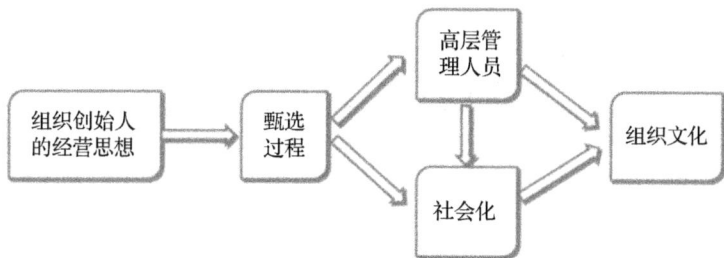

图 15-8　组织文化维系过程

1.甄选过程

组织文化维系过程中的甄选过程不仅包括了对员工知识、技能和能力等方面的审查，还包括高层管理者和员工是否能够接受组织的核心价值观。甄选过程主要有两个作用：一是为企业寻求知识、能力等方面符合其工作要求的员工，为企业发展提供良好动力；二是在甄选过程中，可以达到新员工价值观和组织价值观相匹配程度的最优化。

2.高层管理者

Deal 和 Kennedy(1989)曾经戏言道"美国公司的董事会比好莱坞的票房更需要英雄

人物",这一句话充分体现了创始人或高层管理者在企业文化建设的整个过程中都具有非常重要的作用。因此,高层管理者要成为企业文化建设的忠实追随者、布道者和传播者,他们的言行举止对组织文化发生重要影响。

3. 员工社会化

新成员学习群体角色、规则和规范的过程就是社会化的过程(employee socialization)。此过程是组织文化维系中最为重要的过程,主要包括职前状态、冲突阶段和认同阶段三个阶段(见图 15-9)。当员工社会化有效时,新来者就会理解并接受组织的价值观和规范,保证了包括中心文化在内的组织文化的存留,这为员工提供了一种背景知识,以此解释工作中发生的事情并对此做出反应,从而保证了员工共有的理解。员工社会化的有效合理进行对于员工的工作态度和行为有着较强的持续影响,如较高的工作满意度、组织认同、员工绩效,规则革新和较低的离职率;有效的员工社会化有持久和正面的效应,如加强人—职匹配、人—组织匹配、工作满意度、组织承诺、留下的倾向和员工绩效。

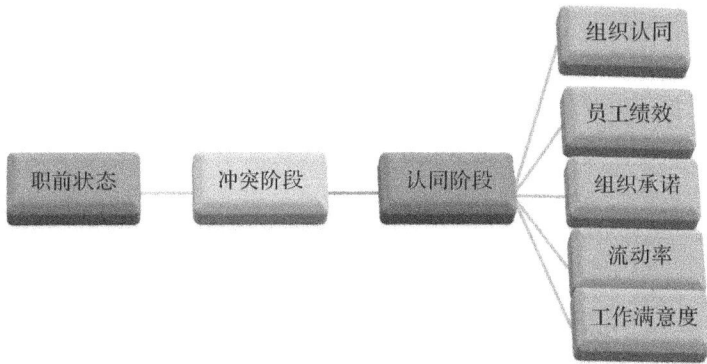

图 15-9　社会化过程

(1)职前状态是指个人在进入组织初期所表现出的个人价值观、态度、期望和观念等,也包括个人对将要从事的工作和将要服务的组织的态度和期望等。下面,我们用一张有趣的图片(见图 15-10)来形象地描述员工社会化过程的各个阶段。刚进入组织的新员工,就像图中排列最左的那位员工一样表现出对组织文化的好奇和期待。

(2)冲突阶段主要是指员工价值观和组织文化存在着不同程度的差异而导致的冲突。这一阶段管理者可以运用许多社会化策略来帮助员工将组织的价值观和个人价值观相结合,主要的员工社会化策略类型见表 15-2。

表 15-2　员工社会化策略类型

因素	制度化策略社会化	个体化策略社会化
情景因素	集体的	个别的
	正式的	非正式的
内容因素	固定的	变动的
	连续的	随机的
社会因素	伴随的	分离的
	赋予的	剥夺的

在员工社会化过程中可能有两种情况发生:一是管理者对新员工进行有效的社会化

图 15-10 员工社会化三个阶段趣味图

过程,促使员工价值观与组织文化相结合;二是新成员无法适应到组织中去,对他的工作现实彻底失望,只好选择离开。仍以图 15-10 为例,位于中间的两位员工就存在着个人价值观与组织文化的冲突状态。靠前者可以作为社会化成功的新员工代表,马上就要跟着"前辈"脚步向前进发了;而靠后者则可以作为社会化失败的新员工代表,即将选择离开公司而寻求更适合自己的岗位。

(3)认同阶段就是员工经过有效社会化后产生的质变表现,主要表现在新员工学习了工作职责,建立了新的人际关系,澄清个人在组织中的角色,评估了个人在组织中的发展,而最为主要的还是新成员认同组织的目标,自觉遵守组织的正式规章和非正式习惯,也主动接受了组织价值观并表现在日常的工作行为中。图 15-10 形象地说明了组织新成员在接受了组织文化之后,努力调整自己的状态而投入到组织的发展事业中去,表现出了"视死如归"的精神。

(二)组织文化的传承

组织文化维系是一个动态的过程,强调维系的过程;而组织文化的传承更强调一个组织采用哪些具体的方法来将公司的优秀文化传承下去,从而保证组织永远立于不败之地。在传承过程中主要采用一些潜移默化的方式来向全体成员灌输组织文化,主要有故事、仪式、物质象征和语言等。

1.故事

哈佛大学霍华德·加德纳(Howard Gardner)教授认为,讲故事是最简单的、最有凝聚力的方式。"讲故事"是推广企业文化的一种有效形式,也是企业内部、企业与外界进行沟通和知识传播的基本途径。通过"讲故事"可以提高企业文化的内聚力和外发力,实现企业文化的巨大作用。

凤凰卫视中文台是由凤凰卫视有限公司开办的全球性华语卫星电视台,也是香港唯一一家全部用普通话一天 24 小时昼夜播出的电视台。由于凤凰卫视营造了独特的、能发挥潜能空间的企业文化,并通过"讲故事"的方式展现、诠释和宣扬组织价值观,使企业文化和品牌影响力得到了最大化的扩张,最终成为全球性的媒介品牌。

关于凤凰卫视和凤凰人流传着许多鲜活、感人的故事,这些故事主题鲜明,价值取向明确,内容丰富多彩,构成了凤凰卫视独特的企业文化故事。就如"画饼"的故事。1996年,在凤凰卫视成立后的第一次员工大会上,凤凰卫视董事局主席兼行政总裁刘长乐宣布"三年实现收支平衡,力争第四年上市,并成为除 CCTV 外最具影响力的华语电视台"时,在场的凤凰管理层人士听后都笑了。这种笑不是会心的笑、赞同的笑,而是一种说不出来的笑,都说刘长乐是在"墙上画大饼"。当时的情景令刘长乐十分尴尬。但事实是,凤凰卫视开播三年,入选中国最知名的 20 个企业品牌;开播四年,在香港联交所创业板成功上市;开播五年,推出第一个覆盖中国大陆和港澳台地区的 24 小时中文新闻频道;开播十年,年财政收入超过 12 亿港元,在全球拥有近千名员工,电视观众超过两亿人。

故事形式易于接受,传播速度快,受众面广,用讲故事的形式来推广企业文化,在感染力、趣味性、直观性等方面具有其他形式无法匹敌的优势。凤凰卫视的企业文化包含了丰富的故事素材,并通过著书立说的形式来有意识地传播自己的故事,形成了凤凰卫视企业文化传播的一大亮点。

2. 仪式

迪尔和肯尼迪(1989)在《公司文化——现代企业的精神支柱》一书中提到:"一种公司文化——以及它所体现的价值观——就像拿破仑的军队一样,如果想要繁荣昌盛,就必须使之仪式化。"仪式为什么可以传承组织文化呢?原因就在于在每一个仪式背后都有一个体现文化的某种信念的虚构故事,如果没有这些联系,仪式就只不过是一些习惯,除了给人们以某种虚假的安全感和稳定感之外别无用处。仪式可以充分体现出组织最重要的价值观、最重要的目标和最重要的人物等。组织文化传承的仪式主要有交际和社会仪式、工作仪式、管理仪式和表彰仪式等。

玫琳凯(MARY KAY)公司由玫琳凯·艾施女士创办于 1963 年,总部位于美国德克萨斯州达拉斯市,是一家业务遍布五大洲 35 个国家和地区、在全球拥有 5000 名员工和 200 余万名美容顾问的大型化妆品跨国企业集团,也是全球最大的护肤品和彩妆品直销企业之一。玫琳凯公司组织文化仪式可以用"狂欢的派对"来形容,因为它会挥霍数百万美元来举办一系列的"宣讲班"。其中一个仪式上,玫琳凯公司会用超过 13 个小时的表演来为那些不平凡的人授奖,一个夜晚灯光集中于已授予文化英雄称号的推销组长和未来的推销主任身上,他们穿着鲜红的外套排列在舞台上,用响亮的声音清楚地讲述着自己如何像玫琳凯本人一样取得成功的故事。在另一个加冕仪式上,玫琳凯公司用粉红色的别克汽车和凯迪拉克汽车来奖励最佳销售人员。在盛大的晚会上,玫琳凯利用别开生面的手法将汽车展现出来,引起了观众的轰动反应。在典礼上最引人瞩目的当属各类别的销售主任和超级女推销员长达 5 个小时的加冕仪式。这些仪式极大地鼓舞了其他员工,同时也非常充分地宣传了组织价值观,促进了组织文化的传承。

3. 物质象征

在组织文化传承中有形的物质象征是必不可少的,如企业的设备、环境绿化、文化标志等,都体现了企业的核心价值观和组织文化。

海尔集团成立于 1984 年,是世界第四大白色家电制造商,拥有 96 大门类 15100 多个规格的产品群,其产品遍布 160 多个国家和地区。在 2004 年,中国海尔历史性入选世界品牌实验室、世界经理人周刊和世界经理人网站联合评选的"世界最具影响力的 100 个品牌",成为首次且是唯一入选的中国品牌。2007 年,海尔实现全球营业额 1180 亿元,是创立当年营业额的 3 万多倍。海尔品牌也成为世界最具影响力的 100 个品牌之一。

1989 年,海尔总裁张瑞敏在借鉴泰勒科学管理及日本 TQC 管理等基础上,独创 OEC 管理模式。所谓的 OEC 管理系统(overall every control and clear)是全方位地对每个人每一天所做的每一件事进行控制和清理。它包含三个体系:目标体系、日清体系和激励体系。此后,公司又发明出"6S 大脚印"这一物品类符号,作为贯彻落实 OEC 文化的重要物质象征。在海尔车间入口处和作业区显眼的地方,有一块 60 厘米见方的图案,上面印着特别显眼的绿色大脚印。员工站在"6S 大脚印"上往前方看,视线正对着高悬的一块大牌子,上面写着"整理,整顿,清扫,清洁,素养,安全"几个大字。绩效优秀的员工会被邀请站在"6S 大脚印"上,把自己的体会与大家分享,这种仪式在很大程度上强化了员工对于组织所倡导的行为的理解和执行。由于海尔公司成功实施了 OEC 管理体系,并结合了形象化的手段,其营业额成倍增长。所以,仅以一个"6S 大脚印"来将组织的文化物质化、形象化,就为海尔文化的传承做出相当大的贡献,也体现了物质象征在组织文化传承中的重要作用。

4. 语言

在组织文化传承方式中,除了故事、仪式和物质象征外,还有一个重要传承方式——语言,也是组织中采用比较多的传承方式之一。这类语言是区别于其他任何一种组织语言且适应该组织核心价值观的语言,其作用就在于让员工主动接受组织文化,而且也有助于维护和传承这种文化。

遍布全球的迪士尼乐园有其自己的一套公司语言。迪士尼岗前定向培训的关键之处在于学习公司语言。在迪士尼乐园中,没有雇员只有"演员",人们没有工作,而是在扮演角色。迪士尼乐园有其特殊的用语,如顾客叫作"客人",执法人员叫作"安全卫士",制服则是"演出服",马车夫叫作"诱惑"……迪士尼乐园文化就在这些特殊的语言、术语和行话中得到有效的传承。

值得强调的是,创始人或高层管理者在组织文化建设的整个过程中都有着非常重要的作用,他们的意识、行为、作风等都具有极强的示范作用,在组织文化维系和传承中彰显了重要地位。另外,以上四种组织文化传承方式并不是独立的,是相互联系和促进的,如仪式和物质象征的结合可以促使海尔的 OEC 管理体系顺利地实施,从而为公司创造了巨大的财富。再者,企业组织文化的维系和传承也需要建立在一定的见习、考核、晋升等基础之上,而不仅是"空中楼阁"。最后,组织文化维系和传承过程中充分利用好各种传播媒介,可以起到事半功倍的效果,如网络、企业报刊、广告、文件与简报、企业简介小册子、商标和产品包装、企业电台或电视台、会议、展览展销会、员工服饰、企业宣传栏或黑板报以及赞助等。

三、组织文化的变革

每个组织都是一个开放系统,其面临诸多的内部和外部环境因素的影响,这些环境因素都会推动新的组织学习和适应过程,因此组织文化时常面临着变革和发展的压力,外部社会环境变动和外部文化的影响、内部未完全社会化的新员工等都是组织文化的变革和发展的重要驱动力。Schein(1999)指出组织文化变革实质上就是组织文化的扬弃和重新学习的过程,人们不仅需要扬弃以前的信仰、态度、价值观和假设,还要学习一套新的组织文化。

（一）组织文化变革条件

那么,公司在什么时候需要进行组织文化变革呢?是应该随机应变,还是以不变应万变呢?迪尔和肯尼迪(1989)在他们研究的基础上提出以下五种情况时,公司需要进行必要的文化变革:

(1)当公司一贯以领先价值观为动力,而环境正在发生根本变化的时候,此时就应该"随机应变"了,而不能故步自封。

(2)在本行业的竞争激烈而环境迅速变化之际,需要变革原有的组织文化,以争取在行业竞争中处于有利地位,这一特征在 IT 行业表现尤为如此。

(3)在公司成绩平平或每况愈下之际,如东方航空公司的弗兰克·鲍尔曼通过组织文化变革,使公司业绩保持稳定且迈步回升。

(4)在公司确定就要成为一家大型公司集团之际,即完成创业的首次冲刺而转向稳定和成功的大多数公司,都应该深入检验它们的文化,进行必要的变革。

(5)在公司十分迅速地成长之际,特别是高技术公司成长得十分迅速时,需要对组织文化进行实时监控并及时调整,为公司发展提供良好动力。

（二）"证伪"——组织文化变革的源泉

Schein(1999)在《企业文化生存指南》一书中指出组织文化变革主要有:(1)解冻:创造变革的机会;(2)学习新概念以及旧概念的新含义;(3)内化新概念和意义等三个过程(见图 15-11)。组织文化建设是组织文化塑造、维系和传承、变革的系列过程,是相互关联、

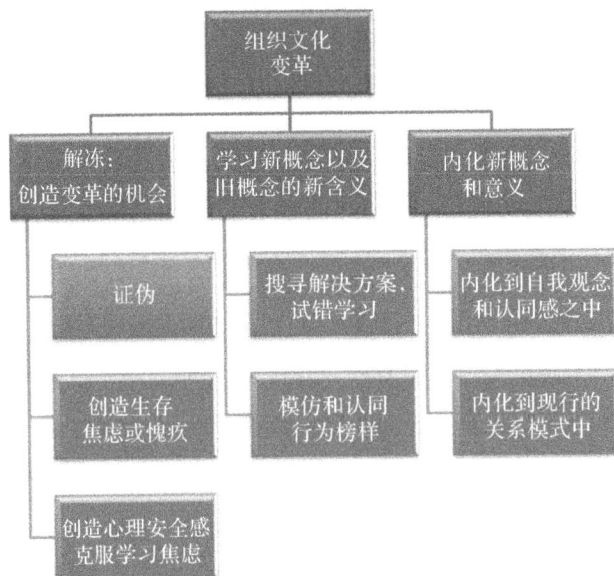

图 15-11　组织文化变革模型①

---

① 埃德加·H.沙因.企业文化生存指南.郝继涛译.机械工业出版社 2004 年版,第 93 页。

相互补充的。结合前面组织文化塑造知识,发现组织文化变革过程可以归结为创造变革机会和学习与内化两个过程。其中,学习与内化过程实质上就是组织文化的扬弃和重新学习的过程,是组织文化塑造、维系和传承的综合过程。

首先,结合组织文化变革的模型来介绍如何为组织文化变革提供有利"证据",Schein (1999)主要利用"证伪(disconfirmation)"方法来推翻现有的组织文化,推论其不适应组织发展的要求和内外环境变化的需求。证伪的证据主要来源于不满和威胁,丑闻,兼并、收购和合资,领导,教育和培训等。

1. 不满和威胁

这方面的信息可能在组织中经常可以听闻,可能来自经理对公司或员工的不满,也有可能是员工对公司或上司的不满等。一个组织中存在摩擦非常正常,如经济的、政治的、技术的不满等。当这样的不满和威胁达到临界状态时,组织就需要考虑进行文化的变革。

2. 丑闻

如果一名职业经理人因为被迫派往海外办事处工作而自杀,你可能认为这个经理是因为无法胜任海外工作和适应海外工作环境,并且心理素质不够硬而轻生。对此,较好的解决方案应该是建立协调沟通机制。然而,当我们深挖公司的核心价值观却发现:高级经理想让谁到哪里工作,谁就要去哪里工作。这种深层原因不是仅通过沟通或协调等方式就可以解决的,这是组织文化上的缺陷,需要通过变革才可以缓解。

3. 兼并、收购和合资

在全球化背景下,企业与企业之间的兼并重组越来越多。在企业兼并、收购和合资之中,最常被人们提及的就是"组织文化冲突与融合",不仅说明组织文化在企业的重要地位,也显示出文化冲突对企业的阻碍。Salk(1992)提出了融合两种文化是最难实施的模式,而独立共存或文化接管是更为实用的常见模式。

4. 领导

在IBM遭受重大挫折时,更换了公司总裁,接任的路易斯·V.格斯特纳提出了区别于以前的组织价值观,组织的新文化很少或不受IBM陈旧文化的影响,能够按全新的价值观念去处理问题。同样,在变革创造中,相对于只喊"狼来了"的平庸领导者,一个有魅力的领导者能够平息所有人对于组织文化变革的疑虑,而跟随他一起来塑造新的企业文化。

5. 教育和培训

"实践是检验真理的唯一标准",那么组织文化变革同样需要通过公司的实践来说服管理者和员工。组织可以通过教育和培训员工,促进其了解组织现在的情况,例如有关组织的经济学知识,除非对他们进行关于企业经济现实的教育,他们才会相信领导的话。因此组织文化变革常常从教育开始,并且需要花费大量时间和精力,以保证变革的顺利进行。

（三）变革团队与变革过程

组织文化变革过程是一个寻求由现在状态向理想未来状态转变的动态过程,需要一个推进主体来保证变革的顺利,即是变革团队。他们的工作就是负责组织文化变革的目标、方案的制订及具体实施与控制等工作。贝克哈德和哈里斯(1987)提出了组织文化变革团队如何进行变革的过程,Schein(1999)在他们的基础上提出了组织文化变革过程,如

图15-12所示。

```
          ╭─────────────────────────╮
          │      为什么要变革?        │
          │                          │
          │  ○确定变革的需要          │
          │  ○确定选择是否变革的程度  │
          ╰─────────────────────────╯
```

定义渴望达到的未来状态　　　　描述现在的状态

从现在到未来

根据未来评估现在，以确定需要完成的工作

对过渡状态进行管理

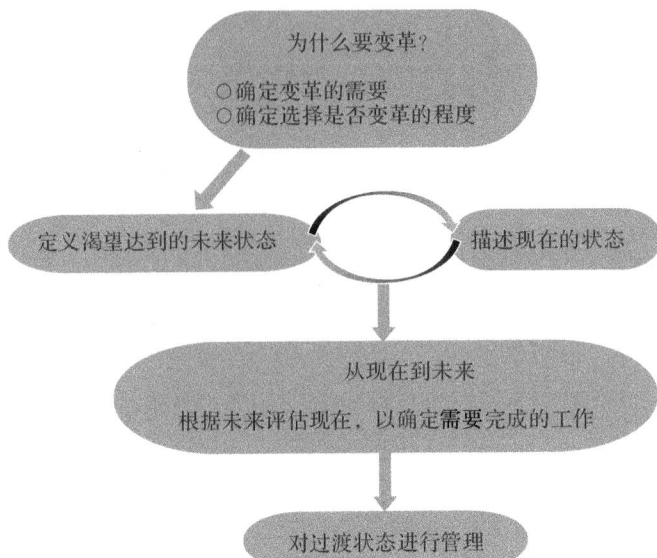

图 15-12　组织文化变革管理流程①

1.理想状态

首先，变革的需要及程度是组织文化变革考虑的第一要素，应该从必要性和可行性两个角度来分析是否需要进行组织文化变革。此时，可以运用上述"证伪"的方法来进行组织文化分析，从而获得企业组织文化变革必要性程度。综合考虑变革的必要性和可行性后，下一步就是要定义变革目标，即理想的未来状态。变革团队必须要详细说明最终需要改变的行为，否则不可能检验出文化与变革的相关性。让理想状态含糊不清只意味着发现无法实现目标时为时已晚，需要对新的思维和工作方式进行非常具体的说明。

2.现在状态是组织文化变革的起点

现在状态与理想的未来状态之间存在着不同程度的差距，而这些差距就是变革团队需要准确诊断与评估的。在评价现在的状态时，至关重要的是创建一个平行体系来确保客观性。

3.具体的变革目标

在寻找到变革的起点和终点后，就应该为变革工作设定长期和短期的具体的、难度适中的、可行的目标。整个过程由一系列固定的步骤组成，在执行过程中还会遇到许多无法想到的问题，经过反馈和调整可以及时变更近期目标，以保证清晰的思路。其至，由于组织的内外环境不断变化，开始阶段制订的总目标经过一段时间的实践之后不适合预期愿景了。此时，变革团队可以通过周期性的评定来对近期和长期目标进行评估，保证组织文化变革方向的正确性。

4.过渡状态的管理

目标的实施是一项艰难而长期的变革过程，变革团队需要利用自己设计的模型和干

---

① 埃德加·H.沙因.企业文化生存指南.郝继涛译.机械工业出版社2004年版，第106页。

预技巧,或引入流程顾问对下一步进行设计。变革过程不仅是变革团队独立经营的,还需要启动其他团队和管理者流程来推动项目进展。在整个变革过程,不要试图走捷径,变革都需要经过上升阶段、成熟阶段、衰退阶段等完整的过程。

许多研究都表明,组织创始或管理者在组织文化变革整个过程中有着重要的作用。变革领导者可以被看作是能够在组织中形成足够的证伪力量以激发变革动机的人物,他们是实施变革的重要引导人。变革者的言行必须是可信的,言谈必须清晰而且有道理,必须能够口头和书面陈述他们的理解及组织未来的状态。这样的变革领导人可以作为催化剂或协调人来强化变革工作,更好地实现现实状态向理想的未来状态转变的变革过程。

第三节　组织文化测量

组织文化研究兴起的背景是 20 世纪六七十年代日本企业迅速崛起,在许多领域成为美国企业的强大竞争对手。美国管理学界在研究日本企业的成功原因时,发现美日企业之间存在不同的文化模式,由此引发了组织文化的研究热潮。在这样背景的推动下,组织文化测量成为这一研究领域的关注热点。组织文化研究的两个主要理论基础是:(1)人类学基础:其特点是认为组织本身就是文化。(2)社会学基础:其特点是认为组织具有文化。而根据不同的理论基础,组织文化研究又可分为两个不同的研究途径:①功能主义途径:其特点是认为组织文化由集体的行为表现出来;②符号学(semiotic)途径:其特点是认为组织文化存在于个体的解释和认知过程中。组织文化的量化研究采用了社会学功能主义学派的观点,这一学派认为组织文化是组织的属性,可通过测量和其他组织现象区别开来,能够用来预测组织或员工的有效性。

奎恩等(Quinn 等,1999)最早认为组织文化可以通过一定的特征和不同的维度进行研究,并有说服力地提出了一些组织文化模型,用来对组织文化进行测量、评估和诊断,进而开发出一系列量表,对企业文化进行可操作化的、定量化的深入研究。就定量分析来说,关于企业文化测量的工具与方法也呈现多元化的格局,其中比较有影响力的量表包括(见表 15-3):Quinn 和 Cameron 构建的组织文化评价量表(organizational culture assessment instrument,简称 OCAI),Chatman 构建的组织文化剖面图(organizational culture profile,简称 OCP),Denison 等构建的组织文化问卷(organizational culture questionnaire,简称 OCQ),Hofstede 构建的测量量表和 Delobbe、Haccoun 与 Vandenberghe 的文化测量工具 ECO(echelles de culture organisationnelle,法语)。我国关于组织文化测量研究中,以郑伯埙构建的组织文化价值观量表(values in organizational culture scale,简称 VOCS)使用比较广泛。另外,大多数量表含有四个基本维度或概念域。首先,"以人为本",反映组织成员之间盛行并可观察到的支持、合作、相互尊重和体谅。其次,"创新"维度,显示了拥护改革、倡导实验以及勇于冒险的程度。第三,"控制",是另一个重要的组成部分,它的重点是工作的正规化水平,规则和程序的掌握,以及层次结构的重要性。最后,"结果/结果导向",是另一个核心的层面,衡量生产力或组织内部预期的性能水平。

表 15-3　组织文化测量工具

OCAI	OCP	OCQ	Hofstede 量表	ECO	VOCS
6 维度	7 维度	4 维度	6 维度	5 维度	9 维度
24 项目	54 项目	60 项目	118 项目	64 项目	77 项目
主导特征	稳定性	适应性	对安全的需要	赞誉—支持	顾客取向
领导风格	创新	使命	以工作为中心	承诺—团结	社会责任
员工管理	结果导向	一致性	对权威的需要	创新—生产力	敦亲睦邻
组织凝聚力	进攻性	投入	过程导向—结果导向	持续学习	科学求真
战略重点	关注细节		员工导向—工作导向	控制	卓越创新
成功准则	团队导向		本地化—专业化		表现绩效
	尊重员工		开放—封闭		正直诚信
			控制松散—控制严格		团队精神
			规范化—实用化		甘苦与共

一、Quinn 和 Cameron 组织文化评价量表

Quinn 和 Cameron(1998)提出了"竞争性价值观结构"(the competing values frame-work,CVF),并通过对企业价值观的研究发现,影响企业经营的价值观主要包括两个对立的核心价值观,即外部导向—内部导向、灵活自由—稳定控制。这两个维度区分出 4 个象限,分别代表着 4 种不同的组织文化类型,它们是层级型(hierarchy)、宗族型(clan)、活力型(adhocracy)和市场型(market),4 种组织文化类型都具有各自的特点(见图 15-13)。

OCAI 量表(organizational culture assessment instrument)是以 CVF 模型为基础形成的,使用主导特征、领导风格、员工管理、组织凝聚力、战略重点和成功准则 6 个维度来评价组织文化。OCAI 共有 24 个测量项目,每个判断句下有 4 个陈述句,分别对应着 4 种类型的组织文化。对于某一特定组织来说,它在某一时点上的组织文化是 4 种类型文化的混合体,通过 OCAI 测量后形成一个剖面图,可以直观地用一个四边形表示。

Quinn 和 Spreitzer(1991)以 86 个公共事业公司的 796 名管理人员为样本,考察了 OCAI 的内部一致性系数(α 系数)以及会聚和区分效度。结果显示,4 个文化类型的内部一致性系数(α 系数)都在 $0.70\sim0.80$,而区分和会聚效度也非常好。Cameron 和 Freeman 以美国 334 所大学的 3406 名工作人员为样本进行了测量,结果发现不同文化类型的大学其组织有效性差异显著。不同文化类型的大学对应着相应的有效性指标。例如,宗族型大学在员工满意度、内部沟通和支持度上的有效性指标显著较高。该项研究同时发现不同文化类型的大学有着不同类型的组织战略、决策过程和结构。他们的这些研究结果为 OCAI 的效标关联效度提供了较有力的证据。

二、Chatman 组织文化剖面图

美国加州大学的 Chatman 认为,组织文化就是组织成员共享的价值观体系。他为了

稳定性

宗族型	活力型
友好的工作环境。员工之间相互沟通，像一个大家庭。领导以导师甚至父亲的形象出现。组织靠忠诚或传统来凝聚员工，强调凝聚力、士气，关注客户和员工，鼓励团队合作。组织的成功意味着人力资源的发展。	有创造性的工作环境。员工敢为人先，勇于冒险。领导以革新者和敢于冒险的形象出现。组织靠不断实验和革新来凝聚员工，强调领导地位。组织的成功意味着提供独特的产品或服务，提倡个体主动性和自主权。
层级型	市场型
非常正式、有层次的工作环境，员工做事有章可循。领导以协调者的形象出现。组织靠正式的规则和政策凝聚员工，长期目标是组织运行的稳定性和有效性。组织的成功意味着优质的服务、良好的运行和低成本。	结果导向型组织。强调员工之间的竞争，以目标为导向。领导以推动者和竞争者的形象出现。组织靠强调竞争胜来凝聚员工，关心声誉和成功，长期目标具有竞争性，并关心可测度目标的实现。组织的成功意味着高市场份额和市场领导地位。

关注内部　　　　　　　　　　　　　　　　　　　关注外部

灵活性

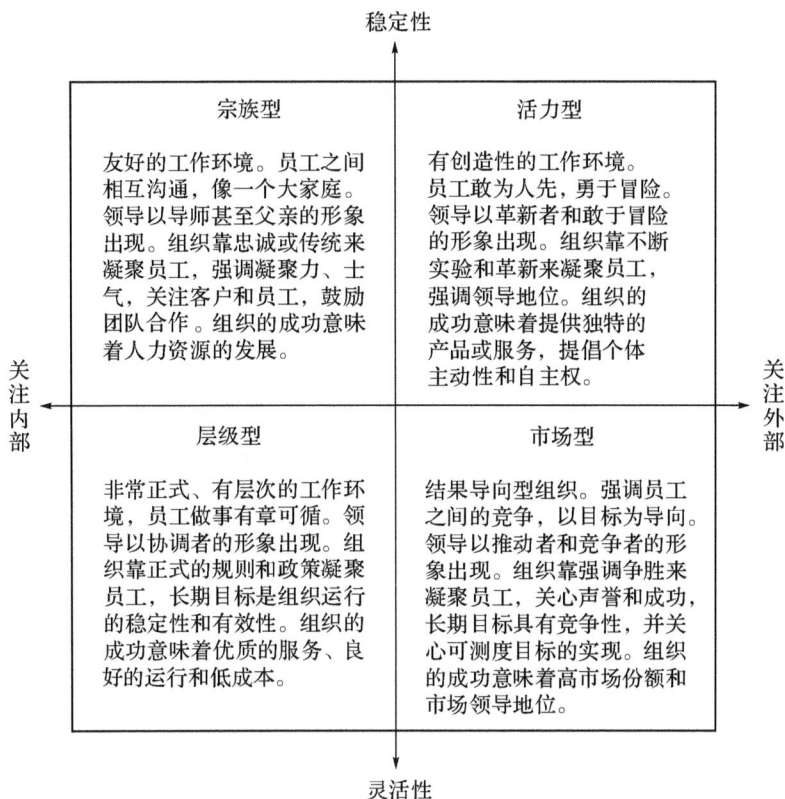

图 15-13　竞争性价值观模型（CVF）

资料来源：Cameron K S & Quinn R E. *Diagnosing and Changing Organizational Culture：Based on the Competing Values Framework*. Addison Wesley,1998.

从契合度（fit）的视角来研究成员—组织契合和个体结果变量（如组织承诺和离职）之间的关系，通过广泛回顾学术和实务性文献，构建了组织价值观的 OCP（organizational culture profile）量表。

Chatman 等广泛回顾学术和实务性文献，经过细致的筛选确定了测量组织文化的 7 个维度。完整的 OCP 量表最终确定了 54 个关于价值观的陈述句，这 54 个测量项目组成了 7 个维度，分别是稳定性、创新、结果导向、关注细节、进攻性、团队导向和尊重员工。

OCP 量表采用 Q 分类的计分方式，被试者被要求将测量项目按最期望到最不期望或最符合到最不符合的顺序分成 9 类，每类所包括的条目数按 2—4—6—9—12—9—6—4—2 分布，实际上是一种自比式（ipsative）分类方法，是少数提供了关于可靠性和有效性细节的测量工具之一。OCP 量表的使用一般有一个完整的描述，即：步骤一：描述组织价值。确定一整套可用来描述个人和组织的价值观念。步骤二：评估公司特点。选择一些具有广泛经验的调查对象，并要求他们根据各自的特点和他们的组织文化把 54 个项目分类，以获得公司的文化概况。步骤三：评估个人偏好。为了评估组织文化的个人偏好，受访者被要求通过回答问题的方式将 54 个项目分别归入 9 类。步骤四：计算个人与组织的契合度。通过将个人参数量表与个人所工作的企业量表进行相互比照，可以为每一个个体计算出个人与企业的契合度。为了验证人与组织契合度是否与其工作成果相互关联的一般假设,还有很多其他的变量,如人—组织契合度、组织承诺、工作满意度、离职倾向、营业额和控制变量等也可以进行测量。

Chatman 和 O'Reilly 等人的系列研究证明了 OCP 量表在不同样本中(会计公司、服务业、MBA 学生和政府机构等)都表现出了稳定的 7 维度因子结构。O'Reilly 等报告了 OCP 量表具有良好的内部一致性系数(α 系数)、重测信度和区分效度。但是,效度问题仍需考虑,并且 OCP 是否根据核心价值体系对于个人和组织进行区分以及个体文化契合度的测量是否具有预测效度之类问题也仍然引人关注。另外,该研究还通过不同的样本,对用 OCP 度量的个体偏好价值观和组织价值观进行了因子分析,结果表明两者基本上具有同样的维度结构,可以进行对比,从而为契合度研究奠定了基础。另外,James C. Sarros、Judy Gray、Iain L. Densten、Brian Cooper 对 OCP 测量方法进行了改进,将自比式计分方法改进为更利于使用者的李克特计分形式。

三、Denison 等组织文化问卷

Denison 等构建了一个能够描述有效组织的文化特质模型(见图 15-14)。该模型认为有 4 种文化特质与组织有效性显著相关,即适应性(adaptability)、使命(mission)、一致性(consistency)和投入(involvement),其中每种文化特质对应着 3 个子维度,在此基础上设计出 OCQ 量表(organizational culture questionnaire)。在 Denison 等构建的文化特质模型中,适应性和投入反映组织的灵活性,使命和一致性反映组织的稳定性;从另一个角度看,适应性和使命反映组织对外部的关注,而投入和一致性反映组织的内部管理。研究发现:代表稳定性的两个特质能比较客观地预测组织利润增长趋势;代表灵活性的两个特质

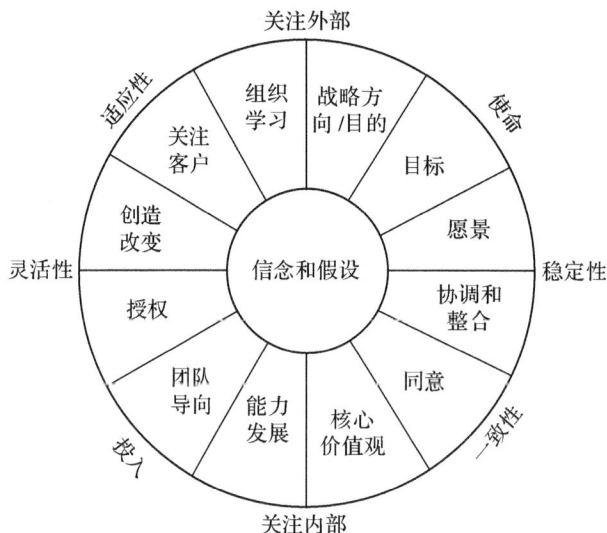

图 15-14 Denison 等组织文化特质模型

资料来源:Cho H J. *The Validity and Reliability of Organizational Culture Questionnaire*. Available at:www.denisonculture.com/articles/Validity.pdf.

能很好地预测组织的创新能力;而代表外部导向的两个特质能很好地预测组织的销售增长状况。

目前,OCQ 量表由 60 个测量项目组成,包含 12 个子维度,每个子维度由 5 个测量项目组成。Cho(2000)使用 Denison 系列研究的数据库(N=36542),考察了 OCQ 的信度和效度指标。研究发现:(1)12 个子维度的一致性系数(α 系数)都不低于 0.70 的水平,4 个文化特质的一致性系数(α 系数)则均在 0.80 以上。(2)因子分析表明,各个文化特质的测量项目基本上能与子维度对应。Fey 和 Denison(2000)以 179 家设在俄罗斯的外资公司为对象,考察了组织文化和组织有效性之间的关系。该研究的结果基本上证明,Denison 组织文化度量模型适合用来研究俄罗斯企业文化。但是,4 项个案研究的结果表明在俄罗斯 OCQ 中的文化特质概念可能具有不同的含义。另外,Denison 企业文化量表在实践中的运用在很大程度上依赖其保密的商业数据库,这显然限制了它的效用。

四、Hofstede 构建的测量量表

荷兰学者 Hofstede 等(1990)在对 IBM 公司跨文化研究的基础上对组织文化测量进行了详细的研究。首先,他们运用开放式问卷对高层管理者及其秘书和从不同部门不同层次中挑选的 180 名访谈者,分为男、女两组进行 2~3 小时的访谈;其次,根据访谈结果和前期对跨文化研究成果而编制出一份标准化问卷,总共包括 135 个问题,并在个人面谈中收集了包括经理、专家和其他员工在内的 1295 份问卷。通过对这些结果的分析,Hofstede 等(1990)形成组织文化模型(见图 15-15)。

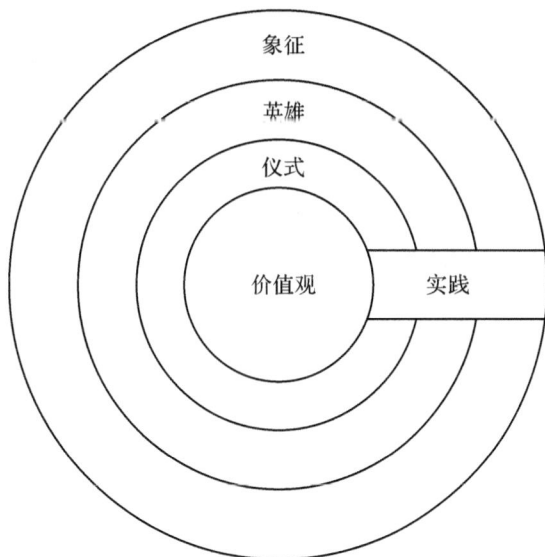

图 15-15 Hofstede 组织文化模型

他们认为组织文化由价值观(values)和实践(practice)两个部分组成,其中价值观是核心,而实践由表及里又可以分为象征(symbol)、英雄(heroes)和仪式(ritual)等。其中,价值观部分由 3 个彼此独立的维度组成,包括对安全的需要、以工作为中心和对权威的需要,用 57 个项目测量;而实践部分则由 6 个独立的成对维度组成,包括过程导向—结果导

向、员工导向—工作导向、本地化—专业化、开放—封闭、控制松散—控制严格、规范化—实用化，用 61 个项目测量，每个维度都可以用 0 到 100 来表示，如 0 代表典型的过程导向文化，而 100 则是典型的结果导向文化，见表 15-4。

表 15-4　Hofetede 组织文化分析表

维度	数目	内容
对安全的需要		主要测量一个社会系统拒绝松散的和模棱两可的情况的程度
以工作为中心	57	主要评价系统中的许多人总是将工作看作是生活的一种方式的程度
对权威的需要		主要测量一个社会系统接受不平等阶级的程度
过程导向—结果导向		0 指只注重操作过程(过程导向)；100 指只看重结果(结果导向)
员工导向—工作导向		0 指以员工为中心(员工导向)；100 指以工作任务为中心(工作导向)
本地化—专业化	61	0 指根据组织来定位自己角色(本地化)；100 指根据自己工作来定位角色(专业化)
开放—封闭		0 指组织是开放的系统(开放)；100 指组织封闭的程度(封闭)
控制松散—控制严格		0 指组织内部结构是松散的(控制松散)；100 指组织内部结构受到严格地控制(控制严格)
规范化—实用化		0 指注重规则性(规范化)；100 指注重市场推动的实用性(实用化)

通过实证分析，Hofstede 等强调了在实际应用中组织文化实践部分 6 维度度量模型的重要性。另外，Hofstede 等划分的维度已被广泛运用于组织文化测量中，有研究表明（杨宜音，1998），Hofstede 等在复杂的文化变量中提炼出了一个简捷、清晰、统一和可以进行实证研究的分析框架，它有可能将文化的维度与心理现象联系起来，将不易操作化的文化变量操作化；也有研究表明（刘孝全，2004），Hofstede 等设计的问卷忽略了组织文化对外部环境的适应。

五、Delobbe、Haccoun 和 Vandenberghe 组织文化量表

法国学者 Delobbe 等人（2002）认为没有一种文化测量工具能准确且无遗漏地涵盖所有文化特征。他们引入一种新的文化测量工具 ECO（echelles de culture organisation-ncllc）①，该量表根据思想和行为模式进行构建，主要用于测量组织间的差异和文化适应作用。

Delobbe 等人（2002）在综述 12 种组织文化测量工具的基础上，界定了 5 种基本核心文化维度：(1)赞誉—支持(19 题)，由支持—赞誉和稳定—计划维度整合而来；(2)承诺—团结(17 题)，由承诺—参与和合作—团结维度结合而成一单一维度；(3)创新—生产力(14 题)，它也由两种维度结合而来，并且反映智力表现在公司中的重要性；(4)控制(9 题)，涉

① Echelles de Culture Organisationnelle 为法语，意思是组织文化量表，简称 ECO。

及规则、正式程序以及分级管理权力是如何支配行动的;(5)持续学习(5题),它的组成类似于能力培训维度。Delobbe 等人(2002)证实了 ECO 问卷的信度良好,5 个维度一致性系数(α 系数)分别为 0.93、0.92、0.88、0.76、0.68。另外,每个核心维度的具体项目都是从其他的文化量表中收集或改编而来的,如霍夫斯泰德的实践量表(practices question- naire)、组织标准评价量表(organizational norms opinionnaire)。所有项目均按照李克特 6 点式量表进行等级划分,即从"1—强烈反对"到"6—非常同意"。并且,某些 ECO 量表由于采用了多特征多方法程序,其某些维度和另一些文化量表的相似维度有着关联性。

六、郑伯埙组织文化价值观量表

我国台湾大学郑伯埙教授认为,组织文化是一种内化性规范信念,可用来引导组织成员的行为。他认为以往个体层面上的组织文化测量研究缺乏相应的理论构架。他在 Schein 的组织文化研究成果的基础上构建了 VOCS 量表(values in organizational culture scale),包括 9 个维度。9 个维度可划分为两方面:外部适应价值,即包括社会责任、敦亲睦邻、顾客取向和科学求真;内部整合价值,即包括正直诚信、表现绩效、卓越创新、甘苦与共和团队精神。

郑伯埙构建 VOCS 的报告由三项相关研究组成。其中,第一项研究在组织文化五向度基础上设计问题进行访谈,收集测量项目并进行初步筛选;第二项研究通过对台湾 5 家电子公司 267 名员工的调查,结果表明 VOCS 各维度的 α 系数在 0.70～0.89 之间;第三项研究以台湾 4 家电子公司的 775 名员工为样本,分析量表的效度。结果分析表明:除了敦亲睦邻之外,在其余 8 大维度上组织之间均有显著差异,说明 VOCS 具有区分效度。

这些文化测量工具为推动企业文化理论的发展起到了巨大作用,在评价企业文化实践、指导企业文化建设方面的作用更是不可估量。但这些工具同样存在着自评问卷的通病,如这些测量工具为自主评定,可能会受到社会赞许、个人情绪等影响,这些测量工具设计的组织文化维度都与国家大文化有关,其中某些具体维度的普遍适用性较差;有些量表的子维度在概念上比较接近,且有些子维度并不能称作统一结构层下的相互独立的部分,如任务型特质之下的战略方向、意愿与组织目标,一致型特质下的一致意见与协调性、融合性。清华大学张德教授指出,构建本土化的组织文化测量量表涉及多学科的研究方法。理论上的创新要注意突破西方组织文化文献的框架,结合我国组织的实际情况进行,如某些传统文化因素(对权威的尊重、集体主义、面子和关系等)会对组织行为产生重要影响,同时应该注意运用西方的某些规范性研究方法,如质化研究中的基础理论和量化研究中的证实性因子分析。

本章小结及对管理者的意义

1. 创始人或领导者在组织文化塑造和导入过程中有着重要作用,而文化能否成功导入则是组织文化建设的关键环节。在这样的过程中,管理者在文化塑造和导入过程中要注意以下几个方面:(1)领导者要经常关注、要求和控制的方面;(2)领导者对紧急事件和组织危机做出的反应;(3)领导者分配稀有资源所遵从的标准;(4)领导者深思熟虑的行为榜样塑造、教导和培养;(5)领导者分配报酬和地位所遵从的标准;(6)领导者招募、遴选、提升、辞退及开除组织成员所遵从的标准。另外,组织设计和构建、组织中的系统和程序、礼仪和礼节、物质象征、故事和传奇等都会对组织文化塑造和导入产生一定影响。而这些机制中最重要的是领导者自身的行为和做出决定的标准,领导者必须要"以行践言"来带动员工认同组织文化。

2. 组织文化在管理中的重要作用就是它与甄选决策过程有关,并对员工工作满意度、组织认同、员工绩效和员工离职率都有着不同程度的影响。当个人价值观与组织文化相吻合时,组织文化的社会化可以有效地改变员工行为及其对组织、工作的看法,激发工作积极性。还可以提高员工工作满意感,有效地塑造组织认同,提升员工绩效,并降低员工离职率。另外,当员工社会化有效时,新来者就会理解并接受组织的价值观和规范,保证了包括核心价值观在内的组织文化的存留,这为员工提供了一种背景知识,以此解释工作中发生的事情并对此做出反应,从而保证了员工共有的理解。

3. 组织文化建设应该与组织人力资源管理措施相结合,真正得到员工的认同,整体性人力资源管理措施能够更为持续,有效地推进组织文化建设。主要措施包括以下几个方面:(1)基于组织核心价值观的员工招聘,形成有利于"人—职—组织"相匹配的人员选拔体系;(2)基于组织价值观的人员开发,形成有利于稳定队伍的员工生涯发展计划;(3)基于组织文化的绩效管理和薪酬管理,形成与组织文化相协调的绩效评价和奖励体系;(4)基于高层领导人的价值取向、领导风格和行动导向,形成指导核心价值体系的高层领导人行动风格。其中,积极培养高层领导人的有效行动风格,是促进组织文化发展的首要措施。

本章思考题

1. 什么是组织文化?组织文化的类型有哪些?其在组织中有哪些作用?

2. 如何塑造组织文化,创始人和员工在其中各扮演什么角色?

3. 员工社会化有哪些策略?其适用的前提分别是什么?试论社会化对组织发展有哪些作用。

4. 试结合案例比较四种组织文化传承方式,并列出你所倾向的方式。

5. 假设你是变革团队的领导者,你如何进行组织文化变革?

6. 试论述创始人或高层管理者在整个组织文化建设的作用。

7. 查阅相关资料,分析以上6种组织文化测量量表在我国组织文化研究中的作用和有效性。并参照相关方法,编制一份问卷来评估你的大学的文化。

推荐阅读及参考文献

第十六章　组织变革与发展

本章开篇案例

1958年,魏和德和家人共同创建顶新食用油工厂,主要进行椰子油和蓖麻油贴牌生产。魏和德负责工厂的总体经营,他爱人负责大家的伙食,七个子女则负责食用油的具体生产。后来,魏和德突然去世。家人在其大儿子魏应州的带领下,继承家族事业。通过对工厂的资产清算,魏应州才发现工厂在拥有1000万台币资产的同时,还具有近千万的负债。魏氏兄弟此时就开始考虑工厂的发展方向了。恰巧20世纪80年代,中国台湾和大陆开始通商,"顶新"就开始谋求在大陆的发展。

1989年,魏氏兄弟发现大陆当时食用油市场几乎全是散装油,没有优质的品牌食用油,于是推出"顶好清香油",以"来自台湾的食用油"定位高质量的形象,并打出"用顶好清香油,顶有面子"的广告,深获好评。顶好制油公司运营两年后,名声及品牌形象深植人心,但却销售不佳。这可能是因为20世纪80年代末,人们的消费水平还比较低,只能承受低价的散装油,而十几块一瓶的"清香油"虽然包装精美,但却价格过高,因此销售量迟迟不能上去。

为了打开局面,1991年"顶新"又在济南成立合资公司生产蛋酥卷。原料全用蛋清,不掺一滴水,品质绝对优异。然而,蛋酥卷仍然因为价格太高不能被当时的大陆人民所接受,市场无法打开。

1991年,魏应州的四弟去外地出差时,在火车上拿出自己从台湾带来的方便面,香味四溢。其他人纷纷问这方便面怎么这么香。他把方便面分给大家吃,大家都说很好吃。于是他想既然大家都如此喜欢,何不生产方便面呢? 经过市场调查,"顶新"发现中国大陆市场上的方便面,要不是几角钱一包的质量低劣的方便面,要不就是价格非常昂贵的只在机场和宾馆销售的进口方便面。市场两极化非常严重,中间的空白区域非常明显。于是,"顶新"决定全力以赴生产方便面,并且最终成功地塑造了大陆方便面市场的"第一品牌"。

第一节　组织变革的概念

组织变革(organizational change)作为管理心理学中非常重要的内容,是指组织从技术、结构和心理等方面对自己进行系统调整和变化,从而提高组织效率,帮助组织适应市场环境及生产任务要求的复杂和动态过程(王重鸣,2006)。组织变革要求企业打破原有的层级结构,实现扁平化和关系结构网络化,促进信息、物质、能量的横向流动(张雪冰和杨忠,2006),最终通过有计划的系统性努力,使组织有效适应内外部环境变化,提高组织生产力。

组织是一个不断适应环境的开放性系统。组织变革就是运用管理心理学的理论,根据组织内外部环境的变化特点,对组织系统进行有计划的变革,特别是使组织成员的行为以及组织成员之间的人际关系发生变革,从而保持和提升组织活力和效率。通常当组织面临下列情况时就必须进行变革:(1)组织决策非常缓慢,以致不能及时把握市场机会或造成组织损失;(2)组织内部的沟通渠道不畅,上下级之间经常信息沟通不畅而导致组织内部协调不良;(3)组织效率低下,如不能按计划完成任务或产品质量下降等;(4)缺乏创新精神,不能有效开发新产品、新市场,组织发展停滞不前。

第二节　组织变革的动力与阻力

Lewin(1951)提出任何一项组织变革方案都必定存在两方面的力量(见图 16-1)。一方面是动力。这种力量有利于组织变革的实施,能够促进变革的产生与持续。另一方面则是阻力。它会阻碍变革的发生,或者限制变革持续进行。在本章接下来的内容当中,我们将探讨组织变革的动力与阻力、克服阻力的方法、组织变革的步骤以及组织发展的方法。

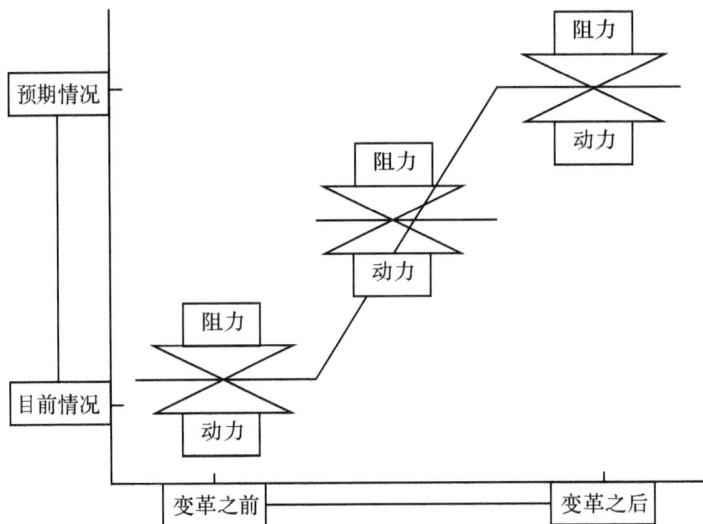

图 16-1　Lewin(1951)的力场分析模型

一、组织变革的动力

当前的商业环境充斥着变化。组织为了适应这些变化就不得不持续地进行变革。"变则通"已经得到了当今众多组织的共同认可。当前商业环境所包括的变革主要包括六类:

(一)劳动力性质的变化

现在越来越多的女性、少数民族人口、农业人口甚至外国人进入我国的商业世界。那么应该如何处理怀孕女工,如何在组织当中促进民族团结,如何帮助农民工适应工业化生活,如何帮助外国人适应中国文化? 这些都是劳动力性质变化所带来的重大问题。为了适应劳动力的多元化,几乎每个组织都需要进行变革。另外,随着老龄化问题的日渐突出,组织当中的人力资源管理工作也迫切需要进行调整。

(二)生产技术的变化

随着信息技术、生物技术以及新材料技术的突飞猛进,组织的生产运作方式也发生了翻天覆地的变化。越来越多的组织开始利用虚拟团队的形式进行工作。这样既能避免员工驱车劳顿之苦,又能大大节省组织的交通费用,然而也势必会给组织传统的沟通方式、管理流程带来很大的挑战。为了有效应对这些挑战,那么就势必要进行变革。例如,基因技术的进步一方面能够为医药组织带来前所未有的机遇,但另一方面也使得它们不得不面临异常困难的伦理抉择。

(三)经济走势的变化

我国已经加入 WTO,我国经济时刻都会受到全球经济的影响。而全球经济又处于一个非连续性变化的时代。石油价格、美元汇率甚至黄金价格都可以在一天之内发生非常大的变化。金融危机更是可能会让很多企业在一夜之间关门,让无数人下岗。互联网企业更是屡屡上演一夜暴富又一夜暴穷的人间闹剧。那么组织为了应对这种非连续性变化的经济走势,就只有进行变革。

(四)竞争区域的变化

以往的企业竞争往往是区域性竞争。随着全球化程度的进一步升级,企业已经不可能再找到所谓的避风港。全球任何一个地方的企业都不得不面对日益激烈的全球范围的竞争。一家普通的小型软件公司的竞争者就可能是微软这样的 IT 巨鳄。为了生存,企业不得不积极参与全球竞争。那么为了有效地从区域竞争模式转入全球竞争模式,企业也需要进行变革。

(五)经济改革的深化

随着我国改革开放的步子不断加快,国家的经济体制也在进行深入改革。国家已经开放并还将进一步开放很多市场。这就意味着这些市场当中的国有企业一方面可以放手一搏,另一方面也意味着其失去国家的特别照顾,需要在同一平台上与民营企业、外资企业等非国有企业公平竞争。这样一来,国有企业为了有效地进行竞争,民营企业等非国有企业为了抓住这难得的机遇,也都需要对自己以往的经营模式、经营理念进行变革。

(六)民营企业的发展

伴随着改革开放的进行,我国民营企业得到了长足发展。创业之初,这些民营企业往往采取的是家族企业的管理模式,现在随着企业的壮大,以往的家族式管理已经制约了企业的发展,已经到了不得不变的时候了。另外,目前不少民营企业都面临接班问题。新的接班人往往和父辈不同,他们受过良好的教育,具有先进的管理理念。然而,企业本身由于父辈的影响,留下了父辈的深深烙印,一下子很难适应接班人的这些新理念、新做法,那么接班人应该如何推进企业变革呢? 这就是他们不得不考虑的重要议题。

二、组织变革的阻力

组织成员对于变革具有天生的阻力。这种阻力一方面有利于组织的稳定,使得组织行为具有稳定性;另一方面却可能会阻碍组织的适应与变革。组织变革的阻力可以是显性的,也可以是隐性的。显性的变革阻力主要体现为某些成员的直接公开抵触,如抱怨、罢工等。隐性的阻力则不那么容易为变革者所察觉,常常表现为组织成员在组织忠诚感、工作积极性以及工作效率等方面的降低。组织变革的常见阻力有五种。

第一种是来自个体习惯的阻力。由于组织成员已经适应组织的当前状态,习惯了以往的工作方式,组织变革可能会改变他们以往的工作方式,从而使其感觉到不确定性,因而促使组织成员抵制变革。

第二种是来自领导观念的阻力。我国文化自古以来就强调稳定、惧怕混乱,组织变革难免会引起一定时期的混乱。所以组织的高层领导往往就会为了追求稳定而抵制组织变革。

第三种是来自既得利益者的阻力。组织变革就意味着原有制度和原有结构的变化,那么这势必就意味着权力和资源的重新分配,从而使一些既得利益者的利益受到损害。因此,这些既得利益者就会竭力抵制组织变革的顺利实施。同时,由于既得利益者往往目前在组织当中具有较高的地位和较大的权势,所以来自他们的阻力也就可能会非常巨大。

第四种是来自组织结构惰性的阻力。组织具有一些确保稳定的内在机制,比如组织对新成员的甄选程序以及薪酬策略。当组织进行变革时,这些结构惰性就会产生阻力,努力维持组织的当前状态。

第五种是来自群体惰性的阻力。个体行为会在很大程度上受到所属群体的影响,来自这些群体的一些规范可能就会阻碍组织变革的进行。

三、克服阻力的策略

为了克服组织变革的上述阻力,变革推动者可以考虑以下七种策略(Kottrt & Sch-kesinger, 1979)。

(一)充分沟通

在组织变革开始之前积极地对组织的相关成员做好思想工作,向他们详细地宣传组织变革的有关工作。与这些成员的深入沟通,使其了解和认同组织变革的基本目标与方法,从而为组织变革做好充分的心理准备。这样做可以从两个方面减少变革的阻力:一方面可以减少沟通不畅造成的成员关于变革的误解;另一方面可以促使相关成员更加深刻地认识到变革的必要性。

(二)邀请参与

让组织成员充分地参与变革的计划制订与具体实施,让他们感觉到自己对变革过程具有可控性和发言权,从而一方面减少他们由于组织变革而产生的不确定感,另一方面也能促使他们对变革方案产生更多的心理承诺,最后,还能够实现集思广益,提高变革方案的有效性和可行性。

（三）组织支持

组织变革会在心理和技能上，对组织成员产生较大的挑战。如果组织能够帮助成员有效地应对这些挑战，那么就势必能够有效地克服由于这种挑战而产生的阻力。因此，在组织变革的每个阶段，组织都应该对组织成员进行个性化的咨询、交流和培训，从而帮助他们尽快适应组织的新局面，推进组织变革健康有序地进行。

（四）进行谈判

为了克服变革阻力，变革推进者有时不得不考虑与一些既得利益者进行谈判，通过给予他们一些利益来换取他们对变革的支持。这种策略往往适用于个别既得利益者在组织当中拥有非常大的影响力，而又非常抵触变革的情况。值得注意的是，这种推进策略存在着比较大的成本，也就是说，稍有不慎变革推进者就可能会被这些既得利益者勒索，从而不断地向既得利益者做出让步。

（五）操纵和收买

操纵是指暗地里施加影响，比如歪曲事实真相从而增加事件吸引力，封锁不利消息，散播谣言促使组织成员接受变革。收买是一种同时包括操纵和参与的策略。它通过邀请变革抵制派的领导者参与到变革的决策当中来，并在变革决策过程中担任比较重要的角色，从而获取他们及其所属派别对变革的支持。操纵和收买相对谈判来讲，具有较低的成本，但也同样具有一些风险。当变革抵制派意识到自己被欺骗、被利用之后，他们所属的派别可能会对变革进行变本加厉的抵制。

（六）人事选拔

人们的能力和人格特征能够在一定程度上预测其对待变革的态度。那些具有积极自我概念、愿意承担较高风险的人，更能够接受组织变革。因此，组织可以通过选拔具有这些特征的人来推进变革，让他们在组织当中承担较重要的职责，从而为组织变革的有效实施铺平道路。

（七）实施奖惩

变革推进者可以通过奖励先进、惩罚后进的方法来推进变革。通过对先进部门、先进个人的及时奖励，对那些阻碍变革的部门和个人进行批评和调整，能够切实地强化变革行为，同时也能让所有的组织成员都意识到变革推进者的决心与力量。这种策略实质上是在对变革抵制者进行直接的威胁，所以可能存在的弊端就是激起他们的逆反心理，从而增加变革阻力。

第三节　组织变革的步骤

一、Lewin 的三步模型

Lewin(1951)认为，成功的组织变革可以按照三个步骤来加以实施：解冻、变革、再冻结，如图 16-2 所示。这个模型特别强调人们在组织变革过程当中的心理机制，因而模型当中的三个步骤也主要是针对组织成员的态度和行为而提出的。

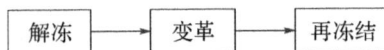

图 16-2　Lewin 的三步模型

解冻。该步骤强调充分激发组织成员对组织变革的需要。在这个步骤当中,组织一方面不再对组织成员的旧态度、旧行为方式进行强化,另一方面还要让组织成员感受到变革的急迫性。通过这两方面工作,就能够让组织成员意识到,旧的方法已经不能使他和组织获得希望的结果了,需要接受新事物。这样一来,就为组织变革扫去了组织成员的心理障碍,使得他们不会过分惧怕变革,感到自己和组织都需要进行变革,也能够有效地推进变革。

变革。这一步的关键在于改变组织成员的既定态度和行为方式,使其形成新的态度和行为方式。在这一步的实施当中,我们需要密切关注组织成员的模仿学习。在组织变革过程当中,组织成员往往首先是观察那些积极变革者是如何行动的,然后就以这些积极变革者的态度和行为作为自己的榜样。同时,在模仿学习的过程当中,我们还需要注意一个问题,那就是由于不同成员的工作内容存在差异,并不能生硬地照搬积极变革者那里学来的态度和行为,需要从客观实际出发,选择恰当的行为方式。

再冻结。通过一系列的强化措施,使新态度、新行为在组织当中固定下来。通过再冻结,组织就能够有效地避免这一问题:组织成员刚刚学会新态度、新行为,但是一回到自己的工作岗位,或者培训一结束就马上重新把自己原来的老态度、老行为重新捡起来了。为了进行有效的再冻结,组织首先就要让组织成员有机会检验新态度、新行为是否符合自己工作的实际情况,同时对组织成员所表现出来的、零星的新态度、新行为迅速进行奖励。千万不能因为变革开始之初,组织成员的态度和行为变化得非常缓慢而失去耐心。其次,组织还应该给成员以充分的机会去检验自己身边的人是否接受和认同这些新态度、新行为,从而使得这些新态度、新行为获得群体支持。因此,Lewin 也曾特别指出,组织变革不仅要关注组织成员个体,同时还应该关注组织成员们所属的群体。群体成员之间的互动能够很好地强化新态度和行为,有利于组织成员持久地保持自己学来的新态度、新行为。

值得注意的是,这三步是密切联系的:解冻使得组织成员树立起了必须变革的决心,这样才可能在转换过程中学到适当的态度和行为方式,最后也才可能成功地实施再冻结。

二、Schein 的适应循环模型

Schein(1980)的适应循环模型包括六个步骤,如图 16-3 所示:第一步,洞悉内外部环境所发生的变化;第二步,向组织的相关部门提供关于变化的确切信息;第三步,根据确切信息改变组织内部的生产过程;第四步,减少或控制组织变革的不良反应;第五步,输出组织变革的新成果;第六步,通过反馈,进一步了解内外部环境的一致性程度,评价组织变革的结果。

在这六个步骤的实施过程当中,组织往往都会遇到一些困难。Schein 针对这些困难提出了一些实施建议:第一,组织可以通过市场调查和组织成员的意见调查等方法,来对组织的内外部环境的变化进行准确判断;第二,为了确保帮助组织的相关部门确切地掌握

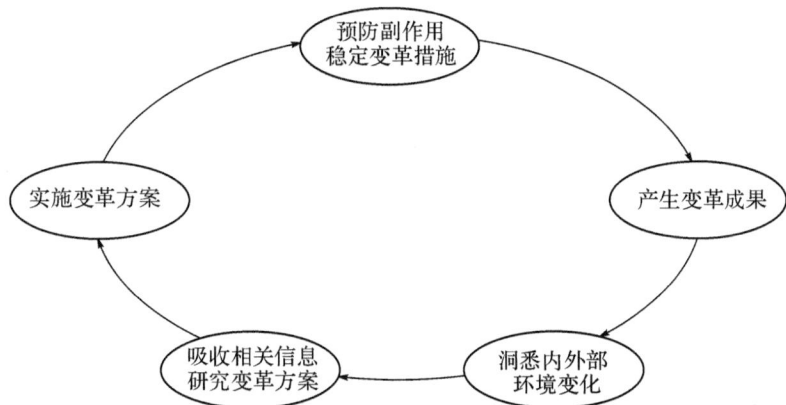

图 16-3　Schein 的适应循环模型

关于变化的信息,组织应该要求主管部门提高自己对变革的认识,疏通组织内部信息的流通渠道;第三,为了确保组织变革的切实推进,组织负责人就不能够简单地采取命令的方式要求各单位转变,而应该通过引导和教育的方式,协助各单位了解组织变革的意义,让各单位参与到变革决策过程当中来,从而让他们切身感受到组织变革的目的在于推进组织生产力,而不是针对个别人、个别单位的利益进行的,这样就能有效地降低组织成员对组织变革实施的抵制;第四,组织是一个有机系统,一个部分的变革就可能会对组织其他部分产生影响,因此为了将组织变革有效地在组织当中固定下来,就需要组织当中任何一项变革都应该考虑到其对组织其他部门的连锁反应。

三、Kotter 的计划模型

Kotter(1996)在以往变革模型的基础上,提出了一个更为详细的模型。他针对管理人员在发动组织变革时最常见的七种障碍(见表 16-1)而提出了八步骤变革模型:通过提出组织变革已经迫在眉睫的理论,促使组织成员感觉到变革的急迫性;与相关人员组成联盟,获得足以推进变革的权力;建立能够支持变革的新愿景,并制定出能够实现该愿景的具体战略;与组织成员就新愿景进行详细沟通;通过清除变革障碍、鼓励冒险与创新,向组织成员授权,使其愿意并能够为新愿景而努力;有计划地创造和奖励短期成果,促使组织能一步步地向新愿景挺进;固定变革成果,重新评估组织变革的成果,对变革计划进行适当的调整;通过证明新行为能够促进组织成功,从而有效地强化组织成员的变革行为。

表 16-1　组织变革的七种常见障碍

1. 不能使组织成员感觉到变革已经迫在眉睫;
2. 不能建立起支持变革联盟;
3. 不能提出清晰的关于变革的愿景,并把该愿景和组织成员进行有效沟通;
4. 没有有效清除愿景实现的障碍;
5. 没有提供短期的、能够实现的目标;
6. 过早地宣布变革成功;
7. 没能把组织变革的内容固定到组织文化当中去

第四节　组织发展

组织发展(organization development,OD)是所有计划性变革干预措施的总和,它致力于增进组织效率和员工的主观幸福感(Farias & Johnson,2000)。组织发展强调组织成员积极地进行探索,鼓励相互之间的合作和参与,希望最终实现成员与组织的共同成长。下面我们就简单介绍六种最为常见的组织发展方法。

一、敏感性训练

敏感性训练(sensitivity training),又被称为是 T 群体训练和交友群体训练。这种方法首先是由美国心理学家布雷德福在 1947 提出并实施的。这种方法的核心就是通过无结构的小组互动来改变成员的行为。这种方法的有效性是建立在参训者的个体经验之上的。它不直接告诉受训者所需学习的内容,而是让学员们自己在群体互动过程中去体会和总结。这种方法能有效提高受训者的移情能力、倾听能力以及沟通能力,能帮助他们对自己的行为以及别人如何对自己进行认知更加敏感,使他们对别人的行为更敏感,更能够准确地理解小组的活动过程。

敏感性训练的具体实施通常是由训练者组织短期培训班,把受训者变成数个小组,每组包括 8～15 个成员。培训周期通常在 10～40 个小时。培训过程可以是持续进行的,也可以是断断续续地一直持续一周甚至半年。这种训练方法的最大特点在于没有固定的课程和教材,也不规定训练的具体进程,只是规定受训者不得中途离开。在整个训练过程当中,训练者并不公开自己的身份,而是混在受训者当中,暗中发挥促进作用。训练小组拿到讨论议题之后(讨论议题通常是当时的一些现实问题),就不会再得到训练组织方的任何安排。于是,在训练刚开始的时候,现场往往会出现受训者不知所措的局面。受训者可能会不耐烦,可能会充满疑虑,也可能会进行思考。此时,就有可能会有人提议选择一个主持人,但具体规则应该由谁制定、如何制定等问题,可能就需要受训者们进行讨论。在这些讨论过程当中,受训者之间就进行了相互认识与了解,同时也就提高了大家在移情、倾听以及沟通等方面的能力。

二、调查反馈

调查反馈(survey feedback)是评估组织成员所持态度,识别和消除成员间认知差异的一种重要方法。这种方法要求领导和下属都共同参与。它首先请参与者提出值得大家共同讨论的议题(可以是任何与组织有关的议题,如部门之间的关系以及领导方式方法等),然后共同制作出关于这些议题的问卷,请各个成员进行问卷填写。问卷收集回来之后,成员把整理后的问卷数据反馈给领导及其对应的下属。这些数据信息就能够帮助组织成员确定当前的问题所在。然后再邀请所有的参与者就问卷反馈信息展开对事不对人的建设性讨论,从而帮助大家进一步认识和理解问卷反馈信息的意义,以及切实提出各种可行措施来解决当前问题。

三、相互作用分析

相互作用分析（transactional analysis，TA），又称 PAC 人际交往理论，是一种聚焦于促进组织成员互动的组织发展方法。这种方法认为，人们在人际交往时通常可能会表现出三种心理状态：父母状态、成人状态和儿童状态。当人们处于父母状态时，就会表现出更多的权威感和优越感，倾向于控制和训斥他人；当人们处于成人状态时，就会比较客观和理智；当人们处于儿童状态时，就会表现得比较任性，感情容易冲动。按照相互作用分析理论来讲，最理想的相互作用状态应该是成人状态，也就是说"成人"与"成人"之间的交往效果是最优的。

相互作用分析理论同时还指出，人们之间的相互作用可能是平行的，如"父母对父母"、"成人对成人"、"儿童对儿童"。此时，相互作用双方的交往就能够持续地进行下去。但是也可能会出现交叉的相互作用模式，如"父母对成人"、"成人对儿童"等。此时，相互作用双方的交往就将很难持续。

相互作用分析的具体操作通常是请受训者观看一些人际交往成分较多的影片，然后让他们用相互作用分析理论来分析影片当中各个主要角色所处的心理状态是父母状态、成人状态还是儿童状态，他们之间的交往是平行的还是交叉的，然后再请他们评价影片中各主要角色的人际互动效果，从而使他们自己受到启发，最终帮助受训者在人际互动中更好地确定自己的心理状态，提高他们的互动质量。

四、过程咨询

任何组织的管理者都必定会发现自己所处的组织或多或少地存在着一些不足，但是却常常会苦于找不到弥补这些不足的方法。过程咨询（process consultation）就是应对这种情况的较好办法，它假设过程方面的顾问能有效地帮助管理者识别和解决组织所面临的重大问题。这些问题可以包括沟通、工作流程以及各部门成员之间的关系问题等（Schein，1999）。

过程咨询的主要步骤包括：

(1) 初次接触：委托人与顾问交换意见，并向其介绍组织当前存在的问题；

(2) 确定关系：签订合同，就双方期望的结果达成共识；

(3) 选择具体的咨询方法；

(4) 收集资料，诊断问题：顾问通过问卷、观察以及访谈等多种方法收集组织的相关信息，对组织问题进行初步诊断；

(5) 咨询干预：制定咨询程序，确定指导、反馈信息的方式；

(6) 结束咨询：达成预期目标，结束过程咨询。

过程咨询可以解决组织面临的很多重要人际问题或群体间问题，也能够帮助组织管理者提高自己识别和应对组织问题的能力，但是这种方法的最大局限就在于一般时间跨度较大，需要的费用也比较高。

五、团队建设

在现代组织当中，越来越多的工作已经不可能由任何个人去完成了，它们需要团队成员密切配合才可能完成。团队可以是一个班组,也可以是组织的一个具体部门。这种方法既能用于某个群体内部,也能用于关系密切的数个群体之间。团队建设(team building)的主要目的就是利用团队成员之间的互动来提高成员之间的信任和开放程度(Farias & Johnson,2000)。

在团队建设过程当中,首先让团队成员就组织目前存在的问题展开一两天的讨论,从而帮助大家做好接受变革的心理准备。然后对所有一线管理者进行调研,了解有关组织氛围和工作内容等方面情况。最后由顾问对调研信息进行分析,并与各团队进行讨论,真诚地分析问题,提出和实施变革方案。

团队建设一般需要花费数月的时间。在这期间,外来的顾问发挥着重要的促进作用。团队建设鼓励团队成员在一种开诚布公的氛围当中充分合作,最终提高团队效率,同时它能增进团队成员之间的相互信任,改善大家的沟通和人际交往能力。

六、价值探索

大多数组织发展策略都是围绕着组织问题来开展的。也就是说,它们都在试图解决组织所存在的某些问题。价值探索(appreciative inquiry)与这些策略不同,它关注的不是组织的不足而是组织的独特优势。它试图把组织的这些独特优势转化为进一步提升组织绩效的基础。

那些关注问题解决的组织发展策略,往往需要组织成员回忆以往的失败,却很少致力于构建新的愿景目标。它们往往容易激发起组织成员的防御机制,而使得组织变革难以实施。价值探索则关注提炼和提升组织已经存在的优势,有利于构建起积极变革的氛围。价值探索的实施主要包括四个步骤:首先是发现一些大家公认的组织优势,比如请组织成员讲述他们认为组织最辉煌的时期,以及他们认为组织最为成功的方面;其次是在发现优势的基础上,思考组织的未来蓝图,比如请大家展望组织在五年后的状况,并阐明五年后的状况和当前组织状况的关键差异在哪里;再次是基于蓝图设计,组织成员构建出一个共同的愿景;最后组织成员共同讨论决定组织应该如何行动从而实现上述共同愿景。

本章小结及对管理者的意义

随着经济全球化的日渐深化,变革已经成为商业社会的基本属性。为了帮助组织有效地实施变革,本章系统地介绍了变革的主要动力和阻力,组织变革的实施步骤以及组织发展的常用策略。

组织变革的动力主要来自劳动力性质的变化、生产技术的变化、经济走势的变化、竞争区域的变化、经济改革的深化以及民营企业的发展等六个方面。组织变革的阻力主要包括个体习惯、领导观念、既得利益者、组织结构惰性和群体惰性。领导者可以通过充分沟通、邀请参与、组织支持、进行谈判、操纵和收买、人事选拔与实施奖惩等七种方法来克服上述阻力。关于组织变革的步骤,现在主要的理论包括:Lewin 的三步模型、Schein 的适应循环模型以及 Kotter 的计划模型。组织发展是实施组织变革的有效途径,其常用策略包括:敏感性训练、调查反馈、相互作用分析、过程咨询、团队建设以及价值探索。

本章思考题

1. 什么是组织变革?

2. 组织变革的阻力有哪些?

3. Lewin 的组织变革模型主要包括哪几个步骤?

4. 相互作用分析理论的主要内容是什么?

推荐阅读及参考文献　　　　　　推荐网络资料